POLÍTICAS AFIRMATIVAS DE INCLUSÃO E EQUIDADE RACIAL

Reflexões acerca do papel dos setores público e privado

DAIESSE QUÊNIA JAALA SANTOS BOMFIM
Coordenadora

Apoio à Coordenação
Odilon dos Santos Silva
Estevão Gomes

Prefácio
Eunice Aparecida de Jesus Prudente

POLÍTICAS AFIRMATIVAS DE INCLUSÃO E EQUIDADE RACIAL

Reflexões acerca do papel dos setores público e privado

1ª reimpressão

Belo Horizonte

2024

© 2023 Editora Fórum Ltda.
2024 1ª reimpressão

É proibida a reprodução total ou parcial desta obra, por qualquer meio eletrônico, inclusive por processos xerográficos, sem autorização expressa do Editor.

Conselho Editorial

Adilson Abreu Dallari
Alécia Paolucci Nogueira Bicalho
Alexandre Coutinho Pagliarini
André Ramos Tavares
Carlos Ayres Britto
Carlos Mário da Silva Velloso
Cármen Lúcia Antunes Rocha
Cesar Augusto Guimarães Pereira
Clovis Beznos
Cristiana Fortini
Dinorá Adelaide Musetti Grotti
Diogo de Figueiredo Moreira Neto (in memoriam)
Egon Bockmann Moreira
Emerson Gabardo
Fabrício Motta
Fernando Rossi
Flávio Henrique Unes Pereira

Floriano de Azevedo Marques Neto
Gustavo Justino de Oliveira
Inês Virgínia Prado Soares
Jorge Ulisses Jacoby Fernandes
Juarez Freitas
Luciano Ferraz
Lúcio Delfino
Marcia Carla Pereira Ribeiro
Márcio Cammarosano
Marcos Ehrhardt Jr.
Maria Sylvia Zanella Di Pietro
Ney José de Freitas
Oswaldo Othon de Pontes Saraiva Filho
Paulo Modesto
Romeu Felipe Bacellar Filho
Sérgio Guerra
Walber de Moura Agra

FÓRUM
CONHECIMENTO JURÍDICO

Luís Cláudio Rodrigues Ferreira
Presidente e Editor

Coordenação editorial: Leonardo Eustáquio Siqueira Araújo
Aline Sobreira de Oliveira

Rua Paulo Ribeiro Bastos, 211 – Jardim Atlântico – CEP 31710-430
Belo Horizonte – Minas Gerais – Tel.: (31) 99412.0131
www.editoraforum.com.br – editoraforum@editoraforum.com.br

Técnica. Empenho. Zelo. Esses foram alguns dos cuidados aplicados na edição desta obra. No entanto, podem ocorrer erros de impressão, digitação ou mesmo restar alguma dúvida conceitual. Caso se constate algo assim, solicitamos a gentileza de nos comunicar através do *e-mail* editorial@editoraforum.com.br para que possamos esclarecer, no que couber. A sua contribuição é muito importante para mantermos a excelência editorial. A Editora Fórum agradece a sua contribuição.

Dados Internacionais de Catalogação na Publicação (CIP) de acordo com ISBD

P769	Políticas afirmativas de inclusão e equidade racial: reflexões acerca do papel dos setores público e privado. / Daiesse Quênia Jaala Santos Bomfim. 1. reimpressão. Belo Horizonte: Fórum, 2023. 469 p. 14,5x21,5 cm ISBN 978-65-5518-553-9 1. Diversidade racial. 2. Políticas de ações afirmativas. 3. Papel dos setores público e privado. 4. Combate ao racismo. 5. Equidade e inclusão racial. I. Bomfim, Daiesse Quênia Jaala Santos. II. Título. CDD: 305.8 CDU: 342.724

Ficha catalográfica elaborada por Lissandra Ruas Lima – CRB/6 – 2851

Informação bibliográfica deste livro, conforme a NBR 6023:2018 da Associação Brasileira de Normas Técnicas (ABNT):

BOMFIM, Daiesse Quênia Jaala Santos (Coord.). *Políticas afirmativas de inclusão e equidade racial*: reflexões acerca do papel dos setores público e privado. 1. reimpr. Belo Horizonte: Fórum, 2023. 469 p. ISBN 978-65-5518-553-9.

A Comissão de Estudos de Diversidade Racial do Instituto Brasileiro de Direito Administrativo dedica esta obra aos negros e negras deste país comprometidos com o combate à discriminação racial e com a ampliação da representatividade nos espaços públicos e privados.

AGRADECIMENTOS

Os nossos mais sinceros agradecimentos a cada um dos autores e autoras que, no âmbito de suas especialidades, abrilhantaram esta obra com reflexões e proposições de modo a contribuir efetivamente com o debate central e necessário em torno das políticas de ações afirmativas.

Agradecemos ainda ao Instituto Brasileiro de Direito Administrativo, na pessoa da atual presidente Cristiana Fortini e do presidente antecessor Maurício Zockun pelo apoio no desenvolvimento das atividades da Comissão de Estudos de Diversidade Racial. Agradecemos também ao Presidente da Editora Fórum, Luís Cláudio Ferreira, pelo compromisso exemplar com a disseminação de conhecimento voltado para a equidade e a inclusão.

Por fim, mas não menos importante, agradecemos a generosidade da Professora Doutora Eunice Prudente pelo pronto atendimento ao nosso pedido para escrever o prefácio desta obra, o que o fez com a absoluta e tamanha sabedoria com que presenteia o mundo jurídico.

Grande abraço,

Daiesse, Estevão e Odilon

Eu sonho com um futuro no qual nós já vencemos. Nós somos a vitória dos nossos ancestrais. Nós somos a vitória, também, daqueles que virão depois de nós.

(Silvio Almeida)

SUMÁRIO

PREFÁCIO
Eunice Aparecida de Jesus Prudente 21

APRESENTAÇÃO
Estêvão Gomes 25

COTAS RACIAIS EM CONCURSOS PÚBLICOS PARA INGRESSO NOS TRIBUNAIS DE CONTAS BRASILEIROS: POR QUE ESTAMOS LONGE DO IDEAL?
Marcela de Oliveira Timóteo 29
1   Introdução 29
2   Cotas raciais em concursos públicos no Brasil: uma breve contextualização 32
3   Tribunais de Contas no Brasil 36
4   Por que os Tribunais de Contas (e todos os órgãos públicos) devem adotar as cotas raciais? 37
5   Cotas raciais em concursos públicos dos Tribunais de Contas brasileiros: um panorama desafiador 44
6   Conclusão 46
       Referências 48
       ANEXO – Tribunais de Contas e cotas raciais 53

A ILEGALIDADE DA EXIGÊNCIA DE AUTODECLARAÇÃO RACIAL NOS CONCURSOS PÚBLICOS: ABUSO DE PODER E EXCESSO DE FORMALISMO
Lúcio Antônio Machado Almeida 57
1   Introdução 57
2   Controle de proporcionalidade da exigência de mais de um meio de autodeclaração racial no Concurso Público do Tribunal de Contas do Município de São Paulo e no do Badesul 59
3   O fim buscado pela legislação antirracista de ações afirmativas no Brasil 62

4	Competência legislativa para criação das cotas raciais nos concursos públicos..	64
4.1	Lei nº 15.939 de 23 de dezembro de 2013, do Município de São Paulo	65
4.2	Lei nº 14.147 de 2012, do Estado do Rio Grande do Sul............	69
5	Indução ao erro no link de documentos da Banca Vunesp........	71
6	Novos contornos para uma adequada exigência da autodeclaração racial nos concursos públicos............................	72
7	Conclusão...	74
	Referências..	75

A EDUCAÇÃO QUE NOS FOI NEGADA: A RESPONSABILIDADE DO SETOR PÚBLICO NA EQUALIZAÇÃO DE OPORTUNIDADES PARA POPULAÇÃO NEGRA

Daiesse Quênia Jaala Santos Bomfim, Juçara Rosa Santos de Araújo ... 77

1	Introdução..	77
2	O histórico educacional da população negra	78
3	A responsabilidade do setor público na concretização da igualdade material do povo negro..	85
4	Considerações finais..	92
	Referências..	94

A QUESTÃO RACIAL NO ORÇAMENTO PÚBLICO: NOTAS PARA UMA AGENDA DE INTERVENÇÃO

Clara Marinho.. 97

1	Introdução..	97
2	As políticas públicas de promoção da igualdade racial: advento e materialidade	98
3	A identificação do gasto para a população negra......................	102
4	A transversalidade (de raça) no orçamento federal...................	105
5	Uma agenda de intervenção possível..	109
6	Conclusão...	110
	Referências..	111

DESASTRES AMBIENTAIS, INJUSTIÇA CLIMÁTICA E RACISMO AMBIENTAL NO BRASIL

Diego Pereira.. 115

1	Introdução..	115
2	Desastres ambientais no Brasil	116

3	Políticas públicas: dos problemas à formulação de agendas envolvendo desastres ambientais	118
4	Vulnerabilidades e injustiças no Brasil	122
4.1	Por que tratar o racismo ambiental como política pública?	125
5	Considerações finais	128
	Referências	129

A IMPORTÂNCIA DO MINISTÉRIO PÚBLICO NA PROMOÇÃO DAS POLÍTICAS DE COTAS RACIAIS: A EXPERIÊNCIA DO MINISTÉRIO PÚBLICO DO PARANÁ

Amanda Ribeiro dos Santos, André Luiz Querino Coelho 133

1	Introdução	133
2	Racismo	134
3	O direito fundamental à igualdade racial: das normas constitucionais e convencionais	140
4	A inércia estatal e o racismo institucional brasileiro	143
4.1	Do princípio da legalidade na Administração Pública	143
4.2	Da repartição de competências dos entes federativos	146
5	A atuação do Ministério Público	151
5.1	A experiência do Núcleo de Promoção da Igualdade Étnico-Racial do Ministério Público do Estado do Paraná	153
6	Conclusão	154
	Referências	155

DEFENSORIA PÚBLICA E POLÍTICAS AFIRMATIVAS: A PROMOÇÃO DA EQUIDADE RACIAL COMO FUNÇÃO ESSENCIAL, SUPERAÇÃO DO PARADIGMA ESTRUTURALMENTE RACISTA E OS DESAFIOS DENTRO DE UMA PERSPECTIVA AFROCENTRALIZADA

Aline Mota de Oliveira, Thaissa Lavigne Silva Borges 159

1	Introdução	159
2	Racismo estrutural e sociedade brasileira	160
3	A importância das políticas afirmativas no cenário brasileiro de desigualdade como uma forma de superação do paradigma tradicional	163
4	A Defensoria Pública como instrumento para concretização da igualdade racial	168
5	Defensoria Pública além da instrumentalização: aspectos práticos das ações afirmativas dentro da Defensoria Pública – afrocentralização das relações jurídicas e as mudanças práticas do olhar negro	170

6	Resistências institucionais, os desafios e possibilidades de agenda	173
7	Conclusão	176
	Referências	177

LETRAMENTO RACIAL E EDUCAÇÃO ANTIRRACISTA NO PODER JUDICIÁRIO COMO VETORES DE TRANSFORMAÇÃO DO SISTEMA DE JUSTIÇA

Jonata Wiliam Sousa da Silva 179

1	Introdução	179
2	Os efeitos das ações afirmativas na atual composição do Poder Judiciário brasileiro	180
3	O papel da educação sobre as relações raciais na mudança da cultura jurídica brasileira	185
4	Desafios para a implementação de políticas educacionais antirracistas no sistema de justiça	189
5	Conclusão	191
	Referências	193

O PACTO NACIONAL DO JUDICIÁRIO PELA EQUIDADE RACIAL: TRANSVERSALIDADE COM O OBJETIVO DO DESENVOLVIMENTO SUSTENTÁVEL – ODS 10: DA AGENDA 2030 DA ONU

Françoise Rocha 195

1	Introdução	195
2	Os pressupostos fundantes da formulação do Pacto pela Equidade Racial	196
3	Promoção da equidade racial	198
4	O cenário no Poder Judiciário	204
5	A instituição do Fórum Nacional do Poder Judiciário para a Equidade Racial (Fonaer), destinado a elaborar estudos e propor medidas para o aperfeiçoamento do sistema judicial quanto ao tema	208
6	Conclusão	209
	Referências	210

AÇÕES AFIRMATIVAS E *COMPLIANCE*: SEMEANDO UMA NOVA CULTURA ORGANIZACIONAL

Antonio Pedro Ferreira da Silva 213

1	Introdução	213
2	Ações afirmativas: conhecer para aplicar	215

3	*Compliance* como instrumento de governança pública e privada	221
4	Construindo um plano de *compliance* antirracista	225
5	Considerações finais	228
	Referências	228

PERSPECTIVAS DE INCLUSÃO E EQUIDADE RACIAL NO MUNDO CORPORATIVO NOS DIAS ATUAIS

Rachel O. Maia, Luciana Dias 231
    Introdução 231
    O mundo corporativo 232
    No âmbito jurídico 235
    Equidade Racial no mundo empresarial 239
    Os dias atuais 241
    Conclusão 243
    Referências 244

COMPLIANCE ANTIDISCRIMINATÓRIO NO SETOR PRIVADO

Diumara Araújo Ferreira 247

	Introdução	247
1	*Compliance*	248
2	Direito antirracista e antidiscriminatório no *compliance*	252
3	Desafios na aplicação do *compliance* nas empresas	257
4	Avanços do *compliance* antidiscriminatório no setor privado	259
5	Considerações finais	262
	Referências	263

CIDADÃO COSMOPOLITA E NEGROS NO BRASIL

Danilo Lima Alves 267

1	Introdução	267
2	Controle de Convencionalidade	272
3	Onde está a população negra no Brasil?	275
4	Considerações sobre o cidadão cosmopolita	276
	Referências	278

INTERPRETAÇÃO JURÍDICA E INTELIGÊNCIA ARTIFICIAL: OS RISCOS DO RACISMO ALGORÍTMICO NO BRASIL

Fábio de Sousa Santos 281
1   Introdução 281

2	O negro no Brasil e o racismo estrutural	282
3	Linguagem e heurísticas como veículos do racismo na interpretação jurídica	285
4	Inteligência artificial e o racismo algorítmico	288
5	Conclusão	292
	Referências	293

A DISCRIMINAÇÃO DE ALGORITMO NO ÂMBITO DAS RELAÇÕES DE CONSUMO EM PLATAFORMAS VIRTUAIS DE *E-COMMERCE*

Fabiano Machado da Rosa, Witor Flores da Silva 297

1	Introdução	297
2	Algoritmo e inteligência artificial na sociedade pós-moderna	298
3	Práticas discriminatórias de algoritmos em ambientes virtuais de consumo	300
4	Algoritmos, proteção de dados e riscos discriminatórios	307
5	Conclusão	309
	Referências	310

(AUSÊNCIA DE) DIVERSIDADE RACIAL NA ADVOCACIA: REFLEXÕES PARA O ENEGRECIMENTO DAS BANCAS JURÍDICAS NO BRASIL

Camila Torres Cesar, Vinícius de Souza Assumpção 313

1	Introdução	313
2	Da formação jurídica excludente à ausência de pessoas negras nos escritórios de advocacia	317
3	Noções gerais para estruturar um programa de diversidade racial	321
4	Além da contratação: inclusão e permanência	324
5	Considerações finais	326
	Referências	327

INTEGRAÇÃO RACIAL: UMA URGÊNCIA NACIONAL – POLÍTICAS AFIRMATIVAS NO ÂMBITO DA ENTIDADE DE CLASSE

Ana Carolina Lourenço, Irapuã Santana 331

	Introdução	331
	O passado	332
	O presente	337
	O futuro	341
	Referências	346

A SUB-REPRESENTAÇÃO DOS NEGROS E NEGRAS NAS FUNÇÕES FINALÍSTICAS DA ADMINISTRAÇÃO DA JUSTIÇA: UM OLHAR SOBRE A BAIXA EFETIVIDADE DA POLÍTICA AFIRMATIVA DE RESERVA DE VAGAS PARA NEGROS NOS CONCURSOS PARA MEMBROS NAS INSTITUIÇÕES JURÍDICAS E OS BONS EXEMPLOS DO SETOR PRIVADO

Michel de Souza Vellozo, Pâmela Souza Campos 349

1	Introdução	349
2	Da baixa efetividade da política afirmativa de reserva de vagas para negros nos concursos para membros nas instituições jurídicas	352
2.1	Das cotas nas universidades públicas: um começo promissor – ADPF nº 186	352
2.2	Das universidades para as carreiras da Administração Pública – ADC nº 41	354
2.3	A cúpula do sistema de justiça e concursos para membros das instituições	356
2.3.1	Do desafio da normatização da ação afirmativa de reserva de vagas	356
2.3.1.1	Do Poder Judiciário e o Conselho Nacional de Justiça (CNJ)	356
2.3.1.2	Do Ministério Público e o Conselho Nacional do Ministério Público (CNMP)	359
2.3.2	Dos concursos para membros do Ministério Público e da Magistratura: reserva de vagas efetiva ou mero cumprimento de formalidades?	360
2.3.3	Da problemática da reserva mínima de 20% em cada etapa do certame	362
2.3.4	Das barreiras econômico-financeiras e concursos nacionais unificados	363
2.3.5	Da antecipação indevida de etapas e exigência não razoável de atos presenciais em dias úteis dissociados de provas aos cotistas para procedimento de heteroidentificação	365
2.3.6	Das propostas para o aperfeiçoamento da política afirmativa de reserva de vagas	366
3	Das ações afirmativas no setor privado	367
3.1	Magazine Luiza: o *leading case*	369
3.2	Caso Vale	370
3.3	Caso Itaú	370
3.4	Da eficácia vertical e da eficácia horizontal dos direitos fundamentais	371
4	Das diversas ações positivas antidiscriminatórias	372

4.1	Encontro Nacional de Juízas e Juízes Negros (ENAJUN)	372
4.2	Defensoria Pública do Estado do Rio de Janeiro (DPE-RJ)	373
4.3	Educafro	374
5	Conclusão	374
	Referências	375

EQUIDADE RACIAL NA GESTÃO PÚBLICA: A IMPORTÂNCIA DO PROGRAMA SP AFRO BRASIL E DAS POLÍTICAS PÚBLICAS IMPLANTADAS NA SECRETARIA EXECUTIVA DO CENTRO DE EQUIDADE RACIAL DO GOVERNO DO ESTADO DE SÃO PAULO

Ivan de Lima 379

1	Introdução	379
2	Implantação do Centro de Equidade Racial	380
3	Conselho de Participação e Desenvolvimento da Comunidade Negra do estado de São Paulo	383
4	Coordenação de Políticas para a População Negra e Indígena do estado de São Paulo (CPPNI)	385
5	Curso de Formação Equidade Racial	386
6	Casa SP Afro Brasil	387
7	Fórum SP Afro Brasil	390
8	Projeto Beleza Negra	390
9	MIS em Cena: grandes personalidades negras	391
10	Titulação de comunidades remanescentes de quilombos do estado de São Paulo	392
11	Plano Estadual de Promoção da Igualdade Racial de São Paulo (PEPIR)	393
12	Conclusão e próximos passos	395
	Referências	397

REPERCUSSÃO DO SISTEMA TRIBUTÁRIO NACIONAL NA EQUIDADE RACIAL

Evelyn Moraes Roges 401

1	Introdução	401
2	Tributação e direitos fundamentais	402
3	Tributação e desigualdade	404
4	Impacto do sistema tributário nacional na desigualdade racial	408
5	Conclusão	411
	Referências	412

A PARTICIPAÇÃO DO NEGRO NA POLÍTICA: A EXPERIÊNCIA BRASILEIRA

Irapuã Santana 415
1. Introdução 415
2. O Supremo Tribunal Federal e a inclusão das minorias 416
3. Do *leading case* racial no sistema eleitoral 416
4. O papel determinante do STF 421
5. Representatividade importa 422
6. Da repercussão nas eleições 424
   Referências 426

REPRESENTATIVIDADE NEGRA NOS CARGOS LEGISLATIVOS DO BRASIL: CANDIDATURAS NEGRAS E PARDAS NO PROCESSO ELEITORAL NACIONAL DE 2022

Flávio Viana Barbosa, Simone Henrique 427
1. Introdução 427
2. Conceito de representatividade 428
3. Luta pela representatividade negra na política brasileira 431
4. Da criação do quesito raça/cor nas eleições e os resultados estatísticos comparativos 432
5. Quotas raciais nas eleições brasileiras de 2022 434
6. Estudo de caso: Antônio Carlos Magalhães Neto e outros 434
7. Considerações finais 439
   Referências 441

A RESOLUÇÃO Nº 23.665/2021 DO TSE: UM FLERTE SOBRE A (IM)POSSIBILIDADE DE PROMOÇÃO DA PARTICIPAÇÃO DAS(OS) NEGRAS(OS) NA POLÍTICA À LUZ DAS ELEIÇÕES GERAIS DE 2022

Odilon dos Santos Silva, Osvaldo Álvaro de Jesus Neto 445
1. Introdução 445
2. As novas regras de incentivo à inserção de negros nas casas legislativas 448
3. Uma crítica à discricionariedade da sistemática de distribuição do fundo partidário e eleitoral pelas agremiações 453
4. Eleições gerais de 2022 e o fracasso das políticas de ações afirmativas 456
5. Conclusão 460
   Referências 461

SOBRE OS AUTORES 464

PREFÁCIO

O Instituto Brasileiro de Direito Administrativo vem mais uma vez a público surpreender, digo, nos encantar, através da sua Comissão de Diversidade Racial publicizando obra coletiva de excelência com autores negras e negros. Como todos já estamos convencidos, instituições compromissadas com os direitos humanos devem marcar posições efetivas contra a discriminação racial. Não é suficiente ser contra o racismo. Urge enfrentá-lo e, sobretudo, construir a formação e educação antirracista. Assim se fez, e por isso encanta! Une profissionais do Direito, advogados, procuradores, pesquisadores, auditores, defensores, promotores, em torno de dados e informações precisas sobre um dos mais graves problemas brasileiros, a violência racial! Leitura reflexiva que explicita das graves experiências pessoais às análises legais e jurisprudenciais de um Brasil racista.

São reflexões, descobertas, impressionantes, posto que formamos um povo com origem em todos os continentes do mundo, por isso impressionante, colorido, diverso. Sim, somos diversos, além de atentar também para nossa casa, um meio ambiente rico, interessante, porque diverso.

O que temos é uma Comissão sobre Diversidade Racial informando, formando opiniões com bases científicas, interseccionando dados e informações levando à meditação e tomadas de posições políticas contra a discriminação racial.

A presente coletânea, refletindo essa diversidade, traça momento histórico, importante para o Brasil, demonstrando que o Direito é muito mais que leis, exigindo o desenvolvimento de políticas públicas. É contribuição do Instituto Brasileiro de Direito Administrativo, instituição respeitável no mundo jurídico brasileiro.

Atente-se que a obra se volta para as muitas facetas da nossa complexa convivência. O longo período da escravização de negros, expressando grave fase do sistema socioeconômico capitalista, que das práticas mercantis chegou às revoluções industriais, escravizando pessoas. Trata-se de situações históricas muito diferentes do instituto jurídico, escravidão, do mundo antigo.

Seguem-se a este período as práticas discriminatórias no mercado de trabalho à política de encarceramento em massa, ora suportado. Como entender essa realidade? Note-se que a cidadania dos negros brasileiros foi forjada pelo movimento social, o movimento negro!

As leituras das densas pesquisas nos esclarecem que a discriminação racial é um plexo de práticas violentas, infelicitando a comunidade negra brasileira, sem dúvida. Mas quem tratou o "outro" como res, coisa, durante séculos, também se autoviolentou e aí temos a presença malévola do Brasil nos *rankings* internacionais da violência em família, vitimização de crianças etc.

Nossos autores vão ao âmago da questão, chamando a atenção para a formação da cidadania, para a educação. O enfrentamento das violências com investimento na educação e obviamente esclarecendo o protagonismo negro na História, na Filosofia, na Sociologia, etc.

Essa é a principal missão desta obra coletiva. Lembram os autores a importância da educação, mas quando ela é negada e observe-se, negadas a mais da metade dos brasileiros, os resultados não são bons, com práticas racistas reiteradas.

O advento da Constituição Federal de 1988 é um marco da luta dos movimentos sociais contra a ditadura, ela é inclusiva. É a partir da atual Constituição que temos as principais legislações contra todas as formas de discriminação, posto que criminaliza a discriminação racial e determina legislações nacionais em defesa dos direitos humanos fundamentais, Estatuto da Criança e do Adolescente, Sistema Único de Saúde, Política Nacional do Meio Ambiente, além da excelente declaração de direitos sociais (art. 6º).

Todavia, faltam as políticas públicas para efetivar os avanços constitucionais. As presentes pesquisas demonstram entraves nas principais funções do poder, no próprio Executivo; no Legislativo, sempre envolvido em tramas partidárias equidistantes do povo; o Judiciário, bem como o Ministério Público, também funções do poder, mas voltadas para aplicação de um direito vingador da sociedade, descompromissado com as gravíssimas situações políticas que envolvem o povo pobre, onde se encontram os negros brasileiros.

Assim desenvolvem a política de encarceramento em massa onde a população carcerária é jovem, negra e pobre.

Mas há esperança, pois conquistamos o controle externo ao nosso Judiciário com a instituição do Conselho Nacional de Justiça. Assim, além de outros, é relevante o artigo que comenta o pacto da equidade racial firmada por esse Conselho Nacional de Justiça e as consequências positivas para as atuações futuras do Judiciário. Finalmente, temos análise importante do letramento de natureza racial, educacional, antirracista para os nossos magistrados, objeto de análise na coletânea.

Muitas ou poucas vezes pensamos nos Tribunais de Contas do Brasil, a sua importância também como um controle externo à Administração Pública, órgão técnico autônomo, que tem como uma das suas funções constitucionais auxiliar o Legislativo. Assim a presença de negros nos Tribunais de Contas do Brasil já se faz há muito necessária. A proposta de cotas nos concursos públicos para os Tribunais de Contas do Brasil é o caminho iluminado e aberto da legalidade constitucional para alcançarmos a diversidade nesses ambientes.

A obra é rica e chama nossa atenção à prática violenta do racismo, o racismo ambiental, injustiças climáticas provocadas por maus governantes descomprometidos justamente com regiões quilombolas, além de áreas ocupadas pelas famílias negras nas cidades brasileiras.

Mais uma vez são os movimentos sociais ambientalistas, inclusive internacionais, os denunciadores do racismo ambiental.

Destaquem-se também as referências jurídicas e científicas adotadas pelos articulistas, trazem, dentre outros, sabiamente Grada Kilomba, quando especifica o racismo não biológico, mas discursivo. "Ele funciona através de um regime discursivo, uma cadeia de palavras e imagens que, por associação, se tornam evidentes: africano, áfrica, selva, selvagem, primitivo inferior, animal, macaco".

Também há atenções voltadas para o Ministério Público, uma das funções do poder que recebe constitucionalmente autonomia para defender direitos humanos, sobretudo direitos coletivos. Temos uma maioria de brasileiros formando coletividade subalternizada por práticas racistas. Assim, a experiência retratada nos artigos sobre a experiência do Ministério Público do Paraná é importante quando lá um Núcleo de Promoção da Igualdade Étnico-racial atua concretamente, promovendo respeito à diversidade. Temos assim o próprio Ministério Público com a sua contribuição e experiência. Isso é muito importante porque a obra vai chegar a todo o Brasil levando esta notável experiência.

Esta obra coletiva também alcança as boas práticas e o *compliance*. Hoje já presente em muitas empresas, o artigo que comenta as práticas de *compliance* no setor privado também se destaca. Observam-se nos sustentáculos da República Federativa do Brasil (art. 1º) referências aos valores sociais do trabalho e da livre iniciativa. Posteriormente, a Constituição trará, a partir do art. 170, princípios determinantes para atividade econômica e financeira, cercando-as por princípios ético-constitucionais. Portanto, as atividades do setor privado são importantes nesta república e precisa estar devidamente alinhada com o enfrentamento ao racismo estrutural. Ao analisar os desafios na implantação do *compliance* e orientar o setor privado na luta antirracista significa contribuição de excelência para o estado de justiça que pretendemos.

Cobramos das instituições públicas e privadas o respeito à diversidade, o primeiro passo para solução de problemas complexos é reconhecer sua existência. O reconhecimento dessas questões exige uma política de dados abertos, um sistema democrático, que transparente, permita a todos livre uso das interseccionalidades e livres conclusões para informar as políticas de ações afirmativas necessárias às inclusões. Louvamos a sociedade civil, muitas entidades são responsáveis pelos dados e informes aqui analisados.

Às pesquisadoras e aos pesquisadores todo o nosso respeito, encantamento, pela providência de pesquisar, analisar, refletir sobre um dos mais graves problemas brasileiros, o racismo e as violentas práticas racistas.

Às nobres escritoras e escritores que nos levam por esses caminhos da informação e do conhecimento, nossos cumprimentos!

Profa. Dra. Eunice Aparecida de Jesus Prudente
Feminista
Abolicionista pela negritude
Professora Sênior
Departamento de Direito do Estado
Coordenação:
Laboratório de Estudos Étnico-Raciais Quilombo Oxé
Clínica de Direitos da Criança e do Adolescente
Faculdade de Direito da Universidade de São Paulo
Orcid: 0000-0002-6993-2522
(11) 9 8363 0549

APRESENTAÇÃO

Otimismo é um traço característico do brasileiro. Poucos são os povos que passam por tantos problemas e dificuldades, mas mantêm o sorriso no rosto e a esperança de dias melhores. Somos conhecidos internacionalmente por nossa alegria, perseverança e leveza, mesmo diante de muitas tribulações. Esse olhar otimista da vida nos leva a crer que os problemas serão superados, os problemas do passado ficarão para trás e a vida será melhor nas próximas gerações. Embora retrocessos ainda aconteçam, não há dúvidas que a vida do brasileiro é melhor hoje do que em séculos passados.[*]

Essa postura positiva e otimista, contudo, nem sempre encontra eco na academia, especialmente em temas como as políticas afirmativas de inclusão e equidade racial. Qualquer observador atento à realidade percebe o quanto ainda precisamos progredir nessa matéria. É preciso, no entanto, reconhecer o quanto já avançamos e evitar o que o Professor Steven Pinker denomina de "progressofobia".[**] Trata-se de uma aversão, muito comum em ambientes acadêmicos, ao reconhecimento de que a humanidade prospera e avança, ainda que de forma trôpega e nem sempre linear. É certo que avanços ainda são necessários, mas a história recente do direito das minorias, inclusive no Brasil, tem sido muito mais de progresso do que retrocesso. É necessário, portanto, olhar o copo meio cheio.

É esse sentimento otimista que inspirou a organização da presente obra. Não se trata de uma positividade vazia ou ingênua, mas baseada em fatos e evidências. Os diversos autores do livro, de formas diferentes, reconhecem o desenvolvimento de ações afirmativas no setor público e privado brasileiro, sem deixar de apontar as melhorias e ajustes ainda necessários. Nos últimos anos, é inegável a intensificação da discussão sobre políticas afirmativas de

---

[*] A simples análise de dados do IBGE sobre três eixos da vida do brasileiro (estrutura econômica e mercado de trabalho; padrão de vida e distribuição de rendimentos; e condições de saúde) comprovam os avanços ocorridos nos últimos anos. Para uma leitura mais aprofundada, v. IBGE. *Síntese de indicadores sociais*: uma análise das condições de vida da população brasileira. Rio de Janeiro: IBGE, 2022.

[**] PINKER, Steven. *Enlightment now*: the case for reason, Science, humanism and progress. New York: Viking, 2018, p. 55 e ss.

inclusão e equidade racial no Brasil, tanto no setor público como no privado. Embora ainda alvo de controvérsias e debates, fundamentados nos princípios da igualdade e da meritocracia,* há certo consenso de que essas políticas são uma importante ferramenta para combater a discriminação racial e promover a igualdade de oportunidades.

Os avanços formais e em termos de normatização foram muitos. Desde a edição da lei de cotas para o ensino superior (Lei nº 12.711/2012), passando pela lei de cotas em concursos públicos federais (Lei nº 12.990/2014) e os julgamentos do Supremo Tribunal Federal declarando a constitucionalidade desses diplomas (ADPF 186 e RE 597.285-RG, Rel. Min. Ricardo Lewandowski; ADC 41, Rel. Min. Luís Roberto Barroso), as políticas afirmativas dominaram o debate público nacional, estendendo-se não só na esfera pública, mas também no setor privado. Questões como representatividade em conselhos de administração e diretorias de empresas privadas, cotas em partidos políticos e *compliance* antidiscriminatório no setor privado passaram a dividir espaço com temas mais atinentes ao setor público como o papel da representatividade do sistema de justiça, a atuação da Defensoria e do Ministério Público contra o racismo institucional e cotas no serviço público.

O ambiente de discussão desses temas floresce a cada dia no Brasil. Embora não possamos deixar de destacar que, sob o viés material e representativo das alterações das estruturas organizacionais pátrias, ainda há um longo caminho a percorrer. O propósito da presente obra é descrever justamente como esses assuntos têm se desenvolvido no debate público nacional, oferecendo uma visão profunda sobre as políticas afirmativas de inclusão e equidade racial nos setores público e privado, bem como os acertos e falhas de sua implementação. A partir de uma análise crítica da literatura e de exemplos práticos, o livro busca fornecer *insights* valiosos para compreender a dinâmica da inclusão e equidade racial no contexto das políticas públicas e privadas.

Com esse objetivo em mente, os autores desenvolvem ao longo da obra questões-chave sobre políticas afirmativas de inclusão e equidade racial, abrangendo temas de vanguarda na matéria. Há um claro propósito de examinar a discriminação racial e sua relação com as políticas de inclusão e equidade racial, apresentando a história e evolução dessas políticas e destacando a importância de avaliar continuamente a sua efetividade e impacto.

---

* Para uma crítica bem fundamentada e profunda acerca dos erros das políticas afirmativas em diversos países, cf. SOWELL, Thomas. *Ação afirmativa ao redor do mundo*: um estudo empírico sobre cotas e grupos preferenciais. São Paulo: É Realizações, 2016.

Ademais, nas próximas páginas, são apresentados exemplos de políticas implementadas pelo setor público e também destacadas a importância da participação ativa da sociedade civil no monitoramento e avaliação dessas políticas. Busca-se, ainda, abordar o papel do setor privado nas políticas afirmativas de inclusão e equidade racial, apresentando exemplos de empresas e organizações que adotaram políticas afirmativas e identificando os obstáculos à implementação dessas políticas sem a coercitividade inerente ao setor público.

O caminho até aqui não foi fácil. Contudo, como o leitor verá nas próximas páginas, os avanços são perceptíveis. Reconhecer essa realidade não é ser ingênuo ou cego aos problemas que ainda persistem em nos perseguir, mas sim ter uma postura positiva sobre o quanto progredimos e o quanto ainda podemos avançar. Este livro, portanto, mais do que uma análise crítica sobre a dinâmica da inclusão e equidade racial no contexto das políticas públicas e privadas, consiste em um sopro de esperança e frescor de que dias ainda melhores virão.

Sem mais delongas, deixamos o leitor com os artigos dos prestigiados autores que fazem parte desta coletânea. A reunião de juristas de diferentes experiências e carreiras em uma única obra promove justamente a inclusão que este livro pretende divulgar. Que o leitor possa aproveitar ao máximo as diversas visões e informações contidas nesta obra. Boa leitura!

Estêvão Gomes
Doutorando em Direito do Estado pela USP, Master of Laws (LL.M.) pela *Harvard Law School*, Mestre em Direito Público pela UERJ. Advogado e professor de Direito Administrativo

COTAS RACIAIS EM CONCURSOS PÚBLICOS PARA INGRESSO NOS TRIBUNAIS DE CONTAS BRASILEIROS: POR QUE ESTAMOS LONGE DO IDEAL?

MARCELA DE OLIVEIRA TIMÓTEO

1 Introdução

O cenário de desigualdade racial no Brasil demonstra que temos um enorme desafio para superar o racismo estrutural e promover definitivamente a justiça social. Dados do Instituto Brasileiro de Geografia e Estatística (IBGE)[1] demonstram de forma inequívoca que pessoas negras (pretas e pardas) continuam com menor acesso a moradia, educação e segurança em todo o país. A desigualdade se reflete também no mercado de trabalho.

Observando-se os dados de pesquisa realizada pelo Instituto Ethos com as quinhentas maiores empresas do Brasil, fica claro que pessoas negras estão sub-representadas nessas organizações, e, quanto maior o nível hierárquico, maiores são as lacunas.[2] O levantamento revelou

---

[1] IBGE - INSTITUTO BRASILEIRO DE GEOGRAFIA E ESTATÍSTICA. *Desigualdades Sociais por Cor ou Raça no Brasil*. Rio de Janeiro: IBGE, 2021. Disponível em: https://www.ibge.gov.br/estatisticas/sociais/populacao/25844-desigualdades-sociais-por-cor-ou-raca.html?=&t=resultados. Acesso em: 5 jan. 2023.

[2] INSTITUTO ETHOS. *Perfil racial, social e de gênero das 500 maiores empresas do Brasil e suas ações afirmativas*. São Paulo: Instituto Ethos, 2016. Disponível em: https://www.ethos.org.br/cedoc/perfil-social-racial-e-de-genero-das-500-maiores-empresas-do-brasil-e-suas-acoes-afirmativas/. Acesso em: 18 jul. 2022.

que negras/os ocupavam 4,7% dos cargos executivos. Os conselhos de administração possuíam apenas 4,9% de pessoas negras.

Na Administração Pública, o cenário de desigualdade permanece. Em 2020 apenas 35,1% dos servidores públicos federais eram negras/os, o que demonstra uma sub-representação em relação à população em geral, que tem 56% de negras/os.[3]

Os dados relativos aos servidores públicos estatutários das esferas federal, estadual e municipal reforçam o cenário de desigualdade. Entre esses servidores, no ano de 2019, em média, uma mulher branca recebia um valor correspondente a 74,9% de um homem branco, enquanto esse valor era de 68,2% e 56,4% para homens e mulheres negros/as, respectivamente.[4]

Em relação à ocupação de cargos de direção e assessoramento (DAS), as lacunas de raça também estão presentes na Administração Pública Federal, intensificando-se à medida que sobe o nível hierárquico.[5] Em 2020, no nível hierárquico mais alto dos cargos de assessoramento e direção da Administração Pública Federal (DAS-6), havia apenas 13,3% de homens negros e 1,3% de mulheres negras.[6]

Tais dados, além de serem uma expressão do racismo, que estrutura a sociedade brasileira e naturaliza ausência de pessoas negras em espaços de poder, demonstram a falácia do mito da democracia racial, que pressupõe um sistema desprovido de qualquer barreira legal ou institucional para a igualdade racial, onde não haveria preconceito ou discriminação. É preciso lembrar que nossa sociedade foi calcada na escravização de pessoas negras por mais de (3) três séculos e que, após o fim do regime escravocrata, esse grupo teve seus direitos à educação, à terra, ao trabalho e à dignidade sistematicamente negados. O ponto de partida e as oportunidades das gerações seguintes de pessoas negras – que carregam uma cicatriz moral, social e econômica

---

[3] SILVA, Tatiana; LOPEZ, Felix. *Perfil racial do Serviço Civil Ativo do Executivo Federal (1999- 2020)*. Brasília: Instituto de Pesquisa Econômica Aplicada – IPEA, n. 49, jul. 2021, p. 9. Disponível em: https://www.ipea.gov.br/atlasestado/arquivos/downloads/3472-210720ntdiestn49.pdf. Acesso em: 15 jul. 2022.

[4] SILVEIRA, Leonardo Souza; ALMEIDA, Luciana Drummont. Segregação Ocupacional e Desigualdade Salarial por Raça e Gênero no Setor Público Brasileiro. *Boletim de Análise Político-Institucional*, n. 31, dez. 2021. Disponível em: http://repositorio.ipea.gov.br/bitstream/11058/11061/1/bapi_31_segregacao_ocupacional.pdf. Acesso em: 11 jul. 2022.

[5] *Ibid.*, 2021.

[6] *Ibid.*, 2021, p. 13.

decorrente do período escravocrata – definitivamente não foram os mesmos de pessoas brancas.

Nesse sentido, Almeida[7] adverte que "em uma sociedade em que o racismo está presente na vida cotidiana, as instituições que não tratarem de maneira ativa e como um problema a desigualdade racial irão facilmente reproduzir as práticas racistas já tidas como 'normais' em toda a sociedade".

Para enfrentar esse cenário é inegável a necessidade de atuação assertiva por parte do Estado brasileiro. Entram aqui as ações afirmativas, gênero do qual as cotas são espécie, como medida de reparação histórica. "As ações afirmativas são políticas dirigidas à correção das desigualdades estruturais, por meio de medidas tendentes a promover a igualdade de oportunidades para membros de grupos sociais vulnerabilizados".[8] Trata-se, assim, de ações especiais e temporárias que visam garantir a igualdade material de grupos historicamente oprimidos.

Dessa forma, a adoção de cotas raciais nos concursos para ingresso nos órgãos e entidades públicos tem o objetivo de combater o racismo institucional, promovendo mudanças na composição do quadro de servidores públicos brasileiros (majoritariamente branco) e garantindo o direito à equidade racial. Apesar de a política de cotais raciais em concursos públicos ser uma das ações afirmativas de cunho racial de maior relevância e alcance em nosso país, veremos que sua implementação tem se dado de maneira heterogênea nos diversos entes da federação, frente à inexistência de uma norma geral sobre o assunto.

Importa, para o presente trabalho, a situação particular dos Tribunais de Contas. Pretende-se apresentar um diagnóstico relativo à implementação da política de cotas raciais em concursos públicos por esses órgãos. Além de expor um panorama quantitativo da adoção das referidas ações afirmativas, será discutido se ainda há espaço para a não implementação das cotas raciais pelos órgãos em questão. Antes, faremos uma breve contextualização histórica da temática, bem como dos Tribunais de Contas.

---

[7] ALMEIDA, Silvio. *Racismo estrutural*. São Paulo: Jandaíra, 2019, p. 241. (Coleção Feminismos Plurais)

[8] VAZ, Lívia Sant'Anna. *Cotas raciais*. São Paulo: Jandaíra, 2022, p. 22. (Coleção Feminismos Plurais)

2 Cotas raciais em concursos públicos no Brasil: uma breve contextualização

Apesar de o sistema de cotas em concursos públicos já ser adotado desde 2003 no nível estadual (Lei estadual nº 14.274, de 24 de novembro de 2003, do estado do Paraná), foi a partir da edição da Lei nº 12.990, de 9 de junho de 2014, pela União, que a política ampliou significativamente seu alcance.

Ferreira e Igreja[9] apontam que:

> nos anos que sucedem a promulgação da Lei nº 12.990, em 2014, há a ocorrência de um volume normativo nem sequer observado na primeira geração de leis, no início dos anos 2000, o que aponta o impacto daquela norma em todos os entes federados. De fato, mesmo entes federativos que já dispunham de alguma norma, a partir de 2014, editaram nova regulamentação, adotando os parâmetros da lei federal.

A Lei nº 12.990/2014[10] reservou aos negros 20% (vinte por cento) das vagas oferecidas nos concursos públicos para provimento de cargos efetivos e empregos públicos no âmbito da Administração Pública federal, das autarquias, das fundações públicas, das empresas públicas e das sociedades de economia mista controladas pela União. Contudo, sofreu muitos ataques e teve sua constitucionalidade inúmeras vezes questionada sob o argumento de que o diploma legal feria o princípio da isonomia e o ideal da meritocracia no acesso a cargos públicos.

Tal celeuma teve fim no campo jurídico com a Ação Declaratória de Constitucionalidade 41, julgada pelo Supremo Tribunal Federal (STF) em 8 de junho de 2017. A decisão contida na ADC41/DF[11] não deixou

---

[9] FERREIRA, Ginmarco Loures; IGREJA, Rebecca Lemos. Legislações Brasileiras sobre Cotas Raciais no Serviço Público: uma análise da categorização racial e da distribuição temporal e espacial. *Boletim de Análise Político-Institucional*, n. 3, dez. 2021. Disponível em: https://repositorio.ipea.gov.br/bitstream/11058/11075/1/bapi_31_legislacoes_brasileiras.pdf. Acesso em: 10 jan. 2023.

[10] BRASIL. *Lei nº 12.990, de 9 de julho de 2014*. Reserva aos negros 20% (vinte por cento) das vagas oferecidas nos concursos públicos para provimento de cargos efetivos e empregos públicos no âmbito da administração pública federal, das autarquias, das fundações públicas, das empresas públicas e das sociedades de economia mista controladas pela União. Brasília, DF: Presidente da República, 2014. Disponível em: https://www.planalto.gov.br/ccivil_03/_ato2011-2014/2014/lei/l12990.htm. Acesso em: 11 jan. 2023.

[11] BRASIL. Supremo Tribunal Federal. *Ação direta de constitucionalidade nº 41/DF*. Direito Constitucional. Ação direta de constitucionalidade. Reserva de vagas para negros em concursos públicos. Constitucionalidade da Lei nº 12.990/2014. Procedência do pedido. Relator: Ministro Roberto Barroso. Brasília-DF. 08 de junho de 2017. Disponível em: https://

dúvidas sobre a constitucionalidade das cotas. Destacamos abaixo trechos do teor da decisão:

> 1. É constitucional a Lei nº 12.990/2014, que reserva a pessoas negras 20% das vagas oferecidas nos concursos públicos para provimento de cargos efetivos e empregos públicos no âmbito da administração pública federal direta e indireta, por três fundamentos.
> 1.1. Em primeiro lugar, a desequiparação promovida pela política de ação afirmativa em questão está em consonância com o princípio da isonomia. Ela se funda na necessidade de superar o racismo estrutural e institucional ainda existente na sociedade brasileira, e garantir a igualdade material entre os cidadãos, por meio da distribuição mais equitativa de bens sociais e da promoção do reconhecimento da população afrodescendente.
> 1.2. Em segundo lugar, não há violação aos princípios do concurso público e da eficiência. A reserva de vagas para negros não os isenta da aprovação no concurso público. Como qualquer outro candidato, o beneficiário da política deve alcançar a nota necessária para que seja considerado apto a exercer, de forma adequada e eficiente, o cargo em questão. Além disso, a incorporação do fator "raça" como critério de seleção, ao invés de afetar o princípio da eficiência, contribui para sua realização em maior extensão, criando uma "burocracia representativa", capaz de garantir que os pontos de vista e interesses de toda a população sejam considerados na tomada de decisões estatais.
> 1.3. Em terceiro lugar, a medida observa o princípio da proporcionalidade em sua tríplice dimensão. A existência de uma política de cotas para o acesso de negros à educação superior não torna a reserva de vagas nos quadros da administração pública desnecessária ou desproporcional em sentido estrito. Isso porque: (i) nem todos os cargos e empregos públicos exigem curso superior; (ii) ainda quando haja essa exigência, os beneficiários da ação afirmativa no serviço público podem não ter sido beneficiários das cotas nas universidades públicas; e (iii) mesmo que o concorrente tenha ingressado em curso de ensino superior por meio de cotas, há outros fatores que impedem os negros de competir em pé de igualdade nos concursos públicos, justificando a política de ação afirmativa instituída pela Lei nº 12.990/2014[12].

A ADC/41 dirimiu ainda outro ponto importante relativo à possibilidade de aplicação da Lei nº 12.990/2014 para além do Poder

---

redir.stf.jus.br/paginadorpub/paginador.jsp?docTP=TP&docID=13375729. Acesso em: 11 jan. 2023.

[12] *Ibid.*, 2014.

Executivo. Os Ministros do STF explicitaram em seus votos que a lei se aplica aos três poderes da União, bem como aos órgãos dotados de autonomia, como o Ministério Público Federal, a Defensoria Pública da União e o Tribunal de Contas da União.

Ainda antes do julgamento da ADC/41, o Conselho Nacional de Justiça (CNJ) regulamentou a utilização de cotas raciais nos concursos do Poder Judiciário, alcançando as esferas federal e estadual, por meio da Resolução-CNJ nº 203, de 23 de junho de 2015,[13] alterada posteriormente pela Resolução-CNJ nº 457, de 27 de abril de 2022.[14] Por meio da regulamentação, ficaram reservadas às pessoas negras o percentual mínimo de 20% (vinte por cento) das vagas oferecidas nos concursos públicos para provimento de cargos efetivos no poder judiciário.

Na mesma linha, o Conselho Nacional do Ministério Público editou a Resolução-CNMP nº 170, de 13 de junho de 2017,[15] reservando às pessoas negras o

> mínimo de 20% (vinte por cento) das vagas oferecidas nos concursos públicos para provimento de cargos do Conselho Nacional do Ministério Público e do Ministério Público brasileiro, bem como de ingresso na carreira de membros dos órgãos enumerados no art. 128, incisos I e II, da Constituição Federal.

---

[13] BRASIL. Conselho Nacional de Justiça. *Resolução nº 203, de 23 de junho de 2015*. Dispõe sobre a reserva aos negros, no âmbito do Poder Judiciário, de 20% (vinte por cento) das vagas oferecidas nos concursos públicos para provimento de cargos efetivos e de ingresso na magistratura. Disponível em: https://atos.cnj.jus.br/files/resolucao_203_23062015_12112015184402.pdf. Acesso em: 10 jan. 2023.

[14] BRASIL. Conselho Nacional de Justiça. *Resolução nº 457, de 27 de abril de 2022*. Altera as Resoluções CNJ nº 203/2015, que dispõe sobre reserva aos negros, no âmbito do Poder Judiciário, de 20% (vinte por cento) das vagas oferecidas nos concursos públicos para provimento de cargos efetivos e de ingresso na magistratura e 75/2009, que dispõe sobre os concursos públicos para ingresso na carreira da magistratura em todos os ramos do Poder Judiciário nacional, respectivamente. Disponível em: https://atos.cnj.jus.br/atos/detalhar/4511. Acesso em: 10 jan. 2023.

[15] BRASIL. Conselho Nacional do Ministério Público. *Resolução nº 170, de 13 de junho de 2017*. Dispõe sobre a reserva aos negros do mínimo de 20% (vinte por cento) das vagas oferecidas nos concursos públicos para provimento de cargos do Conselho Nacional do Ministério Público e do Ministério Público brasileiro, bem como de ingresso na carreira de membros dos órgãos enumerados no art. 128, incisos I e II, da Constituição Federal. Disponível em: https://www.cnmp.mp.br/portal/images/CDDF/Resolu%C3%A7%C3%A3o-170.pdf. Acesso em: 08 jan. 2023.

Colocando em foco os Poderes Executivo e Legislativo da esfera estadual e municipal encontramos um panorama mais heterogêneo.[16] Enquanto alguns estados foram pioneiros na edição de legislação, como o Paraná,[17] Mato Grosso do Sul[18] e Rio de Janeiro,[19] há ainda atualmente 13 estados que não regulamentaram a adoção de cotas raciais para ingresso em concursos públicos. Percebe-se aqui uma distorção advinda do fato de a Lei nº 12.990/2014 não ser uma lei geral, deixando ao arbítrio de cada ente federado a adoção de legislação que promova a igualdade racial no acesso a cargos públicos, abrindo espaço para um aprofundamento das desigualdades regionais já existentes.

Ampliando a análise para os órgãos autônomos no âmbito estadual, destaca-se um importante movimento recente das Defensorias Públicas Estaduais com vistas à uniformização na adoção das cotas raciais pelos órgãos. Em 16 de janeiro de 2022, as Defensorias públicas Estaduais assinaram o documento batizado de "Carta da Bahia"[20] em que se comprometem com a implementação da política afirmativa de cotas em todos os concursos e processos seletivos que vierem a realizar.

Infelizmente não encontramos movimento similar no âmbito dos Tribunais de Contas, também órgãos autônomos. Em janeiro de 2023, conforme pesquisa realizada (ANEXO), apenas 30% dos Tribunais de

---

[16] Para ter acesso ao mapa completo de ações afirmativas raciais para ingresso no serviço público adotadas em nível federal, estadual e municipal, acessar http://www.mapadeacoesafirmativas.com.

[17] PARANÁ. *Lei nº 14.274, de 24 de novembro de 2003*. Reserva Vagas a afro-descendentes em concursos públicos, conforme especifica. Curitiba, PR: Governador de Estado, [2003]. Disponível em: https://leisestaduais.com.br/pr/lei-ordinaria-n-14274-2003-parana-reserva-vagas-a-afro-. Acesso em: 10 jan. 2023.

[18] MATO GROSSO. *Lei nº 3.594, de 10 de dezembro de 2008*. Institui, como medida de promoção da igualdade de oportunidades no mercado de trabalho, o programa de reserva de vagas para negros e para índios, nos concursos públicos, para provimento de cargos efetivos e empregos públicos, no âmbito da Administração Direta e Indireta do Poder Executivo do Estado de Mato Grosso do Sul. Campo Grande, MT: Governador do Estado, [2008]. Disponível em: https://leisestaduais.com.br/ms/lei-ordinaria-n-3594-2008-mato-grosso-do-sul-altera-e-acrescenta-dispositivos-a-lei-n-3594-de-10-de-dezembro-de-2008. Acesso em: 10 jan. 2023.

[19] RIO DE JANEIRO. *Lei nº 6.067, de 25 de outubro de 2011*. Dispõe sobre reserva de vagas para negros e índios nos concursos públicos para provimento de cargos efetivos e empregos públicos integrantes dos quadros permanentes de pessoal do Poder Executivo do estado do Rio de Janeiro e das entidades de sua administração indireta. Rio de Janeiro, RJ: Governador do Estado, [2011]. Disponível em: https://gov-rj.jusbrasil.com.br/legislacao/1029724/lei-6067-11. Acesso em: 10 jan. 2023.

[20] BAHIA–Defensoria Pública. *Carta da Bahia-Defensorias Públicas Estaduais Antirracistas: Pelo Avanço da Política Afirmativa de Cotas Raciais*. Salvador, BA, [2022]. Disponível em: https://www.defensoria.ba.def.br/wp-content/uploads/2022/02/sanitize_170222-014902.pdf. Acesso em: 10 jan. 2023.

Contas brasileiros já havia adotado o instituto das cotas raciais em concurso público e não havia nenhum movimento coordenado visando ao estabelecimento das ações afirmativas por todas as Cortes.

Feita essa contextualização, apresentaremos em seguida uma breve caracterização dos Tribunais de Contas brasileiros e seguiremos para a discussão central do presente artigo.

3 Tribunais de Contas no Brasil

Os Tribunais de Contas são órgãos autônomos e independentes que auxiliam o Poder Legislativo no exercício do controle externo, exercendo o papel de fiscalizador do uso dos recursos públicos, tanto no que se refere à sua correta aplicação, quanto aos resultados dos serviços prestados à população.

Atualmente o Brasil possui 33 Tribunais de Contas, sendo 01 Tribunal de Contas da União, 26 Tribunais de Contas Estaduais, 01 Tribunal de Contas do Distrito Federal, 03 Tribunais de Contas dos Municípios e 02 Tribunais de Contas Municipais.[21] Caracterizam-se como órgãos colegiados, cujos ministros ou conselheiros são indicados pelo chefe do Poder Executivo e pelas casas legislativas, respeitados os critérios e condições definidos na Constituição Federal e nas Constituições Estaduais.

Os Tribunais de Contas têm entre suas principais funções, estabelecidas na Constituição Federal,[22] no caso do TCU, e nas constituições estaduais, para os demais, a elaboração de pareceres prévios sobre as contas de governo (a serem julgadas pelo Poder Legislativo), o julgamento das contas dos administradores públicos e dos responsáveis por bens e valores públicos, a apreciação e registro de atos de pessoal e a realização de auditorias em programas e políticas governamentais.

As análises empreendidas pelos Tribunais de Contas vão além do princípio da legalidade, verificando se os atos de gestão e a condução das políticas e programas de governo atendem também aos princípios da economicidade, da eficiência, da eficácia e da efetividade.

---

[21] Os Tribunais de Contas dos Municípios são órgãos estaduais responsáveis por fiscalizar todos os municípios de um estado. Já os Tribunais de Contas Municipais pertencem à esfera municipal e realizam a fiscalização de apenas um município.

[22] BRASIL. [Constituição (1988)] *Constituição da República Federativa do Brasil de 1988*. Brasília, DF: Presidência da República, [2016]. Disponível em: https://www2.senado.leg.br/bdsf/bitstream/handle/id/518231/CF88_Livro_EC91_2016.pdf. Acesso em: 10 jan. 2023.

Percebe-se que o papel do Tribunais de Contas é extremamente relevante para uma administração pública comprometida com os princípios democráticos e republicanos. A atuação eficiente de tais órgãos traz uma contribuição fundamental para a concretização de conceitos como transparência, prestação de contas e responsabilização no uso dos recursos públicos.

> O Tribunal de Contas, portanto, exerce papel indispensável à democratização da sociedade, sendo órgão responsável por fiscalizar e exigir que se cumpram os preceitos fundamentais, verificando a finalidade dada ao dinheiro público. A atuação do tribunal não deve se restringir apenas à verificação se há desvio de bens e recursos público; deve ir além, observando parâmetros qualitativos das ações estatais e sua relação com os gastos públicos.[23]

Como órgãos de controle, muitas vezes os Tribunais de Contas acabam se tornando referência para os demais órgãos da Administração Pública em relação às ações que empreendem no âmbito administrativo, exercendo a "liderança pelo exemplo" em áreas como licitações e contratos, gestão estratégica e gestão de pessoas.

Cabe acrescentar que, apesar de haver 33 Tribunais de Contas no país, não há hierarquia nem nenhuma relação de dependência ou subordinação entre eles. Entretanto, existem instituições que congregam as Cortes de Contas e seus membros, buscando uma atuação mais articulada e realizando ações conjuntas. É o caso do Instituto Rui Barbosa (IRB) e da Associação dos Membros dos Tribunais de Contas do Brasil (Atricon).

4 Por que os Tribunais de Contas (e todos os órgãos públicos) devem adotar as cotas raciais?

Conforme já visto no presente artigo, a Lei nº 12.990/2014 determinou no âmbito da Administração Pública federal a implementação do sistema de cotas raciais em concursos públicos. Considerando que a referida legislação se aplica diretamente apenas na esfera federal, os

---

[23] JANINI, Tiago Cappi; CELEGATTO, Mário Augusto Quinteiro. A atuação do Tribunal de Contas na implementação de políticas públicas. *Juris Poiesis*, Rio de Janeiro, v. 21, n. 27, p. 71-86, dez. 2018. Disponível em: http://periodicos.estacio.br/index.php/jurispoiesis/article/viewFile/6160/47965312. Acesso em: 06 fev. 2023.

demais entes da federação devem regulamentar o instituto de reserva de vagas em concursos públicos para pessoas negras com legislação própria.[24] Ocorre que, em janeiro de 2023, 13 estados e diversas capitais ainda não tinham feito tal normatização. Essa lacuna é usada como argumento por muitos para justificar a não realização de concursos públicos com cotas raciais pelos Tribunais de Contas e outros órgãos estaduais ou municipais.

Estariam os Tribunais de Contas dos Estados, onde inexiste legislação específica, impedidos de realizar concursos com cotas raciais em homenagem ao princípio da legalidade? Esta seção se propõe a contrapor tal argumento e defender a tese de que a adoção das cotas onde ainda não há lei que as exija expressamente é sobretudo uma questão de vontade política.

A Constituição Federal de 1988 é incisiva em relação ao princípio da igualdade. A Carta Magna assevera que "todos são iguais perante a lei, sem distinção de qualquer natureza, garantindo-se aos brasileiros e aos estrangeiros residentes no País a inviolabilidade do direito à vida, à liberdade, à igualdade, à segurança e à propriedade".[25] Em seus incisos XLI e XLII, o art. 5º garante ainda que "a lei punirá qualquer discriminação atentatória dos direitos e liberdades fundamentais" e que "a prática do racismo constitui crime inafiançável e imprescritível, sujeito à pena de reclusão, nos termos da lei".[26]

Complementarmente, em seu art. 3º, inciso IV, a Constituição da República[27] determina que a promoção do bem de todos, sem preconceitos de origem, raça, sexo, cor, idade e quaisquer outras formas de discriminação é objetivo fundamental da república. Deriva, portanto, do texto constitucional, o direito à igualdade racial e o dever do Estado em promovê-la. É necessário que, para a promoção do bem de todos, seja reconhecida a legitimidade do tratamento diferenciado para aqueles que estão em situações desfavoráveis, de modo a garantir a igualdade em uma perspectiva material.

Vale destacar o entendimento do Supremo Tribunal Federal no paradigmático julgamento da Arguição de Descumprimento de Preceito Fundamental 186 (ADPF 186/DF), em que se questionava a adoção de

---

[24] *Ibid.*, 2014.
[25] *Ibid.*, 1988, art. 5º, *caput*.
[26] *Ibid.*, 1988, art. 5º, incisos XLI e XLII.
[27] *Ibid.*, 1988, art. 3º, inciso IV.

cotas raciais nos vestibulares por ato administrativo pela Universidade de Brasília. O julgamento ocorreu em abril de 2012, portanto antes da edição da Lei nº 12.711, 29 de agosto de 2012, que instituiu cotas nas Instituições Federais de Ensino Superior. Vejamos trechos do teor da decisão:

> I - Não contraria– ao contrário, prestigia– o princípio da igualdade material, previsto no *caput* do art. 5º da Carta da República, a possibilidade de o Estado lançar mão seja de políticas de cunho universalista, que abrangem um número indeterminados de indivíduos, mediante ações de natureza estrutural, seja de ações afirmativas, que atingem grupos sociais determinados, de maneira pontual, atribuindo a estes certas vantagens, por um tempo limitado, de modo a permitir-lhes a superação de desigualdades decorrentes de situações históricas particulares.
> V - Metodologia de seleção diferenciada pode perfeitamente levar em consideração critérios étnico-raciais ou socioeconômicos, de modo a assegurar que a comunidade acadêmica e a própria sociedade sejam beneficiadas pelo pluralismo de ideias, de resto, um dos fundamentos do Estado brasileiro, conforme dispõe o art. 1º, V, da Constituição.[28]

Cientes do efeito benéfico da regulamentação em lei do instituto das cotas raciais pelos entes subnacionais, que poderiam assim considerar as especificidades locais em seus regulamentos, entendemos que eventual vácuo normativo no âmbito estadual e municipal não é justificativa aceitável para a ausência das ações afirmativas.

Considerando que nossa Carta Magna, em seu art. 5º §1º,[29] confere aplicabilidade imediata às normas definidoras de direitos fundamentais, como é o caso do direito à igualdade, a adoção de ações afirmativas pode ser levada a cabo independente de lei que autorize os órgãos públicos a fazê-lo, como acabamos de exemplificar no julgamento da ADPF 186/DF. Nesse sentido, cabe destacar trecho do voto do Ministro Edson Fachin na já citada ADC/41:

> Como já se aduziu nesse voto [...] o sistema de cotas dá pleno cumprimento ao princípio da igualdade material, um dos pilares do art. 3º

---

[28] BRASIL. Supremo Tribunal Federal. *Arguição de Descumprimento de Preceito Fundamental nº 186/DF*. Relator: Ministro Ricardo Lewandowski. Pesquisa de Jurisprudência, Acórdãos. Disponível em: http://www.stf.jus.br/portal/jurisprudencia/pesquisarJurisprudencia.asp. Acesso em: 10 jan. 2023.

[29] Ibid., 1988, art. 5º §1º.

da Constituição Federal. Trata-se de direito que, em verdade, sequer depende de lei para ser efetivamente cumprido.[30]

Mais recentemente, em janeiro de 2022, a ratificação pelo Brasil da Convenção Interamericana contra o Racismo, a Discriminação Racial e Formas Correlatas de Intolerância de Guatemala[31] robusteceu ainda mais o arcabouço normativo brasileiro para a promoção da igualdade racial. A referida convenção é o terceiro tratado internacional de direitos humanos a ser internalizado com *status* constitucional, conforme previsto no art. 5º, §3º, da Constituição Federal.[32]

A Convenção, além de deslindar conceitos importantes como discriminação racial indireta, discriminação múltipla ou agravada, racismo, ação afirmativa e intolerância, determina que:

> Artigo 5
> Os Estados Partes comprometem-se a adotar as políticas especiais e ações afirmativas necessárias para assegurar o gozo ou exercício dos direitos e liberdades fundamentais das pessoas ou grupos sujeitos ao racismo, à discriminação racial e formas correlatas de intolerância, com o propósito de promover condições equitativas para a igualdade de oportunidades, inclusão e progresso para essas pessoas ou grupos. Tais medidas ou políticas não serão consideradas discriminatórias ou incompatíveis com o propósito ou objeto desta Convenção, não resultarão na manutenção de direitos separados para grupos distintos e não se estenderão além de um período razoável ou após terem alcançado seu objetivo.
> Artigo 6
> Os Estados Partes comprometem-se a formular e implementar políticas cujo propósito seja proporcionar tratamento equitativo e gerar igualdade de oportunidades para todas as pessoas, em conformidade com o alcance desta Convenção; entre elas políticas de caráter educacional, medidas trabalhistas ou sociais, ou qualquer outro tipo de política promocional, e a divulgação da legislação sobre o assunto por todos os meios possíveis, inclusive pelos meios de comunicação de massa e pela internet.[33]

---

[30] *Ibid.*, 2017.
[31] BRASIL. *Decreto nº 10.932, de 10 de janeiro de 2022*. Promulga a Convenção Interamericana contra o Racismo, a Discriminação Racial e Formas Correlatas de Intolerância, firmado pela República Federativa do Brasil, na Guatemala, em 5 de junho de 2013. Brasília, DF [2022]. Disponível em: https://www.planalto.gov.br/ccivil_03/_Ato2019-2022/2022/Decreto/D10932.htm. Acesso em: 06 fev. 2023.
[32] *Ibid.*, 1988, art. 5º §3º.
[33] *Ibid.*, 2013, arts. 5º e 6º.

Percebe-se que, após a promulgação da Convenção Interamericana contra o Racismo, a Discriminação Racial e Formas Correlatas de Intolerância de Guatemala, o dever constitucional do Estado na promoção de ações afirmativas ficou ainda mais explícito.

Para além da aplicabilidade imediata dos dizeres constitucionais referentes à promoção da igualdade racial como base maior para a adoção de medidas afirmativas por órgãos estaduais ou municipais cujos entes não tenham regulamentado a questão, vislumbra-se ainda a aplicação integrativa tanto da Lei nº 12.990/2014, como do Estatuto da igualdade racial. Sobre o assunto, ensina Migue Reale Junior:[34]

> [...] Se reconhecemos que a lei tem lacunas, é necessário preencher tais vazios, a fim de que se possa dar sempre uma resposta jurídica, favorável ou contrária, a quem se encontre ao desamparo da lei expressa. Esse processo de preenchimento das lacunas chama-se *integração do direito* [...], segundo o qual, em sendo a lei omissa, deve-se recorrer à analogia, aos costumes e aos princípios gerais de direito. (grifo no original)

Nesse ponto vale resgatarmos que a promulgação do Estatuto da Igualdade Racial em 2010, anteriormente, portanto, às leis federais de cotas para universidades e concursos públicos, caracterizou-se como importante diploma legal no que tange à operacionalização do combate ao racismo e da redução de desigualdades de cunho étnico-racial. Especialmente em relação ao direito ao trabalho, o Estatuto estabelece que:

> Art. 39. O poder público promoverá ações que assegurem a igualdade de oportunidades no mercado de trabalho para a população negra, inclusive mediante a implementação de medidas visando à promoção da igualdade nas contratações do setor público e o incentivo à adoção de medidas similares nas empresas e organizações privadas.
> §1º A igualdade de oportunidades será lograda mediante a adoção de políticas e programas de formação profissional, de emprego e de geração de renda voltados para a população negra.
> §2º As ações visando a promover igualdade de oportunidades na esfera da administração pública far-se-ão por meio de normas estabelecidas ou a serem estabelecidas em legislação específica e em seus regulamentos.
> [...]

---

[34] REALE, Miguel. *Lições preliminares de direito*. São Paulo: Saraiva, 2002.

Art. 42. O Poder Executivo federal poderá implementar critérios para provimento de cargos em comissão e funções de confiança destinados a ampliar a participação de negros, buscando reproduzir a estrutura da distribuição étnica nacional ou, quando for o caso, estadual, observados os dados demográficos oficiais.[35]

Depreende-se do apresentado que não falta base legal para a adoção das cotas raciais nos concursos dos Tribunais de Contas, inclusive naqueles em cujos estados não foi ainda editada lei sobre o assunto. Seja a partir da aplicação imediata dos preceitos constitucionais que justificam a implementação de ações com vistas à promoção da igualdade racial, seja pela aplicação integrativa da Lei nº 12.990/2014 e do Estatuto da igualdade racial (Lei nº 12.288/2010), não faltam referências legais para a implementação da política de ações afirmativas.

E se não falta embasamento legal, o que falta? Falta uma visão estratégica dos benefícios da promoção da diversidade étnico-racial nos ambientes organizacionais,[36][37] bem como a consciência da necessidade do compromisso de todos os agentes da Administração Pública no combate ao racismo. As lideranças dos Tribunais de Contas assumem, portanto, um papel fundamental na execução da política pública no âmbito das cortes. Importa consignar que a maioria dos Ministros ou Conselheiros dos Tribunais de Contas é composta por homens brancos.[38][39] E nos deparamos então com um dilema: os Tribunais de Contas onde a ação afirmativa ainda não foi implementada são órgãos majoritariamente

---

[35] BRASIL. *Lei nº 12.288, de 20 de julho de 2010*. Institui o Estatuto da Igualdade Racial; altera as Leis nos 7.716, de 5 de janeiro de 1989, 9.029, de 13 de abril de 1995, 7.347, de 24 de julho de 1985, e 10.778, de 24 de novembro de 2003. Brasília, DF, [2010]. Disponível em: https://www.planalto.gov.br/ccivil_03/_ato2007-2010/2010/lei/l12288.htm. Acesso em: 06 fev. 2023.

[36] Pesquisa da consultoria Mckinsey com 366 empresas de vários setores no Canadá, América Latina, Reino Unido e Estados Unidos indicou que as organizações no quartil superior em diversidade racial e étnica são 35% mais propensas a obter retornos financeiros acima da média nacional de seu setor.

[37] HUNT, Vivian; LAYTIN, Dennis; PRINCE, Sarah. Why diversity matters. *McKinsey&Company*, fev. 2015. Disponível em: https://www.mckinsey.com/br/~/media/mckinsey/business%20functions/people%20and%20organizational%20performance/our%20insights/why%20diversity%20matters/why%20diversity%20matters.pdf. Acesso em: 06 fev. 2023.

[38] Em pesquisa realizada pela Atricon em 2020 a maioria dos magistrados (65%) se declarou branca, seguida por pardos (32,5%), pretos (1,6%) e indígena (0,8).

[39] SPERB, Paula. Mulheres e negros são minoria nos Tribunais de contas, aponta pesquisa. *Folha de S.Paulo*, São Paulo, 31 jan. 2020. Disponível em: https://www1.folha.uol.com.br/poder/2020/01/mulheres-e-negros-sao-minoria-nos-tribunais-de-contas-aponta-pesquisa.shtml. Acesso em: 06 fev. 2023.

brancos porque não possuem cotas raciais ou não possuem cotas raciais porque são majoritariamente brancos?

Aqui entra a importância do letramento racial[40][41] para todos os níveis hierárquicos das organizações e a existência de unidades especializadas dentro desses órgãos, que possam assessorar a alta administração. É o caso do Comitê de Assessoramento Permanente Antirracista (CAPA) do Tribunal de Contas do Estado do Rio Grande do Sul (TCE-RS).[42]

Lívia Santana Vaz, com quem concordamos, vai ainda além ao discutir uma suposta discricionariedade na adoção das cotas raciais pelos órgãos públicos:

> A adoção de ações afirmativas não está sujeita à mera conveniência dos poderes públicos, sendo que a inércia estatal gera violação, por omissão, do direito à promoção da igualdade racial. Ou, de outra forma, real discriminação por omissão. Isso porque o direito de não ser racialmente discriminado também é violado quando o Estado não estabelece tratamento diferenciado a pessoas e grupos cuja situação é significativamente desigual com base na raça.[43]

Não resta dúvida de que todos os Tribunais de Contas brasileiros podem, e devem, instituir ações afirmativas de cunho racial, alinhando-se, assim, aos demais órgãos onde tal política já está consolidada, contribuindo para a promoção da igualdade racial a partir da composição de uma burocracia efetivamente representativa. Afinal de contas, o conjunto de servidores públicos de determinada esfera deveria parecer com a população que ele representa de modo que interesses de toda a diversidade da sociedade fossem considerados nas decisões

---

[40] De acordo com Lopes (2019), o termo *"racial literacy"* foi cunhado pela antropóloga afro-americana France Winddance Twine e traduzido pela pesquisadora Lia Vainer Schucman como "letramento racial". "O letramento racial é uma forma de responder individualmente às tensões raciais. Ao lado de respostas coletivas, na forma de cotas e políticas públicas, ele busca reeducar o indivíduo em uma perspectiva antirracista."

[41] SILVA, Marcos Fabrício Lopes da. Educação e letramento racial. *Boletim*, Belo Horizonte, n. 2081, nov. 2019. Disponível em: https://ufmg.br/comunicacao/publicacoes/boletim/edicao/2081/educacao-e-letramento-racial. Acesso em: 06 fev. 2023.

[42] VARGAS, Letícia. TCE-RS adota nova medida antirracista. *Portal TCE*, Porto Alegre, 19 nov. 2021. Disponível em: https://tcers.tc.br/noticia/tce-rs-adota-nova-medida-antirracista/. Acesso em: 06 fev. 2023.

[43] *Ibid.*, 2022, p. 85.

governamentais.[44] Vejamos a seguir em que medida essa realidade tem se concretizado (ou não) nas cortes de contas brasileiras.

5 Cotas raciais em concursos públicos dos Tribunais de Contas brasileiros: um panorama desafiador

Levantamento realizado pela autora (ANEXO)[45] em janeiro de 2023 apontou que, dos 33 Tribunais de Contas existentes no Brasil, apenas 10 já previram a reserva de vagas para candidatos negros em concurso público. É possível argumentar que muitos tribunais não realizam concurso público há muitos anos, e, por isso, ainda não adotaram o instituto das cotas raciais. Ainda assim, retirando da análise os seis Tribunais de Contas cujo último concurso foi realizado antes de 2014,[46] 63% (17 de 27 tribunais) não adotaram a ação afirmativa no último certame.

Chama atenção o fato de que, dos 10 concursos que tiveram seu edital de abertura publicado nos dois últimos anos (2021 e 2022), apenas 3 previram a reserva de vagas (ANEXO). Ou seja, não parece haver um movimento de crescimento na adesão às cotas raciais pelos Tribunais de Contas nos últimos anos, período em que os debates públicos, a academia e a jurisprudência têm reforçado a importância da adoção de ações afirmativas de cunho étnico-racial.

Há situações ainda que, apesar da existência de lei estadual, o Tribunal de Contas não previu a reserva de vagas para cotistas negras/os. É o caso do último concurso para procurador do Ministério Público de Contas do Tribunal de Contas do Estado de Mato Grosso do Sul, que não trouxe a previsão de cotas raciais em seu edital de abertura, apesar de o estado ser um dos pioneiros na edição de lei estadual

---

[44] ALVES, Iara. Burocracia representativa como chave para uma gestão pública em prol da igualdade de gênero e raça. *República.org*, 2022. Disponível em: https://republica.org/emnotas/conteudo/burocracia-representativa-como-chave-para-uma-gestao-publica-em-prol-da-igualdade-de-genero-e-raca-2/. Acesso em: 06 fev. 2023.

[45] A metodologia constou de pesquisa nos sítios oficiais na internet do Tribunais de Contas e das entidades realizadoras de concursos públicos, nos Diários Oficiais da União e dos Estados, além de manifestações via ouvidoria dos Tribunais de Contas.

[46] Optou-se por esse recorte temporal para incluir na análise apenas os editais publicados após a edição da Lei nº 12.990/2014, que, apesar de não se aplicar à esfera estadual, foi um marco para a mobilização dos entes federados na regulamentação do assunto, conforme visto na introdução desse artigo.

regulamentando o assunto (Lei nº 3.594/2008[47]). O Ministério Público Estadual está investigando o caso.

Por outro lado, é interessante destacar situações práticas que demonstram que o argumento da inexistência de lei estadual para legitimar a não adoção de cotas pelos Tribunais de Contas não se sustenta. É o caso do último concurso realizado pelo Tribunal de Contas dos Municípios do Estado do Pará (TCM-PA),[48] que previu em seu item 3.1 a reserva do percentual mínimo de 10% das vagas para pessoas negras (pretas e pardas), quilombolas e indígenas, aplicando integrativamente a Lei Federal nº 12.990/2014, dada a inexistência de legislação estadual específica.

Digno de nota é também o caso do Tribunal de Contas do Estado de São Paulo (TCE-SP). Apesar de não ter adotado cotas raciais em seu último concurso, realizado em 2017 (ANEXO), o TCE-SP, em face da inexistência de legislação estadual instituidora de tais cotas, regulamentou internamente a reserva às/aos candidatas/os negras/os de 20% (vinte por cento) das vagas oferecidas em concursos públicos para provimento de cargos efetivos em seu quadro de pessoal, por meio da Resolução TCE-SP nº 04/2022.[49] Ou seja, a administração do TCE-SP não optou pela inércia diante da inexistência de lei estadual sobre o tema e fez sua própria regulamentação, amparada pela Lei Federal nº 12.990/2014, pelo Estatuto da Igualdade Racial e pelos Objetivos de Desenvolvimento Sustentável constantes da Agenda 2030 da Organização das Nações Unidas.

Os casos do TCM-PA e do TCE-SP demonstram que os Tribunais de Contas podem inclusive ser pioneiros nos Estados que ainda não possuem legislação estadual versando sobre o assunto, tornando-se referência positiva na promoção da igualdade racial. Situação similar tem acontecido com as ouvidorias públicas estaduais, que em alguns

---

[47] *Ibid.*, 2008.

[48] PARÁ. Tribunal de Contas dos Municípios do Estado do Pará. (TCMPA). *Edital do concurso público 002/2022/TCMPA*. Belém, PA, [2022]. Disponível em: https://jcconcursos.com.br/media/uploads/anexos/concurso-tcm-pa-edital-2-2022.pdf. Acesso em: 06 fev. 2023.

[49] [25]SÃO PAULO. Tribunal de Contas do Estado de São Paulo (TCESP). *Resolução nº 04 de 14 de maio de 2022*. Dispõe sobre a regulamentação de reserva aos candidatos negros de 20% (vinte por cento) das vagas oferecidas em concursos públicos para provimento de cargos efetivos no Quadro de Pessoal do Tribunal de Contas do Estado de São Paulo. São Paulo, SP, [2022]. Disponível em: https://www.tce.sp.gov.br/legislacao/resolucao/regulamentacao-reserva-aos-candidatos-negros-20-vinte-por-cento-vagas#:~:text=RESOLU%C3%87%C3%83O%20N%C2%BA%2004%2F2022,do%20Estado%20de%20S%C3%A3o%20Paulo. Acesso em: 06 fev. 2023.

estados, a despeito da inexistência de legislação estadual, adotam regulamentação própria para a adoção de cotas raciais em seus concursos. É o caso das Defensorias Públicas dos estados do Amazonas,[50] de Goiás[51] e de Minas Gerais.[52]

Revela-se na prática que a determinação da alta administração dos Tribunais de Contas é fundamental para que os órgãos adotem a ação afirmativa, e contribuam de forma ativa para o combate à desigualdade racial, a partir da consolidação dessa tão relevante política pública no país.

Nesse contexto, é de extremo relevo a atuação dos órgãos que congregam os Tribunais de Contas, pois possuem notória capacidade de articulação e mobilização de seus membros. A Atricon, por exemplo, poderia emitir recomendações no sentido de adoção das políticas afirmativas raciais, nos moldes de trabalho realizado recentemente por grupo de membros da associação, que culminou na edição de nota recomendatória[53] com medidas práticas para a promoção de igualdade de gênero nas cortes de contas.

6 Conclusão

O racismo no Brasil é fenômeno estrutural e, como tal, se manifesta cotidianamente em todos os aspectos sociais, tendo como uma de suas consequências mais nefastas a naturalização da ausência de pessoas negras em diversos espaços, como os cargos públicos, em especial aqueles de maior prestígio e remuneração.

---

[50] AMAZONAS. *Lei nº 5.580, de 17 de agosto de 2021*. Dispõe sobre reservas de vagas às pessoas negras, indígenas e quilombolas para provimento de cargos efetivos do Quadro de Pessoal de Membros e Servidores da Defensoria Pública do Estado do Amazonas. Manaus, AM: Presidente da Mesa Diretora da Assembleia Legislativa do Estado do Amazonas, [2021]. Disponível em: https://sapl.al.am.leg.br/media/sapl/public/documentoacessorio/2021/51967/5580.pdf. Acesso em: 06 fev. 2023.

[51] GOIÁS. Defensoria Pública do Estado de Goiás (DPEGO). *Resolução DPE-GO nº 53, de 21 de março de 2018*. Goiânia, GO, [2018]. Disponível em: http://www.defensoriapublica.go.gov.br/depego/images/pdf/Resolucao_053_2018.pdf. Acesso em: 06 fev. 2023.

[52] MINAS GERAIS. Defensoria Pública do Estado de Minas Gerais. *Deliberação nº 16, de 2018*. Estabelece o Regulamento do concurso público para o provimento de cargo de Defensor Público do Estado de Minas Gerais. Belo Horizonte, MG, [2018].

[53] ASSOCIAÇÃO DOS MEMBROS DOS TRIBUNAIS DE CONTAS DO BRASIL (ATRICON). *Nota Recomendatória Atricon nº 04, de 2022*. Brasília/DF, [2022]. Disponível em: https://atricon.org.br/wp-content/uploads/2022/12/Nota-Recomendatoria-no-04-2022-Igualdade-de-Genero.pdf. Acesso em: 06 fev. 2023.

Para combater essa realidade foram implementadas, desde o início dos anos 2000, políticas de cotas raciais para ingresso nas carreiras governamentais por meio da reserva de vagas nos concursos públicos. Entretanto, nunca foi editada uma norma de caráter geral, que abrangesse todos os poderes em todas as esferas da federação. Dessa forma, temos hoje uma realidade de ampla cobertura da política de cotas raciais no nível federal, enquanto nos níveis estadual e municipal a situação é de grande heterogeneidade na existência de regulamentação, revelando omissão por boa parte dos entes federados.

O mesmo ocorre quando olhamos para o sistema de Tribunais de Contas. A pesquisa apresentada no presente artigo revelou que enquanto algumas cortes são pioneiras em seus Estados, a maioria nunca adotou o instituto das cotas raciais em seus concursos públicos, mesmo nos certames mais recentes. Infelizmente, enquanto as discussões de gestão e acadêmicas avançam para a verificação da eficiência, dos limites e necessidades de aperfeiçoamento da política de cotas, em boa parte dos Tribunais de Contas ainda estamos lidando com o passo inicial, que é a adoção da sistemática.

Após a análise da fundamentação legal, destacadamente dos mandamentos constitucionais que autorizam a adoção das ações afirmativas, seja por lei ou ato administrativo, concluímos que não há justificativa plausível para a não adoção das cotas raciais nos concursos públicos dos Tribunais de Contas brasileiros. É um imperativo moral e legal que precisa ser levado em conta na realização dos certames, já que "o Estado tem o dever de atuar como agente transformador para promover igualdade racial".[54]

Para que a realidade apresentada seja radicalmente alterada, é central a atuação da alta administração e das entidades que congregam os Tribunais de Contas. É bem-vinda nesse processo a mobilização e letramento racial dos próprios servidores e de suas entidades representativas, bem como a criação ou fortalecimento de unidades organizacionais especializadas na pauta de equidade, diversidade e inclusão.

Deve-se ter em mente que o estabelecimento das cotas raciais é apenas um primeiro, mas importante passo na construção de uma burocracia mais plural do ponto de vista étnico-racial. É preciso evoluir para o monitoramento dos resultados das ações afirmativas nos quadros de servidores das cortes de contas. A realização de censos raciais, bem

---

[54] *Ibid.*, 2022, p. 86.

como a verificação da eficiência das cotas quanto ao efetivo ingresso do percentual mínimo previsto de pessoas negras se torna indispensável para a avaliação da política. É imprescindível, ainda, a verificação da evolução do perfil étnico-racial na ocupação de cargos de liderança.

Estamos certos de que a inércia de nenhum órgão pode prejudicar a efetivação do direito fundamental à igualdade racial no âmbito da burocracia estatal. Que os Tribunais de Contas, enquanto instituições fundamentais à plena efetivação da democracia, possam participar ativamente da revolução silenciosa[55] promovida pelas cotas raciais na administração pública brasileira.

Referências

AÇÕES AFIRMATIVAS RACIAIS E BUROCRACIA PÚBLICA. Mapa georreferenciado com ações afirmativas no serviço público. Disponível em: http://www.mapadeacoesafirmativas.com. Acesso em: 03 jan. 2021.

ALMEIDA, Silvio. *Racismo estrutural*. São Paulo: Jandaíra, 2019. (Coleção Feminismos Plurais)

ALVES, Iara. Burocracia representativa como chave para uma gestão pública em prol da igualdade de gênero e raça. *República.org*, 2022. Disponível em: https://republica.org/emnotas/conteudo/burocracia-representativa-como-chave-para-uma-gestao-publica-em-prol-da-igualdade-de-genero-e-raca-2/. Acesso em: 06 fev. 2023.

AMAZONAS. *Lei nº 5.580, de 17 de agosto de 2021*. Dispõe sobre reservas de vagas às pessoas negras, indígenas e quilombolas para provimento de cargos efetivos do Quadro de Pessoal de Membros e Servidores da Defensoria Pública do Estado do Amazonas. Manaus, AM: Presidente da Mesa Diretora da Assembleia Legislativa do Estado do Amazonas, [2021]. Disponível em: https://sapl.al.am.leg.br/media/sapl/public/documentoacessorio/2021/51967/5580.pdf. Acesso em: 06 fev. 2023.

AMAZONAS. *Lei nº 5.580, de 17 de agosto de 2021*. Dispõe sobre reservas de vagas às pessoas negras, indígenas e quilombolas para provimento de cargos efetivos do Quadro de Pessoal de Membros e Servidores da Defensoria Pública do Estado do Amazonas. Manaus, AM: Presidente da Mesa Diretora da Assembleia Legislativa do Estado do Amazonas, [2021]. Disponível em: https://sapl.al.am.leg.br/media/sapl/public/documentoacessorio/2021/51967/5580.pdf. Acesso em: 06 fev. 2023.

ASSOCIAÇÃO DOS MEMBROS DOS TRIBUNAIS DE CONTAS DO BRASIL (ATRICON). *Nota Recomendatória nº 04, de 2022*. Brasília/DF, [2022]. Disponível em: https://atricon.org.br/wp-content/uploads/2022/12/Nota-Recomendatoria-no-04-2022-Igualdade-de-Genero.pdf. Acesso em: 06 fev. 2023.

---

[55] *Ibid.*, 2022, p. 83.

BAHIA – Defensoria Pública. *Carta da Bahia-Defensorias Públicas Estaduais Antirracistas: Pelo Avanço da Política Afirmativa de Cotas Raciais.* Salvador, BA, [2022]. Disponível em: https://www.defensoria.ba.def.br/wp-content/uploads/2022/02/sanitize_170222-014902.pdf. Acesso em: 10 jan. 2023.

BRASIL. [Constituição (1988)] *Constituição da República Federativa do Brasil de 1988.* Brasília, DF: Presidência da República, [2016]. Disponível em: https://www2.senado.leg.br/bdsf/bitstream/handle/id/518231/CF88_Livro_EC91_2016.pdf. Acesso em: 10 jan. 2023.

BRASIL. Conselho Nacional de Justiça. *Resolução nº 203, de 23 de junho de 2015.* Dispõe sobre a reserva aos negros, no âmbito do Poder Judiciário, de 20% (vinte por cento) das vagas oferecidas nos concursos públicos para provimento de cargos efetivos e de ingresso na magistratura. Disponível em: https://atos.cnj.jus.br/files/resolucao_203_23062015_12112015184402.pdf. Acesso em: 10 jan. 2023.

BRASIL. Conselho Nacional de Justiça. *Resolução nº 457, de 27 de abril de 2022.* Altera as Resoluções CNJ nº 203/2015, que dispõe sobre a reserva aos negros, no âmbito do Poder Judiciário, de 20% (vinte por cento) das vagas oferecidas nos concursos públicos para provimento de cargos efetivos e de ingresso na magistratura e 75/2009, que dispõe sobre os concursos públicos para ingresso na carreira da magistratura em todos os ramos do Poder Judiciário nacional, respectivamente. Disponível em: https://atos.cnj.jus.br/atos/detalhar/4511. Acesso em: 10 jan. 2023.

BRASIL. Conselho Nacional do Ministério Público. *Resolução nº 170, de 13 de junho de 2017.* Dispõe sobre a reserva aos negros do mínimo de 20% (vinte por cento) das vagas oferecidas nos concursos públicos para provimento de cargos do Conselho Nacional do Ministério Público e do Ministério Público brasileiro, bem como de ingresso na carreira de membros dos órgãos enumerados no art. 128, incisos I e II, da Constituição Federal. Disponível em: https://www.cnmp.mp.br/portal/images/CDDF/Resolu%C3%A7%C3%A3o-170.pdf. Acesso em: 08 jan. 2023.

BRASIL. *Decreto nº 10.932, de 10 de janeiro de 2022.* Promulga a Convenção Interamericana contra o Racismo, a Discriminação Racial e Formas Correlatas de Intolerância, firmado pela República Federativa do Brasil, na Guatemala, em 5 de junho de 2013. Brasília, DF [2022]. Disponível em: https://www.planalto.gov.br/ccivil_03/_Ato2019-2022/2022/Decreto/D10932.htm. Acesso em: 06 fev. 2023.

BRASIL. *Lei nº 12.288, de 20 de julho de 2010.* Institui o Estatuto da Igualdade Racial; altera as Leis nos 7.716, de 5 de janeiro de 1989, 9.029, de 13 de abril de 1995, 7.347, de 24 de julho de 1985, e 10.778, de 24 de novembro de 2003. Brasília, DF, [2010]. Disponível em: https://www.planalto.gov.br/ccivil_03/_ato2007-2010/2010/lei/l12288.htm. Acesso em: 06 fev. 2023.

BRASIL. *Lei nº 12.990, de 9 de julho de 2014.* Reserva aos negros 20% (vinte por cento) das vagas oferecidas nos concursos públicos para provimento de cargos efetivos e empregos públicos no âmbito da administração pública federal, das autarquias, das fundações públicas, das empresas públicas e das sociedades de economia mista controladas pela União. Brasília, DF: Presidente da República, 2014. Disponível em: https://www.planalto.gov.br/ccivil_03/_ato2011-2014/2014/lei/l12990.htm. Acesso em: 11 jan. 2023.

BRASIL. Supremo Tribunal Federal. *Ação direta de constitucionalidade nº 41/DF*. Direito Constitucional. Ação direta de constitucionalidade. Reserva de vagas para negros em concursos públicos. Constitucionalidade da Lei nº 12.990/2014. Procedência do pedido. Relator: Ministro Roberto Barroso. Brasília-DF. 08 de junho de 2017. Disponível em: https://redir.stf.jus.br/paginadorpub/paginador.jsp?docTP=TP&docID=13375729. Acesso em: 11 jan. 2023.

BRASIL. Supremo Tribunal Federal. *Arguição de Descumprimento de Preceito Fundamental nº 186/DF*. Relator: Ministro Ricardo Lewandowski. Pesquisa de Jurisprudência, Acórdãos. Disponível em: http://www.stf.jus.br/portal/jurisprudencia/pesquisarJurisprudencia.asp. Acesso em: 10 jan. 2023.

BRASIL. Tribunal de Contas da União. *Manual de auditoria operacional*. 4. ed. Brasília: TCU, Secretaria-Geral de Controle Externo (Segecex), 2020.

CAMELO, Bradson; FRANCA FILHO, Marcílio Toscano. A eficiência dos Tribunais de Contas no Brasil: uma abordagem teórica. *Revista de Informação Legislativa*: RIL, v. 54, n. 214, p. 175-188, abr./jun. 2017. Disponível em: https://www12.senado.leg.br/ril/edicoes/54/214/ril_v54_n214_p175. Acesso em: 10 jan. 2023.

FERREIRA, Ginmarco Loures; IGREJA, Rebecca Lemos. Legislações Brasileiras sobre Cotas Raciais no Serviço Público: uma análise da categorização racial e da distribuição temporal e espacial. *Boletim de Análise Político-Institucional*, n. 3, dez. 2021. Disponível em: https://repositorio.ipea.gov.br/bitstream/11058/11075/1/bapi_31_legislacoes_brasileiras.pdf. Acesso em: 10 jan. 2023.

GOIÁS. DEFENSORIA PÚBLICA DO ESTADO DE GOIÁS (DPEGO). *Resolução DPE-GO nº 53, de 21 de março de 2018*. Goiânia, GO, [2018]. Disponível em: http://www.defensoriapublica.go.gov.br/depego/images/pdf/Resolucao_053_2018.pdf. Acesso em: 06 fev. 2023.

GOIÁS. Defensoria Pública do Estado de Goiás (DPEGO). *Resolução DPE-GO nº 53, de 21 de março de 2018*. Goiânia, GO, [2018]. Disponível em: http://www.defensoriapublica.go.gov.br/depego/images/pdf/Resolucao_053_2018.pdf. Acesso em: 06 fev. 2023.

HUNT, Vivian; LAYTIN, Dennis; PRINCE, Sarah. Why diversity matters. *McKinsey&Company*, fev. 2015. Disponível em: https://www.mckinsey.com/br/~/media/mckinsey/business%20functions/people%20and%20organizational%20performance/our%20insights/why%20diversity%20matters/why%20diversity%20matters.pdf. Acesso em: 06 fev. 2023.

IBGE - INSTITUTO BRASILEIRO DE GEOGRAFIA E ESTATÍSTICA. *Desigualdades Sociais por Cor ou Raça no Brasil*. Rio de Janeiro: IBGE, 2021. Disponível em: https://www.ibge.gov.br/estatisticas/sociais/populacao/25844-desigualdades-sociais-por-cor-ou-raca.html?=&t=resultados. Acesso em: 5 jan. 2023.

INSTITUTO ETHOS. *Perfil racial, social e de gênero das 500 maiores empresas do Brasil e suas ações afirmativas*. São Paulo: Instituto Ethos, 2016. Disponível em: https://www.ethos.org.br/cedoc/perfil-social-racial-e-de-genero-das-500-maiores-empresas-do-brasil-e-suas-acoes-afirmativas/. Acesso em: 18 jul. 2022.

JANINI, Tiago Cappi; CELEGATTO, Mário Augusto Quinteiro. A atuação do Tribunal de Contas na implementação de políticas públicas. *Juris Poiesis*, Rio de Janeiro, v. 21, n. 27, p. 71-86, dez. 2018. Disponível em: http://periodicos.estacio.br/index.php/jurispoiesis/article/viewFile/6160/47965312. Acesso em: 06 fev. 2023.

MATO GROSSO. *Lei nº 3.594, de 10 de dezembro de 2008*. Institui, como medida de promoção da igualdade de oportunidades no mercado de trabalho, o programa de reserva de vagas para negros e para índios, nos concursos públicos, para provimento de cargos efetivos e empregos públicos, no âmbito da Administração Direta e Indireta do Poder Executivo do Estado de Mato Grosso do Sul. Campo Grande, MT: Governador do Estado, [2008]. Disponível em: https://leisestaduais.com.br/ms/lei-ordinaria-n-3594-2008-mato-grosso-do-sul-altera-e-acrescenta-dispositivos-a-lei-n-3594-de-10-de-dezembro-de-2008. Acesso em: 10 jan. 2023.

MINAS GERAIS. Defensoria Pública do Estado de Minas Gerais. *Deliberação nº 16, de 2018*. Estabelece o Regulamento do concurso público para o provimento de cargo de Defensor Público do Estado de Minas Gerais. Belo Horizonte, MG, [2018].

PARÁ. Tribunal de Contas dos Municípios do Estado do Pará. (TCMPA). *Edital do concurso público 002/2022/TCMPA*. Belém, PA, [2022]. Disponível em: https://jcconcursos.com.br/media/uploads/anexos/concurso-tcm-pa-edital-2-2022.pdf. Acesso em: 06 fev. 2023.

PARANÁ. *Lei nº 14.274, de 24 de novembro de 2003*. Reserva Vagas a afro-descendentes em concursos públicos, conforme especifica. Curitiba, PR: Governador de Estado, [2003]. Disponível em: https://leisestaduais.com.br/pr/lei-ordinaria-n-14274-2003-parana-reserva-vagas-a-afro-. Acesso em: 10 jan. 2023.

REALE, Miguel. *Lições preliminares de direito*. São Paulo: Saraiva, 2002.

RIO DE JANEIRO. *Lei nº 6.067, de 25 de outubro de 2011*. Dispõe sobre reserva de vagas para negros e índios nos concursos públicos para provimento de cargos efetivos e empregos públicos integrantes dos quadros permanentes de pessoal do Poder Executivo do estado do Rio de Janeiro e das entidades de sua administração indireta. Rio de Janeiro, RJ: Governador do Estado, [2011]. Disponível em: https://gov-rj.jusbrasil.com.br/legislacao/1029724/lei-6067-11. Acesso em: 10 jan. 2023.

SÃO PAULO. Tribunal de Contas do Estado de São Paulo (TCESP). *Resolução nº 04 de 14 de maio de 2022*. Dispõe sobre a regulamentação de reserva aos candidatos negros de 20% (vinte por cento) das vagas oferecidas em concursos públicos para provimento de cargos efetivos no Quadro de Pessoal do Tribunal de Contas do Estado de São Paulo. São Paulo, SP, [2022]. Disponível em: https://www.tce.sp.gov.br/legislacao/resolucao/regulamentacao-reserva-aos-candidatos-negros-20-vinte-por-cento-vagas#:~:text=RESOLU%C3%87%C3%83O%20N%C2%BA%2004%2F2022,do%20Estado%20de%20S%C3%A3o%20Paulo. Acesso em: 06 fev. 2023.

SILVA, Marcos Fabrício Lopes da. Educação e letramento racial. *Boletim*, Belo Horizonte, n. 2081, nov. 2019. Disponível em: https://ufmg.br/comunicacao/publicacoes/boletim/edicao/2081/educacao-e-letramento-racial. Acesso em: 06 fev. 2023.

SILVA, Tatiana; LOPEZ, Felix. *Perfil racial do Serviço Civil Ativo do Executivo Federal (1999-2020)*. Brasília: Instituto de Pesquisa Econômica Aplicada – IPEA, n. 49, jul. 2021, p. 9. Disponível em: https://www.ipea.gov.br/atlasestado/arquivos/downloads/3472-210720ntdiestn49.pdf. Acesso em: 15 jul. 2022.

SILVEIRA, Leonardo Souza; ALMEIDA, Luciana Drummont. Segregação Ocupacional e Desigualdade Salarial por Raça e Gênero no Setor Público Brasileiro. *Boletim de Análise Político-Institucional*, n. 31, dez. 2021. Disponível em: http://repositorio.ipea.gov.br/bitstream/11058/11061/1/bapi_31_segregacao_ocupacional.pdf. Acesso em: 11 jul. 2022.

SPERB, Paula. Mulheres e negros são minoria nos Tribunais de contas, aponta pesquisa. *Folha de S.Paulo*, São Paulo, 31 jan. 2020. Disponível em: https://www1.folha.uol.com.br/poder/2020/01/mulheres-e-negros-sao-minoria-nos-tribunais-de-contas-aponta-pesquisa.shtml. Acesso em: 06 fev. 2023.

VARGAS, Letícia. TCE-RS adota nova medida antirracista. *Portal TCE*, Porto Alegre, 19 nov. 2021. Disponível em: https://tcers.tc.br/noticia/tce-rs-adota-nova-medida-antirracista/. Acesso em: 06 fev. 2023.

VAZ, Lívia Sant'Anna. *Cotas raciais*. São Paulo: Jandaíra, 2022. (Coleção Feminismos Plurais)

ANEXO – Tribunais de Contas e cotas raciais

(continua)

Tribunal de Contas	Sigla	Esfera	Ano da publicação do edital de abertura do último concurso (1)	O edital de abertura previu cotas raciais?	Legislação regulamentando cotas raciais nos concursos públicos na esfera do Tribunal de Contas
Tribunal de Contas da União	TCU	Federal	2022	SIM	Lei nº 12.990/2014
Tribunal de Contas do Estado do Acre	TCE-AC	Estadual	2010	NÃO	Não possui
Tribunal de Contas do Estado de Alagoas	TCE-AL	Estadual	2022	NÃO	Lei nº 8.733/2022
Tribunal de Contas do Estado do Amapá	TCE-AP	Estadual	2011	NÃO	Lei nº 1.959/2015
Tribunal de Contas do Estado do Amazonas	TCE-AM	Estadual	2021	NÃO	Não possui
Tribunal de Contas do Estado da Bahia	TCE-BA	Estadual	2013	NÃO	Lei nº 13.182/2014 e Decreto nº 15.353/2014
Tribunal de Contas do Estado do Ceará	TCE-CE	Estadual	2015	NÃO	Lei nº 17.432/2021
Tribunal de Contas do Estado do Espírito Santo	TCE-ES	Estadual	2022	SIM	Lei estadual nº 11094/2020
Tribunal de Contas do Estado de Goiás	TCE-GO	Estadual	2022	NÃO	Não possui
Tribunal de Contas do Estado do Maranhão	TCE-MA	Estadual	2005	NÃO	Lei 10.404/2015

(continua)

Tribunal de Contas	Sigla	Esfera	Ano da publicação do edital de abertura do último concurso (1)	O edital de abertura previu cotas raciais?	Legislação regulamentando cotas raciais nos concursos públicos na esfera do Tribunal de Contas
Tribunal de Contas do Estado de Mato Grosso	TCE-MT	Estadual	2013	NÃO	Lei nº 10.816/2019
Tribunal de Contas do Estado de Mato Grosso do Sul	TCE-MS	Estadual	2012	NÃO	Lei nº 3.594/2008, Lei nº 4.900/2016 e Decreto nº 15.788/2021
Tribunal de Contas do Estado de Minas Gerais	TCE-MG	Estadual	2018	NÃO	Não possui
Tribunal de Contas do Estado do Pará	TCE-PA	Estadual	2016	NÃO	Não possui
Tribunal de Contas do Estado da Paraíba	TCE-PB	Estadual	2017	NÃO	Lei nº 12.169/2021
Tribunal de Contas do Estado do Paraná	TCE-PR	Estadual	2016	SIM	Lei nº 14.274/2003
Tribunal de Contas do Estado de Pernambuco	TCE-PE	Estadual	2017	NÃO	Não possui
Tribunal de Contas do Estado do Piauí	TCE-PI	Estadual	2021	NÃO	Lei nº 7.626/2021
Tribunal de Contas do Estado do Rio de Janeiro	TCE-RJ	Estadual	2020	SIM	Lei nº 6.067/2011

(continua)

Tribunal de Contas	Sigla	Esfera	Ano da publicação do edital de abertura do último concurso (1)	O edital de abertura previu cotas raciais?	Legislação regulamentando cotas raciais nos concursos públicos na esfera do Tribunal de Contas
Tribunal de Contas do Estado do Rio Grande do Norte	TCE-RN	Estadual	2015	NÃO	Lei nº 11.015/2021
Tribunal de Contas do Estado do Rio Grande do Sul	TCE-RS	Estadual	2018	SIM	Decreto nº 52.223/2014
Tribunal de Contas do Estado de Rondônia	TCE-RO	Estadual	2019	NÃO	Não possui
Tribunal de Contas do Estado de Roraima	TCE-RR	Estadual	2006	NÃO	Não possui
Tribunal de Contas do Estado de Santa Catarina	TCE-SC	Estadual	2021	NÃO	Não possui
Tribunal de Contas do Estado de São Paulo	TCE-SP	Estadual	2017	NÃO	Não possui (2) TCE-SP tem regulamentação própria (Resolução TCE-SP nº 04/2022)
Tribunal de Contas do Estado de Sergipe	TCE-SE	Estadual	2015	NÃO	Lei nº 8.331/2017
Tribunal de Contas do Estado do Tocantins	TCE-TO	Estadual	2022	NÃO	Não possui

(conclsuão)

Tribunal de Contas	Sigla	Esfera	Ano da publicação do edital de abertura do último concurso (1)	O edital de abertura previu cotas raciais?	Legislação regulamentando cotas raciais nos concursos públicos na esfera do Tribunal de Contas
Tribunal de Contas do Distrito Federal	TCDF	Distrital	2020	SIM	Lei nº 6.321/2019
Tribunal de Contas dos Municípios do Estado da Bahia	TCM-BA	Estadual	2018	SIM	Lei nº 13.182/2014
Tribunal de Contas dos Municípios do Estado de Goiás	TCM-GO	Estadual	2014	NÃO	Não possui
Tribunal de Contas dos Municípios do Estado do Pará	TCM-PA	Estadual	2022	SIM	Não possui
Tribunal de Contas do Município de São Paulo	TCM-SP	Municipal	2020	SIM	Lei nº 15.939/2013 / Decreto nº 57.557/2016
Tribunal de Contas do Município do Rio de Janeiro	TCM-RJ	Municipal	2016	SIM	Lei nº 5.695/2014

(1) Foram considerados apenas os cursos com 3 ou mais vagas.
(2) O Estado de São Paulo não possui lei que determina cotas, mas publicou lei que autoriza o poder executivo a instituir sistema de pontuação diferenciada para pretos, pardos e indígenas em concursos públicos (Lei Complementar 1.259/2015) Fonte: do autor (2023).

Informação bibliográfica deste livro, conforme a NBR 6023:2018 da Associação Brasileira de Normas Técnicas (ABNT):

TIMÓTEO, Marcela de Oliveira. Cotas raciais em concursos públicos para ingresso nos tribunais de contas brasileiros: por que estamos longe do ideal? BOMFIM, Daiesse Quênia Jaala Santos (Coord.). *Políticas afirmativas de inclusão e equidade racial*: reflexões acerca do papel dos setores público e privado. Belo Horizonte: Fórum, 2023. p. 29-56. ISBN 978-65-5518-553-9.

A ILEGALIDADE DA EXIGÊNCIA DE AUTODECLARAÇÃO RACIAL NOS CONCURSOS PÚBLICOS: ABUSO DE PODER E EXCESSO DE FORMALISMO

LÚCIO ANTÔNIO MACHADO ALMEIDA

1 Introdução

Nos últimos anos, com a adoção das ações afirmativas através da sua espécie mais conhecida, as cotas raciais para negros nos concursos públicos, tem sido frequente o problema de como ajustar tais políticas públicas por parte da Administração Pública brasileira. Notadamente, a exigência de autodeclaração, em muitos casos, tem se mostrado um obstáculo para a efetiva justiça racial em nosso país.

Constantemente, ao tratarmos da justiça racial e do cumprimento de suas finalidades, precisamos ponderar entre a medida ideal de concretização dessas finalidades ou, pelo menos, buscar a medida mais adequada, exigível e proporcional; e aquela medida que viabilize a concretização da política pública de ação afirmativa através dos meios mais propícios e nos limites das regras legais disponíveis.

Essas questões obtêm ainda maior grau de complexidade com os contornos que o regime de Direito Público lhes fornece, uma vez que os princípios da democracia substancial, da proporcionalidade, da razoabilidade, da dignidade da pessoa humana e da igualdade social impõem que a atuação da Administração Pública seja guiada por comportamentos pautados na efetivação das políticas públicas de ação afirmativa.

Assim, para os objetivos deste artigo, enfrentaremos a problemática da primeira fase do processo de autodeclaração racial nos concursos públicos à qual os cotistas negros são submetidos. Mormente, através da autodeclaração que ocorre no momento de inscrição no concurso público. Ocorre que, nessa primeira fase, não existe uma padronização que seja seguida por todos os concursos públicos, já que, muitas vezes, há por parte da Administração Pública, em suas diversas esferas, uma tentativa, às vezes, abusiva do ponto de vista legal, em subsidiar de forma antecipada os meios probatórios raciais para a segunda fase, cuja responsabilidade é das Comissões de Heteroidentificação Racial.

Com efeito, na maioria dos certames com cotas raciais, adotam-se duas fases para os candidatos cotistas negros: uma primeira fase, que ocorre com a autodeclaração racial no momento da inscrição no concurso; e uma segunda fase, na qual cabe à Comissão de Heteroidentificação Racial confrontar a identidade presumida, defendida e apresentada pelo candidato cotista negro no momento de sua inscrição no concurso público.

A busca de solução jurídica mais adequada para esses desalinhamentos na adoção de políticas públicas de cotas raciais pela Administração Pública é que observaremos em primeiro lugar. Nesse sentido, apontaremos sob quais princípios, regras infraconstitucionais e infralegais a Administração Pública deve agir, especialmente no que tange ao controle de proporcionalidade das exigências, das quais há mais de um meio de comprovação de autodeclaração racial nos concursos públicos em nosso país.

Sabidamente, a população negra é vítima de racismo institucional nas diversas ocasiões em que se depara com o arcabouço estrutural da Administração Pública brasileira. Assim, não se deve aceitar a pretexto de combater a fraude nos concursos públicos a adoção de medidas que ressaltem tal histórico de racismo institucional.

Veremos, também, ao analisar os certames públicos, o quanto de mecanismos inibidores são criados para subverterem a lógica de livre acesso aos cargos públicos de candidatos cotistas negros nos concursos públicos no Brasil. Assim considerados, a solução apontada nesses certames se repete pelo país afora, com ausência de razoabilidade, proporcionalidade e de respeito aos objetivos das políticas públicas de ações afirmativas.

Em segundo lugar, adentrar-se-á no mérito das restrições que são geradas aos candidatos cotistas negros, visto que, invariavelmente, violam a questão do fim buscado pela legislação antirracista de ações afirmativas no Brasil. Com efeito, a fundamentação há de embasar-se nos textos normativos de ordem constitucional e infraconstitucional, sem os quais qualquer texto normativo infralegal, como decretos e resoluções, poderia facilmente burlar, dificultar ou exceder o mandamento constitucional e infraconstitucional de aplicação das cotas raciais.

Em terceiro lugar, analisaremos dois casos emblemáticos que resultaram em graves obstáculos para os candidatos cotistas negros. O primeiro deles foi o Concurso Público do Tribunal de Contas do Município de São Paulo de 2022; e o segundo foi o Concurso Público do Badesul do Estado do Rio Grande do Sul de 2021.

Em quarto lugar, discorreremos sobre a confusão e a indução ao erro no *link* de documentos da Banca Vunesp, responsável pelo Concurso Público do Tribunal de Contas do Município de São Paulo, a qual deixou disponível para os candidatos cotistas um Requerimento dos Candidatos que se Declararem Negros, Negras ou Afrodescendentes e, também, da exigência de reconhecimento de firma da autodeclaração racial pela Banca Legalle no Concurso Público do Badesul.

Por fim, analisaremos os novos contornos para uma adequada exigência da autodeclaração racial nos concursos públicos no Brasil.

2 Controle de proporcionalidade da exigência de mais de um meio de autodeclaração racial no Concurso Público do Tribunal de Contas do Município de São Paulo e no do Badesul

Mais de 3 (três) mil candidatos tiveram sua inscrição indeferida na condição de cotista negro, negra ou afrodescendente no Concurso Público do Tribunal de Contas do Município de São Paulo, nº 001/2020, por exigência do Edital da entrega de três autodeclarações. Sendo que a primeira autodeclaração ocorreria no momento da inscrição no concurso; já a segunda estava disponível no portal da Vunesp; e uma terceira, que teria de ser copiada do anexo do Edital e enviada para a área de documentos do concurso da Banca Vunesp.

Por qual razão no espaço dos documentos fornecido pela Banca Vunesp não constava um único modelo de autodeclaração? Qual o sentido desses excessivos meios de comprovação da identidade racial de candidatos cotistas negros?

Nas lições do grande doutrinador do Direito Administrativo pátrio, professor Carvalho Filho:

> O grande fundamento do princípio da proporcionalidade é o excesso de poder, e o fim a que se destina é exatamente o de conter atos, decisões e condutas de agentes públicos que ultrapassem os limites adequados, com vistas ao objetivo colimado pela Administração, ou até mesmo pelos Poderes representativos do Estado. Significa que o Poder Público, quando intervém nas atividades sob seu controle, deve atuar porque a situação reclama realmente a intervenção, e esta deve processar-se com equilíbrio, sem excessos e proporcionalmente ao fim a ser atingido.[1]

Por meio da leitura preconizada, ao se admitir que as ações da Administração Pública, via atos administrativos, como Editais de Concursos Públicos, devam *processar-se com equilíbrio, sem excessos e proporcionalmente ao fim a ser atingido*, revela-se que o controle de proporcionalidade da Administração Pública faz-se urgente nesse caso. Sublinhe-se que, no geral das vezes, o controle ocorre previamente diante de um Edital com sinais de excesso de poder, entretanto nada impede que a impugnação seja também posterior. A regra em nosso ordenamento é bastante clara: a Administração Pública deve atuar com estrita observância ao princípio da legalidade, mas sem desvincular-se do propósito da lei (elemento teleológico).

Observe-se que a exigência de três fases de autodeclaração mostrou-se desnecessária para alcançar o fim público da lei de cotas raciais. Outrossim, a adequação das três exigências de autodeclaração mostrou-se como meio excessivamente incompatível com o primado do princípio da igualdade social. Por fim, fica patente que a decisão editalícia da exigência de três autodeclarações trouxe enormes desvantagens para os candidatos cotistas negros, negras ou afrodescendentes.

De fato, o que verificamos foi que a conduta da Administração Pública no Concurso do Tribunal de Contas do Município de São Paulo resultou em enormes prejuízos a mais de 3 (três) mil candidatos cotistas negros, mostrando-se inadequada, inexigível e desproporcional. Nesse

---

[1] CARVALHO FILHO, José dos Santos. *Manual de Direito Administrativo*. São Paulo: Atlas, 2022. Edição do Kindle, p. 142.

sentido, valem as anotações acerca do princípio da proporcionalidade feitas pelo nosso doutrinador Carvalho Filho:

> Segundo a doutrina alemã, para que a conduta estatal observe o princípio da proporcionalidade, há de revestir-se de tríplice fundamento: (1) adequação, significando que o meio empregado na atuação deve ser compatível com o fim colimado; (2) exigibilidade, porque a conduta deve ter-se por necessária, não havendo outro meio menos gravoso ou oneroso para alcançar o fim público, ou seja, o meio escolhido é o que causa o menor prejuízo possível para os indivíduos; (3) proporcionalidade em sentido estrito, quando as vantagens a serem conquistadas superarem as desvantagens.[2]

Do exame do controle de proporcionalidade dos atos estatais, faz-se mister que a Administração Pública reveja tais comportamentos frente ao desiderato de mais representatividade negra nos cargos públicos, em especial, o Tribunal de Contas do Município de São Paulo.

O digníssimo professor Juarez Freitas, quando analisa o controle dos atos administrativos e os princípios, leciona que "o princípio da proporcionalidade determina que a Administração Pública *lato sensu* evite agir com demasia ou de modo insuficiente, inoperante ou omissiva na consecução de seus objetivos primordiais."[3]

O caso em questão demonstra o quanto a Administração Pública agiu em demasia na aplicação da exigência de três autodeclarações raciais aos cotistas negros. É diante dessas exigências que as violações de direitos fundamentais ficam mais evidentes. A segunda questão é como responsabilizar a Administração Pública diante de candidatos cotistas negros que tenham sido prejudicados por manobras que inviabilizam o exercício do seu direito fundamental de livre acesso aos cargos públicos. Em nossa avaliação, nesses casos, caberia ao candidato pleitear na justiça os danos sofridos. Não é mais possível que a Administração Pública se esquive de sua responsabilidade de proteção dos direitos fundamentais.

O segundo caso a ser analisado é referente ao Concurso Público nº 01/2021 para o Badesul Desenvolvimento S.A – Agência de Fomento

---

[2] CARVALHO FILHO, José dos Santos. *Manual de Direito Administrativo*. São Paulo: Atlas, 2022. Edição do Kindle, p. 142-143.
[3] FREITAS, Juarez. *Controle dos atos administrativos*. São Paulo: Malheiros, 2013, p. 40.

do Rio Grande do Sul, cujo Edital na parte II estabeleceu as regras para os candidatos cotistas negros. De acordo com ele:

> Para concorrer às vagas reservadas aos Candidatos Autodeclarados Negros ou Pardos, o candidato deverá formalizar o pedido pela ficha eletrônica de inscrição e enviar, via meio eletrônico, em campo específico da Área do Candidato, Autodeclaração com firma reconhecida em cartório, conforme Anexo IV deste Edital, até o dia determinado no Cronograma de Execução.

Como sublinhado, presente a exigência da autodeclaração racial com reconhecimento de firma, o que determinou a eliminação de um número significativo de candidatos, até mesmo pelo custo de deslocamento e pagamento de emolumentos para obter tal medida exigida, ficou consubstanciado elemento passível de controle judicial, tendo em vista o caráter excessivo e desproporcional de tal exigência frente aos candidatos cotistas negros.

Outro ponto a sublinhar é que essa mesma exigência foi colocada no Edital para o Concurso Público da Câmara Municipal de Porto Alegre/RS, pouco depois do mencionado concurso público do Badesul, pela mesma Banca organizadora. Entretanto, após questionamentos por parte de alguns cotistas, até mesmo antes da fase de recursos, a administração geral do Parlamento municipal entendeu por bem a retirada dessa abusiva exigência.

3 O fim buscado pela legislação antirracista de ações afirmativas no Brasil

Desde que adotadas no Brasil, as legislações de ações afirmativas, das quais se destacam as relacionadas às cotas raciais, mostraram-se presas aos propósitos de maior representatividade de pessoas negras nos espaços de poder da Administração Pública. Outrossim, foi também do reconhecimento do racismo estrutural, institucional e interindividual que adveio a necessidade de tais políticas públicas.

Com efeito, sem tais políticas públicas de ações afirmativas, o exercício dos direitos fundamentais por uma parcela significativa da população negra resultaria em um quadro de frágil cidadania.

Cumpre, assim, definirmos as ações afirmativas ou discriminação positiva que, segundo o ilustre doutrinador Joaquim Benedito Barbosa Gomes, são

> o conjunto de políticas públicas e privadas de caráter compulsório, facultativo ou voluntário, concebidas com vistas ao combate à discriminação racial, de gênero e de origem nacional, bem como para corrigir os efeitos presentes da discriminação praticada no passado, tendo por objetivo a concretização do ideal de efetiva igualdade de acesso a bens fundamentais como a educação e o emprego.[4]

Pelo articulado no conceito, imperioso que os comportamentos estatais estejam harmônicos com o processo de igualdade social com o qual a nossa democracia tem compromisso. Assim, de modo mais próximo dos ditames e objetivos constitucionais, deve a Administração Pública contribuir efetivamente na construção de *uma sociedade livre, justa e solidária* através de um compromisso sério na efetivação das cotas raciais.

No mesmo sentido, a mais importante lei de proteção da população negra no Brasil, o Estatuto da Igualdade Racial, Lei nº 12.288/2010, art. 1º, parágrafo único, VI, define ação afirmativa "como os programas e medidas especiais adotados pelo Estado e pela iniciativa privada para a correção das desigualdades raciais e para a promoção da igualdade de oportunidades". Com efeito, as desigualdades são de toda ordem, estruturais, institucionais e individuais.

Já no âmbito dos diplomas internacionais, tem-se a definição dada pela Convenção para a Eliminação de Todas as Formas de Discriminação Racial, utilizada no voto do Ministro Ricardo Lewandowski, quando Relator da ADPF nº 186:

> [...] medidas especiais e concretas para assegurar como convier o desenvolvimento ou a proteção de certos grupos raciais de indivíduos pertencentes a estes grupos com o objetivo de garantir-lhes, em condições de igualdade, o pleno exercício dos direitos do homem e das liberdades fundamentais. (Supremo Tribunal Federal. ADPF 186. Relator Ministro Ricardo Lewandowski, 2012)

---

[4] GOMES, Joaquim Benedito Barbosa. *Ação afirmativa & princípio constitucional da igualdade*: o Direito como instrumento de transformação social. A experiência dos Estados Unidos. Rio de Janeiro: Renovar, 2001, p. 40.

Fica claro, portanto, que o fim buscado pelas legislações antirracistas e corroborado pelo STF deve pautar-se nas medidas especiais e concretas para assegurar que negros e negras possam ter garantido o exercício do direito fundamental à ação afirmativa pela Administração Pública.

Mostra-se, pois, indubitavelmente necessário penetrar nas práticas da Administração Pública brasileira uma ética da proteção da diversidade humana. Fato que levaria a um salto qualitativo e significativo no combate ao racismo institucional, o qual ainda é tão presente na realidade da atividade administrativa brasileira.

4 Competência legislativa para criação das cotas raciais nos concursos públicos

No direito brasileiro, a competência administrativa é própria de todos os entes políticos, logo, no que tange à implementação de políticas de ações afirmativas, cabe a esses entes, União, Estados, Municípios e DF, a adoção de legislações antidiscriminatórias com propósitos compensatórios e de promoção da diversidade racial nos quadros de sua Administração Pública.

Essa adoção de políticas públicas de cotas raciais nem sempre ocorre da maneira mais desejada, visto que, embora a legislação esteja válida e com condições de fluir efeitos no mundo jurídico, o gestor público acaba, por muitas vezes, indo além do que a legislação exigiu para os candidatos cotistas negros. Ademais, inexiste previsão legal que autorize mecanismos inibidores de participação de cotistas negros nos concursos públicos no Brasil.

O STF, quando tratou da matéria da autodeclaração racial no ADC nº 41, indicou ser legítima a imposição de medidas subsidiárias para impedir as fraudes nas vagas reservadas aos cotistas negros, entretanto também estabeleceu o limite a tais medidas, no sentido de que não violassem o princípio da dignidade da pessoa humana. A propósito, merece uma leitura atenta o excerto abaixo retirado da ADC nº 41:

> Ademais, a fim de garantir a efetividade da política em questão, também é constitucional a instituição de mecanismos para evitar fraudes pelos candidatos. É legítima a utilização, além da autodeclaração, de critérios subsidiários de Heteroidentificação (e.g., a exigência de autodeclaração presencial perante a comissão do concurso, desde que respeitada a

dignidade da pessoa humana e garantidos o contraditório e a ampla defesa.

Permanece, então, a linha divisória dos atos legítimos da Administração Pública e aqueles atos que, por não respeitarem o arcabouço constitucional dos direitos fundamentais, acabam por violar o núcleo fundante do nosso ordenamento jurídico nacional, cujo conteúdo repousa no respeito ao caráter intrínseco de que cada ser humano possui uma dignidade.

Assim, não poderá prosperar qualquer tentativa de abuso de poder, seja por excesso de competência (pela não previsão em lei), seja pelo desvio de finalidade (pela prática de racismo institucional com aparência de legalidade). Em outras palavras, a Administração Pública reflete aquilo que está na lei e na sua finalidade, sem a qual estaríamos tangenciando o mandamento do princípio da legalidade. Esse expressivo princípio impõe que os atos da Administração Pública tenham seu fundamento na Constituição e na lei.

Nunca é demais lembrar a observação de Jacqueline Morand-Deviller e colaboradores, quando analisa os fins e os meios da ação administrativa, de que o princípio da legalidade é que "domina toda a teoria dos atos administrativos. A lei é a encarnação da vontade geral." Segundo o raciocínio da autora, a lei é uma garantia de todos os cidadãos contra a arbitrariedade, a incoerência e a ineficácia da ação administrativa.[5] Nesse sentido, o quão importante é a adesão da Administração Pública ao que foi prescrito pela lei de ações afirmativas no âmbito de sua atuação.

4.1 Lei nº 15.939 de 23 de dezembro de 2013, do Município de São Paulo

No âmbito da competência administrativa do Município de São Paulo, foi aprovada a Lei nº 15.939 em 23 de dezembro de 2013, a qual dispõe sobre o estabelecimento de cotas raciais para o ingresso de negros, negras ou afrodescendentes no serviço público municipal. Na lei em tela, o art. 1º determina que:

---

[5] MORAND-DEVILLER et al. Droit Administratif. Paris: LGDJ, 2017, p. 297.

Todos os órgãos da Administração Pública Direta e Indireta do Município de São Paulo ficam obrigados a disponibilizar em seus quadros de cargos em comissão e efetivos o limite mínimo de 20% (vinte por cento) das vagas e/ou cargos públicos para negros, negras ou afrodescendentes.
§1º Para os efeitos desta lei, consideram-se negros, negras ou afrodescendentes as pessoas que se enquadram como pretos, pardos ou denominação equivalente, conforme estabelecido pelo Instituto Brasileiro de Geografia e Estatística - IBGE, ou seja, será considerada a autodeclaração.

Logo, sem negar eventuais méritos da Lei nº 15.939, essa constitui apenas um elo com a melhor hermenêutica constitucional das ações afirmativas no Brasil. Assim, verifica-se que o enquadramento de pessoas como pretos, pardos ou denominação equivalente deve ocorrer sem que se ofenda o princípio da dignidade da pessoa humana. Com efeito, o elemento de autodeclaração racial é um dos fundamentos da noção de dignidade de uma pessoa negra. Criar obstáculos, por parte da Administração Pública, que dificultem essa autocompreensão racial significa uma violação grave aos direitos fundamentais desses candidatos cotistas negros.

Outrossim, o Decreto nº 57.557 de 21 de dezembro de 2016 regulamentou a Lei nº 15.939 de 23 de dezembro de 2013, estabelecendo regras mais específicas para o ingresso de negros, negras ou afrodescendentes no serviço público municipal através das cotas raciais.

O art. 3º do aludido decreto determina que, para todos os efeitos, negros, negras ou afrodescendentes são as pessoas que se enquadram como pretos, pardos ou denominação equivalente, conforme estabelecido pelo Instituto Brasileiro de Geografia e Estatística – IBGE, considerando-se a autodeclaração. Ademais, afirma, no §1º, que a autodeclaração não dispensa a efetiva correspondência da identidade fenotípica do candidato com a de pessoas identificadas socialmente como negras.

Aqui reside um problema, uma vez que o que é considerado socialmente aceito como negro, por exemplo, em Salvador/BA, pode ser totalmente diverso do socialmente aceito como negro em Recife/PE. O mais curioso é que pessoas que são socialmente brancas nas regiões norte e nordeste do país, poderão ser vistas como negras na região da Serra Gaúcha do Rio Grande do Sul. Logo, estamos diante de conceitos jurídicos com pouca densidade normativa ou, como prefere uma parcela significativa da doutrina, de conceitos jurídicos indeterminados.

Já o art. 5º determina que, para ser empossado em cargo de provimento em comissão como beneficiário da política de cotas raciais de que trata a Lei nº 15.939, de 2013, o candidato indicado à vaga reservada deverá: I - apresentar 1 (uma) foto 5x7 (cinco por sete) de rosto inteiro, do topo da cabeça até o final dos ombros, com fundo neutro, sem sombras e datada há, no máximo, 30 (trinta) dias da data da postagem, da entrega ou do envio eletrônico, devendo a data estar estampada na frente da foto; II - preencher a autodeclaração, nos termos do Anexo I deste decreto.

Nesse ponto, reside uma carga probatória excessiva frente aos demais candidatos que não concorrem pelas cotas raciais. O concurso inicia-se com uma cobrança excessivamente desigual entre candidatos que concorrem pelo acesso universal e pelas cotas raciais. O mais correto, em nossa avaliação, seria cobrar esta foto em sede de avaliação feita pela Comissão de Heteroidentificação Racial do certame.

O §1º do art. 5º orienta que a fotografia e a autodeclaração deverão ser encaminhadas à Secretaria Municipal de Promoção da Igualdade Racial para confirmação de que o interessado atende ao estabelecido no artigo 3º deste decreto. Já o §6º afirma que, inexistindo quaisquer óbices e ocorrendo a nomeação, a foto e a autodeclaração deverão ser arquivados no prontuário do servidor.

Novamente, percebemos um excesso de exigências aos candidatos cotistas negros numa primeira fase diferentemente do que ocorre em muitos concursos públicos. Em nossa avaliação, segundo dados do IBGE e do Ipea, as pessoas negras detêm a menor renda média do país, em especial as mulheres negras. Não faz sentido, portanto, exigir que esses candidatos negros arquem com custos de pagamento de fotos numa fase ainda incerta para o candidato. As políticas de promoção da diversidade racial na Administração Pública também abarcam os modelos de avaliação racial, os quais não podem inviabilizar a participação de uma parcela significativa da população negra a esses certames públicos, sob pena de estarmos promovendo o acesso apenas à classe média negra nesses processos seletivos.

Da mesma forma o art. 9º, o qual prescreve que os editais de concursos públicos destinados à investidura em cargos de provimento efetivo e empregos públicos deverão: I - prever expressamente a sujeição às regras previstas na Lei nº 15.939, de 2013, e neste decreto; II - reproduzir o termo de autodeclaração, na conformidade do modelo constante no Anexo II deste decreto. Convém mencionar que os termos de autodeclaração nos concursos públicos, por vezes, apenas atrapalham os candidatos cotistas negros. Nesse sentido, o mais adequado seria constar uma autodeclaração juntamente com a inscrição no concurso. O candidato cotista negro poderia num único ato se inscrever no certame público e se autodeclarar negro, evitando, com isso, arremedos burocráticos que só o prejudicam.

Ainda, o art. 15 determina que a verificação da conformidade das situações com a Política Pública de Cotas Raciais de que trata a Lei nº 15.939 de 2013, dar-se-á mediante procedimento de análise da correspondência entre a autodeclaração e as características fenotípicas que identifiquem o candidato socialmente como negro e consequente compatibilidade com a política pública de cotas raciais, observado o disposto no artigo 3º, constituindo etapa obrigatória dos concursos públicos.

O mais correto aqui seria deixar claro que os candidatos cotistas negros passarão por uma Comissão de Heteroidentificação Racial, cuja principal finalidade é verificar a autenticidade das informações prestadas e evitar, assim, a famigerada fraude nas vagas destinadas aos cotistas negros.

O art. 17 ordena que, no procedimento de análise da correspondência, serão examinadas a fotografia e a autodeclaração apresentadas pelo candidato, nos moldes do Anexo II deste decreto, e, havendo dúvida sobre a fenotipia ou suspeita de fraude, o declarante será notificado para comparecimento pessoal, oportunidade na qual poderá apresentar razões e documentos.

Tudo considerado, emergiu um questionamento de primeira ordem no Concurso Público do Tribunal de Contas do município de São Paulo de 2021: por que o Requerimento dos Candidatos que se Declararem Negros, Negras ou Afrodescendentes não constava nem na Lei nº 15.939 de 23 de dezembro de 2013 e tampouco no Decreto nº 57.557 de 21 de dezembro de 2016? Este é um problema que tem se apresentado em outros concursos públicos pelo país: a prática da discricionariedade administrativa sem previsão legal, ou seja, à margem do quadro legal. É preciso repetir: não se pode combater a fraude nos concursos públicos com a utilização de uma carga probatória racial sem previsão em lei, sob pena de os maiores prejudicados serem os candidatos que a lei de cotas raciais busca proteger.

Tanto a lei como o decreto não mencionam a necessidade de requerimento a ser preenchido por candidatos negros, negras ou afrodescendentes. Não por acaso, o constituinte derivado, quando da criação do Estatuto da Igualdade Racial, Lei nº 12.288 de 2010, no seu inciso VI, apontou através de duas expressões o eixo hermenêutico das políticas de ações afirmativas, *correção e promoção*, que as ações afirmativas são *os programas e medidas especiais adotados pelo Estado e pela iniciativa privada para a correção das desigualdades raciais e para a promoção da igualdade de oportunidades*.

Com efeito, toda e qualquer medida que não se preste a corrigir as desigualdades raciais, as quais são tão presentes na realidade dos candidatos cotistas negros, como acesso à internet, à impressora, ao scanner, ao telefone celular etc., e a promover esses sujeitos a uma efetiva igualdade de oportunidades, deve ser objeto de controle administrativo ou judicial.

Diante do exposto, ficou claro que a adoção à margem da lei, por parte da Administração Pública do Município de São Paulo, causou a impossibilidade do exercício do direito fundamental à política de ação afirmativa para os mais de 3 (três) mil candidatos autodeclarados negros que tiveram sua inscrição indeferida como candidato cotista negro.

Não há dúvida de que o principal efeito dessa medida desproporcional foi de natureza sancionatória, ou seja, uma resposta externa e institucionalizada frente ao comportamento dos candidatos cotistas negros diante de norma imperativa espúria. Nesse sentido, cabe a leitura da obra do teórico Norberto Bobbio sobre teoria geral do Direito, sobretudo quando aborda a natureza das normas jurídicas.[6]

4.2 Lei nº 14.147 de 2012, do Estado do Rio Grande do Sul

Doravante iremos abordar a legislação de ações afirmativas nos concursos públicos do estado do Rio Grande do Sul, cujo problema de sua aplicação se deu no recente concurso público do Badesul, no qual foi exigido dos candidatos negros cotistas o reconhecimento de firma da autodeclaração racial. Observa-se, nesse caso, com exame apurado do princípio da proporcionalidade, que a medida utilizada para atingir a finalidade de promover as cotas raciais foi eminentemente restritiva aos direitos fundamentais dos candidatos cotistas negros.

---

[6] BOBBIO, Norberto. *Teoria Geral do Direito*. São Paulo: Martins Fontes, 2010, p. 152.

Nas palavras do notável doutrinador Humberto Ávila,

> O exame de proporcionalidade aplica-se sempre que houver uma medida concreta destinada a realizar uma finalidade. Nesse caso devem ser analisadas as possibilidades de a medida levar à realização da finalidade (exame de adequação), de a medida ser a menos restritiva aos direitos envolvidos dentre aquelas que poderiam ter sido utilizadas para atingir a finalidade (exame de necessidade) e de a finalidade pública ser tão valorosa que justifique tamanha restrição (exame de proporcionalidade em sentido estrito).[7]

Relativamente ao texto da norma em tela, a qual define as regras das cotas raciais nos Concursos Públicos no estado do Rio Grande do Sul, Lei nº 14.147, de 2012, não há em parte alguma de seu texto norma prescritiva que exija o reconhecimento da autodeclaração de negros e pardos em cartório. Tampouco prescreve qualquer tipo de não reconhecimento da autodeclaração, exceto na possibilidade de se verificar *a posteriori* alguma falsidade.

Vejamos o que diz a Lei no seu art. 4º, "para efeitos desta Lei, considerar-se-ão negros e pardos aqueles que assim se declararem expressamente. Parágrafo único. As informações fornecidas pelos candidatos são de sua inteira responsabilidade e ficarão registradas em suas fichas de inscrição do concurso público." Para se ter uma ideia desse comando normativo, limitamo-nos a apontar que em nenhum momento há o comando de reconhecimento de firma da autodeclaração racial. Há, portanto, explícita ilegalidade por parte da Administração Pública dessa exigência de reconhecimento de firma.

O fato é que o modelo de inscrição na condição de candidato cotista negro neste concurso público violou o que determina a Lei nº 14.147, de 2012. Com efeito, o Edital não pode inovar e exigir mais do que o comando normativo. Embora seja o instrumento adequado para regular as regras do concurso, ele não pode ir além do que está definido na legislação infraconstitucional específica das cotas raciais.

Ademais, o Decreto nº 52.223, de 2014, que regulamenta o sistema de cotas raciais para negros(as) em concursos públicos no serviço público estadual do Rio Grande do Sul, nada diz sobre a exigência de se reconhecer a autodeclaração em cartório. Logo, o entendimento da exigência de reconhecimento em cartório da autodeclaração de negro

---

[7] ÁVILA, Humberto. *Teoria dos princípios*. São Paulo: Malheiros, 2020, p. 210.

ou pardo viola a legislação específica que regula os concursos públicos com cotas raciais no Estado do Rio Grande do Sul.

Outro interessante fundamento que dá base para a impossibilidade de se exigir que a autodeclaração de negro ou pardo seja reconhecida em cartório, é o próprio fundamento de nosso ordenamento jurídico brasileiro, o qual decorre do reconhecimento do princípio da dignidade da pessoa humana como princípio orientador da Administração Pública.

Nesse sentido, não pode haver presunção de falsidade ou má-fé em nosso ordenamento jurídico e tampouco em editais de concursos públicos, para justificar a exigência irrazoável de reconhecimento em cartório da autodeclaração de negro ou pardo.

5 Indução ao erro no link de documentos da Banca Vunesp

À luz dessas considerações acima é que vem a seguinte indagação: em que medida o *link* da área do candidato no envio de documentos causou confusão nos mais de 3 (três) mil candidatos negros e negras que tiveram suas inscrições como cotistas indeferidas?[8] Tendo em vista que neste *link* estava disponível o modelo de Requerimento dos Candidatos que se Declararem Negros, Negras ou Afrodescendentes, não se vislumbra o porquê não estar também o modelo de autodeclaração de negros e negras.

Incontornável a obrigação do Município em criar meios objetivos e claros para os candidatos negros, negras ou afrodescendentes em seus processos seletivos. Na situação narrada, o que se verificou foi uma elevada carga probatória exigida para os candidatos negros, negras ou afrodescendentes. Nesse enfoque, a questão crucial reside em saber qual o sentido dessas excessivas exigências para os candidatos cotistas, à margem da lei de regência.

A lei determina a autodeclaração, entretanto não faz menção à necessidade de três autodeclarações. De fato, o que causou perplexidade e confusão nos candidatos foi a primeira exigência de autodeclaração no momento da inscrição; a segunda exigência de autodeclaração através

---

[8] Na verdade, os dados colhidos registram um total de 3.885 (três mil, oitocentos e oitenta e cinco) candidatos negros que tiveram a inscrição como cotistas indeferidas. Nesse sentido, ver os dados fornecidos pela Banca Vunesp: https://documento.vunesp.com.br/documento/stream/MzI3OTYzNA%3d%3d

do Requerimento dos Candidatos que se Declararem Negros, Negras ou Afrodescendentes que consta no *link* da área do candidato; e a terceira exigência de autodeclaração que consta no Anexo III do Edital do Concurso Público para o Tribunal de Contas do Município de São Paulo.

Embora possa se alegar que as informações constavam no Edital, o que se verificou foi um excessivo formalismo em detrimento dos candidatos negros, negras ou afrodescendentes, o que os levou a uma inacreditável confusão no momento da comprovação de sua identidade étnico-racial.

Ao que parece, o sistema de cotas raciais adotado nesse concurso público buscou inibir a participação significativa de candidatos negros, negras ou afrodescendentes. Como enfatizado, dada a dimensão jurídica do princípio da proporcionalidade, o mais adequado seria uma única fase de exigência da autodeclaração racial, o que, certamente, traria vantagens mais justas aos candidatos cotistas negros.

6 Novos contornos para uma adequada exigência da autodeclaração racial nos concursos públicos

A determinação dos limites dos direitos fundamentais por parte da Administração Pública, sob pena de tornar-se inexpugnável abuso de poder, não deve violar os mandamentos dos princípios da proporcionalidade, razoabilidade, dignidade da pessoa humana e do livre acesso aos cargos públicos.

Com efeito, a atividade administrativa legítima deverá ocorrer dentro dos contornos derivados da nossa Constituição, bem como da legislação infraconstitucional atinente ao tema das ações afirmativas. Nessa perspectiva, o exercício ponderado e razoável nos editais de concursos públicos é exigência essencial para a boa administração pública. Claro é que o mais adequado será reconhecer que somente através do respeito ao direito fundamental à boa administração pública é que se poderá desenvolver mecanismos que estejam de acordo com os objetivos de uma Administração Pública democrática. Acerca do tema do direito fundamental à boa administração, importa apontar as lições do professor Juarez Freitas:

> Não é de estranhar que o direito fundamental à boa administração determine a obrigação de justificar, na tomada das decisões administrativas, a eleição dos pressupostos conducentes à

preponderância dos benefícios (sociais, econômicos e ambientais) sobre os custos envolvidos. Assim, não se admite o exercício de discrição por meio de simples alegação de conveniência ou oportunidade, sobremodo se afetados direitos. Impõe-se uma consistente (intertemporalmente) e coerente (valorativamente) justificação das escolhas administrativas. *A discricionariedade precisa estar vinculada às prioridades constitucionais de larga escala.* Nessa ordem de ideias, quando o administrador público age de modo inteiramente livre, assume ilícita atitude senhorial e patrimonialista. Quer dizer, a liberdade apenas se legitima ao promover aquilo que os princípios constitucionais entrelaçadamente prescrevem, de sorte a viabilizar as pautas do desenvolvimento sustentável.[9] (grifos nossos)

Como se vê, a discricionariedade necessita estar vinculada às prioridades da igualdade social constitucional que se busca com as ações afirmativas no Brasil. Se assim se pretende, seus limites, certamente, encontram-se na Constituição.

Enfim, é possível apontarmos alguns caminhos que devem ser seguidos pela Administração Pública na efetivação da adequada aplicação dos termos de autodeclarações raciais nos concursos públicos. Desse modo, esses caminhos geram, caso sejam adotados pela Administração Pública, maior certeza e segurança jurídica para com os candidatos cotistas negros. Segue abaixo um sucinto rol de medidas que entendemos devam ser aplicadas com urgência nos concursos públicos:

    a) Exigência apenas da autodeclaração racial em uma única vez, de preferência no momento da inscrição do candidato cotista negro no concurso público pretendido. A maioria dos concursos públicos no Brasil não utiliza a primeira fase do certame para esgotamento das exigências de documentos e outros meios comprobatórios, por exemplo, diplomas de cursos, graduações e etc. Isso se explica pela simples razão de que diminuem os custos tanto para os candidatos, porque se encontram numa fase incipiente do certame, bem como para a própria Administração Pública, a qual não terá de arcar com o depósito e controle desses documentos.

---

[9] FREITAS, Juarez. *Direito fundamental à boa administração pública.* São Paulo, Malheiros, 2014, p. 28.

b) Criação de um banco de dados de candidatos cotistas negros, cujo principal objetivo seria diminuir a necessidade de reiterados envios de documentos pelos cotistas negros à Administração Pública responsável pelo concurso. Este banco de dados poderá se restringir à competência administrativa de cada ente: Municípios, Estados, União e DF.
c) Adoção somente na segunda fase, ou seja, quando da criação da Comissão de Heteroidentificação racial, para análise de fotografias, documentos de pertencimento racial e outros que forem necessários para desestimular a fraude nas cotas raciais.
d) Criação de um cadastro único de candidatos cotistas negros de âmbito nacional cuja responsabilidade ficará a cargo da União.
e) Criação de um tipo penal cuja prática de fraude racial nos concursos públicos tenha consequências de ordem criminal ao candidato fraudador. Nesse sentido, caberia ao legislador constituinte derivado acrescentar ao já existente art. 311-A do Código Penal de 1940, um inciso específico com a seguinte tipificação penal: fraudar a autodeclaração racial em certame público.

Outro elemento nuclear nos concursos públicos é a taxa de inscrição, cujo valor a depender qual seja, poderá ser um mecanismo também de cunho inibidor para a participação nos concursos públicos dos candidatos cotistas negros. De fato, como dito anteriormente, a condição econômica e social da maioria da população negra é bastante difícil comparada à população branca. Nesse contexto, o mais adequado seria a isenção automática da taxa de candidatos negros cotistas. Embora não seja o cerne deste artigo, convém firmar sua importância neste contexto de defesa da efetivação das políticas de ações afirmativas para a população negra nos concursos públicos.

7 Conclusão

A efetivação das políticas de ações afirmativas pela Administração Pública brasileira deve prever mecanismos que promovam a maior participação possível de candidatos cotistas negros. Nesse sentido, toda e qualquer medida que viabilize o desiderato acima deve ser tomada.

A título de exemplo, uma medida adequada nos certames públicos seria a adoção de isenção de pagamento de taxa de inscrição para os candidatos cotistas negros.

Uma segunda medida que, ao nosso entender, corresponderia a uma melhora sensível na promoção da diversidade racial na Administração Pública, seria a criação de um banco de dados para cada ente político: Município, Estado, União e DF.

Na impossibilidade de alguns entes políticos concretizarem a medida acima, seria, então, desejável que a união ficasse encarregada da criação de um cadastro único nacional de candidatos cotistas negros. Essa terceira medida, certamente, criaria uma segurança jurídica na relação entre candidatos cotistas negros e a Administração Pública, a qual é responsável pelo concurso público com reserva de vagas para negros.

Uma quarta medida que entendemos adequada é a criação de um tipo penal específico em nosso Código Penal para intimidar tentativas de fraudes em concursos públicos. Infelizmente, é uma constatação inegável a quantidade de candidatos brancos que buscam se passar por negros para obterem vantagem indevida em concursos públicos.

Por fim, uma última medida a ser implantada nos editais de concursos públicos é a exigência apenas da autodeclaração racial em uma única vez, de preferência, no momento da inscrição do candidato cotista negro no concurso público pretendido. Com isso, cria-se um ambiente para uma efetiva participação dos candidatos cotistas negros em igualdade de condições com os demais candidatos que concorrem pelo acesso universal.

Referências

ALMEIDA, Lúcio (org.). *Racismo Institucional*: o papel das instituições no combate ao racismo. Porto Alegre: Clube dos Autores, 2012.

ALMEIDA, Lúcio Antônio Machado. *Direito da diversidade*: o reconhecimento moral de negras e negros brasileiros. Porto Alegre: Núria Fabris, 2020.

ÁVILA, Humberto. *Teoria dos Princípios*: da definição à aplicação dos princípios jurídicos. São Paulo: Malheiros, 2021.

BOBBIO, Norberto. *Teoria Geral do Direito*. São Paulo: Martins Fontes, 2012.

BRASIL. Supremo Tribunal Federal. ADC 41/DF, Rel. Min. Roberto Barroso, julgado em 08/06/2017. Info nº 868.

CARVALHO FILHO, José dos Santos. *Manual de Direito Administrativo*. São Paulo: Atlas, 2022. Edição do Kindle.

FREITAS, Juarez. *Controle dos atos administrativos*. São Paulo: Malheiros, 2013.

FREITAS, Juarez. *Direito fundamental à boa administração pública*. São Paulo: Malheiros, 2014.

FREITAS, Juarez. *O controle dos atos administrativos e os princípios fundamentais*. São Paulo: Malheiros, 2013.

GOMES, Joaquim Benedito Barbosa. *Ação afirmativa & princípio constitucional da igualdade*: o Direito como instrumento de transformação social. A experiência dos Estados Unidos. Rio de Janeiro: Renovar, 2001.

MORAND-DEVILLER *et al*. *Droit Administratif*. Paris: LGDJ, 2017.

Informação bibliográfica deste livro, conforme a NBR 6023:2018 da Associação Brasileira de Normas Técnicas (ABNT):

ALMEIDA, Lúcio Antônio Machado. A ilegalidade da exigência de autodeclaração racial nos concursos públicos: abuso de poder e excesso de formalismo. BOMFIM, Daiesse Quênia Jaala Santos (Coord.). *Políticas afirmativas de inclusão e equidade racial*: reflexões acerca do papel dos setores público e privado. Belo Horizonte: Fórum, 2023. p. 57-76. ISBN 978-65-5518-553-9.

A EDUCAÇÃO QUE NOS FOI NEGADA: A RESPONSABILIDADE DO SETOR PÚBLICO NA EQUALIZAÇÃO DE OPORTUNIDADES PARA POPULAÇÃO NEGRA

DAIESSE QUÊNIA JAALA SANTOS BOMFIM
JUÇARA ROSA SANTOS DE ARAÚJO

1 Introdução

Embora a escravidão no território brasileiro tenha seu marco temporal oficialmente encerrado no ano de 1888, a ausência de mecanismos e políticas de reparação social ou, ainda, de condições básicas de sobrevivência, gerou acentuado grau de vulnerabilidade social, econômica e histórica da população negra, ainda maculada atualmente, 135 anos após a abolição. Outrossim, o estabelecimento de políticas migratórias que atraíam europeus pelas oportunidades de obter terras e escapar da pobreza e da instabilidade política em seus países de origem fez parte do projeto de desenvolvimento nacional que tinha como objetivo promover o "embranquecimento" do território brasileiro e marginalizar e oprimir ainda mais o povo negro, prejudicado pela desigual distribuição de terras.

Sobre esta discussão, convém resgatar o pronunciamento da historiadora Lilia Schwarcz,[1] em entrevista concedida à BBC Brasil, no dia

---

[1] SCHWARCZ Lilia. Entrevista concedida à BBC Brasil, em 10 maio 2018, às 10h45. Disponível em: https://www.bbc.com/portuguese/brasil-44034767. Lilia Schwarcz é professora, historiadora e doutora em antropologia social pela Universidade de São Paulo.

10 de maio de 2018, durante evento realizado para marcar os 130 anos da abolição. Na entrevista, a professora ressaltou: "o que vemos hoje no país é uma recriação, uma reconstrução do racismo estrutural. Nós não somos só vítimas do passado. O que nós temos feito nesses 130 anos é não apenas dar continuidade, mas radicalizar o racismo estrutural".

Efetivamente, ao vivenciar a abolição da escravatura, sem ter tido asseguradas condições essenciais de dignidade, educação, saúde, trabalho e moradia, a população negra se viu em uma situação de vulnerabilidade perene e persistente. Essa conjuntura histórica de desamparo desencadeou movimentos em favor da inserção dos negros em diferentes segmentos sociais, com o objetivo de promover ações afirmativas em universidades, empresas e no setor público, e de mitigar o impacto de décadas de exclusão social.

2 O histórico educacional da população negra

Vou aprender a ler, para ensinar meus camaradas... aprender a ler, para ensinar meus camaradas.
(Roberto Mendes, 2003)

Do século XVI ao XIX, o Brasil foi marcado pela escravidão de milhões de africanos e seus descendentes. Essa população escravizada sofreu uma série de exclusões, tanto no âmbito social quanto no educacional, tendo em vista que o acesso à educação era restrito às poucas pessoas que pertenciam à elite branca.

A educação era vista como um privilégio para os brancos, que utilizavam esse conhecimento para manter a escravidão e a desigualdade social. Os escravos não tinham acesso à educação formal, o que limitava suas oportunidades de mobilidade e os mantinha na condição de submissão e opressão.

Sem dúvida, essa exclusão educacional tinha reflexos profundos sobre a personalidade e a formação dos escravos, que acabavam sendo privados do desenvolvimento intelectual e das capacidades cognitivas fundamentais para a construção de um futuro melhor. Apesar disso, alguns escravos conseguiram driblar as limitações impostas pela falta de acesso à educação e desenvolver conhecimentos por meio da transmissão oral de histórias, fábulas, canções e a expressão artística, como o samba e a capoeira.

Com o objetivo de compreender a apropriação da educação pelas classes populares, a pesquisadora Ana Luiza de Jesus Costa aprofundou seus estudos sobre as iniciativas populares de educação e de instrução organizadas por associações mutualistas, beneficentes e filantrópicas existentes no Rio de Janeiro no período imperialista brasileiro.

Considerando-se que nas décadas oitocentistas, a educação formal foi expressamente negada aos negros e escravos, é bastante relevante a produção de estudos que evidenciem como se deu a relação das classes populares, compreendida por pobres e negros, com o processo de implantação da educação escolar.

Nessa perspectiva, analisando os estudos realizados por Costa[2] sobre experiências educacionais das classes populares no Rio de Janeiro. Observa-se que essas classes se organizavam para criar espaços formativos, por meio de lutas e resistências. A autora sentiu a necessidade de ampliar sua concepção de educação, buscando entender:

> o educar-se como a experiência vivida, o ensinar e aprender entre os próprios sujeitos populares, mesmo fora da escola, fosse em associações de trabalhadores, ou de forma mais difusa em seu cotidiano. Não se tratou, em nenhum momento, de negar a dominação cultural das elites imperiais, mas pensar de que forma a educação pode ser apropriada pelas classes populares.[3]

Enfim, é valido ressaltar que mesmo sem nenhum apoio ou investimento público na área da educação, desde o período imperial brasileiro existiam diversas ações individuais e coletivas que objetivavam viabilizar a educação para a população negra, inclusive para os escravizados, aos quais era expressamente proibido o acesso às escolas.

Ynaê Lopes dos Santos destaca algumas iniciativas e experiências de instrução da população negra que dialogaram diretamente com as diretrizes estabelecidas por cada província, a saber:

> Em Pernambuco, houve uma ação conjunta da Sociedade dos Artistas Mecânicos e Liberais e da Irmandade São José do Ribamar em prol do

---

[2] COSTA, Ana Luiza de Jesus. O educar-se das classes populares oitocentistas no Rio de Janeiro: entre a escolarização e a experiência. São Paulo, 2012. Tese (Doutorado em Educação) – Universidade de São Paulo, 2012.

[3] COSTA, Ana Luiza de Jesus. O educar-se das classes populares oitocentistas no Rio de Janeiro: entre a escolarização e a experiência. São Paulo, 2012. Tese (Doutorado em Educação) – Universidade de São Paulo, 2012, p. 20.

letramento e do ensino de ofícios específicos. No Maranhão, temos o caso do Asilo de Santa Teresa, que oferecia educação formal para um número significativo de meninas negras. Há o interessante caso do professor Pretextato, que em meados da década de 1850 transformou parte da sua casa no centro do Rio de Janeiro numa escola para meninos pretos e pardos.[4]

O estudo de Santos também nos remete à reflexão de que na década de 1870, com o crescimento do abolicionismo, emergiram diversas ações individuais de professores negros em prol da educação de seus irmãos de cor. Destacaram-se, na elaboração de estratégias que visavam à ampliação da educação formal da população negra, abolicionistas como André Rebouças e José do Patrocínio. Na década de 1880, destacou-se a abolicionista Maria Firmina dos Reis, que chegou a abrir e dirigir uma escola mista e gratuita no interior do Maranhão.

A Carta Magna de 1824 determinava que era obrigação estatal garantir instrução gratuita primária para todos os cidadãos. No entanto, o Ato Adicional à Constituição do Império de 1834 conferiu às províncias o direito de elaborar leis, em conjunto com a autonomia de cobrar impostos e aplicá-los no ensino público de acordo com as regras implementadas em cada localidade.

Em excelente pesquisa sobre os atos normativos de algumas províncias, a professora Surya Pombo de Barros aponta a forma como a população negra foi alijada do direito à educação.

Em sua pesquisa, a docente analisou como a população negra apareceu em leis e regulamentos imperiais sobre instrução primária e secundária no Brasil, destacando interdições e permissões para acesso, permanência e frequência de negros na escola pública.

O estudo de Barros[5] investigou conjuntos integrais de leis de nove províncias e, indiretamente, outras sete localidades, em busca de termos que referenciavam a condição jurídica ou racial (livre, liberto, escravo, ingênuo, preto, filho de africano livre) dos alunos permitidos e dos indesejados na escola.

---

[4] SANTOS, Ynaê Lopes dos. *Racismo brasileiro*: uma história da formação do país. São Paulo: Todavia 2022, p. 186-187.

[5] BARROS, Surya A. Pombo de. Escravos, libertos, filhos de africanos livres, não livres, pretos, ingênuos: negros nas legislações educacionais do XIX. *Educ. Pesqui.*, São Paulo, v. 42, n. 3, p. 591-605, 2016.

Segundo a autora, na década de 1830, as primeiras leis e regulamentos da instrução começaram a ser discutidos e aprovados e já interditavam a matrícula e/ou frequência de algumas categorias às aulas:

> A província de Minas Gerais foi pioneira. Simultaneamente à obrigatoriedade escolar, a Lei de 28 de março de 1835, determinava: "Somente as pessoas livres podem frequentar as Escholas Publicas, ficando sujeitas aos seus Regulamentos". Em Goiás, a primeira lei sobre instrução, de 23 de junho de 1835, como em Minas, obrigava os pais a dar instrução primária aos meninos, e ressaltava: "Sómente as pessoas livres podem frequentar as Escolas Publicas, ficando sujeitas aos seos Regulamentos".[6]

Ainda, conforme explicitado na pesquisa de Barros, a legislação de 1836, do Rio Grande do Norte, aprovou os Estatutos para as Primeiras Letras da Província. Essa lei, ao abordar deliberações sobre as matrículas, determinava:

> Os Professores não admitirão em suas aulas alunos, que *não sejam livres*: as Professoras porem podem receber *escravas*; para o fim tão somente de lhes ensinar as prendas domésticas, não as compreendendo, todavia, na matrícula, de que trata o artigo 16, sob pena de perda do ordenado correspondente a um mês. À essa excepcionalidade seguiu-se outra. Em 1837, foi sancionada uma lei para proibir pessoas escravas nas escolas públicas e revogar o artigo do Estatuto anterior: Proibindo a admissão de pessoas escravas nas aulas públicas.[7] (grifo nosso)

Observou-se que a primeira lei sobre instrução, sancionada em 1837, no Mato Grosso, seguia as mesmas determinações de que somente as pessoas livres poderiam frequentar as escolas públicas, ficando sujeitas aos seus regulamentos. Na Paraíba, nesse mesmo ano, a primeira lei sobre instrução, que havia sido sancionada em 1835, e não mencionava quem poderia ou não se matricular, sofreu alteração, estabelecendo que: "Os professores só admitirão em suas aulas pessoas livres".

---

[6] BARROS, Surya A. Pombo de. Escravos, libertos, filhos de africanos livres, não livres, pretos, ingênuos: negros nas legislações educacionais do XIX. *Educ. Pesqui.*, São Paulo, v. 42, n. 3, p. 591-605, 2016, p. 596.

[7] BARROS, Surya A. Pombo de. Escravos, libertos, filhos de africanos livres, não livres, pretos, ingênuos: negros nas legislações educacionais do XIX. *Educ. Pesqui.*, São Paulo, v. 42, n. 3, p. 591-605, 2016, p. 596.

Ainda, sobre a legislação de 1837, encontramos nos estudos de Barros que:

No Rio Grande do Sul duas menções a escravos. A lei que criava o Colégio de Artes Mecânicas estabelecia: "Serão igualmente admitidos nas officinas do Collegio quaisquer moços, exceptuado os escravos, que pretenderem aprender os officios que n'ellas se ensinarem [...]", mesmo que o perfil desejado pela instituição recaísse sobre órfãos, pobres expostos e filhos de pais indigentes.

Já a Lei de Instrução Primária de São Pedro do Rio Grande do Sul destacava que, além das pessoas que padeceram de moléstias contagiosas, "Serão prohibidos de frequentar as Escolas Publicas. 2º Os escravos, e pretos ainda que sejão livres ou libertos".[8]

> As leis vigentes na década de 1850 tiveram como marco o Decreto Couto Ferraz de 1854, que regularizava o ensino primário e secundário da Corte. Entre outros aspectos, o decreto estabelecia que os escravos não poderiam se matricular, nem frequentar as escolas.

No Maranhão, a primeira proibição aos escravos aparece em 1854. Em Pernambuco, o Regulamento de 1851 proibiu o acesso de africanos às aulas públicas. Na Província do Paraná, em 1857 foi aprovado um novo regulamento que excluía os escravos da matrícula, estabelecida como pública e gratuita. Já em São Paulo, embora a primeira lei organizando a instrução pública seja de 1846, a referência à população negra nessa província só apareceu no Regulamento da Instrução Provincial de 1869, não admitindo a matrícula aos escravos. Segundo Barros, pode-se ver no artigo 90 desse regulamento que:

> os professores admitirão á matricula, em suas escolas, durante o anno lectivo, os individuos que se propuzerem á inscripção, e que não estiverem compreendidos nas prohibições deste regulamento". A seguir, completa: "Não serão admittidos á matricula: [...] §4º Os escravos".[9]

---

[8] BARROS, Surya A. Pombo de. Escravos, libertos, filhos de africanos livres, não livres, pretos, ingênuos: negros nas legislações educacionais do XIX. *Educ. Pesqui.*, São Paulo, v. 42, n. 3, p. 591-605, 2016.

[9] BARROS, Surya A. Pombo de. Escravos, libertos, filhos de africanos livres, não livres, pretos, ingênuos: negros nas legislações educacionais do XIX. *Educ. Pesqui.*, São Paulo, v. 42, n. 3, p. 591-605, 2016, p. 599.

Já a pesquisa de Ana Luiza de Jesus Costa[10] revela que nas últimas décadas do século XIX, mesmo que numa perspectiva de controle da classe popular, que era considerada como "objeto a ser moldado" e não como sujeitos ativos de seu processo educacional, foram implementadas medidas, dentro de um conjunto de ações de um projeto pedagógico elitista bem estruturado, que promoveram a criação de escolas noturnas para trabalhadores, instituições para ensino de ofícios, asilos para a infância desvalida, dentre outras.

Costa[11] salienta que a implementação dessas ações, não sem conflitos e dificuldades, surgiu como estratégias de "salvação" e "regeneração" da massa de "ignorantes" que compunha a população da corte e da província, além de seu controle para proteção da "boa sociedade".

Ainda, os estudos de Barros[12] apontam que, na legislação educacional da década de 1870, as questões relativas à matrícula da população negra na escola aparecem nos atos normativos que estabelecem o ensino noturno, ainda sem extinguir a proibição aos escravos, porém na década de 1874 já se abria a possibilidade de que estes fossem matriculados, mediante a autorização ou licença de seus senhores.

Nas legislações que surgiram nos anos de 1872 a 1875, que regulamentavam o ensino público, já não apareciam as referências à proibição de escravos. O Regulamento Orgânico da Instrução Pública de 1873 da Província do Mato Grosso determinava a obrigatoriedade do ensino e criava aulas noturnas na capital. Junto a isso, desapareciam as referências à proibição de escravos nas escolas oficiais, presentes na legislação anterior. São Paulo instituiu a obrigatoriedade de ensino em 1874, sem mencionar alunos ou o ensino noturno.

Ainda na pesquisa de Barros, observa-se que, como em Santa Catarina, no Rio Grande do Sul o Regulamento da Instrução Pública Primária de 1876 mantinha a proibição aos escravos. Porém, dois meses depois da implementação desse regulamento, um novo texto foi aprovado, conservando o anterior, com um diferencial para as aulas noturnas:

---

[10] COSTA, Ana Luiza de Jesus. O educar-se das classes populares oitocentistas no Rio de Janeiro: entre a escolarização e a experiência. São Paulo, 2012. Tese (Doutorado em Educação) – Universidade de São Paulo, 2012, p. 19.

[11] COSTA, Ana Luiza de Jesus. O educar-se das classes populares oitocentistas no Rio de Janeiro: entre a escolarização e a experiência. São Paulo, 2012. Tese (Doutorado em Educação) – Universidade de São Paulo, 2012.

[12] BARROS, Surya A. Pombo de. Escravos, libertos, filhos de africanos livres, não livres, pretos, ingênuos: negros nas legislações educacionais do XIX. *Educ. Pesqui.*, São Paulo, v. 42, n. 3, p. 591-605, 2016.

O Regulamento para a Escola Nocturna Provincial gaúcha, de 1876, definia:

Artigo 1º A escola nocturna provincial se destina especialmente ao ensino das classes menos abastadas privadas de frequentar durante o dia os estabelecimentos de instrucção.

Artigo 2º Em suas aulas serão admitidos os adultos, ingenuos ou libertos, sem outra condição além do procedimento e meio de vida honesto devidamente comprovado.[13]

Não obstante a educação formal tenha se tornado mais acessível após a Lei Áurea, a população negra continuou sofrendo com a exclusão educacional durante muito tempo. A marginalização do povo negro no Brasil não foi um processo isolado, mas sim uma consequência de um sistema social e econômico injusto e desigual. É importante lembrar que o processo de exclusão social dos negros é resultado de anos de violência, opressão e desrespeito aos direitos humanos.

No estudo *Discriminação e desigualdades raciais no Brasil*,[14] de forma brilhante, Hasenbalg nos alerta que:

> a) a discriminação e preconceitos raciais não são mantidos intactos após a abolição, mas, pelo contrário, adquirem novos significados e funções dentro das novas estruturas e b) as práticas racistas do grupo dominante branco que perpetuam a subordinação dos negros não são meros arcaísmos do passado, mas estão funcionalmente relacionados aos benefícios materiais e simbólicos que o grupo branco obtém da desqualificação competitiva dos não brancos.[15]

A busca pela igualdade material é essencial para a população negra que historicamente ocupa a posição mais vulnerável na sociedade, devido à estratificação racial que resulta em desvantagens cíclicas. Essas desigualdades dificultam, sobremaneira, a mudança nas condições de vida das próximas gerações.

Em um Estado que se pretenda Democrático de Direito, negar que a população negra foi entregue à própria sorte e não promover a

---

[13] BARROS, Surya A. Pombo de. Escravos, libertos, filhos de africanos livres, não livres, pretos, ingênuos: negros nas legislações educacionais do XIX. *Educ. Pesqui.*, São Paulo, v. 42, n. 3, p. 591-605, 2016, p. 601.

[14] HASENBALG, Carlos Alfredo. *Discriminação e desigualdade raciais no Brasil*. Rio de Janeiro: Graal. 1979, p. 85.

[15] HASENBALG, Carlos Alfredo. *Discriminação e desigualdade raciais no Brasil*. Rio de Janeiro: Graal. 1979, p. 85.

concretização da igualdade é perpetuar indefinidamente o sofrimento desta população, com o único propósito de preservar as estruturas de privilégios que favorecem apenas uma parcela da sociedade.

3 A responsabilidade do setor público na concretização da igualdade material do povo negro

> *Existe muita coisa que não te disseram na escola*
> *Cota não é esmola*
> *Experimenta nascer preto na favela, pra você ver*
> *O que rola com preto e pobre não aparece na TV*
> *Opressão, humilhação, preconceito*
> *A gente sabe como termina quando começa desse jeito*
> *[...]*
> *Experimenta nascer preto, pobre na comunidade*
> *Cê vai ver como são diferentes as oportunidades*
> *E nem venha me dizer que isso é vitimismo hein*
> *Não bota a culpa em mim pra encobrir o seu racismo*
> *Existe muita coisa que não te disseram na escola*
> *Eu disse, cota não é esmola.*
> (Bia Ferreira, 2011)

Consoante descrito anteriormente, a dívida que o Brasil tem com a população negra é amplamente baseada no acesso negado a esta parcela da sociedade durante séculos. Isso inclui essencialmente questões relacionadas não só ao acesso, mas também à qualidade da educação pública ofertada, uma vez que a maioria dos beneficiários desse sistema são aqueles em situação de maior vulnerabilidade social, que, no caso brasileiro, predominantemente compõem a população negra.

A exclusão histórica tem impacto direto na educação, levando à segregação ocupacional e diferenças salariais para o povo negro. Para combater essa desigualdade, políticas públicas estruturadas são necessárias. Durante a III Conferência Mundial de Combate ao Racismo, Discriminação Racial, Xenofobia e Intolerância Correlata realizada em Durban, África do Sul, em 2001, o Estado brasileiro se comprometeu a adotar medidas para ajudar os grupos minoritários historicamente discriminados. As ações afirmativas são medidas que não só buscam corrigir direitos negados social e historicamente, mas também promover a transformação social em um futuro prospectivo.

Além disso, as políticas afirmativas contribuem para a construção de uma sociedade mais justa e democrática, na qual todos os indivíduos têm igualdade de oportunidades e são reconhecidos em sua identidade e diversidade.

O estabelecimento de cotas raciais para cargos na Administração Pública federal e estadual; valorização da herança cultural afrodescendente na história nacional; adoção de cotas para participação de afrodescendentes em propagandas, filmes e programas; inclusão do quesito "cor/raça" nos registros do sistema de saúde; reserva de vagas em universidades federais para afrodescendentes e povos indígenas; utilização da composição étnico-racial de empresas como critério de desempate em licitações públicas; e obrigação das empresas beneficiárias de incentivos governamentais adotarem programas para promover a igualdade racial são algumas das propostas elencadas no Estatuto da Igualdade Racial, inserto na Lei nº 12.228/2010.

A ação afirmativa é uma iniciativa importante, necessária e relevante. De acordo com estudos recentes, a implementação dessa política não afetou negativamente a qualidade do ensino superior nem o desempenho acadêmico; pelo contrário, promover a diversidade racial e a inclusão social foi capaz de formar profissionais mais capazes de lidar com a diversidade.

No ano de 2022, a Lei de Cotas no Ensino Superior, Lei nº 12.711/2012, completou uma década e é visível um processo de redemocratização nas faculdades e universidades, embora ainda esteja longe de atingir completamente seu objetivo principal de igualdade de oportunidades educacionais e de trabalho para pessoas negras.

Outra ação afirmativa que teve impacto na esfera pública diz respeito à Lei 12.990/2014, que reserva aos negros 20% das vagas oferecidas nos concursos públicos para provimento de cargos efetivos e empregos públicos no âmbito da Administração Pública federal, das autarquias, das fundações públicas, das empresas públicas e das sociedades de economia mista controladas pela União. É importante destacar que, embora o ingresso ocorra por meio de concurso público, a acumulação de desigualdades a que a população negra foi submetida influencia diretamente suas chances de sucesso na seleção, justificando a política.

Nesse contexto, no dia 8 de abril de 2021, o Supremo Tribunal Federal (STF) decidiu, por unanimidade, que a Lei de Cotas no serviço público é constitucional. A decisão do STF é histórica e representa uma vitória na luta contra a discriminação racial no Brasil. Estima-se que a lei de cotas no serviço público já tenha beneficiado mais de 30 mil pessoas negras desde a sua entrada em vigor.

Para chegar a essa decisão, o Supremo Tribunal Federal considerou três fundamentos centrais: a consecução do princípio da equidade e a superação do racismo estrutural, a não violação do princípio do concurso público e da eficiência e a observância do princípio da proporcionalidade. Concluiu-se que a reserva de vagas para pessoas negras no acesso ao ensino superior não torna a reserva no concurso público desnecessária ou desproporcional, uma vez que nem todos os cargos públicos exigem nível superior e há diferentes fatores que impedem a competição em pé de igualdade.

Outrossim, o Decreto nº 11.443/2023, assinado pelo Presidente Luiz Inácio Lula da Silva, em uma data emblemática para o povo negro, dia 21 de março, data que marca o Dia Internacional de Combate à Discriminação, instituído pela ONU para manter viva a memória do massacre de Joanesburgo, cuja população negra na África do Sul, em protesto pacífico, foi brutalmente morta (cerca de 69 pessoas) e ferida (186 pessoas) pela polícia, é uma medida importante, que visa garantir o direito a pessoas declaradamente negras, com traços fenotípicos que as caracterizem como de cor preta ou parda, ocuparem cargos decisórios da Administração Pública Federal, conforme estabelece seu artigo 1º:

> Art. 1º Este Decreto dispõe sobre o preenchimento por pessoas negras de percentual mínimo de cargos em comissão e de funções de confiança no âmbito da administração pública federal direta, autárquica e fundacional.

Importa ressaltar que foi acertada a decisão do Presidente em deliberar logo no início do seu governo uma medida tão impactante para a população negra brasileira, com estabelecimento de metas e processos de monitoramento e acompanhamento, que permitirão ao final da gestão avaliar os avanços e desafios da implementação, prevenindo quanto à continuidade dos programas e os seus aperfeiçoamentos.

Outro aspecto relevante do Decreto é a definição de que a coordenação das ações deve ser articulada entre as pastas do Ministério da Gestão e Inovação em Serviços Públicos e o Ministério da Igualdade Racial, possibilitando a transversalização de temas que envolvem a promoção da equidade de raça, gênero, pessoas com deficiência, população LGBTQIA+, dentre outros.

Dessa forma, pode-se compreender que o decreto avança, na medida em que, para além da já estabelecida política de cotas em concursos, passo importante para a promoção da equidade, possibilita a ampliação da representatividade da população negra, maioria no país, na Administração Pública, assinalando o compromisso do Brasil com a igualdade racial e a visibilidade dessa população em espaços de poder.

Ainda, é premente considerar que a associação dos resultados produzidos pela medida e a divulgação por transparência, além de reforçar a importância da intergovernabilidade, ratifica a imprescindível participação do controle social no acompanhamento das ações, a partir da divulgação de resultados da política de reserva de vagas para pessoas negras nos cargos e funções comissionadas na Administração Pública Federal, valorizando o uso da transparência ativa pela Administração Pública e incentivando maior articulação entre o direito de acesso à informação e as questões atinentes à promoção da igualdade racial e dos direitos humanos como um todo, respeitando o que regulamenta a Lei de Acesso à informação, Lei nº 12.527/2011.

Cabe, ainda, sinalizar que essa medida abre caminho para uma reflexão e olhar cuidadoso para a educação pública no Brasil, desde a ocupação dos cargos de pessoas negras na instância governamental, como na preparação dos alunos, que em sua grande maioria é negra.

Essa, e as demais medidas anunciadas pelo Governo Federal em comemoração aos 20 anos das políticas públicas voltadas para a igualdade racial, a exemplo do Programa Brasil Aquilombado, e a criação de grupos de trabalho buscarão a promoção de direitos desenvolvendo trabalhos na área da educação, cidadania, memória e tolerância religiosa, visam fortalecer a luta contra o racismo sistêmico no país e promover a equidade, mas também revela que o Brasil ainda tem muito por fazer, no sentido de reparar um processo histórico de cerceamento de direitos e de exclusão da pessoa negra.

Com efeito, a assimetria educacional entre a população branca e negra no Brasil foi objeto de pesquisa do Instituto Brasileiro de Geografia e Estatística (IBGE), senão vejamos:

> A dívida histórica do país com a educação de seu povo é ainda maior com a população negra. Enquanto 3,9% da população branca com 15 anos ou mais é iletrada, o percentual sobe para 9,1% entre os negros. Entre os brasileiros analfabetos com mais de 60 anos, 10,3% são brancos. E 27,5% são negros. Entre outros dados negativos, 40% das pessoas com mais de 25 anos não chegaram a concluir essa etapa da educação

básica; 30,7% dos alunos do ensino médio estavam defasados em relação idade/série ou fora da escola. E outros 46% não se qualificavam para o trabalho e muito menos trabalhavam. Embora tenha aumentado de 46,2% para 47,4% o índice de pessoas com 25 anos ou mais que tenham finalizado o ensino médio, essa variação não foi acompanhada de redução na desigualdade racial. Enquanto os brancos constituem 55,5% desse universo, os negros correspondem a 40,3%.[16]

Esse hiato educacional reverbera, consideravelmente, na disparidade salarial e de acesso ao mercado de trabalho formal e, ainda mais, quando ressaltamos os postos mais bem remunerados. De acordo com o Boletim Especial do DIEESE, divulgado em 10 de novembro de 2020,[17] focado no mercado de trabalho, a quantidade de pessoas desempregadas aumentou significativamente entre o 1º e 2º semestre de 2020, alcançando o total de aproximadamente 8 milhões de indivíduos. Dentre eles, 6,3 milhões eram afrodescendentes, o que representa 71% do número total. A publicação também informa que, entre o 4º trimestre de 2019 e o 2º trimestre de 2020, cerca de 8,1 milhões de afrodescendentes, equivalente a 72%, encontravam-se em situação vulnerável no país.

Nesse cenário, é imperioso colacionar as disposições do Estatuto da Igualdade Racial no que tange à responsabilidade do Poder Público em relação à inclusão da população negra no mercado de trabalho:

> CAPÍTULO V
> DO TRABALHO
> Art. 38. A implementação de políticas voltadas para a inclusão da população negra no mercado de trabalho será de responsabilidade do poder público, observando-se:
> I – o instituído neste Estatuto;
> II – os compromissos assumidos pelo Brasil ao ratificar a Convenção Internacional sobre a Eliminação de Todas as Formas de Discriminação Racial, de 1965;

---

[16] OLIVEIRA, Cida de. Pesquisa IBGE mostra que educação brasileira ainda não é para todos. 2017. *Rede Brasil Atual*, 20 jun. 2019. Disponível em: https://www.redebrasilatual.com.br/cidadania/2019/06/pesquisa-ibge-mostra-que-educacao-brasileira-ainda-nao-e-para-todos/. Acesso em: 06 maio 2022.

[17] DIEESE. Departamento Intersindical de Estatística e Estudos socioeconômicos. *Boletim Especial Desigualdade entre negros e brancos se aprofunda durante a pandemia*. 10 nov. 2020 Disponível em: https://www.dieese.org.br/boletimespecial/2020/boletimEspecial03.pdf Acesso em: 20 maio 2022.

> III – os compromissos assumidos pelo Brasil ao ratificar a Convenção nº 111, de 1958, da Organização Internacional do Trabalho (OIT), que trata da discriminação no emprego e na profissão;
> IV – os demais compromissos formalmente assumidos pelo Brasil perante a comunidade internacional.
> Art. 39. O poder público promoverá ações que assegurem a igualdade de oportunidades no mercado de trabalho para a população negra, inclusive mediante a implementação de medidas visando à promoção da igualdade nas contratações do setor público e o incentivo à adoção de medidas similares nas empresas e organizações privadas. [...]
> §7º O poder público promoverá ações com o objetivo de elevar a escolaridade e a qualificação profissional nos setores da economia que contem com alto índice de ocupação por trabalhadores negros de baixa escolarização. (grifos nossos)[18]

O Estatuto prevê diretrizes importantes para a responsabilidade do Estado brasileiro no processo de inclusão e capacitação de negros no mercado de trabalho. Há possibilidade, de fato, de adoção ampla de mecanismos que incentivem a diversidade racial no setor público, bem como a proposição de incentivos ao setor privado para que siga o mesmo caminho. Contudo, o desafio real reside na implementação efetiva dessas medidas, as quais ainda são incipientes.

Percebe-se, outrossim, uma evolução na atuação governamental em relação aos objetivos do desenvolvimento sustentável e do compromisso com a Agenda 2030, que abrangem questões sociais como a erradicação da pobreza, a promoção de uma educação de qualidade e a redução das desigualdades. No Brasil, essas pautas são extremamente importantes. Apesar de ser uma das maiores economias do mundo, o país ainda sofre com altos índices de pobreza e desigualdade social. Milhões de brasileiros ainda vivem abaixo da linha da pobreza, sem acesso a saneamento básico, saúde ou educação de qualidade. Para mudar essa realidade, é necessário estabelecer políticas públicas efetivas que ampliem a inclusão social e econômica, reverberando na equalização de oportunidades para todos, incluindo as pessoas de descendência negra, e proporcionando-lhes uma vida mais digna.

Nesse contexto, é importante ressaltar o Plano Nacional de Implementação das Diretrizes Curriculares Nacionais para Educação

---

[18] BRASIL. Lei n. 12.288, de 20 de julho 2010. Institui o Estatuto da Igualdade Racial; altera as Leis nos 7.716, de 5 de janeiro de 1989, 9.029, de 13 de abril de 1995, 7.347, de 24 de julho de 1985, e 10.778, de 24 de novembro de 2003. Brasília, DF: Casa Civil, 2010.

das Relações Étnico-Raciais e para o Ensino de História e Cultura Afro-Brasileiras e Africanas, que visa à formação de profissionais da educação para a promoção da igualdade racial em sala de aula e ao combate ao racismo, além do compartilhamento de conhecimento de todas as nuances da composição histórica do país, até então, extremamente eurocentrada.

Além disso, a criação da Secretaria Nacional de Políticas de Promoção da Igualdade Racial (SNPIR) e do Conselho Nacional de Promoção da Igualdade Racial (CNPIR) foram importantes para a formulação, coordenação e implementação de políticas públicas para promoção de equidade racial, reconhecendo o relevante papel do Estado nessa luta para garantir os direitos e a dignidade da população negra do país.

Essas são apenas algumas das iniciativas e políticas públicas que buscam garantir a igualdade racial no Brasil. Ainda há muito a ser feito, mas é importante reconhecer que o Estado tem um papel fundamental nessa luta e deve continuar buscando meios para garantir os direitos e a dignidade da população negra no país.

No que tange ao espaço referente à promoção de políticas públicas e as compras/contratações governamentais, cumpre destacar que a Nova Lei de Licitações e Contratos, Lei nº 14.133/2021, em seu art. 25, §9º estabelece que o edital poderá, na forma disposta em regulamento, exigir que percentual mínimo da mão de obra responsável pela execução do objeto da contratação seja constituído por mulheres vítimas de violência doméstica e pessoas oriundas ou egressas do sistema prisional.

No dia 08 de março de 2023, foi publicado o Decreto nº 11.430, que estabelece que as vagas para mulheres incluirão mulheres trans, travestis e outras possibilidades do gênero feminino e serão destinadas prioritariamente a mulheres pretas e pardas. Outrossim, tramita no Congresso Nacional o PL nº 2.067/2021, que estende a regulamentação acerca da terceirização dos serviços para permitir que percentual mínimo de contratação de mão de obra, pelo menos 30% (trinta por cento), seja reservado a pessoas negras.

De fato, o poder regulatório das licitações e contratos se refere à capacidade do Estado de exercer controle e fiscalização sobre as atividades econômicas desempenhadas por empresas contratadas para a execução de obras e serviços públicos, cujo exercício pode ser promovido pela inclusão de critérios sociais e sustentáveis no processo de seleção das empresas, utilizando o espaço das contratações governamentais como indutor de políticas públicas relevantes e que surgem com o objetivo de reduzir os impactos da desigualdade racial.

Com efeito, o Ministro de Direitos Humanos, Silvio Almeida, alerta que:

> O conceito de racismo institucional foi um enorme avanço no que se refere ao estudo das relações raciais. Primeiro, ao demonstrar que o racismo transcende o âmbito da ação individual, e, segundo, ao frisar a dimensão do poder como elemento constitutivo das relações raciais, mas não somente o poder de um indivíduo de uma raça sobre o outro, mas de um grupo sobre o outro, algo possível quando há o controle direto ou indireto de determinados grupos sobre o aparato institucional. [...] As instituições são apenas a materialização de uma estrutura social ou de um modo de socialização que tem o racismo como um de seus componentes orgânicos. Dito de modo mais direto: *as instituições são racistas porque a sociedade é racista*.[19]

O racismo estrutural vivenciado na sociedade brasileira, também representado nas instituições públicas, demanda uma atuação das organizações para reduzir a reprodução dos conflitos raciais. Desse modo, a criação de mecanismos institucionais assume papel de grande relevância no combate ao racismo e na promoção de políticas afirmativas que reduzam as barreiras para ascensão econômica e social do povo negro.

É motivo de grande preocupação que um modelo de país que tende a perpetuar a desigualdade racial seja aceito sem muito debate em momentos de tomada de decisão importantes. É essencial discutir, nos espaços públicos, tanto as implicações práticas quanto simbólicas do racismo, a fim de criar políticas públicas que abordem esse problema de maneira eficaz.

4 Considerações finais

A abolição da escravidão no Brasil em 1888 foi um marco na história do país, mas infelizmente não representou o fim do sofrimento e da marginalização do povo negro. A ausência de políticas efetivas para amparar essa população após a abolição resultou em um cenário de desigualdades e exclusão social que persiste até os dias de hoje.

---

[19] ALMEIDA, Silvio de. *Racismo estrutural*. São Paulo: Pólen Produção Editorial, 2019, p. 36.

Ao longo do século XX, o Brasil adotou políticas migratórias que visavam atrair trabalhadores brancos europeus para o país. Esse projeto de embranquecimento teve um impacto devastador sobre a população negra, que foi relegada a subempregos e a uma posição marginal na sociedade.

Mesmo após a promulgação da Constituição Federal de 1988, que reconheceu a igualdade de direitos entre todas as pessoas, independentemente da sua cor ou etnia, as políticas públicas destinadas a combater o racismo e a discriminação racial ainda são insuficientes. A população negra continua enfrentando inúmeras barreiras em acessar serviços de qualidade em áreas como saúde, educação e segurança, além de sofrer frequentemente com a violência policial e com a falta de oportunidades de emprego.

É preciso um esforço conjunto da sociedade e do poder público para superar essa triste realidade e construir um país mais justo e igualitário para todos e todas. Isso passa pela adoção de políticas efetivas de combate ao racismo e à desigualdade, pela promoção da diversidade e do respeito às diferenças, e pelo reconhecimento e valorização da cultura e da história afro-brasileira.

A população negra tem enfrentado inúmeros desafios relacionados à educação nos últimos séculos. Durante o período da escravidão, a educação era inacessível para a grande maioria dos negros, o que resultou em profundas desigualdades sociais e econômicas.

Infelizmente, o racismo estrutural e a discriminação racial impediam o acesso de negros às escolas, universidades e cursos técnicos, o que resultava em altos índices de analfabetismo e de evasão escolar. Nas últimas décadas, a situação tem melhorado em alguns aspectos. Políticas públicas voltadas para a promoção da igualdade racial e a inclusão de negros no ensino superior, por exemplo, têm ajudado a diminuir as desigualdades educacionais.

Contudo, ainda há muito a ser feito para garantir que todos os brasileiros tenham acesso a uma educação de qualidade. É necessário que sejam criadas políticas e programas específicos voltados para a promoção da igualdade racial no sistema educacional, assim como investimentos em formação de professores, melhoria da infraestrutura das escolas e na gestão educacional.

Somente assim poderemos garantir que a população negra seja inserida em condições de igualdade no sistema educacional, contribuindo para a construção de uma sociedade mais justa e igualitária para todos e todas.

Referências

ALMEIDA, José Ricardo Pires de. *História da Instrução Pública no Brasil (1500-1889)*: história e legislação. Tradução de Antonio Chizzotti. São Paulo: PUC-SP; Brasília: INEP, 1989.

ALMEIDA, Silvio de. *Racismo estrutural*. São Paulo: Pólen Produção Editorial, 2019, p. 36.

BARROS, Surya A. Pombo de. Escravos, libertos, filhos de africanos livres, não livres, pretos, ingênuos: negros nas legislações educacionais do XIX. *Educ. Pesqui.*, São Paulo, v. 42, n. 3, p. 591-605, 2016.

BRASIL. Lei n. 12.288, de 20 de julho 2010. Institui o Estatuto da Igualdade Racial; altera as Leis nos 7.716, de 5 de janeiro de 1989, 9.029, de 13 de abril de 1995, 7.347, de 24 de julho de 1985, e 10.778, de 24 de novembro de 2003. Brasília, DF: Casa Civil, 2010.

COSTA, Ana Luiza de J. O educar-se das classes populares oitocentistas no Rio de Janeiro: entre a escolarização e a experiência. São Paulo, 2012. Tese (Doutorado em Educação) – Universidade de São Paulo, 2012.

COTA NÃO É ESMOLA. Intérprete e compositora: de Bia Ferreira, 2011.

DIEESE. Departamento Intersindical de Estatística e Estudos socioeconômicos. *Boletim Especial Desigualdade entre negros e brancos se aprofunda durante a pandemia*. 10 nov. 2020 Disponível em: https://www.dieese.org.br/boletimespecial/2020/boletimEspecial03.pdf Acesso em: 20 maio 2022.

FONSECA, Marcus Vinícius. A arte de construir o invisível: o negro na historiografia educacional brasileira. *Revista Brasileira de História da Educação*, Campinas, v. 13, p. 11-50, 2007.

HASENBALG, Carlos Alfredo. *Discriminação e desigualdade raciais no Brasil*. Rio de Janeiro: Graal. 1979, p. 85.

MASSEMBA. Intérprete e compositor: Roberto Mendes. *In*: Brasileirinho, 2003.

OLIVEIRA, Cida de. Pesquisa IBGE mostra que educação brasileira ainda não é para todos. 2017. *Rede Brasil Atual*, 20 jun. 2019. Disponível em: https://www.redebrasilatual.com.br/cidadania/2019/06/pesquisa-ibge-mostra-que-educacao-brasileira-ainda-nao-e-para-todos/. Acesso em: 06 maio 2022.

SANTOS, Ynaê Lopes dos. *Racismo brasileiro*: uma história da formação do país. São Paulo: Todavia 2022.

SCHWARCZ Lilia. Entrevista concedida à BBC Brasil, em 10 maio 2018, às 10h45. Disponível em: https://www.bbc.com/portuguese/brasil-44034767.

Informação bibliográfica deste livro, conforme a NBR 6023:2018 da Associação Brasileira de Normas Técnicas (ABNT):

BOMFIM, Daiesse Quênia Jaala Santos; ARAÚJO, Juçara Rosa Santos de. A educação que nos foi negada: a responsabilidade do setor público na equalização de oportunidades para população negra. BOMFIM, Daiesse Quênia Jaala Santos (Coord.). *Políticas afirmativas de inclusão e equidade racial*: reflexões acerca do papel dos setores público e privado. Belo Horizonte: Fórum, 2023. p. 77-95. ISBN 978-65-5518-553-9.

A QUESTÃO RACIAL NO ORÇAMENTO PÚBLICO: NOTAS PARA UMA AGENDA DE INTERVENÇÃO

CLARA MARINHO

1 Introdução

Muito embora a população negra seja a maioria da população brasileira e a questão racial seja considerada um elemento fundante das desigualdades no país, seu enfrentamento sob a via do orçamento público ainda é incipiente. O presente ensaio sugere a necessidade de uma agenda política de intervenção que racialize as políticas públicas segundo uma perspectiva antirracista, principalmente aquelas com maior impacto na redução das desigualdades, ampliando a materialidade orçamentária e financeira da política de promoção da igualdade racial. Finalmente, sugere que o órgão setorial dedicado a essa temática assuma plenamente seu caráter de formulador, articulador e coordenador da política, com prerrogativas especiais relativas à transversalidade.

A produção das referidas sugestões antecede-se da discussão sobre o surgimento e a implementação das políticas de promoção da igualdade racial; sobre a identificação do gasto efetivo com a melhoria das condições de vida da população negra; o estado da arte da transversalidade no orçamento público federal; e as possibilidades de uma agenda de intervenção.

O presente ensaio está baseado em dois pilares: um, objetivo, respaldado na análise da produção legislativa e documental relativa à política de promoção da igualdade racial e ao orçamento público federal; e outro, subjetivo, lastreado na experiência profissional da autora como servidora pública efetiva nestas duas áreas, primeiro como Analista Técnica de Políticas Sociais (2013-2017), depois como Analista de Planejamento e Orçamento (desde 2017).

2 As políticas públicas de promoção da igualdade racial: advento e materialidade

A intervenção pública para a promoção da equidade sob a perspectiva da melhoria das condições de vida da população negra é recente no Brasil. A criação da Secretaria de Políticas de Promoção da Igualdade Racial (SEPPIR) em 2003[1] é um marco fundamental, na medida em que permitiu a criação de variados instrumentos públicos: programa e orçamento,[2] conselho de participação social,[3] política nacional,[4] estatuto,[5] sistema nacional[6] e ações reparatórias – como a definição dos procedimentos de titulação de terras quilombolas,[7] as cotas nas universidades[8] e no serviço público,[9] mais a extensão dos direitos do trabalho às empregadas domésticas.[10]

Tamanha variedade de instrumentos não seria possível sem a atuação militante do movimento negro na vida pública, cuja capacidade de formulação transcendeu a esfera nacional e alcançou a Conferência de Durban, em 2001.[11] Seu Programa de Ação ofereceu diretrizes para políticas públicas para todos os países vinculados à Organização das Nações Unidas (ONU) e foram absorvidos na institucionalidade brasileira, em um virtuoso processo de retroalimentação.

---

[1] Lei nº 10.678, de 23 de maio de 2003.
[2] Lei nº 10.933, de 11 de agosto de 2004.
[3] Decreto nº 4.885, de 20 de novembro de 2003.
[4] Decreto nº 4.886, de 20 de novembro de 2003.
[5] Lei nº 12.288, de 20 de julho de 2010.
[6] Decreto nº 8.136, de 5 de novembro de 2013.
[7] Decreto nº 4.887, de 20 de novembro de 2003.
[8] Lei nº 12.711, de 29 de agosto de 2012.
[9] Lei nº 12.990, de 9 de junho de 2014.
[10] Emenda Constitucional nº 72, de 2 de abril de 2013 e Lei Complementar nº 150, de 1º de junho de 2015.
[11] Conferência Mundial contra o Racismo, Discriminação Racial, Xenofobia e Intolerância Correlata.

Quadro 1 – Síntese dos principais aspectos do Programa de Ação de Durban relacionado à população afrodescendente

> Promover a participação de pessoas de ascendência africana em todos os aspectos da vida coletiva e ampliar o conhecimento sobre sua herança e cultura; concentrar investimentos adicionais de políticas públicas na população de origem africana; reforçar políticas públicas para mulheres afrodescendentes; assegurar acesso à educação e a novas tecnologias à população africana e afrodescendente, especialmente mulheres e crianças, e promover a inclusão de sua contribuição no currículo escolar; identificar fatores que impedem a presença equitativa de afrodescendentes como usuários e prestadores de serviços públicos e também nas empresas; promover o acesso à justiça; garantir o acesso à terra de populações tradicionais; implementar políticas públicas de combate à discriminação religiosa.

Fonte: Adaptação de ONU, 2001.

Adicionalmente, sublinhe-se que do ponto de vista federativo, União, Estados e Municípios influenciaram-se mutuamente. A criação da SEPPIR permitiu o florescimento de órgãos para a promoção da igualdade racial em todo o país.[12] Suas formas variavam desde assessorias especiais vinculadas ao gabinete de prefeitos e governadores até secretarias com autonomia orçamentária e financeira. Em movimento inverso, foram nas esferas subnacionais de governo que surgiram as primeiras experiências de ações afirmativas no ensino superior, nos Estados do Rio de Janeiro e da Bahia. A quantidade de novas estruturas e as iniciativas de políticas públicas de ação afirmativa ensejaram a criação de um fórum de gestores ainda na década de 2000 e sua contagem sistemática a partir da Pesquisa de Informações Básicas Estaduais (Estadic) e Municipais (Munic) do Instituto Brasileiro de Geografia e Estatística (IBGE) a partir da década de 2010. Ainda nesta última década, como já indicado, ocorreu a criação do Sistema Nacional de Promoção da Igualdade Racial (SINAPIR), visando promover a igualdade racial em uma perspectiva multissetorial e interfederativa.

A ascensão do tema ao status ministerial, no entanto, não ocorreu sem controvérsias. Em primeiro lugar, porque a despeito da forte demanda social represada por igualdade em uma sociedade multirracial, não houve respaldo no principal instrumento de materialização da intervenção pública: o orçamento. O montante das despesas exclusivamente fixadas para a promoção da igualdade racial sempre foi baixo e

---

[12] VALENTE, Jonas. Luiza Bairros: "Não podemos ficar indiferentes ao fato de que os negros morrem mais cedo quando comparados a qualquer outro grupo social". *Ipea*, 29 dez. 2011. Brasília. Disponível em: https://www.ipea.gov.br/desafios/index.php?option=com_content&view=article&id=2675:catid=28&Itemid=23. Acesso em: 15 mar. 2023.

errático: até 2015, sujeito às políticas de contingenciamento e corte; e desde aí, no bojo do processo de *impeachment* e de ascensão do bolsonarismo, deliberadamente destinado ao desaparecimento.

Gráfico 1 – Valores pagos na política de promoção da igualdade racial, 2004-2021

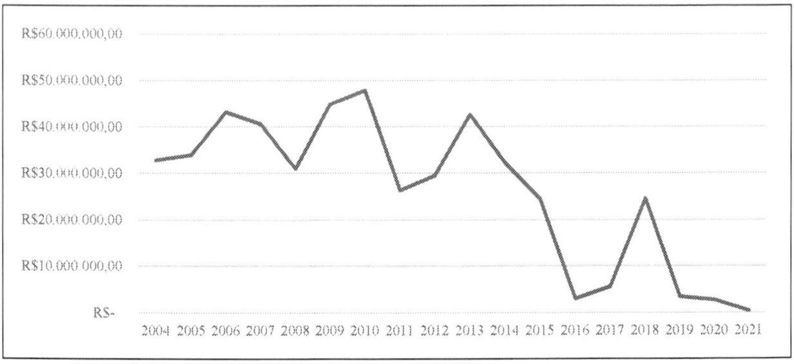

Fonte: Elaboração própria a partir de SIOP, 2023. Em valores de 2021, deflacionado pelo IPCA.

O valor executado pela SEPPIR jamais ultrapassou o valor de 50 milhões de reais anuais, cifra irrisória se comparada à execução das demais pastas da Esplanada dos Ministérios. Além da baixa materialidade, o orçamento da pasta sempre esteve sujeito a contingenciamentos, dada a sua classificação como gasto de natureza voluntária.[13] Não sem regularidade, a disponibilidade de recursos era efetivada próximo ao fim de cada ano fiscal, quando as metas de resultado primário eram cumpridas. Assim, manter as atividades cotidianas e dar início a novos projetos mostrava-se uma tarefa gerencial hercúlea, na medida em que desmobilizava esforços anteriores e pessoais. Quando o dinheiro chegava, as necessidades também já haviam se transformado em função dos próprios atrasos, dificultando o cumprimento do planejamento segundo as métricas inicialmente pactuadas.

Deve-se destacar também a baixa presença de servidores públicos para operar contratos e convênios na SEPPIR. Com áreas-meio

---

[13] Ou discricionária, cujo represamento – ou contingenciamento – favorece o cumprimento da meta de resultado primário, isto é, é o resultado das contas públicas (a diferença entre receitas e despesas) excluindo os juros.

povoadas de terceirizados com baixos salários e elevada rotatividade, especialmente os convênios com organizações não governamentais (ONGs), Estados e Municípios eram aprovados com objetos, metas e resultados pouco definidos, o que resultava em tomadas de prestação de contas especiais e, por vezes, responsabilizações de dirigentes por parte de órgãos de controle.

Em segundo lugar, não foi construída uma vinculação explícita entre a política de promoção da igualdade racial e políticas setoriais com componentes de gasto obrigatório,[14] de modo que falar desse campo de política pública sempre significou falar de poucos recursos disponíveis. Ainda quando isso foi possível, sem sinalização por meio de classificadores ou marcadores nos orçamentos anuais, elas tornavam-se invisíveis nas suas especificidades para a gestão orçamentária. Finalmente, a área de igualdade racial não recorreu à criação de ações orçamentárias de caráter multissetorial, isto é, às ações executadas por mais de um órgão ou por unidades de órgãos diferentes.

É preciso ponderar que este fato contraria a produção empírica no campo das políticas públicas: a criação de uma instância em caráter ministerial normalmente acompanha-se do crescimento da consignação orçamentária e da transparência do gasto, justamente porque há o entendimento de que um problema socialmente reconhecido precisa ser enfrentado. Contribui para a suposição o fato de que o maior legado da política de promoção da igualdade racial construída entre 2003-2016 e, ao mesmo tempo, o ponto de partida para uma nova geração de políticas públicas antirracistas em 2023 sejam as cotas raciais no ensino superior público federal – sem dúvida, uma ação mais regulatória do que direta, e com impactos no orçamento público que não estão imediatamente localizados na pasta que elaborou o seu desenho.

Isso posto, colocam-se duas perguntas: é possível identificar o gasto público dedicado ao enfrentamento das desigualdades raciais? Quais instrumentos de transversalidade para a política pública foram mobilizados em favor da igualdade racial?

---

[14] As despesas obrigatórias possuem natureza constitucional (a autorização para o gasto é conferida no texto da Constituição Federal de 1988) ou legal (quando a lei de instituição de uma determinada ação pública implementa a necessidade imediata do gasto, sem qualquer ressalva à disponibilidade orçamentária).

3 A identificação do gasto para a população negra

Conforme o Manual Técnico do Orçamento de 2022 (MTO 2022),[15] último a subsidiar uma lei orçamentária da União já executada, pode-se afirmar que as classificações das despesas utilizadas na elaboração e execução do orçamento não preveem instrumentos que permitam a imediata identificação da população negra como beneficiária de políticas públicas, inviabilizando a quantificação do gasto destinado à melhoria das suas condições de vida. Some-se a isso o fato de que a especificação da população negra como sujeito específico de direito é recente no arcabouço institucional brasileiro, de modo que a base legal a que se reportam as ações orçamentárias pouco afirmam, explicitamente, seu compromisso com a redução das desigualdades raciais.

Dito de outro modo: qualquer *proxy* do aporte de recursos na promoção da igualdade racial que transcenda o gasto específico da pasta dedicada ao assunto passa por um processo artesanal de seleção de ações orçamentárias e de atribuição arbitrária da proporção de beneficiários que, no limite, expressa o descuido do Estado Brasileiro com a verificação da melhoria das condições de vida da população negra pela via do orçamento público e, portanto, do usufruto de recursos materiais que lhes garantam direitos e oportunidades em condições de igualdade em relação ao restante da população.

Essa é uma característica recorrente das políticas públicas no Brasil: nos atributos qualitativos das ações orçamentárias, os beneficiários são brasileiros genéricos – sociedade, população, entre outros termos imprecisos – enquanto as desigualdades têm cor e gênero, entre outros atributos. Se isso pode ser considerada uma questão menor para os operadores do orçamento, que "atrapalha" o trabalho cotidiano de administração das dotações consignadas às pastas setoriais, de outro lado, a manutenção do atual estado de coisas não informa adequadamente aos decisores da política econômica, especialmente em momentos de ajuste fiscal, que são os brasileiros sobrecarregados com cortes de gastos.

Coloca-se a questão, portanto, de como identificar no orçamento de forma mais precisa e automática, os sujeitos de direitos das políticas públicas, passando ao largo de processos sujeitos a erros manuais, isto é, pouco cuidadosos na apuração.

---

[15] Disponível em https://www1.siop.planejamento.gov.br/mto/doku.php/mto2022.

A resposta encontra-se em metodologias qualitativas válidas e confiáveis, como preconiza o estado da arte sobre o assunto, combinada a aperfeiçoamentos na operacionalização da transversalidade, ora legais, ora informacionais, que podem redundar na fixação de prerrogativas especiais para órgãos que possuem esse tipo de agenda pública – uma vez que, politicamente falando, não cabe a um Ministério dar ordens para outro a não ser que ele tenha poder para tal. Metodologias não significam ausência de limites e erros de apuração, mas caminhos mais confiáveis em que se possa navegar.

Assim, entre as opções na mesa, coloca-se a criação de um classificador orçamentário, como uma função ou subfunção orçamentária,[16] capaz de informar a conexão entre a prestação de serviços estatais e o público a que ela se destina, como já ocorre para idosos, pessoas com deficiência, crianças e adolescentes e povos indígenas, por exemplo.[17] Se isso oferece a rápida identificação do gasto, de outro lado apenas põe luz sobre aqueles exclusivos para estes públicos, considerando que a uma ação orçamentária só pode ser atribuído um classificador não concorrente por vez.

Outra solução é a criação de marcadores gerenciais. Eles não estariam presentes na estrutura legal do orçamento, mas permitiriam uma qualificação mais ampla da destinação do gasto. Por exemplo, identificando que em determinadas ações de saúde voltadas para atenção primária, ou de educação básica, há priorização da população negra. A vantagem do marcador é que uma mesma ação orçamentária pode ter diferentes marcadores gerenciais. A desvantagem é que, com isso, pode-se disseminar a dupla contagem do gasto.

---

[16] A função e a subfunção são blocos de informações relativos à estrutura qualitativa da despesa que informam em que áreas de despesa a ação governamental será realizada. A função pode ser traduzida como o maior nível de agregação das diversas áreas de atuação do setor público, refletindo a competência institucional do órgão, como, por exemplo, cultura, educação, saúde, defesa etc. Guarda, portanto, relação com os respectivos Ministérios. A subfunção representa um nível de agregação imediatamente inferior à função, evidenciando a natureza da atuação governamental. Ao combinar as subfunções a funções diferentes daquelas a elas diretamente relacionadas, tem-se o que se denomina matricialidade. Por exemplo: a função legislativa pode-se combinar à subfunção educação infantil, quando se tratar da ação de assistência pré-escolar aos dependentes dos servidores do órgão Câmara dos Deputados. Adaptado de SISTEMA INTEGRADO DE PLANEJAMENTO E ORÇAMENTO (SIOP). *Manual Técnico do Orçamento (MTO 2022)*. 2022. Disponível em: https://www1.siop.planejamento.gov.br/mto/doku.php/mto2022. Acesso em: 15 mar. 2023.

[17] São as subfunções 241 - Assistência ao Idoso, 242 - Assistência ao Portador de Deficiência, 243 - Assistência à Criança e ao Adolescente e 423 - Assistência aos Povos Indígenas.

Os marcadores gerenciais já foram mobilizados no país, mas sua disseminação entre as pastas setoriais e seu uso pelo próprio Ministério do Planejamento e Orçamento, incluindo predecessores e sucessores, não avançou muito. Uma das explicações possíveis é que com órgãos transversais institucionalmente fracos, carentes de prerrogativas que os permitam atuar para além do *advocacy* junto às pastas setoriais tradicionais, estas últimas ignoram as necessidades de se organizarem para informar os públicos específicos que atendem. Não há uma estrutura de incentivos nem de punições que permita que, hoje, altere-se o estado de coisas.

Apesar das dificuldades de implementação, esta segunda solução tem se mostrado mais promissora aos operadores do orçamento, considerando que a primeira exigiria uma pactuação com entes federados em torno de novas categorias. De todo modo, sua efetividade depende de um diálogo mais amplo com a área de avaliação de políticas públicas: é preciso identificar quais políticas públicas estão de fato contribuindo para a equidade, considerando que não basta que haja uma maioria negra beneficiada por uma política pública para afirmá-la como promotora de melhores condições de vida da população negra.

Adicionalmente, é preciso ponderar que baixa participação da população negra no orçamento público transcende tecnicalidades ou sua condição de beneficiária. A proporção de pessoas negras no ciclo de gestão, conjunto de carreiras dedicadas a atividades exclusivas de Estado – das quais constam a formulação de políticas públicas e a execução do orçamento em todas as suas fases – pouco corresponde à participação da população negra na população brasileira. Conforme dados publicados pelo Instituto de Pesquisa Econômica Aplicada (Ipea) relativos ao ano de 2020,[18] o número de profissionais negros é de apenas 24% do total de servidores do referido ciclo, sendo 17% de homens e apenas 7% de mulheres. No geral, a maioria dos servidores públicos negros está alocada em funções de menor remuneração e responsabilidade, sugerindo que há segregação ocupacional no setor público, apesar da perspectiva de igualdade de condições de competição expressa nos editais de concurso.

A tal cenário se junta à baixa representação da população negra no Parlamento. Conforme dados coletados na última eleição, o número de deputados negros elevou-se em 8,94% nas eleições de 2022, a despeito

---

[18] https://www.ipea.gov.br/atlasestado/filtros-series/41/cor-raca

do aumento de candidaturas em 36,25% em relação a 2018.[19] Essa baixa presença se reverbera na virtual ausência de pessoas negras na Comissão Mista de Orçamento do Congresso Nacional, instância que discute e viabiliza a aprovação das peças orçamentárias da União. Em outras palavras, pode-se afirmar que a população negra se ausenta da discussão do principal instrumento político de distribuição e redistribuição do excedente social. No espaço fundamental sobre a alocação de recursos, sua posição é subordinada – de destinatária de políticas, não de agente – o que limita sua capacidade de intervir sobre o orçamento segundo seus próprios termos.

Finalmente, é preciso alertar uma obviedade: é evidente que o gasto na melhoria das condições de vida da população negra transcende aquele executado pelo órgão setorial da política de promoção da igualdade racial. Todavia, ainda não se sabe que número é esse. Mais que chegar a um valor aproximado, contudo, é preciso estimar o quanto os recursos alocados implementam ou não desigualdades raciais para reorientar os desenhos de implementação das políticas. O que se tem hoje são, sobretudo, indicadores de resultado de políticas públicas que atestam o racismo institucional, como informam os dados demográficos produzidos pelo IBGE.[20] Há que se avançar no monitoramento e avaliação do gasto, estabelecendo perguntas rotineiras aos órgãos setoriais sobre os nexos entre as ações que executam, o orçamento que lhes é consignado e o racismo institucional.

4 A transversalidade (de raça) no orçamento federal

Como se buscou demonstrar na seção anterior, até o presente momento não se construiu na institucionalidade do orçamento público um instrumento matricial ágil e intuitivo que permita a consignação orçamentária segundo problemas coletivos de natureza transversal, como o enfrentamento das desigualdades raciais, que nos interessa neste caso particular. No âmbito do planejamento público, existiu a organização das agendas transversais de governo no âmbito do programa plurianual (PPA) 2012-2015 e a vinculação de objetivos de governo aos Objetivos

---

[19] SOUZA, Murilo. Número de deputados pretos e pardos aumenta 8,94%, mas é menor que o esperado. *Câmara dos Deputados*, 3 out. 2022. Disponível em: https://www.camara.leg.br/noticias/911743-numero-de-deputados-pretos-e-pardos-aumenta-894-mas-e-menor-que-o-esperado/. Acesso em: 15 mar. 2023.

[20] Cf. IBGE. *Desigualdades sociais por cor ou raça no Brasil*. Rio de Janeiro: IBGE, 2022.

de Desenvolvimento Sustentável (ODS) no PPA 2016-2019. Ocorre que com a desconexão histórica entre os instrumentos de planejamento e orçamento, uma inovação institucional não transbordou muito bem de uma dimensão para a outra. Acrescente-se à desconexão o fato de, nas reformas ministeriais conduzidas desde 2016, o planejamento ter virtualmente desaparecido das competências da área econômica, terminando como uma área subordinada ao orçamento na última configuração do Ministério da Economia.[21]

Deve-se ponderar que quanto à questão racial, o desapreço recente da intervenção na área alongou o caminho da busca por soluções políticas e operacionais. Não é demasiado lembrar que, no último ciclo de governo (2019-2022), a igualdade racial manteve seu status subordinado como uma secretaria nacional, entre outras, no âmbito do Ministério da Mulher, da Família e dos Direitos Humanos (MMFDH),[22] característica continuamente reforçada pelas escolhas presidenciais por figuras inexpressivas no debate racial brasileiro para dirigi-la. A isso se combinou a hiperexposição do Presidente da Fundação Palmares, cirurgicamente escolhido para ignorar as competências do órgão ao mesmo tempo que se esmerava para estabelecer contrapontos aos movimentos negros, principalmente negando o caráter do racismo no Brasil como escrutinado pela ciência nacional.[23]

Apesar do longo e tortuoso caminho, é possível que haja uma nova agenda de esforços para que a transversalidade tome materialidade no orçamento público. Como informa a nova estrutura ministerial de janeiro de 2023, foi criada uma Diretoria no âmbito da Secretaria de Orçamento Federal que possui competência para atuar nessas agendas, articulando-se ao processo orçamentário de forma mais ampla. Uma estrutura espelhada foi criada na Secretaria de Planejamento, indicando a construção de agendas conjuntas.

---

[21] Decreto nº 9.745, de 8 de abril de 2019.
[22] Decreto nº 10.883, de 6 de dezembro de 2021.
[23] SÉRGIO Camargo é punido por assédio moral e discriminação. *Poder360*, 10 nov. 2022. Disponível em: https://www.poder360.com.br/governo/sergio-camargo-e-punido-por-assedio-moral-e-discriminacao/. Acesso em: 15 mar. 2023.

Quadro 2 – Competências das Diretorias de Temas Transversais do Ministério do Planejamento e Orçamento

Secretaria Nacional de Planejamento	Secretaria de Orçamento Federal
Diretoria de Programas Sociais, Áreas Transversais e Multissetoriais e Participação Social	Diretoria de Temas Transversais
Orientar, coordenar e supervisionar os planos setoriais dos temas de programas sociais, transversais e multissetoriais; promover a participação social nos processos de planejamento e avaliação de políticas públicas; conduzir processos de planejamento estratégico setoriais e gestão de agendas transversais e multissetoriais, integrando-os aos objetivos e metas expressos no plano plurianual e nos demais instrumentos de planejamento; promover a elaboração e a discussão de estudos prospectivos; propor estratégia de desenvolvimento para dar suporte e direção à elaboração de programas e projetos do plano plurianual; zelar pelo alinhamento entre as propostas de planos e a defesa dos direitos das mulheres, pessoas negras, povos indígenas, pessoas com deficiência, pessoas LGBTQIA+ e demais grupos minorizados.	Apoiar a produção de conhecimento sobre orçamento, políticas públicas e desenvolvimento sustentável; apoiar a formulação e o monitoramento de políticas e investimentos para o aperfeiçoamento da gestão das políticas públicas; coordenar a elaboração de estudos e pesquisas que contribuam para o desenvolvimento de instrumentos institucionais do ciclo das políticas públicas, da qualidade do gasto público e de produtos para suporte a atividades do Sistema de Planejamento e de Orçamento Federal; orientar e supervisionar a definição de critérios para a seleção de políticas públicas a serem acompanhadas e avaliadas, no âmbito das competências da Secretaria; acompanhar e analisar os investimentos plurianuais dos orçamentos fiscal e da seguridade social nos processos orçamentários; elaborar relatórios periódicos relacionados a agendas transversais e multissetoriais com foco no orçamento federal.

Fonte: Adaptado de Decreto nº 11.353, de 1º de janeiro de 2023.

É preciso enfatizar que não é a agenda racial que puxa a transversalidade orçamentária. As agendas transversais mais desenvolvidas são, hoje, as agendas da Primeira Infância e de Mulheres.

Sobre isso, primeiro, é preciso dizer que elas não são agendas "puxadas" pelo Poder Executivo. Ambas possuem frentes parlamentares no Congresso Nacional que atuaram para inscrever suas demandas nos instrumentos de planejamento e orçamento federal, requerendo, entre outras coisas, a identificação de ações orçamentárias e a quantificação do gasto feito em favor das crianças de 0 a 6 anos e das mulheres. Isso tem se traduzido em relatórios periódicos divulgados para o grande público, respaldados na literatura científica e no arcabouço legal vigente, possibilitando o controle social dessas agendas, para além da pura transparência do dado orçamentário.[24] [25]

No caso da agenda de mulheres no orçamento, sublinhe-se que há um movimento internacional consistente de incorporação do enfrentamento às desigualdades de gênero como parte do aumento da performance do orçamento público, com suporte de organismos multilaterais como o Banco Mundial, o Fundo Monetário Internacional (FMI), a Organização para a Cooperação e Desenvolvimento Econômico (OCDE), mais a ONU Mulheres, pioneira na temática por ocasião da Conferência de Pequim.[26] Nesse sentido, ela não está descolada dos desenvolvimentos institucionais recentes ao redor do globo.

No campo das possibilidades, a agenda de Meio Ambiente tende a ganhar destaque, seja porque se espera uma liderança internacional do Brasil sobre a temática, seja porque no âmbito da OCDE – organização à qual o país solicitou acessão – tem se realizado um esforço institucional para a construção de orçamentos verdes, vinculados à preservação ambiental, transição energética e mudanças climáticas. Com o retorno da diplomacia ativa brasileira, inclusive, o número e o volume das doações em moeda forte para composição do Fundo Amazônia devem se elevar consideravelmente.

Em segundo lugar, é preciso afirmar que essas demandas exigem uma articulação setorial que ainda requer amadurecimentos. Normalmente, as equipes de planejamento e orçamento dos Ministérios estão muito ocupadas com os processos de execução financeira e de administração, de modo que a identificação de beneficiários antes ou depois da fixação da despesa, o preenchimento de lacunas informacionais com registros administrativos e a prestação de informações para o controle social e político de agendas transversais não se configuram como prioridades. Os incentivos ou as punições para a consolidação dessas agendas ainda não estão claros, de modo que mesmo Ministérios

---

[24] BRASIL. Ministério da Economia. *Financiamento da Primeira Infância - Orçamento Federal*. Plano Plurianual 2020-2023. Disponível em: https://www.gov.br/economia/pt-br/assuntos/planejamento-e-orcamento/plano-plurianual-ppa/arquivos/primeira-infancia-2022.pdf. Acesso em: 15 mar. 2023.

[25] BRASIL. Ministério do Planejamento e Orçamento. *A mulher no Orçamento 2022*. jan. 2023. Disponível em: https://www.gov.br/planejamento/pt-br/centrais-de-conteudo/publicacoes/a-mulher-no-orcamento-2022.pdf/@@download/file/A%20Mulher%20no%20Orcamento%202022.pdf. Acesso em: 15 mar. 2023.

[26] IV Conferência Mundial sobre a Mulher: Igualdade, Desenvolvimento e Paz, realizada em 1995.

com papéis decisivos nas agendas de equidade – como saúde e educação – pouco informam como eles são capazes de enfrentar as desigualdades na oferta de serviços para públicos específicos por meio do gasto. Note-se que o órgão central dedicado a subsidiar as agendas transversais segundo os instrumentos de planejamento e orçamento público ainda precisa amadurecer sua própria reflexão sobre o assunto, considerando que ele se encontra relativamente distante da execução da política pública; e que não possui uma prerrogativa especial para exigir informações, como a concessão de incentivos ou orçamentários, por exemplo.

Com estas assertivas, quer se ponderar que a promoção da igualdade racial, agora reconduzida ao status de Ministério,[27] deve se beneficiar do desenvolvimento institucional de outras agendas transversais do Governo Federal. Avalia-se que quaisquer especificidades a serem impressas dependem de soluções técnicas formuladas por servidores públicos com respaldo político das autoridades ministeriais junto com outros fatores contextuais, como o apoio político no Congresso Nacional, do ponto de vista interno; e a disputa pela liderança sobre a formulação de políticas públicas no contexto da diáspora africana, principalmente nas Américas – já demonstrada em Durban e em suas etapas preparatórias há pouco mais de 20 anos.

5 Uma agenda de intervenção possível

Mas como mesmo a questão racial pode ser considerada como parte rotineira do processo orçamentário? Longe de estabelecer uma receita de como isso pode ser feito, aqui serão levantadas algumas possibilidades de ação, dado o arcabouço relativo às áreas de planejamento e orçamento público em vigor no Brasil.

A primeira é aproveitar a janela aberta pela transição governamental e criar ferramentas de intervenção no orçamento público com base em processos que já estão em andamento. Considerando que a promoção da igualdade racial retomou seu status ministerial e que a transversalidade passou a ser tratada como questão relevante no desenho do Ministério do Planejamento e Orçamento, pode-se estabelecer uma agenda de trabalho destinada a elaborar uma metodologia de

---

[27] Decreto nº 11.346, de 1º de janeiro de 2023.

contabilização do gasto com a melhoria da situação social da população negra que pressuponha a revisão dos atributos qualitativos das ações orçamentárias, o estabelecimento de metas físicas racializadas correspondentes e a criação de marcadores gerenciais. Mais do que responder à sociedade que parcela dos recursos do orçamento está destinada à população negra, essas medidas dão ênfase ao "como", estabelecendo parâmetros para que os órgãos setoriais indiquem os meios pelos quais contribuem com a equidade racial e então sejam avaliados sobre se suas escolhas são efetivas ou não. A medida também permite a inscrição do componente de raça nas decisões sobre os cortes e as expansões de recursos realizadas pelo centro de governo e então, a posterior análise de seu impacto.

A segunda possibilidade é fortalecer ações já existentes visando ao seu melhor aproveitamento nos instrumentos de planejamento e orçamento público, como a coleta do dado de raça/cor nos registros administrativos; o diálogo com a sociedade civil; e o funcionamento dos comitês de gênero e raça dos órgãos públicos. Esse caminho pode permitir novos *insights* para atuação multissetorial de políticas públicas e a criação de alianças com servidores públicos comprometidos com o combate ao racismo e sexismo institucional, promovendo um ambiente político de apoio à promoção da igualdade racial. Isso não exclui, por óbvio, o diálogo com comunidades de especialistas, parlamentares de diferentes níveis de governo e órgãos de controle.

A terceira possibilidade é aproveitar as reformas anunciadas no arcabouço fiscal para inscrever instrumentos de responsabilização pelas condições de vida da população negra nas leis de finanças públicas, como a indicação de prioridades, as mensagens ao Congresso, a avaliação *ex ante* e *ex post* de políticas públicas – incluindo as de gasto indireto – vinculada ao ciclo orçamentário e a produção de relatórios de execução.

6 Conclusão

A área de finanças públicas se configura, como se buscou demonstrar no presente ensaio, como fronteira fundamental para o sucesso das políticas de promoção da igualdade racial, posto o respaldo político para sua implementação. Dito de outro modo: é preciso rotinizar a questão racial no processo orçamentário e na política econômica.

Muito embora a igualdade racial não seja a agenda transversal de política pública que capitaneia a construção das bases da ação multissetorial de governo, ela pode aproveitar-se dos desenvolvimentos recentes que alcançaram outras áreas – como Primeira Infância e Mulheres – e das perspectivas de implementação que se anunciam para outras – como Meio Ambiente.

Ademais disso, entende-se que há múltiplas oportunidades de dar um tom próprio à articulação entre a questão racial e o orçamento público, beneficiando-se inclusive das expectativas sobre a liderança brasileira na diáspora africana. Afinal, qualquer ação estruturante que o Brasil venha a fazer sobre o assunto beneficiará o país de maior população negra fora da África e se constituirá como farol para outras nações, considerando-se que se trata do único país de maioria negra descendente de ex-escravizados entre os mais ricos do mundo.

Referências

BRASIL. Casa Civil. *Lei nº 10.678, de 23 de maio de 2003*. Cria a Secretaria Especial de Políticas de Promoção da Igualdade Racial, da Presidência da República, e dá outras providências. Diário Oficial da União. Brasília, 26 maio 2003.

BRASIL. Casa Civil. *Lei nº 4.885, de 20 de novembro de 2003*. Dispõe sobre a composição, estruturação, competências e funcionamento do Conselho Nacional de Promoção da Igualdade Racial - CNPIR, e dá outras providências. Diário Oficial da União. Brasília, 21 nov. 2003.

BRASIL. Casa Civil. *Lei nº 4.886, de 20 de novembro de 2003*. Institui a Política Nacional de Promoção da Igualdade Racial - PNPIR e dá outras providências. Diário Oficial da União. Brasília, 21 nov. 2003.

BRASIL. Casa Civil. *Lei nº 4.887, de 20 de novembro de 2003*. Regulamenta o procedimento para identificação, reconhecimento, delimitação, demarcação e titulação das terras ocupadas por remanescentes das comunidades dos quilombos de que trata o art. 68 do Ato das Disposições Constitucionais Transitórias. Diário Oficial da União. Brasília, 21 nov. 2003.

BRASIL. Casa Civil. *Lei nº 10.933, de 11 de agosto de 2004*. Dispõe sobre o Plano Plurianual para o período 2004/2007. Diário Oficial da União. Brasília, 12 ago. 2004.

BRASIL. Casa Civil. *Lei nº 12.288, de 20 de julho de 2010*. Institui o Estatuto da Igualdade Racial; altera as Leis nos 7.716, de 5 de janeiro de 1989, 9.029, de 13 de abril de 1995, 7.347, de 24 de julho de 1985, e 10.778, de 24 de novembro de 2003. Diário Oficial da União. Brasília, 21 jul. 2010.

BRASIL. Casa Civil. *Lei nº 12.711, de 29 de agosto de 2012*. Dispõe sobre o ingresso nas universidades federais e nas instituições federais de ensino técnico de nível médio e dá outras providências. Diário Oficial da União. Brasília, 30 ago. 2012.

BRASIL. *Decreto nº 8.136, de 5 de novembro de 2013*. Aprova o regulamento do Sistema Nacional de Promoção da Igualdade Racial - Sinapir, instituído pela Lei nº 12.288, de 20 de julho de 2010. Diário Oficial da União. Brasília, 06 nov. 2013.

BRASIL. Casa Civil. *Emenda Constitucional nº 72, de 02 de abril de 2013*. Altera a redação do parágrafo único do art. 7º da Constituição Federal para estabelecer a igualdade de direitos trabalhistas entre os trabalhadores domésticos e os demais trabalhadores urbanos e rurais. Brasília, DF. Diário Oficial da União. Brasília, 03 abr. 2013.

BRASIL. Casa Civil. *Lei nº 12.990, de 09 de junho de 2014*. Reserva aos negros 20% (vinte por cento) das vagas oferecidas nos concursos públicos para provimento de cargos efetivos e empregos públicos no âmbito da administração pública federal, das autarquias, das fundações públicas, das empresas públicas e das sociedades de economia mista controladas pela União. Diário Oficial da União. Brasília, 10 jun. 2014.

BRASIL. Casa Civil. *Lei Complementar nº 150, de 01 de junho de 2015*. Dispõe sobre o contrato de trabalho doméstico; altera as Leis nº 8.212, de 24 de julho de 1991, nº 8.213, de 24 de julho de 1991, e nº 11.196, de 21 de novembro de 2005; revoga o inciso I do art. 3º da Lei nº 8.009, de 29 de março de 1990, o art. 36 da Lei nº 8.213, de 24 de julho de 1991, a Lei nº 5.859, de 11 de dezembro de 1972, e o inciso VII do art. 12 da Lei nº 9.250, de 26 de dezembro 1995; e dá outras providências. Brasília, DF. Diário Oficial da União. Brasília, 02 jun. 2015.

BRASIL. Ministério da Economia. *Financiamento da Primeira Infância - Orçamento Federal*. Plano Plurianual 2020-2023. Disponível em: https://www.gov.br/economia/pt-br/assuntos/planejamento-e-orcamento/plano-plurianual-ppa/arquivos/primeira-infancia-2022.pdf. Acesso em: 15 mar. 2023.

BRASIL. Ministério do Planejamento e Orçamento. *A mulher no Orçamento 2022*. jan. 2023. Disponível em: https://www.gov.br/planejamento/pt-br/centrais-de-conteudo/publicacoes/a-mulher-no-orcamento-2022.pdf/@@download/file/A%20Mulher%20no%20Orcamento%202022.pdf. Acesso em: 15 mar. 2023.

BRASIL. Secretaria-Geral. *Decreto nº 11.346, de 01 de janeiro de 2023*. Aprova a Estrutura Regimental e o Quadro Demonstrativo dos Cargos em Comissão e das Funções de Confiança do Ministério da Igualdade Racial e remaneja cargos em comissão e funções de confiança. Brasília, DF. Diário Oficial da União. Brasília, 01 jan. 2023.

IBGE. *Desigualdades sociais por cor ou raça no Brasil*. Rio de Janeiro: IBGE, 2022.

SÉRGIO Camargo é punido por assédio moral e discriminação. *Poder360*, 10 nov. 2022. Disponível em: https://www.poder360.com.br/governo/sergio-camargo-e-punido-por-assedio-moral-e-discriminacao/. Acesso em: 15 mar. 2023.

SISTEMA INTEGRADO DE PLANEJAMENTO E ORÇAMENTO (SIOP). *Manual Técnico do Orçamento (MTO 2022)*. 2022. Disponível em: https://www1.siop.planejamento.gov.br/mto/doku.php/mto2022. Acesso em: 15 mar. 2023.

SOUZA, Murilo. Número de deputados pretos e pardos aumenta 8,94%, mas é menor que o esperado. *Câmara dos Deputados*, 3 out. 2022. Disponível em: https://www.camara.leg.br/noticias/911743-numero-de-deputados-pretos-e-pardos-aumenta-894-mas-e-menor-que-o-esperado/. Acesso em: 15 mar. 2023.

VALENTE, Jonas. Luiza Bairros: "Não podemos ficar indiferentes ao fato de que os negros morrem mais cedo quando comparados a qualquer outro grupo social". *Ipea*, 29 dez. 2011. Brasília. Disponível em: https://www.ipea.gov.br/desafios/index.php?option=com_content&view=article&id=2675:catid=28&Itemid=23. Acesso em: 15 mar. 2023.

Informação bibliográfica deste livro, conforme a NBR 6023:2018 da Associação Brasileira de Normas Técnicas (ABNT):

MARINHO Clara. A questão racial no orçamento público: notas para uma agenda de intervenção. BOMFIM, Daiesse Quênia Jaala Santos (Coord.). *Políticas afirmativas de inclusão e equidade racial*: reflexões acerca do papel dos setores público e privado. Belo Horizonte: Fórum, 2023. p. 97-113. ISBN 978-65-5518-553-9.

DESASTRES AMBIENTAIS, INJUSTIÇA CLIMÁTICA E RACISMO AMBIENTAL NO BRASIL

DIEGO PEREIRA

1 Introdução

O Brasil, foco de estudo do presente artigo, tem servido de laboratório às previsões científicas que consideram os efeitos da ação humana sobre a temperatura e o clima do planeta.

No curto período entre o final do ano de 2021 e início do ano de 2022, mais de 1 milhão de pessoas foram atingidas na Bahia pelas fortes chuvas na região sul do estado.[1] Na sequência, a Região Metropolitana de Belo Horizonte (MG) se viu em situação semelhante.[2] E no mês seguinte, em Petrópolis (RJ), 232 pessoas morreram em deslizamentos de terra também decorrentes de chuvas. Tudo isso serve como confirmação à comunidade científica e a tendência é que esses eventos sejam cada vez

---

[1] APÓS fortes chuvas que atingiram a BA, moradores enfrentam dificuldades: 'fico assombrada quando vejo chover'. *G1 Bahia*, 23 fev. 2022. Disponível em: https://g1.globo.com/ba/bahia/noticia/2022/03/23/tres-meses-apos-fortes-chuvas-que-atingiram-a-ba-moradores-do-sul-e-do-extremo-sul-ainda-enfrentam-dificuldades.ghtml. Acesso em: 18 abr. 2022.

[2] CAETANO, Carolina; SANTOS, Júlio César, et al. Chuva em MG nesta terça tem moradores desabrigados, vias interditadas, prejuízos e mortes. *G1 Minas Gerais, online*, 11 jan. 2022. https://g1.globo.com/mg/minas-gerais/noticia/2022/01/11/chuva-em-mg-cidades-na-grande-bh-ainda-sentem-prejuizos.ghtml Acesso em: 18 abr. 2022.

mais comuns, em decorrência dos regimes de chuvas desordenados, características próprias das mudanças climáticas.[3][4][5]

O que todos esses casos também têm em comum são as características da maioria das vítimas: pessoas pobres, moradoras de encostas e favelas (áreas de risco), mães solteiras, indígenas, ribeirinhos, agricultores e, principalmente, pessoas pretas. Esse tipo de recorte constitui o objeto de estudo do que se denomina "justiça climática". A análise desses dois fatores, os desastres ambientais e as características das vítimas desses eventos, evidencia que a questão das consequências das mudanças climáticas no Brasil demanda políticas públicas, que aqui surgem como problema à disposição do direcionamento estatal para sua resolução.

Nesse sentido, o presente artigo pretende delinear o que se compreende como mudança climática e suas consequências, e conceituar os desastres ambientais na era do Antropoceno. Em seguida, o objeto de estudo se volta à problemática local, portanto analisa como tais fenômenos vêm ocorrendo no Brasil, para então definir o que é uma política pública e por que esse problema merece tratamento específico por parte do Estado brasileiro. Por fim, o autor busca compreender que, embora os desastres tenham origem em fenômenos da natureza, a ação humana tem contribuição significativa em suas causas e agravamentos, o que reclama planejamento estatal por meio de suas políticas, no intento de diminuir tais consequências.

2 Desastres ambientais no Brasil

Transformações no clima e na temperatura do planeta ocorrem de forma natural e a partir da ação humana. Com a Revolução Industrial, entretanto, os cientistas têm apontado para uma contribuição

---

[3] NÚMERO de mortes na tragédia de Petrópolis chega a 232: maior parte das vítimas são mulheres; Corpo de bombeiros ainda busca por desaparecidos. *Poder 360*, online, 02 mar. 2022. Disponível em: https://www.poder360.com.br/brasil/numero-de-mortes-na-tragedia-de-petropolis-chega-a-232/#:~:text=O%20n%C3%BAmero%20de%20mortes%20registradas,138%20mulheres%20e%2094%20homens. Acesso em: 18 abr. 2022.

[4] SIAS, Estael. Qual a influência das mudanças climáticas no desastre de Petrópolis: Ciência já mostrou que quanto maior é a retenção de vapor e mais frequentes se tornam os eventos de chuva extrema. *MET SUL meteorologia*, março de 2022. Disponível em: https://metsul.com/qual-a-influencia-das-mudancas-climaticas-no-desastre-de-petropolis/ Acesso em: 19 abr. 2022

[5] COSTA, Nayara. Tragédia em Petrópolis carrega digital da mudança do clima. *Agência ENVOLVERDE jornalismo, online*, 21 fev. 2022. Disponível em: https://envolverde.com.br/tragedia-em-petropolis-carrega-digital-da-mudanca-do-clima/ Acesso em: 19 abr. 2022.

significativa das atividades antrópicas, especificamente as industriais, que têm como base a matriz dos combustíveis fósseis sobre a atmosfera e aumentam a incidência de gases do efeito estufa e consequentemente a temperatura da Terra.

Segundo o centro de observações da Nasa para mudanças climáticas, há uma distinção que precisa ser evidenciada, de modo que mudança climática não se confunde com aquecimento global. Vejamos:

> "Aquecimento global" refere-se ao aquecimento a longo prazo do planeta. A "mudança climática" abrange o aquecimento global, mas refere-se a uma gama mais ampla de mudanças que estão acontecendo em nosso planeta, incluindo o aumento do nível do mar; geleiras de montanha encolhendo; aceleração do derretimento do gelo na Groelândia, Antártica e Ártico; e mudanças nos tempos de floração da flor/planta.[6]

Portanto, as mudanças climáticas se relacionam com os desastres ambientais, não somente o aquecimento global. O Glossário do IPCC, Painel Intergovernamental sobre Mudanças Climáticas, define mudança climática como:

> Variação do estado do clima e/ou sua variabilidade, que pode ser detectado (por exemplo, com testes estatísticos) por meio de alterações da média e/ou da variabilidade dessas propriedades, e que se mantém por um longo período de tempo, geralmente décadas ou mais tempo. Pode ser devido a processos naturais internos, forças externas ou mudanças antrópicas persistentes na composição da atmosfera ou uso da terra. Deve-se ter em mente que o artigo 1 da UNFCCC define a mudança climática como "uma mudança no clima atribuída direta ou indiretamente à atividade humana que altera a composição da atmosfera global e que contribui para a variabilidade clima natural observado em períodos de tempo comparáveis". Assim, a UNFCCC faz uma distinção entre "mudanças climáticas" atribuíveis a atividades humanas que modificam a composição da atmosfera e "variabilidade climática" atribuíveis a causas naturais.[7] (Tradução nossa)

---

[6] NASA. Frequently Asked Questions. *Global Climate Change; Vital Signs of the Planet*. Disponível em: https://climate.nasa.gov/faq/ Acesso em: 20 abr. 2022

[7] INTERGOVERNMENTAL PANEL ON CLIMATE CHANGE – IPCC. *Anexo I – Glosario, siglas, símbolos, químicos y prefijos*. Cambridge: Cambridge University Press, 2018. Disponível em: https://www.ipcc.ch/site/assets/uploads/2018/03/srren_report_glossary_es.pdf. Acesso em: 20 abr. 2022, p. 164.

Nesse contexto é que os crescentes desastres ambientais no Brasil têm ocupado os noticiários e devastado as vidas de pessoas em situação de vulnerabilidade, que são a maioria das vítimas das violações de direitos humanos decorrentes de tais eventos. Para a análise dos desastres ambientais e violações de direitos, é preciso considerar dois cenários: aquele que antecede a ocorrência de um evento extremo e o marcado pelas consequências após a incidência da tragédia.

No primeiro caso, pode-se trazer para o cerne do debate o conceito de justiça climática, para considerar a relação entre o local do evento extremo com as circunstâncias que o rodeiam, especialmente em relação às vitimas de uma tragédia, a partir de seus riscos e vulnerabilidades.

No segundo caso, aquele cenário de destruição que se vê após ocorrer um desastre, constatamos diversas violações de direitos de grave extensão e profundidade, desde o abalo psicológico e danos à saúde das pessoas à diminuição de fruição de direitos básicos como cultura e educação. E muitos casos levam a perda da moradia, do trabalho e até a morte, como se viu em Petrópolis, no Rio de Janeiro, em fevereiro de 2022, quando ocorreram 232 óbitos.

Em ambos os casos, na verdade, o debate proposto reclama pela necessidade de políticas públicas como dever do Estado, já que este é garantidor dos direitos humanos e sociais, como a dignidade, saúde, moradia, bem-estar e segurança. Se há uma relação direta entre desastres e políticas públicas, uma premissa se impõe: tanto na fase antecedente quanto na consequente (após a ocorrência de um evento extremo), há uma ingerência do Estado, porque se trata de um cenário de vulnerabilidade. Não há como resolver a questão com atuação única do setor privado e dos atingidos. Assim, tratar questões envolvendo os desastres com a redução de vulnerabilidades por meio da justiça climática é urgente e necessário à diminuição de desigualdades no país.

3 Políticas públicas: dos problemas à formulação de agendas envolvendo desastres ambientais

A identificação de um problema e a dimensão de sua relevância é o pontapé inicial para a formulação de políticas públicas, uma vez que, por definição, elas se propõem a solucionar problemas previamente selecionados, por razões diversas, pelos tomadores de decisão: aqueles a quem compete gerir a coisa pública. Nesse sentido, Ana Cláudia Capella esclarece:

Assim, desde o início, os estudos em políticas públicas foram dedicados à investigação dos problemas enfrentados pelos governos, sendo esse o foco principal de todo analista disposto a trabalhar no campo de políticas públicas. [...] o ponto de partida para compreender a formulação de políticas reside no processo de definição de problemas, por meio do qual o debate sobre uma questão é estruturado, podendo chamar a atenção dos tomadores de decisão. A definição de problemas constitui-se, portanto, em um dos elementos mais fundamentais para explicar a formulação da agenda governamental.[8]

Assim, para caracterizar o problema como alvo de política pública, surge uma pergunta a ser respondida: por que os desastres ambientais no Brasil constituem um problema que deve ser levado à esfera pública? É o que tentaremos responder a seguir.

A dimensão dos desastres no país tem trazido o debate público sobre a recorrência, impacto e a forma como eles se apresentam, constituindo o início da definição de um problema. E o Direito, como ciência social aplicada, se mostra apto a intermediar esse debate, que conecta fato social a propostas de solução.

A princípio, cabe esclarecer que "problemas são escolhas realizadas por grupos sociais em relação às diversas questões que circulam pela arena pública"[9] Em geral, problemas envolvem conflitos. Assim, quando um grupo social se vê em situação de conflito, o que é típico das relações sociais, surge um potencial problema a ser resolvido, que por sua vez pode constituir uma política pública ou não. Portanto, a elaboração de políticas se coloca como uma possibilidade de socialização do conflito.

Ana Cláudia Capella sustenta que nem todos os conflitos serão explorados pelos debates públicos, ou seja, "alguns problemas são transformados em problemas públicos, enquanto outros são mantidos fora do debate político".[10] Vários fatores influem nessa determinação do que é ou não considerado relevante para a atuação estatal. Nesse sentido, a pergunta que se lança no presente artigo é a seguinte: Por que os desastres ambientais devem ser entendidos como um problema que requer atenção Estatal e elaboração de políticas públicas? Esses questionamentos podem ser respondidos após o preenchimento de diversas

---

[8] CAPELLA, Ana Cláudia Niedhardt. *Formulação de políticas*. Brasília: Enap, 2018, p. 14.
[9] CAPELLA, Ana Cláudia Niedhardt. *Formulação de políticas*. Brasília: Enap, 2018, p. 19.
[10] *Idem*, p. 17.

condicionantes apontadas pelos formuladores teóricos e práticos de políticas públicas. A título de exemplo das condicionantes trazidas pela autora, podem-se citar: causalidade, gravidade, incidência, novidade, público-alvo, soluções, entre outras.

A melhor compreensão dessa classificação, que é um rol exemplificativo, é a de que basta o preenchimento de alguns desses requisitos para que o problema se apresente como de interesse público. A definição legal de desastres está contida no Decreto nº 10.593/2020 da Presidência da República: "resultado de evento adverso decorrente de ação natural ou antrópica sobre cenário vulnerável que cause danos humanos, materiais ou ambientais e prejuízos econômicos e sociais".[11]

Assim, embora a causa de um desastre possa ser natural, nada impede que sua ocorrência se deva a uma conduta humana. Ainda na seara da causalidade, chama atenção ainda a sua correlação com a gravidade (consequência), já que ambos os conceitos estão intrinsicamente presentes na definição de desastres. Inclusive, em alguns casos, há uma confusão do que seja um e outro, tamanha é a correspondência entre eles. Como exemplo, vejamos: as diversas mortes em Petrópolis em fevereiro de 2022 ocorreram por que choveu muito ou por que não havia encostas e estruturas suficientes para suportar a chuva naquela região? Não há como responder essa pergunta sem observar a referida correlação.

E as causas e consequências também se relacionam à incidência, o que nos leva à constatação de que esses eventos estão cada vez mais comuns na vida da população brasileira, e ao mesmo tempo se tornam mais imprevisíveis (sabe-se de sua existência, porém como, quando e onde, fica indefinido). Ultrapassada a fase que define um problema dentro do que vem a ser considerada política pública, passa-se à definição de agenda. A agenda surge como um conjunto de questões consideradas relevantes para os tomadores de decisão, a chamada agenda governamental.[12]

---

[11] BRASIL. *Decreto nº 10.593, de 24 de dezembro de 2020*. Dispõe sobre a organização e o funcionamento do Sistema Nacional de Proteção e Defesa Civil e do Conselho Nacional de Proteção e Defesa Civil e sobre o Plano Nacional de Proteção e Defesa Civil e o Sistema Nacional de Informações sobre Desastres. Brasília, DF: Presidência da República. Disponível em: https://www.in.gov.br/en/web/dou/-/decreto-n-10.593-de-24-de-dezembro-de-2020-296427343. Acesso em: 23 nov. 2020.

[12] CAPELLA, Ana Cláudia Niedhardt. *Formulação de políticas*. Brasília: Enap, 2018, p. 14.

Então, os desastres somente serão definidos como políticas públicas se estiverem dentro da agenda governamental em determinado momento. As variáveis que ligam os dois termos, agenda e política pública, estarão sujeitas às intempéries, inclusive do calor político do momento, que definem se tal ação é prioritária ou não. Nesse sentido é a lição de Raúl Velásquez Gavilanes:

> La política pública, como proceso integrador y como subsistema mismo, no se forma en el vacío; hace parte de un ambiente con el que se interrelaciona y sin el cual no puede existir. El ambiente afectará a la política, esta buscará incidir en él, tratando en ocasiones de mantener las cosas en su estado actual.[13]

Portanto, a inclusão da política de prevenção, mitigação e adaptação aos desastres ambientais no Brasil perpassa por uma questão de escolhas políticas. O Estado deve escolher se vai manter ou não o atual cenário de comprometimento da vida, dos empregos e da saúde de milhares de pessoas vulneráveis, se vai ou não trabalhar pela manutenção de um meio ambiente ecologicamente equilibrado e para que haja uma qualidade de vida sadia nos centros urbanos, na beira de rios, nas zonas rurais e territórios indígenas,[14] entre outros fatores.

O desenvolvimento a ser alcançado pelo país perpassa uma política de Estado que possibilite a redução de vulnerabilidades da população mais fragilizada. Isso é dever fundante do Estado brasileiro desde quando o constituinte originário determinou, como um dos objetivos fundamentais da República, a construção de uma sociedade justa e solidária que intenta erradicar a pobreza e reduzir as desigualdades sociais (art. 3º da Constituição Federal de 1988).

---

[13] GAVILANES, Raúl Velásquez. Hacia una nueva definición del concepto "política pública". *Desafíos*, Bogotá, v. 20, p. 149-187, enero/junio 2009, p. 166.

[14] Segundo estudo recente da Fundação Oswaldo Cruz, "do total de 5.565 municípios brasileiros, 16% deles (30 milhões de pessoas) sofrerão impactos por estresse térmico com a savanização da Floresta Amazônica. Da população impactada, 42% residem em municípios da Região Norte, que apresenta baixa capacidade de resiliência e alta vulnerabilidade social" FUNDAÇÃO OSWALDO CRUZ (FIOCRUZ); INSTITUTO DE PESQUISA ECONÔMICA APLICADA (IPEA). Mudanças Climáticas e Savanização da Amazônia irão impactar populações pelo calor. *Portal FIOCRUZ*, online, 01 out. 2021. Disponível em: https://portal.fiocruz.br/noticia/mudancas-climaticas-e-savanizacao-da-amazonia-irao-impactar-populacoes-pelo-calor#:~:text=Do%20total%20de%205.565%20munic%C3%ADpios,resili%C3%AAncia%20e%20alta%20vulnerabilidade%20social. Acesso em: 24 abr. 2022.

4 Vulnerabilidades e injustiças no Brasil

Em uma sociedade de risco, conceito delineado pelo teórico alemão Ulrich Beck,[15] a exposição das vulnerabilidades se acentua conforme se diminuiu a qualidade de vida da população. É dizer, quanto mais desenvolvido é um país, a menos vulnerabilidades estão expostas as diferentes camadas do tecido social. Nesse sentido, estudos da Organização das Nações Unidas afirmam que 89% das mortes decorrentes de desastres ambientais ocorrem em países mais pobres:

> A análise também destaca que as cheias representam 47 por cento de todos os desastres meteorológicos registados no período de 1995 a 2015, afetando 2,3 mil milhões de pessoas e matando 157 mil. As tempestades foram os desastres mais mortíferos, contando 242 mil mortes ou 40 por cento das mortes devido a este tipo de desastres em todo o mundo, com 89 por cento destas mortes a ocorrem em países de rendimento baixo.[16]

O termo vulnerabilidade traz consigo a própria ideia da complexidade da vida contemporânea, que se apresenta acelerada, dinâmica e de risco. Assim, não é possível definir vulnerabilidade a partir de um conceito simplista, demarcado por apenas um tipo de fragilidade humana ou ambiental. Para Marceli Firpo Porto,

> O conceito polissêmico de vulnerabilidade vem sendo utilizado por distintas disciplinas e áreas de conhecimento no estudo de temas como desenvolvimento e sustentabilidade, pobreza e segurança alimentar, desastres naturais e tecnológicos, mudanças climáticas globais e problemas de saúde pública, de entre outros. O seu uso está vinculado à aplicação de abordagens sistêmicas, dada a complexidade destes temas que envolvem simultaneamente distintas perspectivas, dinâmicas ou subsistemas provenientes de diferentes campos acadêmicos, demandando, portanto, análises inter ou transdisciplinares.[17]

---

[15] BECK, Ulrich. *Sociedade de risco*: rumo a uma outra modernidade. 2. ed. São Paulo: Ed. 34, 2011.

[16] ORGANIZAÇÃO DAS NAÇÕES UNIDAS. Centro Regional de Informação para a Europa Ocidental. Relatório da ONU afirma que 90 por cento dos desastres têm causas meteorológicas. *NAÇÕES UNIDAS, online*. Disponível em: https://unric.org/pt/relatorio-da-onu-afirma-que-90-por-cento-dos-desastres-tem-causas-meteorologicas/ Acesso em: 22 abr. 2022.

[17] PORTO, Marcelo Firpo de Souza. Complexidade, processos de vulnerabilização e justiça ambiental: um ensaio de epistemologia política. *Revista Crítica de Ciências Sociais, online*, n. 93, 2011. Disponível em: http://rccs.revues.org/133. Acesso em: 20 abr. 2022, p. 32.

Há diversos tipos de vulnerabilidades: social, econômica, de gênero, etária, étnica, espacial, ambiental entre outras. À medida que essas variantes se interseccionam, mais amplificada fica a fragilidade de determinado indivíduo ou grupo social. Não é à toa que recentemente o Brasil registrou a morte de uma mãe solo, em Paraty, após o deslizamento de um morro acompanhado de fortes chuvas. Lucimar foi soterrada com seus sete filhos em sua casa de pau a pique de um único cômodo.[18]

Lucimar é o retrato comum das vítimas de desastres no Brasil que carregam em sua vida um conjunto de vulnerabilidades que se intercruzam durante uma vida de tentativa de sobrevivência. O mencionado Decreto Presidencial que definiu o que é desastre também menciona o termo vulnerabilidade. Portanto, não há como falar em desastres, seja a partir de uma política de prevenção, seja envolvendo a mitigação de danos, sem correlacionar com o conceito de vulnerabilidade.

Risco,[19] segundo a Agência das Nações Unidas para Redução de Riscos de Desastres, é a probabilidade de ocorrência de um evento e suas consequências negativas. A vulnerabilidade, por sua vez, está diretamente atrelada ao *quantum* de risco que um evento pode oferecer. Há diversos tipos de vulnerabilidades: físicas, sociais, econômicas, políticas, culturais, entre outras. Henri Acselrad sintetiza bem a relação entre risco e vulnerabilidade, ao dizer que:

> Da noção de risco à noção de vulnerabilidade, buscou-se melhor articular as condições que favorecem a suscetibilidade de sujeitos a agravos. Conforme assinala Ayres: "Enquanto com a noção de risco buscou-se 'calcular a probabilidade de ocorrência' de um agravo em um grupo qualquer com determinada característica, 'abstraídas outras condições intervenientes', com a noção de vulnerabilidade procura-se 'julgar a suscetibilidade' do grupo a esse agravo, 'dado um certo conjunto de condições intercorrentes'.[20]

---

[18] BARDON, Júlia. Mãe e 7 filhos soterrados em Paraty moravam num único cômodo. *Folha de S.Paulo, online,* 5 abr. 2022. Disponível em: https://www1.folha.uol.com.br/cotidiano/2022/04/mae-e-7-filhos-soterrados-em-paraty-moravam-num-unico-comodo.shtml Acesso em: 22 abr. 2022.

[19] ORGANIZAÇÃO DAS NAÇÕES UNIDAS. United Nations Office for the Coordination of Humanitarian Affairs. Preparedness and Risk Management. *OCHA, online.* Disponível em: https://www.unocha.org/themes/preparedness-and-risk-management Acesso em: 22 abr. 2022.

[20] ACSELRAD, Henri. Vulnerabilidade ambiental, processos e relações. *In*: ENCONTRO NACIONAL DE PRODUTORES E USUÁRIOS DE INFORMAÇÕES SOCIAIS, II, 2006, Rio de Janeiro. *Anais...* Rio de Janeiro: Centro de Documentação e Disseminação de Informações

Nesse sentido, o que se pretende argumentar neste artigo é que a redução de vulnerabilidades e os seus riscos associados têm como elemento chave a política de Estado. Ou seja, a diminuição de violações de direitos (das mais variadas espécies) depende da atuação do Estado ao realizar políticas de prevenção, e também para lidar com as emergências associadas a eventos catastróficos.

Com essa afirmação, não desconsideramos a responsabilidade privada na ocorrência de eventos extremos, apenas elegemos como o foco deste estudo o papel desempenhado pelo Estado. Nesse cenário, sabe-se que as vulnerabilidades se associam à probabilidade, ao risco de se estar sujeito a um evento danoso, assim como Jesús Manuel Macías afirma:

> Tengo la impresion de qwle el termino "vulnerabilidad", que es locus communis en los estudios sobre desastres, 11a sido transferido a las condiciones sociales en atribucion a un determinado grado de susceptibilidad de recibir danos, por parte de una comunidad o grupo social, frente a un fenimeno desastroso. E1 sentido del termino refiere incluso un significado a posteriori, "grado de perdida de elementos qlle corren riesgo", o llna condicion de desventajas estables y solo calificadas por la magnitud en que se expresa el fenomeno desastroso.[21]

Já para Henri Acselrad, a questão das vulnerabilidades está ligada aos direitos humanos:

> A disposição a tratar as condições de vulnerabilidade como uma questão de direitos humanos, por sua vez, é apresentada também como destinada a vinculá-las às suas raízes sociais mais profundas, estimulando e potencializando a mobilização das pessoas para a transformação destas condições.[22]

---

do IBGE – CDDI, 2006. Disponível em: http://www.nuredam.com.br/files/divulgacao/artigos/Vulnerabilidade%20Ambientais%20Proce%20ssos%20Rela%E7%F5es%20Henri%20Acselrad.pdf. Acesso em: 23 abr. 2022.

[21] MACÍAS, Jesús Manuel. Significado de la vulnerabilidad social frente a los desastres. *Revista Mexicana de Sociología*, Ciudad de México, v. 54, n. 4, p. 3-10, 1992, p. 5.

[22] ACSELRAD, Henri. Vulnerabilidade ambiental, processos e relações. *In*: ENCONTRO NACIONAL DE PRODUTORES E USUÁRIOS DE INFORMAÇÕES SOCIAIS, II, 2006, Rio de Janeiro. *Anais...* Rio de Janeiro: Centro de Documentação e Disseminação de Informações do IBGE – CDDI, 2006. Disponível em: http://www.nuredam.com.br/files/divulgacao/artigos/Vulnerabilidade%20Ambientais%20Proce%20ssos%20Rela%E7%F5es%20Henri%20Acselrad.pdf. Acesso em: 23 abr. 2022, p. 1.

Quando o autor se refere a "pessoas" em sua afirmação, abrange tanto pessoas físicas como jurídicas, de direito público ou privado. A mobilização das pessoas na promoção de direitos humanos deve ocorrer, principalmente, com a concretização de políticas púbicas, objetivando a diminuição de desigualdades e de injustiças dos mais diversos matizes. Para Mary Robinson:

> A mudança climática não é apenas uma questão de ciência atmosférica ou conservação da vegetação; afeta também os direitos humanos. Ela compreende a plena fruição dos direitos humanos – direito à vida, à alimentação, à moradia e à saúde. Por isso precisamos, na questão climática, de processos decisórios centrados na pessoa, que respeitem os direitos e sejam justos.[23]

O quadro de injustiças é vetor fundamental a justificar a prática de políticas públicas envolvendo desastres no país. Para Jalcione Almeida,

> A noção de desenvolvimento sustentável tem como uma de suas premissas fundamentais o reconhecimento da "insustentabilidade" ou inadequação econômica, social e ambiental do padrão de desenvolvimento das sociedades contemporâneas. Esta noção nasce da compreensão da finitude dos recursos naturais e das injustiças sociais provocadas pelo modelo de desenvolvimento vigente na maioria dos países.[24]

Portanto, seria típico do modelo de desenvolvimento das sociedades modernas o fomento às injustiças, o que amplifica o cruzamento de vulnerabilidades das mais diversas origens nos cenários de riscos e desastres, foco de análise desse artigo.

4.1 Por que tratar o racismo ambiental como política pública?

A compreensão do que seja "justiça climática" se apresenta quando é realizada uma leitura do termo com sinais trocados, a partir das injustiças. Ou seja, a verificação de cenários de injustiças remete à

---

[23] ROBINSON, Mary. *Justiça climática*: esperança, resiliência e a luta por um futuro sustentável. Rio de Janeiro: Civilização Brasileira, 2021, p. 27.
[24] ALMEIDA, Jalcione. A problemática do desenvolvimento sustentável. *Redes (St. Cruz do Sul Online)*, v. 1, n. 2, p. 9-16, 1996, p. 12.

ausência de equidade dentro de determinado agrupamento social, no caso, a vulnerabilidade de pessoas atingidas por desastres.

As desigualdades são a porta de entrada para essa compreensão do que seja injustiça climática. Sempre que ocorrem eventos extremos, apontando raízes de problemas que envolvem pobreza e desigualdade social, fica evidenciado que as pessoas atingidas têm cor, gênero e lugar social. Essa evidência é justamente o que delimita o objeto de estudo da justiça climática. Para Mary Robinson, a definição de justiça climática perpassa pela compreensão dos direitos humanos:

> [...] a luta contra a mudança climática é fundamentalmente sobre direitos humanos e garantia de justiça para as pessoas que sofrem com o seu impacto – países vulneráveis e comunidades que são as menos culpadas pelo problema. Eles também precisam estar aptos a compartilhar os fardos e os benefícios da mudança climática de maneira justa. Dou a isso o nome de justiça climática – colocar as pessoas no centro da solução. [...] fazer com que direitos humanos importassem em lugares pequenos e para ajudar países em desenvolvimento a alcançarem seu completo potencial econômico e social. Queria que pessoas em países em desenvolvimento soubessem que têm dignidade e direitos humanos inerentes e que quem estivesse no poder "realizasse" aqueles direitos ao implementar e respeitá-los.[25]

Tratar a justiça climática como política pública é um dever do Estado brasileiro, não apenas porque assim determina a Constituição, que tem como fundamento a dignidade da pessoa humana, mas também por um dever ético do país, que deve trilhar caminhos para diminuição da desigualdade social e respeito aos direitos humanos. Para Fernanda de Salles Cavedon-Capdeville e outros,

> La justicia climática es uma cuestión de derechos humanos, especialmente para aquellas personas que se mueven o se encuentran impedidas de moverse como consequencia de los efectos de los cabios en el sistema cimatico global. Su objetivo es integrar, promocionar y proteger los derechos de quienes sufren desproporcionalmente las perdidas y daños, materiales o inmateriales, a raíz de las crisis climáticas, mientras que busca dar visibilidad a los grupos y las poblaciones más afectadas del

---

[25] ROBINSON, Mary. *Justiça climática*: esperança, resiliência e a luta por um futuro sustentável. Rio de Janeiro: Civilização Brasileira, 2021, p. 30-31.

planeta; generalment aquellos que menos contribuyen/ron a la crisis climática y los menos resilientes debido a vulnerabilidades preexistentes.²⁶

Portanto, afirmamos que o combate às injustiças deve ser uma política de Estado, porque ele almeja a implementação de agendas de direitos humanos, papel fundamental do Estado brasileiro. Ademais, quando se observam as causas que provocam os danos advindos dos desastres no país, geralmente causados por enchentes, deslizamento de terras e alagamentos, a possibilidade de realização de políticas públicas surge como a via mais segura, rápida e eficaz no combate às vulnerabilidades associadas.

O racismo ambiental surge como uma necessidade a ser combatida no Estado Democrático de Direito porque compete à nossa República repelir toda forma de discriminação como uma política de Estado.

O conceito de justiça climática significa uma dimensão da ideia de justiça na busca da redução dos impactos do meio ambiente climático sobre pessoas vulnerabilizadas. Ou seja, uma percepção de que há uma distribuição desigual dos impactos ou danos ambientais sobre uma população que se vê vulnerabilizada ou que tem suas vulnerabilidades amplificadas a partir da ação climática ou por parte de quem explora o meio ambiente.

É nesse contexto que surge a ideia de racismo ambiental a partir dos estudos e pesquisa de professores negros americanos ao perceberem que os resíduos tóxicos da América sempre eram depositados em bairros de maioria afro-americana.

Segundo Selene Herculano, "a disseminação da denúncia e dos debates culminou com a descoberta de que três quartos dos aterros de resíduos tóxicos da região sudeste dos Estados Unidos estavam localizados em bairros habitados por negros".²⁷

Conforme lembram Tânia Pacheco e Cristiane Faustino,

> O reverendo Benjamim Chavis foi quem empregou pela primeira vez a expressão 'racismo ambiental', durante sua participação na luta em

---

²⁶ CAVEDON-CAPDEVILLE, Fernanda de Salles; ODRIOZOLA, Ignácio; SERRAGLIO, Fiogo Andreola. Derechos Humanos, cambio climático y movilidad: una questión de in(justicia) climática. *In:* BORRÁS PENTINAT, Susana; CALZADILLA, Paola Villavicencio (orgs.). *Justicia climática:* visiones constructivas desde el reconocimiento de la desigualdad. Valencia: Tirant lo Blanch, 2021, p. 2680.

²⁷ HERCULANO, Selene; PACHECO, Tânia. *Racismo ambiental, o que é isso*. Rio de Janeiro: Projeto Brasil Sustentável e Democrático: FASE, 2006.

Warren County, nos Estados Unidos. Era início dos anos 1980, e a população negra dessa cidade da Carolina do Norte lutava desde o final da década anterior para que rejeitos tóxicos não fossem depositados naquele local, visto que, entre outros efeitos, tais rejeitos contaminavam o lençol freático superficial da região. Em 1982, a situação atingiu seu clímax quando os habitantes tentaram impedir com os próprios corpos a passagem dos caminhões. Mais de quinhentas pessoas foram presas durante o protesto que não conseguiu evitar que o carregamento fosse despejado. Porém, a população negra de Warren não perdeu completamente a batalha: o protesto tornou-se notícia, e o governador se comprometeu com o fechamento imediato e a limpeza do depósito (que só terminaria no início do século XXI). Mais importante ainda, um novo momento para a luta pelos direitos civis havia começado.[28]

Basta recordar o sistema escravagista e a exclusão dos negros na vida cidadã brasileira para compreender o fenômeno do racismo ambiental no país, já que negros escravizados, quando libertos, foram obrigados a viver em condições indignas de moradia e sobrevivência, em verdadeiros "quartos de despejos" em favelas e zonas de risco.

Hoje em dia, sempre que ocorrem fenômenos como chuvas intensas, secas prolongadas, inundações e deslizamentos de terra, as vítimas, em sua maioria, têm sempre a mesma cor. São pessoas pretas.

Tratar esse quadro como prioridade deve ser uma política pública do estado brasileiro como espécie de reparação histórica, o que não exclui por óbvio o papel daquelas pessoas privadas que exploram o meio ambiente.

5 Considerações finais

No presente artigo, foi explorado o estado da arte que envolve os desastres ambientais no Brasil na atualidade, especialmente porque o ano de 2022 marca um cenário de diversas mortes no país. E essas vítimas têm rosto, cor, gênero, classe social, etnia. Estes recortes, que atravessam o perfil dos atingidos pelos desastres, constituem o objeto de estudo da justiça climática: uma possibilidade de diminuição de

---

[28] PACHECO, Tania; FAUSTINO, Cristiane. A iniludível e desumana prevalência do racismo ambiental nos conflitos do mapa. *In*: PORTO, Marcelo Firpo; PACHECO, Tania; LEROY, Jean Pierre. *Injustiça ambiental e saúde no Brasil*. Rio de Janeiro: FIOCRUZ, 2013. p. 73-114, p. 84-85.

desigualdades que se expressam a partir de vulnerabilidades dos mais diversos matizes.

O trabalho então, ao delinear que compete ao Estado brasileiro o respeito e o cumprimento de direitos humanos inscritos na Constituição Federal de 1988, intenta propor formas concretas de redução dessas desigualdades. Para que isso ocorra, é imperativa a definição de agendas públicas estatais que contemplem de forma séria e comprometida os problemas expostos, a partir de implementações de políticas públicas. Essas políticas públicas se dariam a partir da concretização dos direitos individuais e sociais previstos como direitos fundamentais pela Constituição, como a moradia, saúde, educação, infraestrutura. São várias as medidas que podem ser tomadas, almejando a diminuição de desigualdades sociais.

A solução para um problema complexo exige vontade política e diálogo com a ciência, mas para que isto ocorra deve haver destinação de recursos públicos à prevenção de desastres e de suas consequências. Então, o debate do orçamento público como uma espécie de agenda para direitos fundamentais se mostra imprescindível nessa seara. Os desastres, sejam eles causados pela natureza ou pela ação antrópica, podem ter seus riscos reduzidos. Para tanto, uma política de Estado que mitigue vulnerabilidades associadas é a chave para um problema que se conhece, mas que pouco se faz para enfrentá-lo. E essa chave propositiva deve se dar por meio do conteúdo da justiça climática, que de deve atravessar toda a proposta orçamentária dos mais diferentes entes federativos, suas agências, seus órgãos, ministérios e secretarias.

Não se pode cuidar do meio ambiente sem cuidar das pessoas pretas, vítimas recorrentes de tragédias. A justiça climática, mais do que um recurso teórico, é o fundamento à reparação histórica que fomentará o fim do racismo ambiental no país.

Referências

ACSELRAD, Henri. Vulnerabilidade ambiental, processos e relações. *In*: ENCONTRO NACIONAL DE PRODUTORES E USUÁRIOS DE INFORMAÇÕES SOCIAIS, II, 2006, Rio de Janeiro. *Anais...* Rio de Janeiro: Centro de Documentação e Disseminação de Informações do IBGE – CDDI, 2006. Disponível em: http://www.nuredam.com.br/files/divulgacao/artigos/Vulnerabilidade%20Ambientais%20Proce%20ssos%20Rela%E7%F5es%20Henri%20Acselrad.pdf. Acesso em: 23 abr. 2022.

ALMEIDA, Jalcione. A problemática do desenvolvimento sustentável. *Redes (St. Cruz do Sul Online)*, v. 1, n. 2, p. 9-16, 1996.

APÓS fortes chuvas que atingiram a BA, moradores enfrentam dificuldades: 'fico assombrada quando vejo chover'. *G1 Bahia*, 23 fev. 2022. Disponível em: https://g1.globo.com/ba/bahia/noticia/2022/03/23/tres-meses-apos-fortes-chuvas-que-atingiram-a-ba-moradores-do-sul-e-do-extremo-sul-ainda-enfrentam-dificuldades.ghtml. Acesso em: 18 abr. 2022.

BARDON, Júlia. Mãe e 7 filhos soterrados em Paraty moravam num único cômodo. *Folha de S.Paulo, online*, 5 abr. 2022. Disponível em: https://www1.folha.uol.com.br/cotidiano/2022/04/mae-e-7-filhos-soterrados-em-paraty-moravam-num-unico-comodo.shtml Acesso em: 22 abr. 2022.

BECK, Ulrich. *Sociedade de risco*: rumo a uma outra modernidade. 2. ed. São Paulo: Ed. 34, 2011.

BRASIL. *Decreto nº 10.593, de 24 de dezembro de 2020*. Dispõe sobre a organização e o funcionamento do Sistema Nacional de Proteção e Defesa Civil e do Conselho Nacional de Proteção e Defesa Civil e sobre o Plano Nacional de Proteção e Defesa Civil e o Sistema Nacional de Informações sobre Desastres. Brasília, DF: Presidência da República. Disponível em: https://www.in.gov.br/en/web/dou/-/decreto-n-10.593-de-24-de-dezembro-de-2020-296427343. Acesso em: 23 nov. 2020.

BRASIL. Disponível em:https://portal.fiocruz.br/noticia/mudancas-climaticas-e-savanizacao-da-amazonia-irao-impactar-populacoes-pelo calor#:~:text=Do%20total%20de%205.565%20munic%C3%ADpios,resili%C3%AAncia%20e%20alta%20vulnerabilidade%20social. Acesso em: 22 abr. 2022.

CAETANO, Carolina; SANTOS, Júlio César, et al. Chuva em MG nesta terça tem moradores desabrigados, vias interditadas, prejuízos e mortes. *G1 Minas Gerais, online*, 11 jan. 2022. https://g1.globo.com/mg/minas-gerais/noticia/2022/01/11/chuva-em-mg-cidades-na-grande-bh-ainda-sentem-prejuizos.ghtml Acesso em: 18 abr. 2022.

CAPELLA, Ana Cláudia Niedhardt. *Formulação de políticas*. Brasília: Enap, 2018.

CAVEDON-CAPDEVILLE, Fernanda de Salles; ODRIOZOLA, Ignácio; SERRAGLIO, Fiogo Andreola. Derechos Humanos, cambio climático y movilidad: una questión de in(justicia) climática. *In*: BORRÁS PENTINAT, Susana; CALZADILLA, Paola Villavicencio (orgs.). *Justicia climática*: visiones constructivas desde el reconocimiento de la desigualdad. Valência: Tirant lo Blanch, 2021.

COSTA, Nayara. Tragédia em Petrópolis carrega digital da mudança do clima. *Agência ENVOLVERDE jornalismo, online*, 21 fev. 2022. Disponível em: https://envolverde.com.br/tragedia-em-petropolis-carrega-digital-da-mudanca-do-clima/ Acesso em: 19 abr. 2022.

FUNDAÇÃO OSWALDO CRUZ (FIOCRUZ); INSTITUTO DE PESQUISA ECONÔMICA APLICADA (IPEA). Mudanças Climáticas e Savanização da Amazônia irão impactar populações pelo calor. *Portal FIOCRUZ, online*, 01 out. 2021. Disponível em: https://portal.fiocruz.br/noticia/mudancas-climaticas-e-savanizacao-da-amazonia-irao-impactar-populacoes-pelo-calor#:~:text=Do%20total%20de%205.565%20munic%C3%ADpios,resili%C3%AAncia%20e%20alta%20vulnerabilidade%20social. Acesso em: 24 abr. 2022.

GAVILANES, Raúl Velásquez. Hacia una nueva definición del concepto "política pública". *Desafíos*, Bogotá, v. 20, p. 149-187, enero/junio 2009.

HERCULANO, Selene. *Racismo ambiental, o que é isso?* Rio de Janeiro: Projeto Brasil Sustentável e Democrático: FASE, 2006.

INTERGOVERNMENTAL PANEL ON CLIMATE CHANGE – IPCC. *Anexo I – Glosario, siglas, símbolos, químicos y prefijos*. Cambridge: Cambridge University Press, 2018. Disponível em: https://www.ipcc.ch/site/assets/uploads/2018/03/srren_report_glossary_es.pdf. Acesso em: 20 abr. 2022.

MACÍAS, Jesús Manuel. Significado de la vulnerabilidad social frente a los desastres. *Revista Mexicana de Sociología*, Ciudad de México, v. 54, n. 4, p. 3-10, 1992.

NASA. Frequently Asked Questions. *Global Climate Change; Vital Signs of the Planet*. Disponível em: https://climate.nasa.gov/faq/ Acesso em: 20 abr. 2022.

NÚMERO de mortes na tragédia de Petrópolis chega a 232: maior parte das vítimas são mulheres; Corpo de bombeiros ainda busca por desaparecidos. *Poder 360, online*, 02 mar. 2022. Disponível em: https://www.poder360.com.br/brasil/numero-de-mortes-na-tragedia-de-petropolis-chega-a-232/#:~:text=O%20n%C3%BAmero%20de%20mortes%20registradas,138%20mulheres%20e%2094%20homens. Acesso em: 18 abr. 2022.

ORGANIZAÇÃO DAS NAÇÕES UNIDAS. Centro Regional de Informação para a Europa Ocidental. Relatório da ONU afirma que 90 por cento dos desastres têm causas meteorológicas. *NAÇÕES UNIDAS, online*. Disponível em: https://unric.org/pt/relatorio-da-onu-afirma-que-90-por-cento-dos-desastres-tem-causas-meteorologicas/ Acesso em: 22 abr. 2022.

ORGANIZAÇÃO DAS NAÇÕES UNIDAS. United Nations Office for the Coordination of Humanitarian Affairs. Preparedness and Risk Management. *OCHA, online*. Disponível em: https://www.unocha.org/themes/preparedness-and-risk-management Acesso em: 22 abr. 2022.

PACHECO, Tania; FAUSTINO, Cristiane. A iniludível e desumana prevalência do racismo ambiental nos conflitos do mapa. *In*: PORTO, Marcelo Firpo; PACHECO, Tania; LEROY, Jean Pierre. *Injustiça ambiental e saúde no Brasil*. Rio de Janeiro: FIOCRUZ, 2013. p. 73-114.

PORTO, Marcelo Firpo de Souza. Complexidade, processos de vulnerabilização e justiça ambiental: um ensaio de epistemologia política. *Revista Crítica de Ciências Sociais, online*, n. 93, 2011. Disponível em: http://rccs.revues.org/133. Acesso em: 20 abr. 2022.

ROBINSON, Mary. *Justiça climática*: esperança, resiliência e a luta por um futuro sustentável. Rio de Janeiro: Civilização Brasileira, 2021.

SIAS, Estael. Qual a influência das mudanças climáticas no desastre de Petrópolis: Ciência já mostrou que quanto maior é a retenção de vapor e mais frequentes se tornam os eventos de chuva extrema. *MET SUL meteorologia*, março de 2022. Disponível em: https://metsul.com/qual-a-influencia-das-mudancas-climaticas-no-desastre-de-petropolis/ Acesso em: 19 abr. 2022.

Informação bibliográfica deste livro, conforme a NBR 6023:2018 da Associação Brasileira de Normas Técnicas (ABNT):

PEREIRA, Diego. Desastres ambientais, injustiça climática e racismo ambiental no Brasil. BOMFIM, Daiesse Quênia Jaala Santos (Coord.). *Políticas afirmativas de inclusão e equidade racial*: reflexões acerca do papel dos setores público e privado. Belo Horizonte: Fórum, 2023. p. 115-132. ISBN 978-65-5518-553-9.

A IMPORTÂNCIA DO MINISTÉRIO PÚBLICO NA PROMOÇÃO DAS POLÍTICAS DE COTAS RACIAIS: A EXPERIÊNCIA DO MINISTÉRIO PÚBLICO DO PARANÁ

AMANDA RIBEIRO DOS SANTOS
ANDRÉ LUIZ QUERINO COELHO

1 Introdução

A política de cotas raciais, em vestibulares e concursos públicos, se revelou um instrumento contundente no enfrentamento ao racismo e essencial à promoção à equidade racial. Ainda, é um instituto em expansão, em aperfeiçoamento e imprescindível àquelas finalidades. No entanto, persiste relutância em sua efetiva implementação seja no setor público, seja no setor privado. Isso porque permanece impregnação ideológica que as negam com base no mito da democracia racial ou porque há ausência de disciplina normativa ou sanção premial que trate da questão.

Assim, o Ministério Público possui importante papel na fiscalização do Poder Público sobre a adoção de políticas públicas destinadas à promoção da igualdade racial, notadamente as cotas raciais.

O problema de pesquisa é delimitado a partir do questionamento sobre a relevância das ações afirmativas, notadamente as cotas raciais, para a garantia do direito fundamental de igualdade racial. Assim, o objetivo geral é analisar como o direito fundamental de igualdade racial é assegurado por meio de cotas raciais em concursos públicos, no atual contexto brasileiro. Para alcançar o objetivo geral, pretende-se: (a) Refletir sobre o racismo, o direito fundamental à igualdade racial e as normas convencionais e constitucionais; (b) Discorrer sobre a inércia do Estado Brasileiro e o Racismo Institucional, sob a perspectiva do princípio da legalidade na Administração Pública e a repartição de competências dos entes federativos; (c) Avaliar a importância da atuação do Ministério Público e a experiência do Núcleo de Promoção da Igualdade Étnico-Racial do Ministério Público do Estado do Paraná.

Nesse contexto, se discutirá a importância das cotas raciais, e, sobretudo, o papel do Ministério Público no asseguramento dessa relevante política pública de inclusão, trazendo a experiência que vem sendo desenvolvida no Ministério Público do Estado do Paraná.

2 Racismo

Antes de tudo, importa minimamente trazer uma abordagem sobre o racismo. Em absoluto, não há superioridade de raças, etnias ou que se funde em razão de cor, procedência nacional ou regional. No entanto, ideologicamente, e, para fins de exploração de mentes e corpos, cunhou-se que a pessoa negra ou indígena seria inferior à pessoa branca.

Em nossa sociedade, por meio de ações e discursos, foi construída a compreensão de que pessoas brancas são merecedoras de vantagens e, por essa razão, são alocadas em espaços de amplo acesso a bens, serviços e poder, ao lado da subjugação de outros indivíduos apontados como seres humanos de segunda categoria, como as pessoas negras e indígenas, que são prejudicadas por dinâmicas sociais de exclusão promovidas por atores públicos e privados.

Sobre o aspecto discursivo do racismo, Kilomba constata o seguinte:

> O racismo não é biológico, mas discursivo. Ele funciona através de um regime discursivo, uma cadeia de palavras e imagens que por associação se tornam equivalentes: africano – África – selva – selvagem – primitivo – inferior – animal – macaco.[1]

---

[1] KILOMBA, Grada. *1968*: memórias da plantação – Episódios de racismo cotidiano. Tradução de Jess Oliveira. Rio de Janeiro: Cobogó, 2019, p. 130.

Em outras palavras, o racismo foi teorizado e sistematizado, sobretudo, para legitimar o processo de escravização e, obviamente, de exploração econômica da pessoa negra e também indígena. Inclusive, estudos acadêmicos buscaram dar conotação de inteligência à violência que reificou esses grupos de pessoas.

No Brasil, inclusive, sob a influência de Lombroso, o médico baiano Raimundo Nina Rodrigues, que gozava de certo prestígio acadêmico, escreveu isso:

> A concepção espiritualista de uma alma da mesma natureza em todos os povos, tendo como consequência uma inteligência da mesma capacidade em todas as raças, apenas variável no grau de cultura e passível, portanto, de atingir mesmo num representante das raças inferiores, o elevado grau a que chegaram as raças superiores, é uma concepção irremissivelmente condenada em face dos conhecimentos científicos modernos.[2]

À pessoa negra se associou a infantilidade, a feiura, a agressividade, a hipersexualidade, a sujeira, a criminalidade, a força física e a animalização. Neusa dos Santos nos traz essas reflexões:

> O irracional, o feio, o ruim, o sujo, o sensitivo, o superpotente e o exótico são as principais figuras representativas do mito negro. [...] A representação do negro como elo entre o macaco e o homem banco é uma das falas míticas mais significativas de uma visão que reduz e cristaliza a instância biológica.[3]

Grada Kilomba, em estudo semelhante ao de Neusa dos Santos, apontou como a personalidade da pessoa negra é desagregada, de maneira que as características negativas prevaleçam ou até mesmo invalidem as positivas. Conforme as suas próprias palavras, ao descrever uma mulher negra, pode-se perceber o que foi dito até o presente momento:

> Inteligência e negritude coexistem como categorias separadas, como partes alienadas em Kathleen, mas não partes integrantes dela. [...] Alguém é negra/o, mas não é. Uma pessoa é negra quando vem a ser

---

[2] RODRIGUES, Raimundo Nina. *As raças humanas e a responsabilidade penal no Brasil*. Salvador: Livraria Progresso, 1957, p. 28.
[3] SOUZA, Neusa Santos. *Tornar negro ou as vicissitudes da identidade do negro brasileiro em ascensão social*. Rio de Janeiro: Zahar, 2021, p. 57.

a representação do é corpóreo, mas não se sé negra/o quando se trata do intelecto. Uma pessoa é negra quando se trata da incorporação da estupidez, mas não se é quando se trata da incorporação da sabedoria. Uma pessoa é negra quando se trata da incorporação do que é negativo, mas pode ser igualmente branca quando se trata da incorporação do que é positivo.[4]

A negritude, assim, nesse espectro ideológico perverso, não seria útil, para Nina Rodrigues, e aqueles que comungam de seu pensamento, por exemplo, ao desenvolvimento social, econômico e civilizatório do Brasil. A pessoa deve ocupar, portanto, estruturalmente, posições sociais, culturais, intelectuais, afetivas, profissionais e econômicas que sejam compatíveis com as suas limitações. Em outros termos, para o racismo, a pessoa negra não deve sair da senzala e, para o mito da democracia racial, se não saiu foi porque não quis.

A consequência, portanto, é que o branco passa a ser a norma à que o sujeito negro deve se sujeitar e se adequar. O racismo, ao retirar a autonomia e dignidade, passa a estruturar[5] as relações sociais e, logo, torna o outro (que não é o padrão – que não é a norma) uma pessoa negra. Neusa dos Santos descreve com maestria esse fenômeno:

> A história da ascensão social do negro brasileiro é, assim, a história de sua assimilação aos padrões brancos de relações sociais. É a história da submissão ideológica de um estoque racial em presença de outro que se lhe faz hegemônico. É a história de uma identidade renunciada, em atenção às circunstâncias que estipulam o preço do reconhecimento ao negro com base na intensidade de sua negação.[6]

Em confluência, pode-se apontar que a negação (inexistência do racismo) é um instrumento eficiente para assegurar a sua continuidade. Especificamente, há uma distinção importante entre a forma

---

[4] KILOMBA, Grada. *1968*: memórias da plantação – Episódios de racismo cotidiano. Tradução de Jess Oliveira. Rio de Janeiro: Cobogó, 2019, p. 130.

[5] "[...] o racismo é uma decorrência da própria estrutura social, ou seja, do modo 'normal' com que se constituem as relações políticas, econômicas, jurídicas e até familiares, não sendo uma patologia social e nem um desarranjo institucional. O racismo é estrutural. Comportamentos individuais e processos institucionais são derivados de uma sociedade cujo racismo é regra e não exceção. O racismo é parte de um processo social que ocorre 'pelas costas dos indivíduos e lhes parece legado pela tradição' [...]" (ALMEIDA, Sílvio Luiz. *Racismo estrutural*. São Paulo: Pólen, 2019. (Coleção Feminismos Plurais), p. 46-50).

[6] SOUZA, Neusa Santos. *Tornar negro ou as vicissitudes da identidade do negro brasileiro em ascensão social*. Rio de Janeiro: Zahar, 2021, p. 57.

de segregação racial que se dá no Brasil e aquelas que ocorreram nos Estados Unidos da América e na África do Sul. Aqui, a discriminação tem um viés assimilacionista e, por lá, segregacionista. Expressamente, no Brasil, não se deram, em regra, distinções legais que levassem ao apartamento de pessoas em razão da cor da pele. Darcy Ribeiro afirma que:

> O preconceito de cor dos brasileiros, incidindo, diferencialmente, segundo o matiz de pele, tendendo a identificar como branco o mulato claro, conduz ates a uma expectativa de miscigenação. Expectativa, na verdade, discriminatória, porquanto aspirante a que os negros clareiem, em lugar de aceitá-los tal qual são [...][7]

No mesmo sentido, muito bem exemplifica Eliezer Gomes:

> Kabengele MUNANGA, numa entrevista à *Revista Forum*, em 17/09/2009, cita um bom exemplo: "Um americano racista diria: 'Não vou alugar minha casa para um negro!' O brasileiro diria: 'Olha, amigo, que pena! Você chegou tarde. Acabei de alugar'" (RAMOS e FARIA, 2009). E pode quem sabe até chamar o cidadão para entrar, tomar um café, um copo de água e se tornem companheiros de futebol, indo ao bar e ao estádio juntos. Embora tal procedimento possa parecer, à primeira vista, manifestação racista menos cruel, logo se verifica o oposto. Primeiro, porque retira do agredido o direito básico de reagir, denunciando a discriminação. Segundo, porque induz a vítima a achar que se trata de um problema por ela própria criado. Terceiro, porque se o ofendido, mesmo assim, acusar a empresa de racismo, além de dificilmente conseguir êxito numa possível ação judicial, expõe-se à execração moral de que se trata de pessoa "complexada", "com mania de perseguição", "que vê racismo em tudo", "que pretende criar um problema para auferir vantagens".[8]

A forma de discriminação racial, assim, entre nós, é fruto também do mito da democracia racial, que é outra forma intelectual de afastar políticas públicas que incluíssem a pessoa negra escravizada em políticas públicas, após a abolição. Por meio dela, o caldeamento de matizes étnicas diversas, fruto de uma suposta afetividade e acolhimento,

---

[7] RIBEIRO, Darcy. *O povo brasileiro*: a formação e o sentido do Brasil. São Paulo: Companhia das Letras, 2006, p. 216.
[8] SILVA, Eliezer da Gomes. O racismo institucional e o papel do Ministério Público brasileiro na implementação do Estatuto da Igualdade Racial (Lei n. 12.288/10) aos Casos de Política. *In: Ministério Público*: Prevenção, Modelos de Atuação e a Tutela dos Direitos Fundamentais. Belo Horizonte: Del Rey, 2014, p. 296.

trouxe uma miscigenação que permitiria igualdade de chances para ascensão social, cultural e econômica, que, contudo, não ocorre. Abdias Nascimento denuncia sobre o mito da democracia racial:

> Pretos e brancos convivem harmoniosamente, desfrutando iguais oportunidades de existência, sem nenhuma interferência, nesse jogo de paridade social, das respectivas origens raciais ou étnicas. A existência dessa pretendida igualdade racial constitui mesmo, nas palavras do professor Thales de Azevedo, 'maior motivo de orgulho nacional.[9]

Florestan Fernandes não destoa e apresenta esta percuciente análise:

> O mito em questão teve alguma utilidade prática, mesmo no momento em que emergia historicamente. [...] Primeiro, generalizou um estado de espírito farisaico, que permitia atribuir à incapacidade ou à irresponsabilidade do 'negro' os dramas humanos da população de cor da cidade, com que eles atestavam como índices insofismáveis de desigualdade econômica, social e política na ordenação das relações raciais. Segundo, isentou o branco de qualquer obrigação, responsabilidade ou solidariedade morais, de alcance social e de natureza coletiva, perante os efeitos sociopáticos da espoliação abolicionista e da deterioração progressiva da situação socioeconômica do negro e do mulato. Terceiro, revitalizou a técnica de focalizar e avaliar as relações entre 'negros' e 'brancos' através de exterioridades ou aparências dos ajustamentos raciais, forjando uma consciência falsa da realidade racial brasileira. [...] ela também concorreu para difundir e generalizar a consciência falsa da realidade racial, suscitando todo um elenco de convicções etnocêntricas: primeiro, a ideia de que o 'negro não tem problema no Brasil'; segundo, a ideia de que, pela própria índole do povo brasileiro, 'não existem distinções raciais entre nós'; terceiro, a ideia de que as oportunidades de acumulação de riqueza, de prestígio social e de poder forma indistinta e igualmente acessíveis a todos.[10]

Ainda que não expressamente apartasse o negro (locais próprios em ônibus, escolas específicas para negros e brancos), o Estado Brasileiro o excluía. Como exemplo, que é indicativo da política de

---

[9] NASCIMENTO, Abdias. *O genocídio do negro brasileiro*: processo de racismo mascarado. 3. ed. São Paulo: Perspectiva, 2016, p. 48.

[10] FERNANDES, Florestan. *A integração do negro na sociedade de classe*. 6. ed. São Paulo: Contracorrente, 2, p. 276.

embranquecimento da população, que decorre do mito da democracia racial, o Decreto-Lei nº 7.967/45 estabeleceu sobre a política imigratória:

> Art. 2º Atender-se-á, na admissão dos imigrantes, à necessidade de preservar e desenvolver, na composição étnica da população, as características mais convenientes da sua ascendência européia, assim como a defesa do trabalhador nacional.[11]

Outrossim, outras políticas afirmativas, como a Lei de Terras (Lei nº 601, de 18 de setembro de 1850), favoreceram o imigrante europeu.[12] Essa exposição desnuda o fenômeno que ainda persiste socialmente. Diversos dados estatísticos comprovam que a população negra continua excluída e sem igualdade de oportunidades.[13]

Tal realidade é objeto de intervenção por parte da Constituição da República. Numa análise tridimensional do Direito, o racismo é um fato juridicamente desvalorado,[14] que constitui ato ilícito e que exige ações positivas para promoção à igualdade racial.

Sobre a tridimensionalidade, Miguel Reale traz isto:

> a) onde quer que haja um fenômeno jurídico, há, sempre e necessariamente, um fato subjacente (fato econômico, geográfico, demográfico, de ordem técnica etc.); um valor, que confere

---

[11] Semelhante teor apresenta o artigo 1º do Decreto nº 528/1890: Art. 1º É inteiramente livre a entrada, nos portos da República, dos indivíduos válidos e aptos para o trabalho, que não se acharem sujeitos á acção criminal do seu paiz, exceptuados os indigenas da Ásia, ou da África que somente mediante autorização do Congresso Nacional poderão ser admittidos de accordo com as condições que forem então estipuladas.

[12] [...] Art. 17. Os estrangeiros que comprarem terras, e nellas se estabelecerem, ou vierem á sua custa exercer qualquer industria no paiz, serão naturalisados querendo, depois de dous annos de residencia pela fórma por que o foram os da colonia de S, Leopoldo, e ficarão isentos do serviço militar, menos do da Guarda Nacional dentro do municipio. Art. 18. O Governo fica autorizado a mandar vir annualmente á custa do Thesouro certo numero de colonos livres para serem empregados, pelo tempo que for marcado, em estabelecimentos agricolas, ou nos trabalhos dirigidos pela Administração publica, ou na formação de colonias nos logares em que estas mais convierem; tomando anticipadamente as medidas necessarias para que taes colonos achem emprego logo que desembarcarem.

[13] FILLETI, Juliana de Paula; GORAYEB, Daniela Salomão. Mulheres negras no mercado de trabalho no 4º trimestre de 2021. *FACAMP: Boletim NPEGen*, Campinas, v. 2, n. 4, mar. 2022. Disponível em: https://www.facamp.com.br/wp-content/uploads/2022/04/2021_4T_BMNMT.pdf. Acesso em: 29 jul. 2022.

[14] "A análise fenomenológica da experiência jurídica, confirmada pelos dados históricos sucintamente lembrados, demonstra que a estrutura do Direito é tridimensional, visto como elemento normativo, que disciplina os comportamentos individuais e coletivos, pressupõe sempre dada situação de fato, referida a valores determinados" (REALE, Miguel. *Filosofia do Direito*. 20. ed. São Paulo: Saraiva, 2002, p. 492).

determinada significação a esse fato, inclinando ou determinando a ação dos homens no sentido de atingir ou preservar certa finalidade ou objetivo; e, finalmente, uma regra ou norma, que representa a relação ou a medida que integra um daqueles elementos ao outro, o fato ao valor.[15]

Assim, cabe, neste ponto, traçar a forma constitucional que leva à desvalorização do racismo e o arcabouço jurídico de seu enfrentamento, que também dão substrato às políticas afirmativas.

3 O direito fundamental à igualdade racial: das normas constitucionais e convencionais

A Constituição da República de 1988, que é o centro de referibilidade de todo o sistema normativo, atribui singular desvalor a condutas discriminatórias e, sobretudo, ao racismo, que se enfeixa como uma grave violação de direitos humanos. A discriminação racial não é condizente com o modelo de construção social buscado na Constituição de 1988. Na verdade, há um dever expresso de proteção e coibição de condutas antidiscriminatórias: o imperativo de tutela. Logo, diante do reconhecimento da igualdade, surge o dever de assegurá-la por todos os meios disponíveis.

De início, em seu preâmbulo, fonte interpretativa do texto constitucional, a Constituição enuncia a busca de "uma sociedade fraterna, pluralista e sem preconceitos, fundada na harmonia social". Especificamente, é objetivo da República Federativa do Brasil (art. 3º, inciso IV): "promover o bem de todos, sem preconceitos de origem, raça, sexo, cor, idade e quaisquer outras formas de discriminação".

Em suas relações internacionais, há expresso repúdio ao racismo (art. 4º, inciso VIII). Há ainda ordem de criminalização, sob pena de inconstitucionalidade por omissão, especificamente quanto ao racismo, concebendo a imprescritibilidade, inafiançabilidade e a exigência de reclusão (art. 5º, XLII).

No aspecto histórico e cultural, houve o tombamento dos documentos e dos sítios que detêm reminiscências dos quilombos (art. 216, §5º), além da concessão de título de propriedade aos quilombolas

---

[15] REALE, Miguel. *Lições preliminares de Direito*. 27. ed. São Paulo: Saraiva, 2022, p. 65.

referentes às suas terras (art. 68 dos Atos das Disposições Constitucionais Transitórias).

Em suma, a Constituição da República de 1988 inaugurou um sistema protetivo e antidiscriminatório, composto por normas e princípios de profunda força impositiva à sociedade, instituições e Estado:

> O atual paradigma constitucional esposa uma concepção específica da nossa Constituição Federal: um sistema aberto de princípios e regras. Esse aspecto é muito importante quando consideramos os objetivos desse campo de estudo tendo em vista a natureza cambiante das práticas discriminatórias. Compreender o sistema constitucional dessa forma significa corroborar a ideia de que essa área é regulada por normas que possuem uma abertura capaz de integrar novos sentidos [...] O sistema protetivo consubstanciado nas normas antidiscriminatórias expressa os valores que marcam a ordem objetiva dos direitos fundamentais presentes em um sistema constitucional [...].[16]

Logo, se parcela da sociedade, incluindo autoridades políticas, defende o mito da democracia racial e nega a existência do racismo, o constituinte, ao contrário, o reconhece e o rechaça. Não há margem de interpretação contrária no texto constitucional: o racismo é um ato ilícito e um desvalor intolerável, pois viola o direito fundamental à igualdade racial.

A respeito do assunto, importante ressaltar a definição de imperativo de tutela apresentada por Canaris:[17]

> Há, pois, num primeiro passo, que fundamentar a existência do dever de protecção como tal, e, num segundo, verificar se o direito ordinário satisfaz suficientemente esse dever de protecção, ou se, pelo contrário, apresenta, neste aspecto, insuficiências.

Portanto, conclui-se que, a partir do texto constitucional, o racismo é ato ilícito gravíssimo e existe um direito constitucional e fundamental à promoção da igualdade racial. Por consequência, há um dever estatal, por meio de programas, políticas públicas, instrumentos legais e outras ações materiais e coletivas em busca de minorar a desigualdade racial,

---

[16] MOREIRA, Adilson. *Tratado de Direito Antidiscriminatório*. São Paulo: Contracorrente, 2020, p. 93.
[17] CANARIS, Claus Wilhelm. *Direitos fundamentais e Direito privado*. Tradução de Ingo Wolfgang Sarlet e Paulo Mota Pinto. Coimbra: Almedina, 2016, p. 123.

assim como da sociedade, uma vez que as diretrizes constitucionais também espraiam efeitos às relações privadas (alguns julgamentos do Supremo Tribunal Federal sobre eficácia horizontal dos direitos fundamentais: ARE 1008625 AgR / SP, RE 201819 / RJ e RE 639138 / RS).

Recentemente, a proteção jurídica da igualdade racial foi reforçada pela promulgação da Convenção Interamericana contra o Racismo, a Discriminação Racial e Formas Correlatas de Intolerância. Ela traz um grande avanço, pois aborda importantes definições relacionadas à compreensão aprofundada da problemática (como, por exemplo, discriminação racial, discriminação racial indireta e discriminação múltipla ou agravada).

Sobre a temática do presente estudo, a Convenção Interamericana contra o Racismo, a Discriminação Racial e Formas Correlatas de Intolerância, que goza de *status* constitucional, internalizada pelo Decreto Presidencial nº 10.932/2022, assentou a relevância de ações afirmativas em contextos nitidamente discriminatórios, como é o caso brasileiro:

> Artigo 5
> Os Estados Partes comprometem-se a adotar as políticas especiais e ações afirmativas necessárias para assegurar o gozo ou exercício dos direitos e liberdades fundamentais das pessoas ou grupos sujeitos ao racismo, à discriminação racial e formas correlatas de intolerância, com o propósito de promover condições equitativas para a igualdade de oportunidades, inclusão e progresso para essas pessoas ou grupos. Tais medidas ou políticas não serão consideradas discriminatórias ou incompatíveis com o propósito ou objeto desta Convenção, não resultarão na manutenção de direitos separados para grupos distintos e não se estenderão além de um período razoável ou após terem alcançado seu objetivo.

Assim, as ações afirmativas têm fundamento constitucional e convencional, de modo que a omissão do Estado pode fundamentar tanto a responsabilização dos agentes públicos inertes, como a adoção de medidas que imponham obrigações de fazer, direcionadas à promoção da igualdade racial.[18]

---

[18] "Em termos de justiça racial, o consentimento ou a omissão estatal diante da restrição de acesso a recursos e direitos ocasionada pelo racismo corresponde à negação da igual dignidade dos grupos raciais subalternizados. Uma perspectiva material do princípio igualitário exige que sejam providas condições para o livre desenvolvimento das capacidades e potencialidades dos indivíduos, a partir do reconhecimento de suas especificidades e demandas correlatas. A adoção de ações afirmativas não está sujeita à mera conveniência dos poderes públicos, sendo que a inércia estatal geral violação, por omissão, do direito à

4 A inércia estatal e o racismo institucional brasileiro

A inércia do Estado Brasileiro relacionada à implantação efetiva de ações afirmativas destinadas a assegurar o direito fundamental à igualdade racial pode ser considerada uma das manifestações mais evidentes do racismo institucional em nosso país.

Segundo Kilomba, o racismo institucional pode ser conceituado da seguinte forma:

> [...]. O termo se refere a um padrão de tratamento desigual nas operações cotidianas tais como em sistemas e agendas educativas, mercados de trabalho, justiça criminal, etc. O racismo institucional opera de tal forma que coloca os sujeitos brancos em clara vantagem em relação a outros grupos racializados.[19]

Nada obstante todo o histórico sobre a exclusão das pessoas escravizadas e exploradas, ao lado do incentivo – legislativo, social, cultural e material – dos sujeitos exploradores e seus escolhidos, há resistência sobre a compreensão da necessidade de ações afirmativas justamente para que esse quadro de injustiças construído ao longo dos tempos seja revertido.

4.1 Do princípio da legalidade na Administração Pública

De forma corrente, é muito difundida a enunciação que Hely Lopes Meirelles, em doutrina, trouxe quanto ao princípio da legalidade, que apontaria que a Administração Pública só atua mediante autorização legal,[20] o silêncio afasta a regra de competência para a ação.

A Administração Pública, assim, estaria positivamente vinculada à lei e, em regra, lei em sentido formal – ato legislado. Com efeito, não havendo previsão em ato legislativo haveria proibição de atuação da Administração Pública. O interesse público – indisponível e superior ao particular –, estaria qualificado no ato normativo legislado. Tal premissa

---

promoção da igualdade racial" (VAZ, Lívia Sant'Anna. *Cotas raciais*. São Paulo: Jandaíra, 2022. (Coleção Feminismos Plurais), p. 85).

[19] KILOMBA, Grada. *1968:* memórias da plantação – Episódios de racismo cotidiano. Tradução de Jess Oliveira. Rio de Janeiro: Cobogó, 2019, p. 77-78.

[20] MEIRELLES, Hely Lopes. *Direito Administrativo Brasileiro*. São Paulo: Malheiros, 2003, p. 86.

atenderia, sob o aspecto formal, à clássica teoria de desconcentração do poder do estado, que tem como influência a teoria de Montesquieu.

No entanto, diante da constitucionalização da atividade administrativa, com as disposições constantes da Constituição da República de 1988, em razão da abertura sistêmica com a inclusão de princípios, pode-se afirmar que houve o alargamento do enunciado do princípio da legalidade.

Gustavo Binenbojm, após apontar que a origem do Direito Administrativo está na jurisprudência do Conselho de Estado, traz a seguinte constatação sobre a redefinição da legalidade:

> A crise da lei é hoje um fenômeno quase tão universal quanto a própria proclamação do princípio da legalidade como o grande instrumento regulativo da vida social nas democracias constitucionais contemporâneas. [...] A superioridade formal e a ascendência axiológica da Constituição sobre todo o ordenamento jurídico produzem uma importantíssima modificação no direito administrativo: a lei é substituída pela Constituição como a principal fonte desta disciplina jurídica. [...] Em uma palavra: a atuação administrativa só será válida, legítima e justificável quando condizente, muito além da simples legalidade, com o sistema de princípios e regras delineados na Constituição, de maneira geral, e com os direitos fundamentais, em particular.[21]

Na promoção à igualdade racial, a Constituição da República traçou a finalidade. Assim, cabe a adoção de medidas legislativas e administrativas para cumprir com o mandamento. Diante de tal cenário, importa consignar que a Administração Pública, que se sujeita ao princípio da legalidade ou juridicidade, deve dar concretude ao direito constitucional à igualdade racial, além do correlato dever de enfrentar e erradicar o racismo e a discriminação racial.

Consigna-se que a Constituição da República confere aplicabilidade imediata às normas definidoras de direitos fundamentais (art. 5º, §1º) e, ainda, se abre para incidência de normas que decorram de compromissos internacionais. Entretanto, em alguns casos, há necessidade de interpolação normativa a fim de dar concretude e eficácia à vigência da norma constitucional.

---

[21] BINENBOJM, Gustavo. *Uma teoria do Direito Administrativo*: direitos fundamentais, democracia e constitucionalização. 3. ed. Rio de Janeiro: Renovar, 2014, p. 131-138.

Destarte, a inexistência de políticas públicas, para a promoção da igualdade racial e a erradicação do racismo, por meio de instrumentos normativos, dado o alargamento da enunciação do princípio da legalidade, implicaria em omissão inconstitucional.

Ao afirmar que inexistem promessas constitucionais inconsequentes, o ministro do Supremo Tribunal Federal, Celso de Mello, em voto proferido no Agravo Regimental no Recurso Extraordinário com Agravo nº 685.230, afirmou que:

> Vê-se, desse modo, que, mais do que a simples positivação dos direitos sociais – que traduz estágio necessário ao processo de sua afirmação constitucional e que atua como pressuposto indispensável à sua eficácia jurídica (JOSÉ AFONSO DA SILVA, 'Poder Constituinte e Poder Popular', p. 199, itens ns. 20/21, 2000, Malheiros) –, recai, sobre o Estado, inafastável vínculo institucional consistente em conferir real efetividade a tais prerrogativas básicas, em ordem a permitir, às pessoas, nos casos de injustificável inadimplemento da obrigação estatal, que tenham elas acesso a um sistema organizado de garantias instrumentalmente vinculado à realização, por parte das entidades governamentais, da tarefa que lhes impôs a própria Constituição.

Sobre esse aspecto, adverte, com acuidade Canotilho:

> Concretizando melhor, a positividade jurídico-constitucional das normas programáticas significa fundamentalmente: (1) vinculação do legislador, de forma permanente, à sua realização (imposição constitucional); (2) vinculação positiva de todos os órgãos concretizadores, devendo estes tomá-las em consideração como diretivas materiais permanentes, em qualquer momento da actividade concetrizadora (legislação, execução, jurisdição); (3) vinculação, na qualidade de limites materiais negativos, dos poderes públicos, justificando a eventual censura, sob a forma de inconstitucionalidade, em relação aos actos que as contrariam.[22]

Conclui-se, assim, que: a) o enfrentamento e a erradicação do racismo e da discriminação racial são programas constitucionais, que refletem direitos fundamentais e compromissos interacionais do Estado Brasileiro, a serem cumpridos de forma cogente; b) são necessários instrumentos normativos a fixar a política pública de promoção daquelas

---

[22] CANOTILHO, José Joaquim Gomes. *Direito Constitucional e Teoria da Constituição*. 7. ed. Lisboa: Almedina, 2003, p. 1177.

finalidades constitucionais; c) a omissão em cumprir o dever é inconstitucional e há mecanismo de controle.

Assim, o passo subsequente é analisar questões jurídicas que emergem da política de cotas raciais para recrutamento de pessoal (concursos públicos, processo seletivo disciplinar, cargos comissionados) e vestibulares na Administração Pública e na iniciativa privada, seriam elas:

- a) se há necessidade de lei em sentido formal/ato legislativo para a concretização da ação afirmativa;
  - a.1) sendo positiva a resposta, qual ente político teria atribuição para edição do ato legislado;
  - a.2) qual a solução sistêmica em casos de omissão normativa.

4.2 Da repartição de competências dos entes federativos

A federação traz, em si, ínsita a repartição de atribuições e de competências entre os entes federados. A autonomia da União, dos Estados, do Distrito Federal e dos Municípios exige que exista espaço de atuação política, legislativa e administrativa, que implique, de fato, em descentralização.

Observada a Constituição da República, a complexidade e o alargamento das funções do Estado Brasileiro podem trazer divergências quanto ao espectro de atuação de cada ente político. Outrossim, não obstante as previsões constantes, é certo que determinadas matérias não estão exaustivamente previstas para fins de repartição de competência.

Assim, dada a completude do sistema constitucional a fim de dissipar divergências e afastar inseguranças toda a matéria é orientada pelo princípio da predominância do interesse. Com efeito, questões nacionais cabem à União Federal, às regionais aos Estados e às locais aos Municípios, havendo uma cumulação entre as duas últimas quanto ao Distrito Federal.

Consta do voto do Ministro Luís Roberto Barroso do Supremo Tribunal Federal no julgamento da Ação Direta de Inconstitucionalidade nº 4615:

> O princípio norteador da repartição de competências entre os entes componentes do federalismo brasileiro é o princípio da predominância do interesse, que é aplicado não apenas para as matérias cuja definição foi preestabelecida pela Constituição Federal, mas também em interpretações

que envolvem várias e diversas matérias. Quando surgem dúvidas sobre a distribuição de competências para legislar sobre determinado assunto, caberá ao intérprete do Direito priorizar o fortalecimento das autonomias locais e o respeito às suas diversidades como características que assegurem o Estado Federal, garantindo o imprescindível equilíbrio federativo.

Nesse sentido, expressamente, do texto constitucional – à exceção da ordem de criminalização do racismo que é de atribuição da União Federal por se tratar de Direito Penal (art. 22, inciso I, da Constituição da República) – não se infere, literalmente, qual ente político seria competente para disciplinar as políticas afirmativas de enfrentamento e erradicação do racismo.

Assim, no que toca à política afirmativa de cotas raciais em concursos públicos, vestibulares e na iniciativa privada o interesse preponderante é nacional. Isso porque a realidade fática que envolve a discriminação racial, especialmente, em razão do processo histórico de formação da sociedade brasileira, não se resume a uma localidade. O fluxo de pessoas em todo território nacional confere a dimensão de que a discriminação acompanha a pessoa onde quer que ela esteja.

A busca de inclusão da pessoa negra no mercado de trabalho, em políticas de saúde, educação, habitação, alimentação, lazer, esporte e, em postos de representatividade, pressupõe um tratamento igualitário.

Argumentativamente, reforça a interpretação, o compromisso que a República Federativa do Brasil assumiu ao subscrever a Convenção Interamericana contra o Racismo, a Discriminação Racial e Formas Correlatas de Intolerância de Guatemala. Ademais, no que diz respeito à educação (cotas raciais em concursos vestibulares) e mercado privado de trabalho, infere-se, textualmente, que a competência é da União Federal (art. 22, inciso I, XVI e art. 24 inciso IX da Constituição da República).

Não obstante a autonomia em matéria administrativa dos entes políticos, a interpretação constitucional mais consentânea ao cumprimento do direito fundamental à igualdade racial, leva que, igualmente, a competência para as normas gerais sobre a política de cotas em concursos públicos seja da União Federal.

A lógica e os elementos de fato que levam à edição da norma são iguais àqueles. Além disso, a uniformidade no tratamento da matéria dá densidade ao princípio da vedação de proteção insuficiente.

Dessa forma, o enfrentamento e a erradicação do racismo devem ter disciplina jurídica uniforme, em regra. O interesse, portanto, quanto às políticas afirmativas de inclusão no mercado de trabalho e no acesso à educação superior (setor público e privado) é nacional. Por consectário, cabe à União a edição de normas gerais com a possibilidade de complementação e suplementação da matéria pelos Estados, Distrito Federal e Municípios, a fim de adequação às realidades locais.

Nesse contexto, convém destacar que já existe legislação federal que aborda a temática. Por exemplo, o Estatuto da Igualdade Racial (Lei nº 12.288/2010) contém tais prescrições normativas:

> Art. 39. O poder público promoverá ações que assegurem a igualdade de oportunidades no mercado de trabalho para a população negra, inclusive mediante a implementação de medidas visando à promoção da igualdade nas contratações do setor público e o incentivo à adoção de medidas similares nas empresas e organizações privadas.
> §1º A igualdade de oportunidades será lograda mediante a adoção de políticas e programas de formação profissional, de emprego e de geração de renda voltados para a população negra.
> §2º As ações visando a promover a igualdade de oportunidades na esfera da administração pública far-se-ão por meio de normas estabelecidas ou a serem estabelecidas em legislação específica e em seus regulamentos. [...]
> Art. 42. O Poder Executivo federal poderá implementar critérios para provimento de cargos em comissão e funções de confiança destinados a ampliar a participação de negros, buscando reproduzir a estrutura da distribuição étnica nacional ou, quando for o caso, estadual, observados os dados demográficos oficiais.

A Lei nº 12.711/2012, que disciplina a reserva de vagas no ingresso das universidades federais e nas instituições federais de ensino técnico de nível médio, estabelece:

> Art. 3º Em cada instituição federal de ensino superior, as vagas de que trata o art. 1º desta Lei serão preenchidas, por curso e turno, por autodeclarados pretos, pardos e indígenas e por pessoas com deficiência, nos termos da legislação, em proporção ao total de vagas no mínimo igual à proporção respectiva de pretos, pardos, indígenas e pessoas com deficiência na população da unidade da Federação onde está instalada a instituição, segundo o último censo da Fundação Instituto Brasileiro de Geografia e Estatística – IBGE.

É inegável como a política de cotas resultou a ampliação do acesso ao ensino superior da população negra nas últimas décadas. Desde as primeiras experiências, o percentual de pessoas que concluíram a graduação cresceu de forma considerável.

Em sentido semelhante, no que se refere aos concursos públicos, a Lei nº 12.990/2014 determina:

> Art. 1º Ficam reservadas aos negros 20% (vinte por cento) das vagas oferecidas nos concursos públicos para provimento de cargos efetivos e empregos públicos no âmbito d a administração pública federal, das autarquias, das fundações públicas, das empresas públicas e das sociedades de economia mista controladas pela União, na forma desta Lei.

No entanto, não se tratam de normas gerais. O Estatuto da Igualdade Racial, num ponto, traz exortações e finalidades a serem cumpridas e, especialmente, quanto aos cargos comissionados, aplica-se à esfera federal. As leis de cotas em vestibulares e em concursos públicos se limitam aos órgãos e entidades da Administração Pública Federal. Excepcionalmente, tais normas devem ser aplicadas aos demais entes.

A aplicação, assim, das citadas normas federais aos Estados, ao Distrito Federal e aos Municípios se dará quando inexistir normas estadual, distrital ou municipal que estabeleçam a política de cotas.

Ilustrativamente, a falta de normas gerais permite que uma pessoa negra interessada em ingressar numa universidade concorra por cotas numa instituição federal e não concorra numa instituição estadual, dada a limitação de incidência do diploma federal.

Também, por exemplo, no concurso público para ingresso no cargo de Promotor Substituto no Paraná haveria a possibilidade de celeuma. Isso porque a Lei Estadual nº 14.274/2003 estabeleceu o percentual de 10% das vagas. De outro lado, a Resolução nº 170/2017 do Conselho Nacional do Ministério Público fixou o percentual de reserva em 20%.

Ademais, a política afirmativa, inclusive conforme assinalado pelo Supremo Tribunal Federal, nesses casos, deve ter prazo de vigência e de avaliação, na medida em que são temporárias.

A falta de norma geral sobre a matéria, assim, cria insegurança jurídica,[23] dada a possibilidade de haver multiplicidade de fontes normativas a serem aplicadas.

---

[23] "[...] a falta de confiabilidade no direito em razão de suas frequentes e drásticas alterações, sem adaptar-se à nova realidade, impacta as opções dos administrados e torna-se um freio à atividade econômica. Além de um valor funcional, a segurança jurídica tem um valor instrumental, pois permite que as pessoas planejem seu futuro, garantindo a autonomia

Há, assim, omissão inconstitucional da União Federal em fixar as normas gerais que presidam a política pública para todos os entes da federação, que aborde: a) vestibulares; b) concursos públicos e procedimentos simplificados de contratação; c) contratações na iniciativa privada.

Por outro lado, se existir norma estadual ou municipal que fixe políticas de cotas em concursos públicos, elas devem ser aplicadas, até que sobrevenha a legislação federal sobre normas gerais. A solução decorre do art. 24 da Constituição da República:

> Art. 24 §1º No âmbito da legislação concorrente, a competência da União limitar-se-á a estabelecer normas gerais.
> §2º A competência da União para legislar sobre normas gerais não exclui a competência suplementar dos Estados.
> §3º Inexistindo lei federal sobre normas gerais, os Estados exercerão a competência legislativa plena, para atender a suas peculiaridades.

Tal exegese prestigia a estrutura organizacional do Estado Federal.

Prosseguindo, especialmente quanto à hipótese ventilada, não havendo lei, a matéria, quanto a concursos públicos e vestibulares, pode ser regulamentada pelo órgão público ou entidade responsável pelo certame. No entanto, de forma excepcional. O fundamento é a aplicabilidade imediata da Constituição da República. Pontua-se, inclusive, que a adoção de cotas raciais, inicialmente, pela Universidade do Estado do Rio de Janeiro, secundada pela Universidade de Brasília, se deram por ato administrativo.

Sobre o tema, cita-se o entendimento doutrinário do Ministro Luís Roberto Barroso:

> Mas a interpretação da Constituição, ou antes, a observância da Constituição, não é evidentemente monopólio do Poder Judiciário. Também o Executivo tem o poder, e, mais ainda, o dever de impedir que ela seja viola, e deverá abster-se da prática de qualquer ato que importe em desrespeito à Lei Maior [...].[24]

---

individual" (SILVEIRA, Marilda de Paula. *Segurança jurídica, regulação, ato*: mudança, transição e motivação. Belo Horizonte: Fórum, 2016, p. 48).

[24] BARROSO, Luís Roberto. Parecer: Poder Executivo – Lei Inconstitucional – Descumprimento. *Revista de Direito Administrativo*, Rio de Janeiro, p. 387-414, n. 181/182, jul./dez. 1990, p. 394.

Conclui-se que há omissão inconstitucional e inconvencional atribuível aos entes políticos que não possuem legislação sobre ações afirmativas, que decorre do dever indeclinável de cumprir o princípio da igualdade racial, previsto na Constituição da República, com as inovações introduzidas em nosso ordenamento pela Convenção Interamericana contra o Racismo, a Discriminação Racial e Formas Correlatas de Intolerância de Guatemala.

5 A atuação do Ministério Público

O Ministério Público é órgão de extração constitucional que tem função primordial assegurar a existência e continuidade do Estado Democrático de Direito e promover a efetividade dos direitos e das garantias fundamentais, sobretudo os que têm cariz difuso.

Além disso, é única Instituição, por determinação constitucional, vocacionada a compor diálogos e o distensionamento da sociedade em sua multifacetada gama de interesses, valores, direitos. É a instituição que está em todos os campos de relevo da vida social em que há antagonismo, cabendo-lhe a altivez de resistir e de equacionar a complexidades das divergências sociais legítimas.

Sobre o papel do Ministério Público, registra-se o seguinte ensinamento:

> Como se vê dentro do Estado brasileiro, o Ministério Público passou a ter uma posição de protagonismo e de independência, qualificando-se como a instituição pública mais aparelhada para a garantia dos interesses sociais e metaindividuais em casos de ameaça ou violação, inclusive por entes estatais, mas isso não é um acaso. Verifica-se que, no vácuo de uma organização social estruturada ao fim da ditadura e estando 'infiltrado' no sistema estatal, especial no Judiciário, o Ministério Público, com base na intensa atuação como custos legais, velando pela garantia de direitos e interesses da sociedade, ainda que não coletivizada – proteção de incapazes, estado das pessoas, pátrio poder, tutela, curatela, interdição, casamento, fundações e todas as demais causas ligadas ao interesse público –, foi ocupando espaço maior [...]".[25]

---

[25] ROJAS, Rodrigo Cançado Anaya. *Participação Popular e Ministério Público no Brasil*: defesa do regime democrático e dos interesses metaindividuais no marco de uma teoria crítica dos direitos humanos. Belo Horizonte: Arraes, 2012, p. 126-127.

Assim, o enfrentamento ao racismo, na medida em que compõe a realização de um direito constitucional, é um dever constitucional, convencional e institucional do Ministério Público, em seus diversos ramos de atuação. Adverte o Procurador de Justiça do Ministério Público do Estado do Paraná:

> Por missão constitucional de defesa da ordem jurídica, do regime democrático e dos interesses sociais, dos interesses individuais indisponíveis (art. 127 da Constituição Federal), cabe ao Ministério Público adotar postura proeminente na concretização dos direitos e orientação de políticas de promoção da igualdade racial elencadas no Estatuto.[26]

A implementação de ações afirmativas, no âmbito legislativo e administrativo, é aspecto de fiscalização obrigatória e estratégica de Promotores e Promotoras de Justiça por todo o país, de modo a evidenciar não somente os longos processos históricos de exclusão, mas também os fundamentos constitucionais e convencionais para que essas medidas de justiça sejam efetivamente adotadas, tanto para o resgate das pessoas excluídas socialmente, como para a reparação das graves violações de direitos humanos.

Há instrumentos eficazes à disposição do Ministério Público para tanto, como, por exemplo, recomendações administrativas, termos de ajustamento de conduta e também a propositura de ações coletivas, conforme prevê a Constituição da República de 1988 (artigo 129), a Lei Orgânica Nacional do Ministério Público (Lei nº 8.625, de 12 de fevereiro de 1993), a Lei da Ação Civil Pública (Lei nº 7.347, de 24 de julho de 1985) e outros instrumentos normativos.

Com efeito, até que sobrevenha legislação nacional, é importante que o Ministério Público provoque, dentro da legitimidade concorrente, Estados e Municípios, a institucionalizarem, por lei e, subsidiariamente, por ato administrativo, a implementação, em vestibulares, concursos públicos e processos seletivos, além de percentual de cargos comissionados, da política de cotas raciais.

Verifica-se que a matéria, em razão de arraigado preconceito e dos efeitos ideológicos do mito de democracia racial, além da não

---

[26] SILVA, Eliezer da Gomes. O racismo institucional e o papel do Ministério Público brasileiro na implementação do Estatuto da Igualdade Racial (Lei n. 12.288/10) aos Casos de Política. *In*: *Ministério Público*: Prevenção, Modelos de Atuação e a Tutela dos Direitos Fundamentais. Belo Horizonte: Del Rey, 2014, p. 296.

aceitação da posição de privilégio, enfrenta resistência, nas instâncias decisórias. É pauta, por vezes, contramajoritária, especialmente, diante da falta de presença de pessoas negras nessas instituições e poderes. A omissão, assim, é comprovação do racismo institucional e estrutural. Ao Ministério Público, no seu dever constitucional, cabe enfrentá-lo.

5.1 A experiência do Núcleo de Promoção da Igualdade Étnico-Racial do Ministério Público do Estado do Paraná

No Ministério Público do Estado do Paraná foi instituído o Núcleo de Promoção da Igualdade Étnico-Racial – NUPIER, como órgão auxiliar da atividade funcional, por meio da Resolução nº 3.630/PGJ, de 20 de novembro de 2012.[27]

Em seu planejamento estratégico de atuação, entre outras medidas de prevenção e punição ao racismo, foi instituído um projeto de acompanhamento, fiscalização e incentivo das ações e políticas afirmativas em todo o Estado do Paraná, de acordo com as normas convencionais e constitucionais antirracistas.

Os membros e membras do Ministério Público paranaense foram auxiliados com materiais de apoio à atuação finalística (estudos doutrinários, modelos de Recomendação Administrativa e compilados jurisprudenciais), de modo a atuar em um primeiro momento de maneira preventiva e colaborativa com os gestores dos municípios, a fim de que pudessem provocar a edição de normas que estabelecessem no âmbito de cada ente federativo a política local de ação afirmativa, notadamente a reserva de vagas para afrodescendentes em concursos públicos para provimento de cargos efetivos e empregos públicos no âmbito da Administração Pública municipal.

Durante o último levantamento da equipe do Núcleo de Promoção da Igualdade Étnico-Racial – NUPIER, foram aprovados projetos de lei de cotas raciais em aproximadamente 40 municípios do Estado,[28] após o início da mencionada ação. Da análise dos procedimentos adminis-

---

[27] Disponível em: http://site.mppr.mp.br/sites/hotsites/arquivos_restritos/files/migrados/File/Nupier/Inicial/Resolucao_3630-2012.pdf.

[28] No mês de fevereiro de 2023, a equipe do Núcleo de Promoção da Igualdade Étnico-Racial – NUPIER iniciou a atualização dos dados e na oportunidade já é apontado o alcance do número de 100 (cem) leis sobre ações afirmativas editadas no Estado do Paraná. Além disso, verificou-se que ao menos 76 (setenta e seis) foram publicadas após a intervenção do Ministério Público.

trativos instaurados nas promotorias de justiça, observou-se que foram expedidas recomendações, realizadas reuniões, bem como requisitadas informações ao poder público local (Executivo e Legislativo).[29]

Atualmente, há ações em andamento para que o número de atos normativos e políticas afirmativas possa ser expandido no Estado do Paraná.

6 Conclusão

Enfrentar o racismo e promover a igualdade étnico-racial é acabar com espaços de privilégio e, efetivamente, concretizar a promessa de igualdade e de cidadania. Nessa tessitura, as ações afirmativas são justamente atos ou medidas especiais e temporárias, com o objetivo de eliminar desigualdades historicamente acumuladas e garantir a igualdade material de grupos historicamente em desvantagem.

A existência da política de cotas por si só já estimula o debate em torno da questão racial. Ademais, há revolução silenciosa, ocupação de espaços, reflexão sobre novas bases de conhecimento. A pessoa negra se torna sujeito do conhecimento, e não mais objeto de conhecimento, muitas vezes racistas.[30]

O arcabouço jurídico brasileiro prevê ao Ministério Público diversos instrumentos para que a inércia do Poder Público seja impactada por sua atuação democrática e desenhada pelo poder constituinte originário, tanto na seara extrajudicial, como judicial (artigo 129 da Constituição da República).

A iniciativa do Ministério Público do Estado do Paraná, gestada pelo Núcleo de Promoção da Igualdade Étnico-Racial – NUPIER, evidencia ao menos algumas conclusões de modo imediato. É preciso promover a atuação estratégica, com a especialização e direcionamento

---

[29] Disponível em: https://mppr.mp.br/Noticia/Atuacao-do-MPPR-leva-Municipios-ampliarem-adocao-de-politicas-de-cotas-para-pessoas-negras.

[30] Sobre a perspectiva racista do conhecimento, Fanton escreveu: "A desgraça e desumanidade do branco consistem em ter matado o ser humano onde que fosse. Consistem em, ainda hoje, organizar racionalmente essa desumanização. Mas eu, homem de cor, na medida em que me seja possível existir plenamente, não o direito de me confinar em um mundo de reparações retroativas. Eu, homem de cor, quero apenas uma coisa: Que o instrumento jamais domine o homem. Que cesse para sempre a escravidão do homem pelo homem. Ou seja, de mim por outro. Que me seja permitido descobrir e desejar o homem, onde quer que se encontre. O negro não existe. Não mais que o branco" (FANTON, Frantz. *Pele negra, máscaras branca*s. Tradução de Sebastião Nascimento. São Paulo: Ubu, 2020, p. 242).

dos recursos disponíveis para cumprimento do dever constitucional e ministerial, como a criação de grupos de trabalho, comissões e órgãos especializados em ações antirracistas. Ademais, há instrumentos eficazes e céleres no âmbito extrajudicial, que são capazes de abalar a inércia do Poder Público e promover avanços antirracistas imediatos, quando coordenados em intervenções mais amplas.

E não se pode esquecer, refutando os discursos ideológicos e de ódio contra essa importante política pública, com inúmeros termos pejorativos, que "cota é, sim, esmola, porque não chega nem perto de pagar a dívida histórica que o Brasil tem com o povo negro e indígena. É um significativo passo em direção à democratização racial da sociedade brasileira, mas está longe de ser suficiente".[31]

Referências

ALMEIDA, Sílvio Luiz. *Racismo estrutural*. São Paulo: Pólen, 2019. (Coleção Feminismos Plurais).

BARROSO, Luís Roberto. Parecer: Poder Executivo – Lei Inconstitucional – Descumprimento. *Revista de Direito Administrativo*, Rio de Janeiro, p. 387-414, n. 181/182, jul./dez. 1990.

BINENBOJM, Gustavo. *Uma teoria do Direito Administrativo*: direitos fundamentais, democracia e constitucionalização. 3. ed. Rio de Janeiro: Renovar, 2014.

BRASIL. Constituição (1988). *Constituição da República Federativa do Brasil*, 1988. Brasília: Senado Federal, Centro gráfico, 1988. 292 p.

BRASIL. Decreto n. 10.932, de 10 de janeiro de 2022. Promulga a Convenção Interamericana contra o Racismo, a Discriminação Racial e Formas Correlatas de Intolerância, firmado pela República Federativa do Brasil, na Guatemala, em 5 de junho de 2013. Disponível em: https://www.planalto.gov.br/ccivil_03/_Ato2019-2022/2022/Decreto/D10932.htm. Acesso em: 04 jan. 2023.

BRASIL. Decreto n. 528, de 28 de junho de 1890. Regularisa o serviço da introducção e localisação de immigrantes na Republica dos Estados Unidos do Brazil. (revogado). Disponível em: https://www2.camara.leg.br/legin/fed/decret/1824-1899/decreto-528-28-junho-1890-506935-publicacaooriginal-1-pe.html. Acesso em: 04 jan. 2023.

BRASIL. Decreto-Lei n. 7.967, de 18 de setembro de 1945. Dispõe sobre a Imigração e Colonização, e dá outras providências (revogado pela Lei n. 6.815, de 1980). Disponível em: http://www.planalto.gov.br/ccivil_03/decreto-lei/1937-1946/del7967.htm. Acesso em: 04 jan. 2023.

---

[31] VAZ, Lívia Sant'Anna. *Cotas raciais*. São Paulo: Jandaíra, 2022. (Coleção Feminismos Plurais), p. 146.

BRASIL. Lei n. 12.288, de 20 de julho de 2010. Institui o Estatuto da Igualdade Racial; altera as Leis nos 7.716, de 5 de janeiro de 1989, 9.029, de 13 de abril de 1995, 7.347, de 24 de julho de 1985, e 10.778, de 24 de novembro de 2003. Brasília, DF, 2010.

BRASIL. Lei n. 12.711, de 29 de agosto de 2012. Dispõe sobre o ingresso nas universidades federais e nas instituições federais de ensino técnico de nível médio e dá outras providências. Disponível em: https://www.planalto.gov.br/ccivil_03/_ato2011-2014/2012/lei/l12711.htm. Acesso em: 02 jan. 2023.

BRASIL. Lei n. 12.990, de 9 de junho de 2014. Reserva aos negros 20% (vinte por cento) das vagas oferecidas nos concursos públicos para provimento de cargos efetivos e empregos públicos no âmbito da administração pública federal, das autarquias, das fundações públicas, das empresas públicas e das sociedades de economia mista controladas pela União. Disponível em: https://www.planalto.gov.br/ccivil_03/_ato2011-2014/2014/lei/l12990.htm. Acesso em: 02 jan. 2023.

BRASIL. Lei n. 601, de 18 de setembro de 1850. Dispõe sobre as terras devolutas do Império. Disponível em: http://www.planalto.gov.br/ccivil_03/leis/l0601-1850.htm#:~:text=Os%20estrangeiros%20que%20comprarem%20terras,da%20Guarda%20Nacional%20dentro%20do. Acesso em: 02 jan. 2023.

BRASIL. Lei n. 7.347, de 24 de julho de 1985. Disciplina a ação civil pública de responsabilidade por danos causados ao meio-ambiente, ao consumidor, a bens e direitos de valor artístico, estético, histórico, turístico e paisagístico (VETADO) e dá outras providências. Disponível em: https://www.planalto.gov.br/ccivil_03/leis/l7347orig.htm. Acesso em: 02 jan. 2023.

BRASIL. Lei n. 8.625, de 12 fevereiro de 1993. Institui a Lei Orgânica Nacional do Ministério Público, dispõe sobre normas gerais para a organização do Ministério Público dos Estados e dá outras providências. Disponível em: https://www.planalto.gov.br/ccivil_03/leis/l8625.htm. Acesso em: 02 jan. 2023.

BRASIL. Supremo Tribunal Federal (Segunda Turma). Agravo Regimental no Recurso Extraordinário com Agravo 685230 AgR / MS. Relator Ministro Celso de Mello. Publicado em 25/03/2013. Disponível em: https://jurisprudencia.stf.jus.br/pages/search/sjur370470/false. Acesso em: 04 jan. 2023.

BRASIL. Supremo Tribunal Federal (Tribunal Pleno). Ação Direta de Inconstitucionalidade 4615. Relator Ministro Luís Roberto Barroso. Publicado em 28 out. 2019. Disponível em: https://redir.stf.jus.br/paginadorpub/paginador.jsp?docTP=TP&docID=751257523. Acesso em: 04 jan. 2023.

CANARIS, Claus Wilhelm. *Direitos fundamentais e Direito privado*. Tradução de Ingo Wolfgang Sarlet e Paulo Mota Pinto. Coimbra: Almedina, 2016.

CANOTILHO, José Joaquim Gomes. *Direito Constitucional e Teoria da Constituição*. 7. ed. Lisboa: Almedina, 2003.

FANTON, Frantz. *Pele negra, máscaras branca*s. Tradução de Sebastião Nascimento. São Paulo: Ubu, 2020.

FERNANDES, Florestan. *A integração do negro na sociedade de classe*. 6. ed. São Paulo: Contracorrente, 2021.

FILLETI, Juliana de Paula; GORAYEB, Daniela Salomão. Mulheres negras no mercado de trabalho no 4º trimestre de 2021. *FACAMP: Boletim NPEGen*, Campinas, v. 2, n. 4, mar. 2022. Disponível em: https://www.facamp.com.br/wp-content/uploads/2022/04/2021_4T_BMNMT.pdf. Acesso em: 29 jul. 2022.

KILOMBA, Grada. *1968:* memórias da plantação – Episódios de racismo cotidiano. Tradução de Jess Oliveira. Rio de Janeiro: Cobogó, 2019.

MEIRELLES, Hely Lopes. *Direito Administrativo Brasileiro*. São Paulo: Malheiros, 2003.

MOREIRA, Adilson. *Tratado de Direito Antidiscriminatório*. São Paulo: Contracorrente, 2020.

NASCIMENTO, Abdias. *O genocídio do negro brasileiro*: processo de racismo mascarado. 3. ed. São Paulo: Perspectiva, 2016.

REALE, Miguel. *Filosofia do Direito*. 20. ed. São Paulo: Saraiva, 2002.

REALE, Miguel. *Lições preliminares de Direito*. 27. ed. São Paulo: Saraiva, 2022.

RIBEIRO, Darcy. *O povo brasileiro*: a formação e o sentido do Brasil. São Paulo: Companhia das Letras, 2006.

RODRIGUES, Raimundo Nina. *As raças humanas e a responsabilidade penal no Brasil*. Salvador: Livraria Progresso, 1957.

ROJAS, Rodrigo Cançado Anaya. *Participação Popular e Ministério Público no Brasil*: defesa do regime democrático e dos interesses metaindividuais no marco de uma teoria crítica dos direitos humanos. Belo Horizonte: Arraes, 2012.

SILVA, Eliezer da Gomes. O racismo institucional e o papel do Ministério Público brasileiro na implementação do Estatuto da Igualdade Racial (Lei n. 12.288/10) aos Casos de Política. In: *Ministério Público*: Prevenção, Modelos de Atuação e a Tutela dos Direitos Fundamentais. Belo Horizonte: Del Rey, 2014.

SILVEIRA, Marilda de Paula. *Segurança jurídica, regulação, ato*: mudança, transição e motivação. Belo Horizonte: Fórum, 2016.

SOUZA, Neusa Santos. *Tornar negro ou as vicissitudes da identidade do negro brasileiro em ascensão social*. Rio de Janeiro: Zahar, 2021.

VAZ, Lívia Sant'Anna. *Cotas raciais*. São Paulo: Jandaíra, 2022. (Coleção Feminismos Plurais)

Informação bibliográfica deste livro, conforme a NBR 6023:2018 da Associação Brasileira de Normas Técnicas (ABNT):

SANTOS, Amanda Ribeiro dos; COELHO, André Luiz Querino. A importância do Ministério Público na promoção das políticas de cotas raciais: a experiência do Ministério Público do Paraná. BOMFIM, Daiesse Quênia Jaala Santos (Coord.). *Políticas afirmativas de inclusão e equidade racial*: reflexões acerca do papel dos setores público e privado. Belo Horizonte: Fórum, 2023. p. 133-157. ISBN 978-65-5518-553-9.

DEFENSORIA PÚBLICA E POLÍTICAS AFIRMATIVAS: A PROMOÇÃO DA EQUIDADE RACIAL COMO FUNÇÃO ESSENCIAL, SUPERAÇÃO DO PARADIGMA ESTRUTURALMENTE RACISTA E OS DESAFIOS DENTRO DE UMA PERSPECTIVA AFROCENTRALIZADA

ALINE MOTA DE OLIVEIRA
THAISSA LAVIGNE SILVA BORGES

1 Introdução

A sociedade brasileira foi formada a partir da hierarquização racial. Nesse cenário foram forjadas as instituições do sistema de justiça, tal qual a Defensoria Pública, que só tardiamente, em 1988, surgiu na realidade brasileira.

Nessa medida, o racismo é elemento formador do sistema de justiça, sendo fácil tal constatação, a partir de um olhar crítico.

A Defensoria Pública surge vocacionada a ser instituição contramajoritária no sistema de justiça, ou seja, com intuito a ir de encontro às estruturas de poder, promover direitos humanos, e, nesse sentido, também efetivar igualdade racial.

Para tanto, a partir de um olhar de dentro para fora, exsurge como premente a adoção de políticas afirmativas no seio das Defensorias Públicas no Brasil. Isso porque a Defensoria Pública, apesar de sua vocação contramajoritária, não deixa de carregar a mácula do racismo institucional, na medida em que reproduz uma série de práticas de um sistema construído pelas lentes da branquitude.

2 Racismo estrutural e sociedade brasileira

A sociedade brasileira sempre esteve calcada na hierarquia racial, realidade que se nota desde o nascedouro do processo de colonização, iniciado no século XVI, até os dias atuais. Dessa maneira, no Brasil, as relações sociais são atravessadas por essa hierarquização racial.

Com efeito, o período colonial no Brasil se pautou na exploração da mão de obra negra escravizada,[1] que era objetificada e mercantilizada, vale dizer, a primeira mercadoria do colonialismo foi o corpo negro escravizado.

A partir de 1520, os africanos(as), começaram a ser trazidos, de modo forçado, inicialmente em sua maioria de Angola,[2] para o "novo continente" para exercerem seu papel de força de trabalho. Em 1535, o comércio escravo para o Brasil já estava regularmente instituído e organizado.[3]

Tal processo se deu mediante um verdadeiro massacre de africanos (as). Isto porque, de acordo com Laurentino Gomes, 60% (sessenta por cento) do total de africanos(as) capturados(as) perderam suas vidas durante a jornada entre a captura em África e chegada na América.

---

[1] Cabe destacar que o processo de escravização de povos africanos, bem assim o seu comércio, iniciou-se antes da chegada dos europeus. Assim, povos africanos passaram por um processo de escravização doméstica, decorrente da expansão dos reinos e disputas por territórios que, muitas vezes, ocasionava a subjugação de um povo a outro. Também na expansão islâmica houve a escravização de africanos, sobretudo da África negra. "E essa tendência só se acentuou ao longo do tempo, tanto que no século XVIII aproximadamente 715 mil pessoas foram capturadas na África negra e escravizadas no Egito, Líbia, Tunísia, Argélia e Marrocos. Esse tráfico voraz de gente de cor preta explica a presença de negros nas populações árabes. A partir do século XV, com a presença européia na costa da África, esse processo ganhou dimensão intercontinental e fez da África a principal região exportadora de mão-de-obra do mundo moderno. Todas as grandes nações européias de então se envolveram no tráfico e disputaram acirradamente sua fatia nesse lucrativo negócio". ALBUQUERQUE, Wlamyra R. de; FRAGA FILHO, Walter. *Uma história do negro no Brasil*. Salvador: Centro de Estudos Afro-Orientais; Brasília: Fundação Cultural Palmares, 2006, p. 19.

[2] "Angola, desde fins do século XVI até a primeira metade do século XVIII, foi o maior fornecedor de escravos para as Américas portuguesa e espanhola". ALBUQUERQUE, Wlamyra R. de; FRAGA FILHO, Walter. *Uma história do negro no Brasil*. Salvador: Centro de Estudos Afro-Orientais; Brasília: Fundação Cultural Palmares, 2006, p. 34.

[3] NASCIMENTO, Abdias do. *O genocídio do negro brasileiro*: processo de um racismo mascarado. 3. ed. São Paulo: Perspectiva, 2016, p. 57.

Os africanos(as) morriam não só na travessia do oceano, mas também durante o transporte e venda para os locais de trabalho, e, ainda, nos primeiros anos de cativeiro, morreram também de diversas doenças como a febre amarela, varíola etc., e do denominado banzo, termo utilizado pelos africanos para denominar o quadro de depressão comumente apresentado por muitos cativos, e de suicídio como ato de resistência. Nessa medida vaticina o referido autor:

> ao longo de mais de 350 anos, entre 23 a 24 milhões de seres humanos teriam sido arrancadas de sua famílias e comunidades em todo o continente africano e lançados nas engrenagens do tráfico negreiro. Quase a metade, entre 11 milhões e 12 milhões de pessoas, teria morrido antes mesmo de sair da África. Hoje estima-se com relativa segurança que aproximadamente 12,5 milhões de cativos foram despachados nos porões dos navios, mas só 10,7 milhões chegaram aos portos do continente americano. O total de mortos na travessia do oceano seria de 1,8 milhão de pessoas [...] Dado o alto índice de mortalidade após o desembarque, apenas 9 milhões de africanos teriam sobrevivido aos tormentos dos três primeiros anos de escravidão no novo ambiente de trabalho [...] um detalhe, porém, talvez ajude os leitores de hoje a ter uma ideia, ainda que remota, do tamanho dessa tragédia: diz respeito ao comportamento dos tubarões que seguiam as rotas dos navios negreiros [...] segundo inúmeras testemunhas da época, mortes tão frequentes e em cifras tão grandes fizeram com que esses grandes peixes mudassem suas rotas migratórias, passando a acompanhar os navios negreiros na travessia do oceano, à espera dos corpos que seriam lançados sobre as ondas e lhes serviriam de alimentos. [4]

Nesse contexto, observa-se que, no período colonial a economia brasileira gravitava em torno do processo de escravização,[5] e que estruturou o funcionamento e a organização social e política do país. De acordo com Wlamyra Albuquerque e Walter Fraga Filho:

---

[4] GOMES, Laurentino. *Escravidão*: do primeiro leilão de cativos em Portugal à morte de Zumbi dos Palmares. Rio de Janeiro: Globo Livros, 2019. v. 1, p. 46, 47 e 49.

[5] "O papel do negro escravo foi decisivo para o começo da história econômica de um país fundado, como era o caso do Brasil, sob o signo do parasitismo imperialista. Sem o escravo, a estrutura econômica do país jamais teria existido. O africano escravizado construiu as fundações da nova sociedade com a flexão e a quebra de sua espinha dorsal, quando ao mesmo tempo seu trabalho significava a própria espinha dorsal daquela colônia. Ele plantou, alimentou e colheu a riqueza material do país para o desfrute exclusivo da aristocracia branca." NASCIMENTO, Abdias do. *O genocídio do negro brasileiro*: processo de um racismo mascarado. 3. ed. São Paulo: Perspectiva, 2016, p. 59.

A escravidão foi muito mais que um sistema econômico. Ela moldou condutas, definiu desigualdades sociais e raciais [...] a partir dela instituíram-se os lugares que os indivíduos deveriam ocupar na sociedade, quem mandava e quem devia obedecer. Os cativos representam o grupo mais oprimido da sociedade, pois eram impossibilitados legalmente de firmar contratos, dipor de suas vidas e possuir bens, testemunhar em processos judiciais contra pessoas livres, escolher trabalho e empregador.

Por isso pode-se caracterizar o Brasil colonial e imperial como uma sociedade escravista e não apenas uma que possuía escravos. Podemos dizer também, sociedade racista, na medida em que negros e mestiços, escravos, libertos e livres eram tratados como "inferiores" aos brancos europeus ou nascidos no Brasil. Assim, ao se criar o escravismo estava-se também criando simultaneamente o racismo. Dito de outra forma, a escravidão foi montada para a exploração econômica, ou de classe, mas ao mesmo tempo ela criou a opressão racial.[6]

Em 1822 o Brasil se tornou independente de Portugal, entretanto a lógica escravizadora foi mantida.

Por volta de 1850 se iniciou no Brasil uma política estatal imigratória europeia de cunho eminentemente racista, eis que visava o embranquecimento da população brasileira. Tal medida se embasava, inclusive, em teorias científicas formuladas à época. Imigrantes oriundos de diversos países da Europa a partir desse período passaram a receber do Estado brasileiro terras e incentivos de todo o tipo para o trabalho no Brasil, em detrimento da população negra.

Em face desse contexto, em 1888, com a assinatura da Lei Áurea, pondo termo, apenas formalmente, ao regime escravocrata no país, as pessoas negras, agora livres, viram-se sem trabalho, e completamente alijadas da sociedade. A partir de 13 de maio de 1988, a população negra foi relegada à marginalidade, na medida em que a abolição exonerou de reponsabilidade o Estado brasileiro. Diferente dos imigrantes europeus, a população negra que aqui residia não contou com qualquer incentivo para sua inserção na sociedade, tendo todo tipo de direito negado, continuando a ser considerada cidadãos de segunda classe. Nesse sentido, vaticina Dora Lucia de Lima Bertulio que "treze de maio de 1888, portanto, abre para a população brasileira negra brasileira um

---

[6] ALBUQUERQUE, Wlamyra R. de; FRAGA FILHO, Walter. *Uma história do negro no Brasil*. Salvador: Centro de Estudos Afro-Orientais; Brasília: Fundação Cultural Palmares, 2006, p. 68,69.

novo período de discriminação e desrespeito humano em que o Estado e o Direito parecem ter papel preponderante".[7]

Essa realidade veio amparada na ideia de democracia racial, a partir de 1930, inicialmente cunhada por Gilberto Freyre, e anos depois por Pierre Verger, segundo os quais brancos e negros conviviam de forma harmônica e amigável, livre de preconceito e discriminação. De acordo com Abdias do Nascimento, "Verger conclui ser o Brasil um amálgama racial harmonioso, no qual não existe preconceito ou discriminação demonstrada por brancos contra descendentes africanos: nem culturalmente, nem economicamente, nem socialmente".[8]

Dessa forma, a sociedade brasileira foi construída a partir da estratificação racial, verdadeira comunidade de castas raciais, cunhada a partir do sistema escravocrata. Daí se falar em racismo estrutural,[9] pois consequência da estrutura social, verdadeiro sistema de opressão que sistematiza as bases da nossa sociedade.

3 A importância das políticas afirmativas no cenário brasileiro de desigualdade como uma forma de superação do paradigma tradicional

O racismo estrutural, dentro desse contexto de formação da sociedade brasileira, proveniente do sistema colonial e da lógica mercantilista, portanto, não é uma anormalidade, mas uma consequência da constituição das relações sociais e econômicas, tendo sido, ao longo do tempo, internalizado pelo meio social e exercido, até os dias de hoje, através de um inconsciente coletivo. Com efeito, o racismo não é intencional e sequer há um esforço para práticas discriminatórias. Ao contrário, a mecânica e o funcionamento da discriminação racista é natural e acompanha a evolução da sociedade, estando a escravidão presente ainda nos tempos atuais, mudando somente a lógica do seu

---

[7] BERTULIO, Dora Lucia de Lima. *Direito e relações raciais*: uma introdução crítica ao racismo. 1989. 263 p. Dissertação (Mestrado em Direito)– Pós-Graduação em Direito da Universidade Federal de Santa Catarina, Florianópolis, 1989, p. 17.

[8] NASCIMENTO, Abdias do. *O genocídio do negro brasileiro*: processo de um racismo mascarado. 3. ed. São Paulo: Perspectiva, 2016, p. 68.

[9] De acordo com o intelectual e atua ministro dos Direitos Humanos, Silvio Almeida, "o racismo é uma decorrência da própria estrutura social, ou seja, do modo 'normal' com que se constituem as relações políticas, econômicas, jurídicas e até familiares, não sendo uma patologia social e nem um desarranjo institucional. O racismo é estrutural." ALMEIDA, Silvio. *Racismo estrutural*. São Paulo: Jandaíra, 2020. (Coleção Feminismos Plurais), p. 50.

funcionamento. Não mais se fala em limitação espacial e física dos direitos com o controle dos corpos e direitos dos homens nos engenhos, mas há um controle jurídico e social dos corpos negros, consubstanciado por uma subserviência de pretos e pardos ao poder estrutural da sociedade brasileira.

O Ministro de Direitos Humanos e da Cidadania e filósofo, Silvio Almeida inseriu o debate do racismo estrutural conceituando-o:

> O conceito de racismo institucional foi um enorme avanço no que se refere ao estudo das relações raciais. Primeiro, ao demonstrar que o racismo transcende o âmbito da ação individual, e, segundo, ao frisar a dimensão do poder como elemento constitutivo das relações raciais, não somente o poder de um indivíduo de uma raça sobre outro, mas de um grupo sobre outro, algo possível quando há o controle direto ou indireto de determinados grupos sobre o aparato institucional. Entretanto, algumas questões ainda persistem. Vimos que as instituições reproduzem as condições para o estabelecimento e a manutenção da ordem social. Desse modo, se é possível falar de um racismo institucional, significa que a imposição de regras e padrões racistas por parte da instituição é de alguma maneira vinculada à ordem social que ela visa resguardar. Assim como a instituição tem sua atuação condicionada a uma estrutura social previamente existente – com todos os conflitos que lhe são inerentes –, o racismo que essa instituição venha a expressar é também parte dessa mesma estrutura. As instituições são apenas a materialização de uma estrutura social ou de um modo de socialização que tem o racismo como um de seus componentes orgânicos. Dito de modo mais direto: as instituições são racistas porque a sociedade é racista.[10]

A partir do entendimento do racismo estrutural como estado de inconsciente social, pode-se trabalhar com mecanismos e equipamentos para que sejam superadas – ou ao menos mitigadas – as desigualdades geradas pelo sistema. Para isso, através de um viés jurídico, surge a necessidade de tentar superar o paradigma histórico e tradicional baseado em um modelo escravocrata e dominador por um panorama emancipador, inaugurado pela Constituição Federal e pelo recente Estado Democrático de Direito, pós-ditatorial. Essa superação da estrutura parte da efetivação da dignidade da pessoa humana enquanto postulado de direito e fundamento constitucional (art. 1º, III, da CF/1988) e da concretização

---

[10] ALMEIDA, Silvio. *Racismo estrutural*. São Paulo: Jandaíra, 2020. (Coleção Feminismos Plurais), p. 31.

dos direitos fundamentais, a partir de uma ótica humana do direito. Assim, é a igualdade material (art. 5º, *caput*, da CF/1988) que vai nortear a virada paradigmática da concepção dos direitos humanos e colocar o racismo em cheque dentro da estrutura social.

Com a superação de uma visão formal de igualdade, traz-se uma igualdade material – ou substancial – com a noção de *igualdade de oportunidades*, conforme as lições do Ministro do Supremo Tribunal Federal, Joaquim Barbosa, a qual justifica que o ordenamento jurídico traga instrumentos efetivadores de direitos e superadores de desigualdades de grupos determinados e desfavorecidos, as minorias. Os indivíduos passam a ser enxergados a partir da individualização e da identificação das necessidades sociais, históricas, econômicas e políticas.

Segundo Celso Antônio Bandeira de Mello, para identificação da igualdade material:

> Tem-se que investigar, de um lado, aquilo que é adotado como critério discriminatório [isto é, o próprio elemento tomado como fator de desequiparação]; de outro lado, cumpre verificar se há justificativa racional, isto é, fundamento lógico, para, à vista do traço desigualador acolhido, atribuir o específico tratamento jurídico construído em função da desigualdade proclamada. Finalmente, impende analisar se a correlação ou fundamento racional abstratamente existente é, *in concreto*, afinado com os valores prestigiados no sistema normativo constitucional. A dizer: se guarda ou não harmonia com eles.[11]

Essa ideia de igualdade material, dentro do prisma jurídico, perpassa pelo conceito da justiça distributiva,[12] que é composto pelos princípios da igualdade, equidade e necessidade. Para que haja a materialização da igualdade entre indivíduos, deve-se observar uma distribuição igual e proporcional dos recursos conforme a necessidade dos envolvidos, o que, no caso da sociedade brasileira, tangencia a evolução histórica de marginalização da população negra desde o nascedouro da nação, que foi agravada com o processo de abolição da escravidão, desacompanhada de políticas públicas e de indenização pela tortura

---

[11] MELLO, Celso Antônio Bandeira de. *O conteúdo jurídico do princípio da igualdade*. 3. ed. São Paulo: Malheiros, 2005, p. 21/22.

[12] "As desigualdades sociais e econômicas devem ser ordenadas de tal modo que sejam ao mesmo tempo (a) consideradas como vantajosas para todos dentro dos limites do razoável, e (b) vinculadas a posições e cargos acessíveis a todos" (RAWLS, John. *Uma teoria da justiça*. São Paulo: Martins Fontes, 1997, p. 3).

e pelo genocídio do povo negro. A ideia da justiça distributiva, na atualidade, traz ao centro do debate a estrutura e a força normativa da Constituição,[13] enquanto norma fundante do direito brasileiro, assegurando os direitos, liberdades e igualdades do povo, e o Estado Democrático de Direito que, em tese, possibilita um processo político democrático e extensível a todos. Outrossim, a incorporação de demandas do Estado Social ao sistema jurídico atual permite que governos tenham agendas de programas políticos com ênfase em direitos sociais, como saúde, educação e cultura, que possam assegurar um mínimo essencial à população e, principalmente, às minorias.

Dentro do contexto jurídico, foi a partir do Estatuto da Igualdade Racial, a Lei nº 12.288, de 20 de julho de 2010, que passou a se discutir políticas públicas e ferramentas privadas, com a tentativa da reparação histórica da escravidão e do racismo, tendo a normativa estabelecido diretrizes, objetivos e instrumentos para consecução da igualdade entre os diferentes povos que compõem a sociedade brasileira. As ações afirmativas surgem, assim, sendo conceituadas, no Estatuto da Igualdade como "os programas e medidas especiais adotados pelo Estado e pela iniciativa privada para a correção das desigualdades raciais e para a promoção da igualdade de oportunidades" (art. 1º, VI, da Lei nº 12.288/2010). Nas palavras de Joaquim Barbosa:

> As ações afirmativas se definem como políticas públicas (e privadas) voltadas à concretização do princípio constitucional da igualdade material e à neutralização dos efeitos da discriminação racial, de gênero, de idade, de origem nacional e de compleição física. Na sua compreensão, a igualdade deixa de ser simplesmente um princípio jurídico a ser respeitado por todos, e passa a ser um objetivo constitucional a ser alcançado pelo Estado e pela sociedade.
>
> [...] Atualmente, as ações afirmativas podem ser definidas como um conjunto de políticas públicas e privadas de caráter compulsório, facultativo ou voluntário, concebidas com vistas ao combate à discriminação racial, de gênero, por deficiência física e de origem nacional, bem como para corrigir ou mitigar os efeitos presentes da discriminação praticada no passado, tendo por objetivo a concretização do ideal de efetiva igualdade de acesso a bens fundamentais como a educação e o emprego. Diferentemente das políticas governamentais antidiscriminatórias baseadas em leis de conteúdo meramente proibitivo, que se singularizam por oferecerem às respectivas vítimas tão somente instrumentos jurídicos

---

[13] Teoria de Konrad Hesse.

de caráter reparatório e de intervenção *ex post facto*, as ações afirmativas têm natureza multifacetária (RESKIN, 1997) e visam a evitar que a discriminação se verifique nas formas usualmente conhecidas – isto é, formalmente, por meio de normas de aplicação geral ou específica, ou por meio de mecanismos informais, difusos, estruturais, enraizados nas práticas culturais e no imaginário coletivo. Em síntese, trata-se de políticas e de mecanismos de inclusão concebidos por entidades públicas, privadas e por órgãos dotados de competência jurisdicional, com vistas à concretização de um objetivo constitucional universalmente reconhecido – o da efetiva igualdade de oportunidades a que todos os seres humanos têm direito.[14]

Importante destacar que, como todo direito de minoria, a implementação dessas ações – tanto no âmbito público quanto privado – sofreu críticas por parte da estrutura organizacional brasileira, chegando a discussão até o Supremo Tribunal Federal, na Ação de Descumprimento de Preceito Fundamental – ADPF nº 186, restando assegurada a evidente constitucionalidade dos atos que instituíram o sistema de reserva de vagas com base em critério étnico-racial (cotas) no processo de seleção de instituição pública de ensino superior, sendo consignado que

> não contraria – ao contrário, prestigia – o princípio da igualdade material, previsto no *caput* do art. 5º da Carta da República, a possibilidade de o Estado lançar mão seja de políticas de cunho universalista, que abrangem um número indeterminados de indivíduos, mediante ações de natureza estrutural, seja de ações afirmativas, que atingem grupos sociais determinados, de maneira pontual, atribuindo a estes certas vantagens, por um tempo limitado, de modo a permitir-lhes a superação de desigualdades decorrentes de situações históricas particulares. (ADPF nº 186)

Não obstante a reconhecida constitucionalidade da norma, as ações afirmativas seguem sendo objeto de crítica por parte da sociedade, como no "caso Magazine Luiza", que criou um programa de *trainees* direcionado a jovens negros, sendo objeto de ação por defensor público da União, por suposta afronta ao direito à igualdade, o que, por óbvio, não se sustenta.

---

[14] GOMES, Joaquim Barbosa. A recepção do instituto da ação afirmativa pelo direito constitucional brasileiro. *In*: SANTOS, Sales Augusto. *Ações afirmativas e o combate ao racismo nas Américas*. Brasília: ONU; BID; MEC, 2007, p. 04, 07.

O que se vê, portanto, é que apesar de todo esforço internacional e nacional, a efetivação de políticas públicas e do direito da igualdade material, ainda sofre com parcela da sociedade que insiste em enxergar direitos consagrados constitucionalmente como esmolas, desnaturando a política pública, que, na verdade, é política de emancipação de uma população. A ação afirmativa da cota em concurso público, por exemplo, permite que os espaços de poder sejam ocupados pela população negra e indígena, que, através do seu conhecimento de causa, tem papel ativo na mudança da estrutura social. Ocupar os espaços dos três poderes é essencial e se constitui como uma das formas de libertação de parte da sociedade, tendo o sistema de justiça público papel fundamental nessa mudança de paradigma, uma vez que a cota no setor público pode empretecer e cumprir o papel de alternância de poder nas instâncias jurídicas.

4 A Defensoria Pública como instrumento para concretização da igualdade racial

O sistema de justiça ainda hoje é extremamente elitista e excludente, atravessado pelo patrimonialismo, patriarcado e racismo.[15] Nesse sentido são as palavras de Dora Lucia de Lima Bertulio:

> o que vemos, pois é o Direito como assegurador dos privilégios dos detentores do poder político e econômico e como mantenedor dos privilégios raciais do branco em nossa sociedade. O Estado e o Direito brasileiros reproduzem o racismo da sociedade através, especialmente, de sua superestrutura política e civil de forma a generalizar e devolver os conceitos e estereótipos formados ao longo da vida do negro neste país, desde sua vinda forçada da África até os dias atuais. Ainda que não se possa [sic] detectar regras específicas contra a população negra ou favorecendo exclusivamente a branca, fica evidenciada a teia de medidas institucionais e a invisibilidade com que a condição de vida do negro é tratada pelas esferas públicas. A realidade sócio-econômica brasileira, e alguns registros dela nos censos estatísticos feitos e orientados pelo mesmo Estado onde a marginalização e discriminação da população

---

[15] Com efeito, e como exemplo, pesquisa recente do Conselho Nacional de Justiça indica uma percentual de apenas 12,8% de magistrados negros no Poder Judiciário, um número muito aquém do esperado diante do percentual de mais de 50% de pessoas negras que compõem a população brasileira. CONSELHO NACIONAL DE JUSTIÇA. *Pesquisa sobre negros e negras no Poder Judiciário/Conselho Nacional de Justiça*. Brasília: CNJ, 2021, p. 57.

negra é constatado [sic] estão a nos provar a orientação racista de todo o sistema estatal brasileiro.[16]

Nesse cenário surge a Defensoria Pública como expressão e instrumento do regime democrático, restando-lhe como incumbência a promoção de direitos humanos. Assim, para a Defensoria Pública a promoção dos direitos humanos é atuação essencial, diferindo de outras instituições, para as quais se configura em atividade eventual ou circunstancial.

> [...] a própria criação da Defensoria Pública e da assistência jurídica atende à ética humanista contemporânea; a organização administrativa da Defensoria Pública é aberta à sociedade civil – tem inafastável vocação democrática; a definição de suas metas políticas é participativa; a Defensoria Pública entra nos chamados "ambientes de violações" com atribuição institucional típica e atividade-fim; a ela é imposto o dever de educar em diretos humanos; de prestar uma assistência, mais que jurídica, mas interdisciplinar; ela tem a legitimidade ativa para a tutela coletivas dos direitos; os concursos de ingresso contam com a matéria específica de direitos humanos; a Defensoria Pública atua nos sistemas internacionais de direitos humanos, dentre outros aspectos. Enfim, tais fatores a habilitam e a legitimam a figurar como a curadora oficial e principal dos direitos humanos no Brasil.[17]

De acordo com Pedro González Montes de Oliveira, "a democracia se estrutura pela síntese dialética de três princípios ou valores fundamentais: (i) supremacia da vontade popular (ou soberania popular), (ii) preservação da liberdade e (iii) igualdade de direitos".[18] Nessa trilha, pode-se afirmar que não se pode falar em democracia sem igualdade racial, sendo, portanto, a Defensoria Pública importante instrumento para se chegar ao seu alcance.

---

[16] BERTULIO, Dora Lucia de Lima. *Direito e relações raciais*: uma introdução crítica ao racismo. 1989. 263 p. Dissertação (Mestrado em Direito) – Pós-Graduação em Direito da Universidade Federal de Santa Catarina, Florianópolis, 1989, p. 23, 24.

[17] RÉ, Aloisio Iunes Monte Ruggeri. A promoção dos direitos humanos no Brasil: o papel da Defensoria Pública. In: BURGER, Adriana Fagundes; KETTERMANN, Patricia Sergio; LIMA Sales Pereira (orgs.). *Defensoria Pública*: o reconhecimento constitucional de uma metagarantia. Brasília: Anadep, 2015. Disponível em: https://www.anadep.org.br/wtksite/AF_E-book_Metagarantia.pdf, p. 25.

[18] OLIVEIRA, Pedro González Montes de. *A definição constitucional da Defensoria Pública como expressão e instrumento do regime democrático*: para além de sua função simbólica. 2018. 214 f. Dissertação (Mestrado em Ciências Jurídicas e Sociais) – Programa de Pós-Graduação em Sociologia e Direito, Universidade Federal Fluminense, Niterói, 2018, p. 94.

Efetivamente, cabe à Defensoria Pública a defesa das minorias, devendo ser a instituição a "porta de entrada para inclusão".[19] Dessa forma, a Defensoria Pública é importante instrumento transformador da realidade das minorias étnico-raciais e, portanto, instituição que deve ser voltada para a criação de fissuras numa sociedade em que se verifica hierarquização racial, com vistas a se alcançar a igualdade racial.

Nesse diapasão, a Defensoria Pública é de suma importância para o combate do racismo estrutural persistente em nossa sociedade, na medida em que é a instituição em sua essência voltada à promoção de direitos humanos. Para tanto deve a Defensoria Pública ser instituição eminentemente antirracista.

5 Defensoria Pública além da instrumentalização: aspectos práticos das ações afirmativas dentro da Defensoria Pública – afrocentralização das relações jurídicas e as mudanças práticas do olhar negro

O papel da Defensoria Pública, portanto, estabelecido no art. 134 da Constituição Federal[20] é contramajoritário e, como tal, deve ser exercido para além de viseiras limitadoras da realidade racista.

Para isso, se faz necessário compreender e incentivar práticas libertadoras empreendidas pela Defensoria Pública visando à proteção dos vulneráveis, como a construção de núcleos e grupos de trabalho como o Núcleo da Equidade Racional da Defensoria Pública do estado da Bahia, instituído pela Portaria nº 039/2023, e a Comissão da Igualdade Étnico-Racial da Associação Nacional das Defensoras e Defensores Públicos (Anadep). Ocorre que a construção desse papel emancipador – e aqui vem a maior crítica interna – deve perpassar pela afrocentralização das relações no âmbito interno, permitindo o

---

[19] RÉ, Aloisio Iunes Monte Ruggeri. A promoção dos direitos humanos no Brasil: o papel da Defensoria Pública. *In*: BURGER, Adriana Fagundes; KETTERMANN, Patricia Sergio; LIMA Sales Pereira (orgs.). *Defensoria Pública*: o reconhecimento constitucional de uma metagarantia. Brasília: Anadep, 2015. Disponível em: https://www.anadep.org.br/wtksite/AF_E-book_Metagarantia.pdf, p. 26.

[20] Art. 134. A Defensoria Pública é instituição permanente, essencial à função jurisdicional do Estado, incumbindo-lhe, como expressão e instrumento do regime democrático, fundamentalmente, a orientação jurídica, a promoção dos direitos humanos e a defesa, em todos os graus, judicial e extrajudicial, dos direitos individuais e coletivos, de forma integral e gratuita, aos necessitados, na forma do inciso LXXIV do art. 5º desta Constituição Federal.

protagonismo negro, com uma mudança epistemológica da relação social e jurídica. O negro não deve ser identificado somente naqueles cidadãos que buscam o atendimento na Defensoria Pública, mas deve ser visto no próprio defensor público, como forma de representatividade social e legitimação democrática, o que ainda é um movimento lento dentro da Instituição formada majoritariamente por pessoas brancas. Acerca da branquitude, elucida Joaquim Barbosa:

> Brancos monopolizam inteiramente o aparelho do Estado e nem sequer se dão conta da anomalia que isso representa à luz dos princípios da Democracia. Por diversos mecanismos institucionais raramente abordados com a devida seriedade e honestidade, a educação de boa qualidade é reservada às pessoas portadoras de certas características identificadoras de (suposta ou real) ascendência europeia, materializando uma tendência social perversa, tendente a agravar ainda mais o tenebroso quadro de desigualdade social pelo qual o país é universalmente conhecido. No domínio do acesso ao emprego impera não somente a discriminação desabrida, mas também uma outra de suas facetas mais ignominiosas – a hierarquização –, que faz com que as ocupações de prestígio, poder e fama sejam vistas como apanágio os brancos, reservando-se aos negros e mestiços aquelas atividades suscetíveis de realçar-lhes a condição de inferioridade.[21]

Lélia Gonzalez também discorre sobre a supremacia branca e relações de poder:

> O racismo latino-americano é suficientemente sofisticado para manter negros e indígenas na condição de segmentos subordinados no interior das classes mais exploradas, graças a sua forma ideológica mais eficaz: a ideologia do branqueamento, tão bem analisada por cientistas brasileiros. Transmitida pelos meios de comunicação de massa e pelos sistemas ideológicos tradicionais, ela reproduz e perpetua a crença de que as classificações e os valores da cultura ocidental branca são os únicos verdadeiros e universais. Uma vez estabelecido, o mito da superioridade branca comprova a sua eficácia e os efeitos de desintegração violenta, de fragmentação da identidade étnica por ele produzidos, o desejo de

---

[21] GOMES, Joaquim Barbosa. A recepção do instituto da ação afirmativa pelo direito constitucional brasileiro. *In*: SANTOS, Sales Augusto. *Ações afirmativas e o combate ao racismo nas Américas*. Brasília: ONU; BID; MEC, 2007, p. 12.

embranquecer (de "limpar o sangue" como se diz no Brasil), é internalizado com a consequente negação da própria raça e da própria cultura.[22]

Por outro lado, o afrocentrismo possibilita que a história negra e suas dificuldades jurídicas – para não falar de um projeto genocida da população negra – seja enxergada e (re)construída pelos próprios negros, descendentes africanos, a partir de uma visão emancipatória e baseada na sua própria história. Essa centralização da origem africana pode ser entendida como:

> A ideia afrocêntrica refere-se essencialmente à proposta epistemológica do lugar. Tendo sido os africanos deslocados em termos culturais, psicológicos, econômicos e históricos, é importante que qualquer avaliação de suas condições em qualquer país seja feita em base em uma localização centrada na África e sua diáspora. Começamos com a visão de que afrocentricidade é um tipo de pensamento, prática e perspectiva que percebe os africanos como sujeitos e agente de fenômenos atuando sobre a própria imagem cultural e de acordo com seus próprios interesses humanos.[23]

O olhar negro sobre o próprio corpo negro permite uma maior empatia e compreensão do sofrimento e do abandono social. A amefricanidade, explicitada por Lélia Gonzalez, fala desse processo de reconstrução dos direitos e do letramento racial essencial para desconstrução da subserviência do negro. É através desse protagonismo, cedendo espaço às pessoas pretas, que se pode pensar no fim da escravidão ideológica do negro, com atores mais adequados à luta antirracista e ao combate do legado colonial escravista, e, segundo Thula Pires:

> A luta antirracismo pressupõe o combate das estruturas que sustentam o legado colonial escravista, incrustado em um modelo de modernidade que além de racista é sexista, cis/heteronormativo e capitalista. Enquanto vigorar o modelo de produção e apropriação de corpos construído sob a lógica da desumanização e do descarte de seres humanos, formas de hierarquização de pessoas continuarão a ser (re)produzidas e naturalizadas. Contra tudo isso, renovam-se as apostas na política, no direito

---

[22] GONZALEZ, Lélia. *Por um feminismo afro-latino-americano*: ensaios, intervenções e diálogos. Rio de Janeiro: Zahar, 2020, p. 131.
[23] ASANTE, Molefi Kete. Afrocentricidade: notas sobre uma posição disciplinar. *In*: NASCIMENTO, L. (org.). *Afrocentricidade:* uma abordagem epistemológica inovadora. São Paulo: Selo Negro, 2009, p. 93.

construído a partir da zona do não ser e na convivência intercultural para a construção de uma realidade livre e concretamente democrática.[24]

O olhar negro sobre o negro, portanto, permite que o direito seja usado enquanto instrumento efetivo de mudança social. A Defensoria Pública, nesse aspecto, cada vez mais qualificada com pessoas negras tem, a partir dos seus poderes institucionais, como poder de requisição e a elaboração de políticas públicas e fomento dos direitos humanos, a possibilidade de transformação social, devolvendo aos seus assistidos – na maioria negros – a dignidade humana e a independência para formulação do seu projeto de vida.

Isso porque o corpo negro nunca deixou de ser escravizado, sendo reformulada a maneira de controle dos corpos dos indesejáveis, por uma branquitude baseada em falsas premissas e ideias de Estado Democrático, que somente podem ser desconstruídas a partir do afrocentrismo e da luta antirracista. Assim, a Defensoria Pública, através do seu papel constitucional, tem o dever e a aptidão de ser uma das instituições responsáveis pela mudança.

6 Resistências institucionais, os desafios e possibilidades de agenda

É preciso dizer, no entanto, que, apesar da sua formulação, as Defensorias Públicas ainda apresentam estruturas racistas.

Como todo o sistema de justiça, a Defensoria Pública não foge à regra, e ainda reproduz institucionalmente o racismo. De acordo com o intelectual Silvio Almeida, o racismo também opera no seio das instituições:

> o racismo não se resume a comportamentos individuais, mas é tratado como o resultado do funcionamento das instituições, que passam a atuar em uma dinâmica que confere, ainda que indiretamente, desvantagens e privilégios com base na raça [...] os conflitos raciais também são parte das instituições. Assim a desigualdade racial é uma característica da sociedade não apenas por causa da ação isolada de grupos ou de indivíduos racistas, mas fundamentalmente porque as instituições são hegemonizadas por

---

[24] PIRES, Thula. *Racializando o debate sobre direitos humanos. Limites e possibilidades da criminalização do racismo no Brasil*. Disponível em: https://sur.conectas.org/wp-content/uploads/2019/05/sur-28-portugues-thula-pires.pdf. Acesso em: 05 mar. 2023.

determinados grupos raciais que utilizam mecanismos institucionais para impor seus interesses políticos e econômicos.[25]

Assim, é de se notar que as Defensorias Públicas são integradas por membros em sua maioria brancos.[26] Ademais, o movimento de adoção de políticas afirmativas e outras políticas de enfrentamento ao racismo dentro das Defensorias ainda é muito incipiente, tendo algumas delas implementado cotas raciais, por exemplo, muito recentemente. Além disso, nota-se que muitos dos defensores e defensoras públicos, majoritariamente pessoas brancas, repise-se, não possuem letramento racial, e que, dentro das Defensorias Públicas, o movimento para implementação de cursos e formação em matéria racial é ainda muito distante, praticamente inexiste o debate racial. De mais a mais, nota-se, também, na maioria das Defensorias Públicas do Brasil a ausência de núcleos especializados na temática racial, fazendo com que as temáticas raciais sejam relegadas a segundo plano, ou tratadas de forma atécnica por outros núcleos. Também, é de se notar, a falta de interlocução das Defensorias com movimentos negros.

Outra falha institucional é a ausência da representatividade dos negros – que já são poucos – em cargos de poder que compõem a administração superior, principalmente ao se levar em conta que a promoção dos direitos das minorias deve ser realizada internamente, possibilitando a mudança paradigmática e o protagonismo negro. Silvio Almeida leciona:

> A segunda consequência é que o racismo não se limita à representatividade. Ainda que essencial, a mera presença de pessoas negras e outras minorias em espaços de poder e decisão não significa que a instituição deixará de atuar de forma racista. A ação dos indivíduos é orientada, e muitas vezes só é possível por meio das instituições, sempre tendo como pano de fundo os princípios estruturais da sociedade, como as questões de ordem política, econômica e jurídica. Isso nos leva a mais duas importantes e polêmicas questões: a supremacia branca no controle institucional é realmente um problema, na medida em que

---

[25] ALMEIDA, Silvio. *Racismo estrutural*. São Paulo: Jandaíra, 2020. (Coleção Feminismos Plurais), p. 37/38, 39/40.

[26] De acordo com pesquisa "Dinâmicas de reprodução e enfrentamento ao racismo institucional na Defensoria Pública", realizada pelo Fórum Justiça e Criola, em 2020, 88% das defensoras e defensores públicos são brancos, e apenas 12% se declararam negros. CARIRANHA, Ana Míria dos Santos Carvalho. *Dinâmicas de reprodução e enfrentamento ao racismo institucional na Defensoria Pública*. Rio de Janeiro: Fórum Justiça; Criola, 2020. [livro eletrônico], p. 67.

a ausência de pessoas não brancas em espaços de poder e prestígio é um sintoma de uma sociedade desigual e, particularmente, racista. Portanto, é fundamental para a luta antirracista que pessoas negras e outras minorias estejam representadas nos espaços de poder, seja por motivos econômicos e políticos, seja por motivos éticos. Mas seria tal medida suficiente? É uma prática antirracista efetiva manter alguns poucos negros em espaços de poder sem que haja um compromisso com a criação de mecanismos institucionais efetivos de promoção da igualdade? A liderança institucional de pessoas negras basta quando não se tem poder real, projetos e/ou programas que possam de fato incidir sobre problemas estruturais, como as questões da ordem da economia, da política e do direito?[27]

Assim, como se vê, são diversos os entraves institucionais que podem ser identificados, e que corroboram a constatação de racismo institucional dentro das Defensorias Públicas do Brasil, reflexo do racismo estrutural da nossa sociedade.

Tais resistências institucionais são decorrentes do discurso da meritocracia, da ideia de existência de democracia racial, e do desconhecimento ideológico das relações raciais.

E o que se fazer para se fissurar o quadro de racismo institucional dentro das Defensorias Públicas?

Inicialmente, é de suma importância o diálogo com os movimentos sociais. Nessa medida, aqui deve ganhar destaque a interlocução com os mais diversos movimentos negros, no sentido de se construir possibilidades de agenda calcada na vontade popular, e ouvindo a voz de quem é diretamente envolvido na temática em foco. Também é importante se ater à necessidade imperiosa de se fomentar o debate racial dentro das Defensorias Públicas, a partir da formação dos seus membros, servidores e estagiários na temática racial.

Para além disso, se revela essencial a assunção de uma carta de compromissos envolvendo a temática racial por cada Defensoria Pública, dentro da realidade de cada estado, a exemplo da "Carta da Bahia", documento assinado no ano de 2022 por diversas Defensorias Públicas no sentido de firmar compromisso pelo avanço da política afirmativa de cotas raciais.

---

[27] ALMEIDA, Silvio. *Racismo estrutural*. São Paulo: Jandaíra, 2020. (Coleção Feminismos Plurais), p. 32-33.

Dentre outras formas de superação dos entraves institucionais, ainda assim, a Defensoria Pública é a força do sistema de justiça que pode, através da aproximação com movimentos sociais e da sociedade em geral, efetivar a luta antirracista, denunciando as práticas discriminatórias e efetivando políticas públicas de igualdade material.

7 Conclusão

O racismo estrutural é elemento formador da sociedade brasileira e intrínseco à formação das relações sociais, incluindo as relações de poder e institucionais. Partindo dessa premissa, se mostra relevante entender o papel de efetivação dos direitos fundamentais no Estado Democrático de Direito, possibilitando a superação – ou mitigação – dos efeitos das práticas racistas, que foram depositadas com naturalidade na formação das relações interpessoais, tendo como paradigma o princípio da igualdade material e da justiça distributiva.

É nesse contexto que as ações afirmativas surgem internamente, ganhando força de norma com o Estatuto da Igualdade Racial, viabilizando que políticas públicas e ações privadas sejam direcionadas ao povo negro, marginalizado desde os tempos de Colônia, passando pelo Império e fortalecido na República, mesmo com o fim formal da escravidão. Dentro do poder público, as ações afirmativas se constituem em importante instrumento de acesso ao poder das pessoas negras, permitindo a representatividade nas instituições, que, por sua vez, é elemento propulsor da mudança paradigmática da visão do negro na sociedade.

A Defensoria Pública é, nesses espaços de poder, a instituição que mais se aproxima da sociedade, tendo em vista seu papel constitucional de promotora dos direitos humanos, possuindo diversos instrumentos para mudança social, sendo, ao mesmo tempo, responsável pela implementação das ações afirmativas internamente. Com efeito, a instituição deve na sua atividade finalística proteger o sujeito negro – hipervulnerável – e entender que toda a relação social e jurídica dos seus assistidos é lida através do racismo estrutural. Portanto, essa atuação não se restringe a casos específicos e deve considerar o sujeito como pertencente a um contexto racista, social e estigmatizador. Para além da sua atividade finalística, a Defensoria Pública tem o dever de demonstrar o respeito ao sistema de equidade racial, efetivando o direito das pessoas negras integrantes da instituição, dando o seu papel de destaque na promoção do direito da minoria à qual pertencem, colocando a afrocentralização como pauta e instrumento mais eficaz na luta antirracista.

A afrocentralização permite que o corpo negro seja protegido pelo olhar negro, tirando da branquitude – o branco salvador – o protagonismo nas relações sociais e jurídicas. Todavia, esse destaque das pessoas negras ainda está em processo de construção, encontrando entraves institucionais. Assim, é preciso que a ações afirmativas não sejam limitadas às cotas no concurso público, mas perpassem toda a política institucional, sendo parte da agenda, dialogando com os movimento sociais, fomentando o debate e promovendo o letramento racial, além de possibilitar que os seus integrantes negros ocupem cargos de poder e influência, para que atitudes racistas sejam, ao longo do processo, extirpadas, afinal, precisamos ser antirracistas.

Referências

ALBUQUERQUE, Wlamyra R. de; FRAGA FILHO, Walter. *Uma história do negro no Brasil*. Salvador: Centro de Estudos Afro-Orientais; Brasília: Fundação Cultural Palmares, 2006.

ALMEIDA, Silvio. *Racismo estrutural*. São Paulo: Jandaíra, 2020. (Coleção Feminismos Plurais)

ASANTE, Molefi Kete. Afrocentricidade: notas sobre uma posição disciplinar. *In*.: NASCIMENTO, L. (org.). *Afrocentricidade:* uma abordagem epistemológica inovadora. São Paulo: Selo Negro, 2009.

BERTULIO, Dora Lucia de Lima. *Direito e relações raciais*: uma introdução crítica ao racismo. 1989. 263 p. Dissertação (Mestrado em Direito) – Pós-Graduação em Direito da Universidade Federal de Santa Catarina, Florianópolis, 1989.

CARIRANHA, Ana Míria dos Santos Carvalho. *Dinâmicas de reprodução e enfrentamento ao racismo institucional na Defensoria Pública*. Rio de Janeiro: Fórum Justiça; Criola, 2020. [livro eletrônico]

CONSELHO NACIONAL DE JUSTIÇA. *Pesquisa sobre negros e negras no Poder Judiciário/ Conselho Nacional de Justiça*. Brasília: CNJ, 2021.

GOMES, Joaquim Barbosa. A recepção do instituto da ação afirmativa pelo direito constitucional brasileiro. *In*: SANTOS, Sales Augusto. *Ações afirmativas e o combate ao racismo nas Américas*. Brasília: ONU; BID; MEC, 2007.

GOMES, Laurentino. *Escravidão*: do primeiro leilão de cativos em Portugal à morte de Zumbi dos Palmares. Rio de Janeiro: Globo Livros, 2019. v. 1.

GONZALEZ, Lélia. *Por um feminismo afro-latino-americano*: ensaios, intervenções e diálogos. Rio de Janeiro: Zahar, 2020.

MELLO, Celso Antônio Bandeira de. *O conteúdo jurídico do princípio da igualdade*. 3. ed. São Paulo: Malheiros, 2005.

NASCIMENTO, Abdias do. *O genocídio do negro brasileiro*: processo de um racismo mascarado. 3. ed. São Paulo: Perspectiva, 2016.

OLIVEIRA, Pedro González Montes de. *A definição constitucional da Defensoria Pública como expressão e instrumento do regime democrático*: para além de sua função simbólica. 2018. 214 f. Dissertação (Mestrado em Ciências Jurídicas e Sociais) – Programa de Pós-Graduação em Sociologia e Direito, Universidade Federal Fluminense, Niterói, 2018.

PIRES, Thula. *Racializando o debate sobre direitos humanos. Limites e possibilidades da criminalização do racismo no Brasil*. Disponível em: https://sur.conectas.org/wp-content/uploads/2019/05/sur-28-portugues-thula-pires.pdf. Acesso em: 05 mar. 2023.

RAWLS, John. *Uma teoria da justiça*. São Paulo: Martins Fontes, 1997.

RÉ, Aloisio Iunes Monte Ruggeri. A promoção dos direitos humanos no Brasil: o papel da Defensoria Pública. In: BURGER, Adriana Fagundes; KETTERMANN, Patricia Sergio; LIMA Sales Pereira (orgs.). *Defensoria Pública*: o reconhecimento constitucional de uma metagarantia. Brasília: Anadep, 2015. Disponível em: https://www.anadep.org.br/wtksite/AF_E-book_Metagarantia.pdf.

Informação bibliográfica deste livro, conforme a NBR 6023:2018 da Associação Brasileira de Normas Técnicas (ABNT):

OLIVEIRA, Aline Mota de; BORGES, Thaissa Lavigne Silva. Defensoria Pública e políticas afirmativas: a promoção da equidade racial como função essencial, superação do paradigma estruturalmente racista e os desafios dentro de uma perspectiva afrocentralizada. BOMFIM, Daiesse Quênia Jaala Santos (Coord.). *Políticas afirmativas de inclusão e equidade racial*: reflexões acerca do papel dos setores público e privado. Belo Horizonte: Fórum, 2023. p. 159-178. ISBN 978-65-5518-553-9.

LETRAMENTO RACIAL E EDUCAÇÃO ANTIRRACISTA NO PODER JUDICIÁRIO COMO VETORES DE TRANSFORMAÇÃO DO SISTEMA DE JUSTIÇA

JONATA WILIAM SOUSA DA SILVA

1 Introdução

O sistema de justiça enquanto espaço de poder vem sendo escrutinado há muito tempo, e uma crise deste sistema vem sendo anunciada por sua inerente seletividade, hegemonia racial e de gênero na composição, eis que hoje majoritariamente branca e masculina, além da dificuldade de adequação para lidar satisfatoriamente com os problemas sociais modernos.

Analisando criticamente a forma como a hegemonia racial na composição do Poder Judiciário e nos ambientes jurídicos como um todo reflete na maneira de contar a realidade e na construção dos saberes jurídicos, do que é ou não conhecimento aceito como cientificamente verdadeiro e válido, torna-se ponto de partida no processo de desconstrução da universalidade, da 'história única', e o reconhecimento da heterogeneidade como elemento que deve constituir o sistema de justiça.

Considerando tais situações, e através de um estudo qualitativo, pretendemos analisar o efeito das ações afirmativas na atual composição do Poder Judiciário brasileiro, compreendendo o resultado das normativas do Conselho Nacional de Justiça (CNJ) e das legislações de reserva de vagas nos concursos públicos para o Poder Judiciário na inclusão de pessoas negras nestes cargos, posteriormente, a partir de uma análise crítica da cultura jurídica brasileira, denunciando a crise que a assola, apresentaremos o papel da educação sobre as relações raciais como um instrumento para construção de uma nova cultura jurídica. E, uma vez trazida esta discussão, explicitaremos alguns desafios para a implementação de políticas educacionais antirracistas no sistema de justiça.

Os pontos levantados ao longo deste escrito convergirão para que proponhamos um projeto de educação antirracista no Poder Judiciário que vá muito além de campanhas esporádicas, se consolidando por meio de cursos de formação continuada e letramento racial promovidos pelas escolas de magistratura, concebendo a educação como um instrumento emancipatório, mas também como aparato do poder.

Com a implementação destas medidas e através do comprometimento institucional e acompanhamento dos resultados das ações realizadas para o fortalecimento da educação sobre as relações raciais e o letramento racial para os membros do Poder Judiciário, teremos uma transformação positiva do sistema de justiça, que estará melhor capacitado para lidar com a crescente dos crimes de racismo, discriminação e intolerância. A efetivação das ações afirmativas funciona também para proporcionar maior pluralidade na composição do Judiciário, sendo mais uma pedra para o cumprimento do compromisso constitucional de uma sociedade justa, fraterna e solidária em uma democracia representativa.

2 Os efeitos das ações afirmativas na atual composição do Poder Judiciário brasileiro

O Poder Judiciário brasileiro é masculino, branco, heterossexual e cristão. Essa é a conclusão que se extrai do último Perfil Sociodemográfico dos Magistrados Brasileiros, publicado em 2018. No que se refere ao perfil étnico-racial, apenas 18,1% (16,5% pardos e 1,6% pretos) das pessoas que integram a magistratura são negras, sendo que 56% da população brasileira é negra. Sob outra perspectiva, um quinto das/os magistradas/os brasileiras/os têm familiares na carreira e 51% têm familiares em outras carreiras do Direito.[1] Questionam-se, portanto, os efeitos deste descompasso entre a representação populacional e a

---

[1] VAZ, Lívia Sant'Anna. Desmistificando a meritocracia. *Migalhas*, 14 set. 2021. Disponível em: https://www.migalhas.com.br/coluna/olhares-interseccionais/351550/desmistificando-a-meritocracia. Acesso em: 15 jan. 2023.

ocupação destes espaços de poder e decisão nas esferas do Judiciário. Um dos fundamentos utilizados para justificar este cenário é o mérito individual e um sistema que supostamente premia os esforços e a dedicação do indivíduo de forma objetiva – a meritocracia. Sobre ela, cumpre trazer os apontamentos da promotora de justiça Lívia Vaz:

> Será que essa hegemonia branca e masculina na magistratura brasileira – e em todos os espaços de poder e decisão no Brasil – é mesmo fruto da meritocracia? Afinal, quem define o que é mérito nas sociedades ditas meritocráticas?
> Na verdade, o monopólio do privilégio branco – decorrente da supremacia branca – tem como resultado o domínio da própria meritocracia, transmitida seletivamente de geração a geração. Dito de outro modo, a elite branca brasileira detém não apenas o privilégio para acessar bens, recursos e status necessários para assegurar o acesso ao dito mérito, mas também o poder de definir o próprio mérito. A meritocracia brasileira é brancocêntrica e androcêntrica.[2]

Diante dos efeitos nocivos desta hegemonia e restrição na ocupação destes espaços, efeitos estes que discutiremos mais à frente, é salutar trazer à luz que a discussão sobre a presença de negros e negras no Poder Judiciário vem sendo objeto de maior atenção com o advento de normativas como o Estatuto da Igualdade Racial (Lei nº 12.288/2010) e do estabelecimento de reserva de vagas em concursos promovidos pelo Poder Executivo (Lei nº 12.990/2014).

Nestes dispositivos, temos por objetivos: a busca de garantia à população negra da efetivação da igualdade de oportunidades, a defesa dos direitos étnicos individuais, coletivos e difusos e o combate à discriminação e às demais formas de intolerância étnica; a participação da população negra, em condição de igualdade de oportunidade, na vida econômica, social, política e cultural do País; e a reserva aos negros de 20% (vinte por cento) das vagas oferecidas nos concursos públicos para provimento de cargos efetivos e empregos públicos no âmbito da Administração Pública federal, das autarquias, das fundações públicas, das empresas públicas e das sociedades de economia mista controladas pela União, consolidando o compromisso de promoção de igualdade racial na sociedade brasileira.

---

[2] VAZ, Lívia Sant'Anna. Desmistificando a meritocracia. *Migalhas*, 14 set. 2021. Disponível em: https://www.migalhas.com.br/coluna/olhares-interseccionais/351550/desmistificando-a-meritocracia. Acesso em: 15 jan. 2023.

De acordo com art. 2º, II, da Convenção para a Eliminação de Todas as Formas de Discriminação Racial, da Organização das Nações Unidas, ratificada pelo Brasil no ano de 1968, ações afirmativas são "[...] medidas especiais e concretas para assegurar como convier o desenvolvimento ou a proteção de certos grupos raciais de indivíduos pertencentes a estes grupos com o objetivo de garantir-lhes, em condições de igualdade, o pleno exercício dos direitos do homem e das liberdades fundamentais", e assim, a implementação de ações afirmativas no âmbito do Poder Judiciário exprime a valorização das formas de existências plurais, formadoras da identidade brasileira, e tem um relevante valor simbólico, na medida em que combate a estigmatização e estereótipo de que determinados grupos não podem ocupar espaços de poder. A promoção de ações afirmativas se traduz também em método de promoção de justiça social, combatendo desigualdades e discriminações com raízes históricas no Brasil.

No ano de 2020, novos atos normativos foram promulgados com o objetivo de dar visibilidade à discussão sobre a igualdade e discriminação racial e preconizar regramento valorizando a inclusão da população negra no Poder Judiciário, sendo elas: a Portaria Conjunta nº 7, incluindo o tema no Observatório Nacional sobre Questões Ambientais, Econômicas e Sociais de Alta Complexidade e Grande Impacto e Repercussão; a Portaria CNJ nº 108, criando um Grupo de Trabalho destinado a debater a formulação de políticas judiciárias sobre a igualdade racial no âmbito do Poder Judiciário; e a Resolução CNJ nº 336, recomendando a promoção de cotas raciais nos programas de estágio dos órgãos do Poder Judiciário. Cumpre mencionar ainda que em 25 de novembro de 2022, a então presidente do Conselho Nacional de Justiça (CNJ) e do Supremo Tribunal Federal (STF), ministra Rosa Weber, apresentou o Pacto Nacional do Judiciário pela Equidade Racial, visando fomentar a representatividade racial, desarticular o racismo institucional, implementar políticas públicas baseadas em evidências e estabelecer articulação interinstitucional para ampliar o diálogo com órgãos do Sistema de Justiça e movimentos sociais organizados.[3]

Como medida concreta e marco destas ações afirmativas, temos a Resolução CNJ nº 203/2015, que determina a reserva, para negros(as), de 20% das vagas ofertadas em concursos públicos para os cargos efetivos

---

[3] MELO, Jeferson. Pacto cria mecanismos para promover ações de equidade racial no Judiciário. *Conselho Nacional de Justiça*, 25 nov. 2022. Disponível em: https://www.cnj.jus.br/pacto-cria-mecanismos-para-promover-acoes-de-equidade-racial-no-judiciario/. Acesso em: 27 dez. 2022.

e da magistratura. De acordo com a *Pesquisa sobre negros e negras no Poder Judiciário*, desde 2015, 115 concursos foram realizados em todos os ramos de Justiça, com a implementação da Resolução CNJ nº 203 em 56 tribunais brasileiros, e o percentual de magistrados(as) negros(as) que ingressaram no cargo antes de 2013 era de 12%; já nos anos de 2019 e 2020 subiu para 21%, o que evidencia o resultado efetivo da referida resolução. Assim, atualmente a principal parcela de magistrados(as) negros(as) – somando sexos feminino e masculino – está entre os juízes (juízas) substitutos(as): 18,1%; depois juízes(as) titulares: 12,3%; e, então, desembargadores(as): 8,8%, seguindo a mesma ordem de progressão na carreira. Já os(as) servidores(as) negros(as) eram 30% antes de 2013 e agora são 31% que ocupam cargos efetivos no Poder Judiciário. Por fim, o maior grupo de pessoas negras no Poder Judiciário é na função de estagiário(a): são 33,9%.[4]

Ainda analisando os dados do relatório supramencionado, o estudo do ingresso de magistrados(as) por ano de posse revela que, nos últimos 20 anos, os percentuais de magistrados(as) negros(as) giraram em torno de 6,7% em 2007 a 21,6% em 2020. É inegável, portanto, que, desde 2016, ano após a promulgação da Resolução CNJ nº 203, houve um pico de 21% de posse de pessoas negras na carreira da magistratura, uma leve queda percentual nos três anos seguintes e uma retomada no ano de 2021 (21,6%).[5]

Observa-se que concretamente a implementação de ações afirmativas vem apresentando resultados na mudança da composição do Poder Judiciário. Contudo, é importante ressaltar que estes números acima analisados são brutos, contabilizando todo o Brasil, ao menos nos Tribunais que forneceram os dados. A pesquisa supramencionada revela ainda que com os números atuais e levando em consideração algumas limitações metodológicas do estudo, estima-se que a equivalência dos(as) magistrados(as) negros(as), que seria o percentual de 22% em todos os tribunais do Brasil, será atingida somente entre os anos de 2056 e 2059.[6]

A importância de pluralização do espaço no Poder Judiciário se apresenta pujante também em razão do que se verifica historicamente

---

[4] CONSELHO NACIONAL DE JUSTIÇA. *Pesquisa sobre negros e negras no Poder Judiciário/ Conselho Nacional de Justiça*. Brasília: CNJ, 2021, p. 113.
[5] CONSELHO NACIONAL DE JUSTIÇA. *Pesquisa sobre negros e negras no Poder Judiciário/ Conselho Nacional de Justiça*. Brasília: CNJ, 2021, p. 78.
[6] CONSELHO NACIONAL DE JUSTIÇA. *Relatório de Atividade: igualdade racial no Judiciário. Grupo de Trabalho de políticas judiciárias a igualdade racial no âmbito do Poder Judiciário (portaria n. 108, de 08/07/2020)*. Brasília. CNJ, 2020, p. 14

no Brasil, onde a população negra enfrenta o racismo presente nas instituições, que reverbera no acesso à justiça, na qualidade da prestação jurisdicional, no respeito aos Direitos Humanos deste segmento populacional, como constatado pela Comissão Interamericana de Direitos Humanos (CIDH):

> No Brasil, as pessoas afrodescendentes estiveram historicamente inseridas dentro em um contexto de discriminação estrutural e de racismo institucional. Conforme já relatado pela Comissão em seu primeiro relatório sobre o país de 1997, o processo de dominação sofrido pelas pessoas afrodescendentes e o sentimento de subjugação dessa parcela da população seguem presentes na sociedade brasileira e se repetem nas distintas estruturas estatais. Fenômenos esses que, por ações ou por omissões do Estado, contribuem para a construção de estereótipos raciais e submete a essas pessoas a "diferenças que estão longe da igualdade mínima aceitável, e [...] se traduzem, em muitos casos, em padrões que violam os direitos humanos, especialmente quanto à igualdade, a não discriminação e ao direito à dignidade".[7] [...]
> Em particular, a Comissão observa com extrema preocupação a predominância de pessoas afrodescendentes no sistema penitenciário, que constituem 65,9% do total da população carcerária. Esse dado demonstra que a discriminação racial enfrentada por essas pessoas também faz com que elas sejam mais propensas a serem encarceradas.
> A respeito, o Relator Especial do Conselho de Direitos Humanos da ONU sobre tortura e outros tratamentos ou punições cruéis, desumanos e degradantes estabeleceu que o alto grau de racismo institucional verificado no Brasil ocasiona que os afrodescendentes corram um risco significativamente maior de prisão em massa, abuso policial, tortura, maus-tratos e discriminação nas prisões. Da mesma forma, de acordo com o Instituto de Pesquisa Econômica Aplicada (IPEA), a essas pessoas são proferidas sentenças mais altas pelos mesmos crimes cometidos pelo restante da população. Nesse sentido, quando uma pessoa afrodescendente é acusada, ela tem maior probabilidade de ser encarcerada ou mantida na prisão sem a possibilidade de aplicar medidas alternativas a ela.[8]

A promoção dessas políticas de inclusão é essencial para o desenvolvimento da nossa sociedade, afinal, as instituições públicas, privadas

---

[7] COMISSÃO INTERAMERICANA DE DIREITOS HUMANOS. *Situação dos direitos humanos no Brasil*. OEA, 2021, p. 19.

[8] COMISSÃO INTERAMERICANA DE DIREITOS HUMANOS. *Situação dos direitos humanos no Brasil*. OEA, 2021, p. 65.

e da sociedade civil definem, regulamentam e transmitem um modo de funcionamento homogêneo não só de processos e sistema de valores, mas também o perfil de seus empregados e lideranças, hoje majoritariamente masculino e branco. Esta constatação vai na contramão de pesquisas que já apontam que empresas com índices altos de diversidade de raça têm maiores probabilidades de obter resultados acima da média em seu ramo,[9] o que vale também para os órgãos públicos. Pluralizar as vozes por equidade e diversidade em organizações públicas e privadas, portanto, implica no fortalecimento do sistema democrático e na redução dos efeitos de um racismo institucionalizado que prejudica o exercício da cidadania plena das pessoas negras no Brasil, distanciando-nos de uma construção de país verdadeiramente democrático.

3 O papel da educação sobre as relações raciais na mudança da cultura jurídica brasileira

Para um avanço na discussão acerca do papel da educação sobre as questões raciais e a relação com a cultura jurídica pátria, partimos de dois pressupostos: o primeiro deles é o de que as Faculdades de Direito, em sua gênese, formaram-se como ambientes hierarquizados e dominados pela elite econômica, racial e sexual no Brasil, tutelando os interesses dos proprietários dos meios de produção e dificultando o acesso aos considerados cidadãos de segunda classe.[10] O segundo pressuposto é o de que o tipo de educação jurídica ofertada na maioria das nossas instituições de ensino jurídico não somente obsta a pretensão de transformação social almejada pela nossa Constituição Federal, como também é entrave para a consecução de justiça racial.[11]

Nesta linha, as críticas quanto ao nosso sistema de ensino jurídico se apresentam sob diversos outros aspectos, para além daqueles já apontados. Um ponto de discussão recorrente e relevante é a crise da cultura jurídica tradicional e a necessidade de avaliação de possibilidades de reestruturação para o estabelecimento de uma nova cultura jurídica a

---

[9] BENTO, Cida. *O pacto da branquitude*. São Paulo: Companhia das Letras, 2022p. 113.

[10] PIRES, Thula. Por um constitucionalismo ladino-amefricano. *In*: BERNARDINO-COSTA, Joaze; MALDONADO-TORRES, Nelson; GROSFOGUEL, Ramón (orgs.). *Decolonialidade e pensamento afrodiasporico*. 2. ed. 3ª reimp. Belo Horizonte: Autêntica, 2020, p. 72.

[11] MOREIRA, Adilson José; ALMEIDA, Philippe Oliveira de; CORBO, Wallace. *Manual de educação jurídica antirracista*: direito, justiça e transformação social. São Paulo: Contracorrente, 2022, p. 30-31.

partir de uma educação intercultural e interdisciplinar possível para a compreensão dos problemas da sociedade.[12]

Acresça-se que profissionais do Direito interpretam as normas a partir de conteúdos cognitivos internalizados no processo de socialização, além dos interesses dos grupos sociais que eles representam, atuando assim, muitas vezes, com o intuito de reproduzir as relações de poder que estruturam a sociedade na qual vivem.[13] Daí a ideia de processos de racionalização "neutros", "objetivos" e "universais" serem dogmas utópicos, desconectados da realidade material.

É preciso conceber a educação como um instrumento emancipatório, mas também como aparato do poder, afinal, a partir dela, as interações sociais podem se perpetuar ou sofrer transformações, e o ponto de partida é, repisamos, a consciência de que categorias como "universalidade", "neutralidade" e "objetividade" são mecanismos que decorrem do colonialismo jurídico, e que afastam o Direito de um entendimento com as manifestações sociais, fomentando um processo de desconexão, que impede o reconhecimento da falência das bases atuais e sufoca as manifestações de alternativas e novas formas de pensamento e construção.

O letramento racial, portanto, constitui um poderoso recurso neste processo de reconstrução de uma nova cultura jurídica. Através do conhecimento dos conceitos basilares nas discussões acadêmicas sobre justiça racial, relações raciais e a interseção do Direito, compreendendo a raça como categoria cultural e social que determina hierarquização de poderes e representações simbólicas e materiais, poderá ser erigido um caminho de superação das falhas já identificadas no processo de formação jurídica e na atuação dos/as profissionais do Direito.

Adilson Moreira, em seu ensaio de hermenêutica jurídica, aponta para a necessidade de formarmos juristas que "pensam como um negro", reconhecendo as relações entre o privilégio branco e a opressão negra, e interpretando a igualdade tendo em vista as relações de poder que estruturam os lugares dos diferentes grupos sociais, e rejeitando, por

---

[12] CAOVILLA, Maria Aparecida Lucca; WOLKMER, Antonio Carlos. Educação jurídica diante do novo constitucionalismo Latino-americano. In: DANTAS, Fernando Antonio de Carvalho; RAMALHO, Antonio Germano; TASSIGNY, Monica Mota. (Org.). Direito, Educação, Ensino e Metodologia Jurídicos II. 1 ed. João Pessoa, PB: CONPEDI, 2014, v. 1, p. 93-108.

[13] MOREIRA. Adilson José. *Pensando como um negro*: ensaio de hermenêutica jurídica. São Paulo: Contracorrente, 2019, p. 134-135.

conseguinte, a afirmação de que a raça não possui relevância nos critérios de estratificação social.[14] Assim sendo, um projeto de educação emancipatória, com discussão sobre as questões raciais, tem o condão de apresentar um novo caminho para o avanço da cultura jurídica brasileira e para o combate à discriminação racial, que, por conseguinte, são pilares para uma efetiva transformação do sistema de justiça pátrio.

Impende, neste contexto, ressaltar ainda outro aspecto importante acerca da necessidade de uma educação antirracista para a transformação do sistema de justiça: o Brasil é reconhecido por decisão da Comissão Interamericana de Direitos Humanos (CIDH) como um país onde há dificuldade na aplicação da legislação antirracista.

> Não obstante a evolução penal no que tange ao combate à discriminação racial no Brasil, a Comissão tem conhecimento que a impunidade ainda é a tônica nos crimes raciais. Quando publicou relatório sobre a situação dos direitos humanos no país, a Comissão chamou a atenção para a difícil aplicação da lei 7716/89 e como a Justiça brasileira tendia a ser condescendente com a prática de discriminação racial e que dificilmente condenava um branco por discriminação. Com efeito, uma análise do racismo através do Poder Judiciário poderia levar à falsa impressão de que no Brasil não ocorrem práticas discriminatórias.[15]

Acresça-se que ainda há a dificuldade de acesso aos dados em relação ao tratamento do sistema de justiça quanto aos crimes de racismo e injúria racial. Uma pesquisa publicada em 2019 na *Revista Brasileira de Estudos Empíricos em Direito* conclui, a partir da análise de processos tratando do crime de racismo entre os anos de 2005 a 2012, que para a justiça brasileira racismo não é a regra e sim a exceção. A maioria das decisões ou foi processada como injúria ou foi desclassificada para este tipo penal menor quando os crimes foram contra negros,[16] o que é também um fator negativo da crise da cultura jurídica brasileira e da ausência de educação para as relações raciais na formação dos profis-

---

[14] MOREIRA. Adilson José. *Pensando como um negro*: ensaio de hermenêutica jurídica. São Paulo: Contracorrente, 2019, p. 287.

[15] COMISSÃO INTERAMERICANA DE DIREITOS HUMANOS. *Relatório 66/06 – Caso 12.001*. Mérito: Simone Diniz vs Brasil, 21 out. 2006. Disponível em: http://www.cidh.org/annualrep/2006port/brasil.12001port.htm. Acesso em: 3 jan. 2023.

[16] COSTA, Cleber Lazaro Julião. Crimes de racismo analisados nos tribunais brasileiros: o que as características das partes e os interesses corporativos da magistratura podem dizer sobre o resultado desses processos. *Revista de Estudos Empíricos em Direito*, v. 6, n. 3, p. 7-33, dez. 2019.

sionais que atuam no sistema de justiça. Uma pesquisa da Fundação Getulio Vargas (FGV) também revela, a partir da análise de 831 processos envolvendo crimes raciais em sete estados (BA, GO, PA, PR, RJ, SP e SE), já na segunda instância, que 75% dos réus de crimes raciais foram absolvidos, de acordo com os dados colhidos.[17]

Na realidade atual, em que tem havido um constante aumento dos números dos inquéritos investigando crimes de injúria racial e racismo,[18] onde há diploma legislativo recente que dita novos rumos do tratamento do crime de racismo no Brasil a partir da Lei nº 14.532/2023, sancionada em 11 de janeiro de 2023, promovendo alterações na Lei nº 7.716/1989 (Lei do Crime Racial), e no Código Penal, para tipificar como crime de racismo a injúria racial, prever pena de suspensão de direito em caso de racismo praticado no contexto de atividade esportiva ou artística e prever pena para o racismo religioso e recreativo e para os crimes raciais praticados por funcionário público, o Poder Judiciário deve se preparar para lidar de forma mais efetiva com os crimes de racismo e de intolerância, sendo imprescindível a capacitação da magistratura para lidar com esta problemática.

Temos, portanto, que as políticas educacionais antirracistas e de letramento racial são vetores fundamentais para uma transformação positiva do sistema de justiça, tanto através da abertura para o diálogo com novos saberes, formas de conhecimento e estratégias de atuação, vindas de outro eixo que não aquele eurocentrado que hoje baliza hegemonicamente a cultura jurídica, quanto pela inclusão nestes espaços de pessoas historicamente marginalizadas e oprimidas, rompendo com estigmas e estereótipos negativos. A adoção de tais medidas apresenta também novas maneiras de lidar com os crimes que envolvem questões raciais, pluralizando o sistema de justiça a partir de uma verdadeira representação da diversidade racial que compõe a sociedade brasileira.

---

[17] PAULUZE, Thaize. 84% dos casos de crimes raciais são registrados em SP como injúria e não como racismo, mostra pesquisa da FGV. *Globonews*, 17 jan. 2023. Disponível em: https://g1.globo.com/sp/sao-paulo/noticia/2023/01/17/84percent-dos-casos-de-crimes-raciais-sao-registrados-em-sp-como-injuria-e-nao-como-racismo-mostra-pesquisa-da-fgv.ghtml. Acesso em: 17 jan. 2023.

[18] BONFIM, Denise. Injúria racial e racismo: inquéritos crescem quase 400% em dois anos. *Último segundo*, 14 abr. 2022. Disponível em: https://ultimosegundo.ig.com.br/brasil/2022-04-14/inqueritos-injuria-racial-racismo-crescem-brasil.html. Acesso em: 3 jan. 2023.

4 Desafios para a implementação de políticas educacionais antirracistas no sistema de justiça

A implementação de medidas educacionais antirracistas no Poder Judiciário enfrenta uma série de desafios, vez que, embora contemos com o avanço proporcionado pelas ações afirmativas para inclusão de pessoas negras no Poder Judiciário, os projetos de formação continuada e de letramento racial ainda não têm destaque dentro do sistema, o que faz com que os juristas tenham um entendimento deficitário, ou sequer tenham a compreensão dos processos de hierarquização racial e produção de desigualdade.

Dentre os desafios que obstam a implementação dessas políticas, para além da dificuldade geral de compreensão do funcionamento do racismo e da discriminação como estruturantes do sistema de dominação social, temos uma cultura jurídica e um processo de formação em Direito defasado, com uma postura pedagógica acrítica e formalista, culminando em um cenário no qual os conteúdos aprendidos em sala de aula são distintos da maneira como o Direito é aplicado na realidade. Ou seja: a experiência acadêmica atual em muitas instituições jurídicas ensina não só a aplicação de normas ao fato concreto, mas também como futuros profissionais devem pensar e agir na prática cotidiana, e estes são encorajados a invisibilizar na atuação profissional traços identitários de raça e gênero.[19]

Ademais, o acesso à informação e ao conhecimento deve implicar no engajamento, na mudança de postura e comprometimento com o antirracismo, e para muitas pessoas, esta obrigação pode ser desconfortável, na medida em que chama à responsabilidade, retira do lugar de privilégio, e obsta a possibilidade de utilização do fator ignorância como subterfúgio para a manutenção do *status quo* e fundamento para seguir perpetuando os padrões acríticos que sustentam a estrutura social racialmente hierarquizada.

É necessário um projeto pedagógico emancipatório que descolonize a cultura jurídica e a produção e disseminação de conhecimento, e a transformação necessária, nessa configuração, permeia as instituições públicas, entidades privadas e a Academia, tendo a ocupação

---

[19] MOREIRA, Adilson José; ALMEIDA, Philippe Oliveira de; CORBO, Wallace. *Manual de educação jurídica antirracista:* direito, justiça e transformação social. São Paulo: Contracorrente, 2022, p. 36-37.

negra desses espaços o potencial de reorganizar os arranjos sociais excludentes através da consolidação das ações afirmativas e estrito acompanhamento da efetividade das políticas públicas, pluralizando as estratégias de ação e promovendo justiça social. Para tanto, o espaço das escolas da magistratura é fundamental.

A partir dos dados colhidos pelo CNJ em 2021, em 89 escolas da magistratura nos estados brasileiros, constatou-se que 32,6% dessas escolas ofereceram cursos, nos últimos doze meses, que envolviam a questão racial; indo mais além, somente 16,9% chegaram a mapear o interesse de magistrados(as) e servidores(as) sobre o assunto. Outro desafio encarado é a regulamentação sobre promoção de diversidade racial nas atividades das escolas da magistratura: em sua maioria (74,2%), as escolas não possuem normativas complementares/internas sobre a questão da diversidade racial, ou mesmo regulamentações oriundas dos tribunais a que são vinculadas.[20]

Ressalte-se ainda que, para além da promoção de atividades educacionais antirracistas, é preciso fomentar a presença da magistratura nestes projetos. De acordo com os dados analisados, 66,7% das escolas informam que promoveram campanhas com o tema da diversidade racial; mas somente em 27% das campanhas realizadas, houve participação de magistrados(as).[21] E tal desafio vai além: para que de fato tenhamos uma transformação no sistema de justiça a partir da capacitação para compreender os efeitos do racismo e o seu atravessamento no provimento jurisdicional, na ocupação dos espaços e na realização da justiça, a formação deve ser contínua e perene, não bastando apenas a realização de campanhas ou palestras pontuais em datas específicas do ano em datas alusivas aos marcos memoriais antirracistas.

Além disso, as atividades, campanhas, cursos e demais ações educativas antirracistas devem ser desenvolvidas no Poder Judiciário prioritariamente por profissionais negros e negras com formação e experiência no Direito antidiscriminatório, Direito e relações raciais e medidas antirracistas, para que as medidas alcancem toda a efetividade que podem alcançar, auxiliando na formação continuada da magistratura brasileira, e sendo pedra angular para um novo paradigma no sistema de justiça brasileiro. Ademais, as escolas da magistratura devem também

---

[20] CONSELHO NACIONAL DE JUSTIÇA. *Pesquisa sobre negros e negras no Poder Judiciário/Conselho Nacional de Justiça*. Brasília: CNJ, 2021, p. 17.

[21] CONSELHO NACIONAL DE JUSTIÇA. *Pesquisa sobre negros e negras no Poder Judiciário/Conselho Nacional de Justiça*. Brasília: CNJ, 2021, p. 17.

trabalhar em conjunto com as Escolas superiores da Defensoria Pública, do Ministério Público e da Advocacia, intercambiando experiências e desenvolvendo coletiva e interinstitucionalmente medidas antirracistas que reverberem em todo o sistema de justiça.

Sintetiza-se, desta maneira, que os principais desafios a serem encarados para este avanço em termos de políticas educacionais antirracistas no Poder Judiciário passam pela superação dos currículos acadêmico-jurídicos defasados, tecnicistas e acríticos; pela ignorância acerca do papel das relações raciais na constituição da sociedade brasileira e do sistema de justiça; também pela falta de implicação nas atividades voltadas à promoção de um ideal antirracista; pela falta de interesse de abrir mão das vantagens proporcionadas por um sistema calcado na hierarquia racial; e em última análise, pela falta de políticas públicas em caráter continuado e medidas institucionais de incentivo para a adesão a estes projetos como forma de materialização do compromisso constitucional de igualdade.

O projeto de educação antirracista no sistema de justiça, portanto, encontra a porta de acesso através das escolas da magistratura, que para concretizar o compromisso com a promoção de igualdade material e luta contra o racismo e a desigualdade, deve fomentar a realização das atividades educacionais voltadas ao letramento racial, incumbindo pessoas negras especialistas nas questões do Direito e relações raciais de promover tais projetos, além da promoção de campanhas de informação e formação continuada nas questões raciais. Além do mais, o fomento à participação ativa da magistratura nas atividades realizadas é imprescindível para que alcancemos uma transformação efetiva a partir destes projetos, apresentando um novo paradigma epistemológico e rompendo com as amarras do colonialismo jurídico.

5 Conclusão

O Brasil é marcado por suas relações raciais e pela promessa constitucional de respeito à pluralidade e construção de uma sociedade justa, solidária e fraterna. A despeito desta premissa, ainda temos uma sub-representação de pessoas negras nos espaços de poder, notadamente no Judiciário, como se constatou ao longo deste escrito.

A homogeneidade racial no Poder Judiciário se afigura como um preocupante sintoma, na medida em que os profissionais do Direito interpretam as normas a partir de conteúdos cognitivos internalizados conforme a sua realidade material, e, sendo assim, a prestação jurisdicional ofertada por pessoas com processos de socialização similares e ignorantes às dinâmicas dos processos de discriminação racial contribui para a perpetuação do sistema de opressão racialmente arquitetado.

A educação antirracista e o letramento racial, neste contexto, surgem como instrumentos de educação emancipatória, com o potencial de alterar as dinâmicas sociais denunciadas como opressivas, afinal capacitarão o/a jurista tanto para compreender a centralidade das relações raciais na estrutura social quanto para lidar com os casos de racismo, injúria racial e de formas correlatas de discriminação, fortalecendo ainda mais o compromisso da luta antirracista em nossa sociedade.

Neste contexto, ressaltamos que, como também já apresentado, o caminho para uma necessária ocupação de pessoas negras no Poder Judiciário vem sendo aberto a partir da promoção de políticas afirmativas por parte do Estado. Embora contemos com avanços no acesso de pessoas negras à magistratura, sobretudo a partir da reserva de vagas nos concursos públicos para a magistratura, estudos recentes mostram que um patamar satisfatório de igualdade racial na composição do Judiciário, no ritmo atual, se concretizaria entre os anos de 2056 e 2059, o que é uma meta longínqua e que deve contar com um papel ainda mais ativo do Estado para reduzir esta disparidade de modo mais célere.

No âmbito das políticas educacionais internas, para o letramento e conscientização da magistratura já ocupante dos cargos, as escolas da magistratura têm papel fundamental através da realização das atividades voltadas ao letramento racial dos/as juristas por pessoas negras e especialistas sobre as relações raciais, além da promoção de campanhas de informação e formação continuada nas questões raciais para a classe da magistratura e para o quadro de servidores do Judiciário, trabalhando também em conjunto com as escolas superiores da Defensoria Pública, do Ministério Público e da Advocacia, trocando experiências e atuando de forma articulada e interinstitucional.

Não se ignora que a promoção de tais políticas enfrenta diversos desafios, dentre eles a crise da cultura jurídica nacional, os currículos de formação acadêmica acríticos e com grau de desconexão da realidade social moderna, a insistência na ignorância sobre a dinâmica das relações raciais na estruturação do nosso país e os seus reflexos na atual composição e atuação do sistema de justiça, que são fatores estruturais, além de, no campo subjetivo, a falta de implicação nas atividades voltadas à promoção de um ideal antirracista, reflexo da falta de interesse de abrir mão das vantagens proporcionadas por um sistema calcado na hierarquia racial.

Em linhas conclusivas, propõe-se que o letramento racial e os projetos de educação antirracista se tornem medidas institucionais perenes no Poder Judiciário, através de formação continuada e acompanhamento de engajamento e participação da magistratura nos cursos propostos, fazendo com que os Tribunais reverberem o compromisso do Pacto do Judiciário pela Equidade Racial, e assumam posição de protagonismo na luta antirracista e pela promoção de igualdade racial em seu aspecto material. A concretização de tais medidas capacitará também a magistratura para lidar com os crimes de racismo e intolerância em conformidade com as recentes alterações legislativas, responsabilizando as pessoas que insistem em adotar posturas racistas, garantindo assim os direitos da população negra no Brasil.

Referências

BENTO, Cida. *O pacto da branquitude*. São Paulo: Companhia das Letras, 2022.

BONFIM, Denise. Injúria racial e racismo: inquéritos crescem quase 400% em dois anos. *Último segundo*, 14 abr. 2022. Disponível em: https://ultimosegundo.ig.com.br/brasil/2022-04-14/ inqueritos-injuria-racial-racismo-crescem-brasil.html. Acesso em: 3 jan. 2023.

CÂMARA aprova projeto que aumenta pena para crime de injúria racial. *Câmara dos Deputados*, 7 dez. 2022. Disponível em: https://www.camara.leg.br/noticias/926373-camara-aprova-projeto-que-aumenta-pena-para-crime-de-injuria-racial. Acesso em: 3 jan. 2023.

CAOVILLA, Maria Aparecida Lucca; WOLKMER, Antonio Carlos. Educação jurídica diante do novo constitucionalismo Latino-americano. *In*: DANTAS, Fernando Antonio de Carvalho; RAMALHO, Antonio Germano; TASSIGNY, Monica Mota. (orgs.). *Direito, Educação, Ensino e Metodologia Jurídicos II*. João Pessoa, PB: CONPEDI, 2014, v. 1, p. 93-108.

COMISSÃO INTERAMERICANA DE DIREITOS HUMANOS. *Relatório 66/06 – Caso 12.001*. Mérito: Simone Diniz vs Brasil, 21 out. 2006. Disponível em: http://www.cidh.org/annualrep/2006port/brasil.12001port.htm. Acesso em: 3 jan. 2023.

COMISSÃO INTERAMERICANA DE DIREITOS HUMANOS. *Situação dos direitos humanos no Brasil*. OEA, 2021.

CONSELHO NACIONAL DE JUSTIÇA. *Pesquisa sobre negros e negras no Poder Judiciário/ Conselho Nacional de Justiça*. Brasília: CNJ, 2021.

CONSELHO NACIONAL DE JUSTIÇA. *Relatório de Atividade: igualdade racial no Judiciário. Grupo de Trabalho de políticas judiciárias a igualdade racial no âmbito do Poder Judiciário (portaria n. 108, de 08/07/2020)*. Brasília. CNJ, 2020.

COSTA, Cleber Lazaro Julião. Crimes de racismo analisados nos tribunais brasileiros: o que as características das partes e os interesses corporativos da magistratura podem dizer sobre o resultado desses processos. *Revista de Estudos Empíricos em Direito*, v. 6, n. 3, p. 7-33, dez. 2019.

GOMES, Nilma Lino. O Movimento Negro e a intelectualidade negra descolonizando os currículos. *In*: BERNARDINO-COSTA, Joaze; MALDONADO-TORRES, Nelson; GROSFOGUEL, Ramón (orgs.). *Decolonialidade e pensamento afrodiasporico*. 2. ed. 3ª reimp. Belo Horizonte: Autêntica, 2020.

MELO, Jeferson. Pacto cria mecanismos para promover ações de equidade racial no Judiciário. *Conselho Nacional de Justiça*, 25 nov. 2022. Disponível em: https://www.cnj.jus.br/pacto-cria-mecanismos-para-promover-acoes-de-equidade-racial-no-judiciario/. Acesso em: 27 dez. 2022.

MOREIRA. Adilson José. *Pensando como um negro*: ensaio de hermenêutica jurídica. São Paulo: Contracorrente, 2019.

MOREIRA, Adilson José; ALMEIDA, Philippe Oliveira de; CORBO, Wallace. *Manual de educação jurídica antirracista:* direito, justiça e transformação social. São Paulo: Contracorrente, 2022.

PAULUZE, Thaize. 84% dos casos de crimes raciais são registrados em SP como injúria e não como racismo, mostra pesquisa da FGV. *Globonews*, 17 jan. 2023. Disponível em: https://g1.globo.com/sp/sao-paulo/noticia/2023/01/17/84percent-dos-casos-de-crimes-raciais-sao-registrados-em-sp-como-injuria-e-nao-como-racismo-mostra-pesquisa-da-fgv.ghtml. Acesso em: 17 jan. 2023.

PIRES, Thula. Por um constitucionalismo ladino-amefricano. *In*: BERNARDINO-COSTA, Joaze; MALDONADO-TORRES, Nelson; GROSFOGUEL, Ramón (orgs.). *Decolonialidade e pensamento afrodiasporico*. 2. ed. 3ª reimp. Belo Horizonte: Autêntica, 2020.

VAZ, Lívia Sant'Anna. Desmistificando a meritocracia. *Migalhas*, 14 set. 2021. Disponível em: https://www.migalhas.com.br/coluna/olhares-interseccionais/351550/desmistificando-a-meritocracia. Acesso em: 15 jan. 2023.

Informação bibliográfica deste livro, conforme a NBR 6023:2018 da Associação Brasileira de Normas Técnicas (ABNT):

SILVA, Jonata Wiliam Sousa da. Letramento racial e educação antirracista no Poder Judiciário como vetores de transformação do sistema de justiça. BOMFIM, Daiesse Quênia Jaala Santos (Coord.). *Políticas afirmativas de inclusão e equidade racial*: reflexões acerca do papel dos setores público e privado. Belo Horizonte: Fórum, 2023. p. 179-194. ISBN 978-65-5518-553-9.

O PACTO NACIONAL DO JUDICIÁRIO PELA EQUIDADE RACIAL: TRANSVERSALIDADE COM O OBJETIVO DO DESENVOLVIMENTO SUSTENTÁVEL – ODS 10: DA AGENDA 2030 DA ONU

FRANÇOISE ROCHA

1 Introdução

Em 25 de novembro de 2022, foi celebrado no Conselho Nacional de Justiça o Pacto Nacional pela Equidade Racial. A medida implementada a partir de estudos e pesquisas realizadas no âmbito do Conselho tem como objetivo principal estabelecer o compromisso do Poder Judiciário em adotar medidas de igualdade, equidade, inclusão, combate e prevenção ao racismo estrutural e institucional sob a ótica de alguns eixos de atuação.[1] O objetivo deste artigo consiste em demonstrar alguns aspectos ressaltados no eixo de atuação, qual seja: promoção da equidade racial no Poder Judiciário, trazendo um breve contexto histórico das medidas inclusivas com fins de redução da desigualdade e, para além, apontar como um dos pressupostos legitimadores da iniciativa a adesão do Judiciário brasileiro à Agenda 2030 da ONU, notadamente

---

[1] PACTO Nacional do Judiciário pela Igualdade Racial. Disponível em: https://www.cnj.jus.br/wp-content/uploads/2022/11/pacto-nacional-do-judiciario-pela-equidade-racial-v2-2022-11-24.pdf. Acesso em: 13 mar. 2023.

quanto à meta a ser alcançada pela ODS 10 - Reduzir a desigualdade dentro dos países e entre eles. Por fim, a partir da análise de dados produzidos em pesquisa no âmbito do CNJ, levarmos à compreensão de que o Estado deve agir como um instrumento de transformação possível no combate à desigualdade, promovendo mudanças significativas nas estruturas de poder.

2 Os pressupostos fundantes da formulação do Pacto pela Equidade Racial

O Pacto pela Equidade Racial celebrado pelo Conselho Nacional de Justiça se apresenta no contexto da Década Internacional de Afrodescendentes[2] (2015-2024), instituída pela Organização das Nações Unidas (ONU), e está pautado sob as premissas da Convenção Internacional sobre a Eliminação de todas as Formas de Discriminação Racial (Decreto nº 65.810/1969), pela Convenção nº 111 da Organização Internacional do Trabalho (OIT) sobre discriminação em matéria de emprego e profissão e a Convenção Interamericana contra o Racismo, a Discriminação Racial e Formas Correlatas de Intolerância (Decreto nº 10.932/2022).[3]

O texto Constitucional de 1988 estabelece, como objetivo fundamental da República Federativa do Brasil:

> A promoção do bem de todos, sem preconceitos de origem, raça, sexo, cor, idade e quaisquer outras formas de discriminação. Em sede de legislação infraconstitucional, o Estatuto da Igualdade Racial (Lei nº 12.288/2010) determina, em seu *caput* e §2º do artigo 39, que o poder público deverá promover ações que assegurem a igualdade de oportunidades no mercado de trabalho para a população negra, inclusive mediante a implementação de medidas visando à promoção da igualdade nas contratações do setor público. Prevê-se, ainda, que as ações visando a promover a igualdade de oportunidades na esfera da administração pública far-se-ão por meio de normas estabelecidas ou a serem estabelecidas em legislação específica e em seus regulamentos.

---

[2] Disponível em: https://decada-afro-onu.org/. Acesso: 14 mar. 2023.
[3] PACTO Nacional do Judiciário pela Igualdade Racial. *Conselho Nacional de Justiça*. Disponível em: https://www.cnj.jus.br/programas-e-acoes/direitos-humanos/pacto-nacional-do-judiciario-pela-equidade-racial/referencias-normativas/. Acesso em: 13 mar. 2023.

O arcabouço teórico legal nos remete à dimensão da legitimidade da ação, onde é possível observar, inicialmente: o avanço legislativo, quando se tem inclusive no texto Constitucional o reconhecimento de uma gama de direitos que representam o Estado Democrático e Social e estando estes a serviço do resgate de uma desigualdade social expressiva, marca do país com a mais longeva escravidão moderna.[4]

Mas, de maneira paradoxal, tudo isso ainda não é o suficiente. Há ainda premente discussão no Brasil sobre o papel das políticas de promoção da igualdade racial, como afirma Moreira.[5] De acordo com o autor, uma sociedade democrática possibilita o mesmo tipo de inserção social e está baseada na premissa segundo a qual esse tipo de arranjo político permite a construção de uma ética social fundada no respeito por todas as pessoas. Prossegue afirmando que, embora existam concepções de neutralidade racial como forma de justiça social, estas são formuladas em nosso País a partir da articulação entre igualdade formal e homogeneidade racial, o que referendaria a noção de cordialidade essencial das relações raciais no Brasil, visão a qual estaria salvaguardando que as desigualdades sociais entre negros e brancos estão amplamente baseadas em atos privados de natureza discriminatória que afetam o *status* social de minorias raciais, ignorando, portanto, o fato de que estigmas raciais impedem o acesso a oportunidades materiais. Conclui que as instituições estatais têm obrigação constitucional de promover a igualdade de *status* entre grupos raciais, o que engloba a igualdade de *status cultural* e a *igualdade de status material*.

Quando se analisa a ODS 10, cujo objeto é redução das desigualdades, trazemos a questão para o nível da meta global como um objetivo a ser alcançado. O compromisso foi pioneiramente assumido pelo Judiciário brasileiro, por meio do pacto firmado junto às Nações Unidas em agosto de 2019, onde se destaca: a promessa do Estado Brasileiro na implementação da Agenda 2030 para o desenvolvimento sustentável; o papel do poder público na promoção do desenvolvimento, cabendo ao

---

[4] SEMER, Marcelo. *Os paradoxos da justiça*: judiciário e política no Brasil. São Paulo: Contracorrente, 2021.

[5] MOREIRA, Adilson José. *Pensando como um negro*: ensaio de hermenêutica jurídica. São Paulo: Contracorrente, 2019.

Poder Judiciário implementar mecanismo que concretizam também o combate à desigualdade,[6] que também possuem amparo Constitucional.[7]

Portanto, o Judiciário brasileiro vem atuando neste exato sentido, como formalmente destacado no ano de 2015, em que o Conselho Nacional de Justiça aprovou a Resolução CNJ nº 203: dispõe sobre a reserva de vagas aos negros, no âmbito do Poder Judiciário. Em 2020, para lastrear uma intervenção nacional mais ampliada, o CNJ instituiu Grupo de Trabalho (GT), por meio da Portaria nº 108/2020, destinado à elaboração de estudos e indicação de soluções com vistas à formulação de políticas judiciárias sobre a igualdade racial no âmbito do Poder Judiciário, e contou com o aporte de acadêmicos(as) e representantes da sociedade civil.

A partir deste trabalho, foi consolidado no Relatório para a Igualdade Racial no Judiciário, o qual, além de variadas ações propostas, projetou, "a partir de pesquisa realizada, que apenas no ano 2044 haverá o atingimento de, pelo menos, 22% dos cargos da magistratura de todos os tribunais brasileiros ocupados por magistradas e magistrados negros." Nesse contexto, o Pacto Nacional do Judiciário pela Equidade Racial surge como compromisso formal e solidário dos tribunais brasileiros pelo cumprimento de diversas normas e jurisprudências internacionais e nacionais pela igualdade racial no seio do Judiciário brasileiro, assinado pela presidente do CNJ e do Supremo Tribunal Federal (STF), ministra Rosa Weber, pela presidente do Superior Tribunal de Justiça (STJ), ministra Maria Thereza de Assis Moura, e pelo presidente do Tribunal Superior do Trabalho (TST), ministro Lelio Bentes Corrêa.

3 Promoção da equidade racial

Na obra *A idéia de justiça*, de Amartya Sen, o autor, antes de adentrar na crítica que faz quanto à clássica teoria de justiça apresentada por John Rawls, afirma que, para este, a ideia fundamental é de

---

[6] PACTO pela Implementação dos objetivos de desenvolvimento sustentável as Agenda 2030 no Poder Judiciário e Ministério Público. Disponível em: https://www.cnj.jus.br/wp-content/uploads/2019/09/578d5640079e4b7cca5497137149fa7f.pdf. Acesso em: 13 mar. 2023.

[7] A própria Constituição, em seu artigo terceiro estabelece: "Constituem objetivos fundamentais da República Federativa do Brasil: I- construir uma sociedade livre, justa e solidária; II- garantir o desenvolvimento nacional; III- erradicar a pobreza e a marginalização e reduzir as desigualdades sociais e regionais; IV-promover o bem de todos sem preconceito de origem, raça, sexo, cor, idade e quaisquer formas de discriminação."

que justiça tem de ser vista com relação às exigências da equidade, e assim descreve:

> O que é então equidade? Essa ideia pode ser conformada de várias maneiras, mas seu centro deve estar em uma exigência de evitar vieses em nossas avaliações levando em conta os interesses e preocupações dos outros e em particular, a necessidade de evitarmos ser influenciados por nossos respectivos interesses pelo próprio benefício, ou por nossas prioridades pessoais ou excentricidades ou preconceitos, pode ser amplamente vista como exigência da imparcialidade.[8]

Assim, a escolha unânime desses princípios de justiça faz boa parte do trabalho no sistema rawlsiano, o que inclui a escolha das instituições para a estrutura básica da sociedade, bem como a determinação de uma concepção política da justiça o que, Rawls supõe, correspondentemente influenciará os comportamentos individuais em conformidade com essa concepção partilhada. Entretanto, algumas dificuldades quanto à teoria foram apontadas e aqui se destaca que a aplicação da equidade na abordagem do contrato social está orientada, no caso de Rawls, para a identificação "das instituições justas" apenas. No sistema rawlsiano de justiça como equidade, concede-se atenção direta quase que exclusivamente às "instituições justas", em vez de focalizar as "sociedades justas".

Colocamos em destaque a partir de então o que o autor apresenta a título de instituições como fundamentos. Afirma-se que a teoria da justiça tem de dar um lugar importante para o papel das instituições, de modo que a sua escolha não deixe de ser um elemento central em qualquer explicação plausível da justiça. No entanto, temos que procurar instituições que promovam a justiça, em vez de tratá-las como manifestações em si da justiça. Ou seja, perguntar como as instituições estão indo e se elas podem ser melhoradas é um elemento constante e imprescindível da busca da justiça, e é nesse sentido que passamos a trazer algumas considerações quanto ao Eixo 01: Fomento à representatividade racial no Judiciário.

Os dados revelados pela pesquisa produzida em 2015, que teve como objetivo o monitoramento de cumprimento da Resolução CNJ nº 203, de 23 de junho de 2015, revelaram: o ingresso de magistrados(as)

---

[8] SEN, Amartya. *A idéia de justiça*. Tradução de Denise Bottmann e Ricardo Doninelli. Rio de Janeiro: Companhia das Letras, 2011.

por ano de posse revela que, nos últimos 20 anos, os percentuais de magistrados(as) negros(as) giraram em torno de 6,7% em 2007 a 21,6% em 2020, havendo, portanto, desde 2016, ano após a promulgação da Resolução CNJ nº 203, um aumento de 21% de posse de pessoas negras na carreira da magistratura, uma leve queda percentual nos três anos seguintes e uma retomada no ano passado (21,6%). A pesquisa também aponta que os dados, de modo geral, apresentam aumento da presença de negros(as) no Poder Judiciário. No entanto, um dos achados de pesquisa foi a própria falta de informações sobre raça/cor de magistrados(as), servidores(as) e estagiários(as) nos tribunais brasileiros – o que revela a necessidade de dar visibilidade à questão da diversidade e igualdade raciais e valorizar os registros funcionais com base no perfil de raça/cor.

Retomamos aqui a obra de Adilson Moreira,[9] que aborda questões relacionadas à hermenêutica negra, a qual foi desenvolvida pelo autor como uma abordagem crítica à interpretação de textos e práticas culturais relacionadas ao racismo e à discriminação racial. Essa hermenêutica parte da perspectiva das experiências e conhecimentos dos negros, considerando suas histórias, culturas e perspectivas únicas. Ela questiona e desafia interpretações dominantes que tendem a perpetuar estereótipos e preconceitos raciais, a fim de promover uma leitura mais justa e autêntica do que é produzido pela cultura negra.

Este conceito possui relevância na abordagem do tema aqui proposto por sua notória indissociabilidade. Defende o autor que um jurista que pensa como um negro compreende o Direito como um instrumento de transformação, o que inclui a consideração da situação social e política dos grupos afetados por normas jurídicas e práticas sociais. Portanto, pensar como um negro designa um tipo de consciência jurídica que articula elementos a partir de uma perspectiva substantiva da igualdade, o que engloba a necessidade de equiparação de *status* entre membros de diferentes grupos sociais.

Dentre os propósitos citados no *Ensaio de hermenêutica jurídica: pensando como um negro*, destacamos que dentro do campo de estudo da hermenêutica negra é necessário considerar o Estado como um agente de transformação social, o que significa que as instituições estatais são obrigadas a adotar normas e políticas que têm o propósito específico de promover a integração social de minorias raciais. Outro reside na

---

[9] MOREIRA, Adilson José. *Pensando como um negro*: ensaio de hermenêutica jurídica. São Paulo: Contracorrente, 2019.

importância da dignidade humana no nosso sistema jurídico, o que implica o papel das instituições estatais no combate aos estigmas culturais associados à população negra. A hermenêutica negra se afasta de uma interpretação procedimental da igualdade; ela está fundamentada na noção de que esse princípio tem como propósito principal eliminar mecanismos de subordinação e fomentar meios de inclusão racial. O racismo aparece como algo que possui uma natureza dinâmica, tese decorrente do fato de que ele pode adquirir novas formas na medida em que suas manifestações são reconhecidas e denunciadas. Por fim, a hermenêutica negra reconhece a importância da análise do contexto histórico e político onde as pessoas estão situadas, o que significa que o intérprete deve considerar como as práticas discriminatórias privadas concorrem para a subordinação de minorias raciais, razão pela qual devemos rejeitar a articulação entre igualdade formal e homogeneidade racial como parâmetros para interpretação do princípio da igualdade.

A equidade racial no Brasil sempre foi uma questão tormentosa, dada a formação do país como nação escravista desde a sua colonização. No século XIX, quando se tornou independente de Portugal, a questão da escravidão foi a mais importante disputa social, que ocupou todo o período entre a proclamação da independência, em 1822, e a abolição, em 1888. Nesse período se consolidou a instituição escravista. Os reflexos dessa conformação social trazem como resultado a perduração das consequências dos longos anos da escravidão no Brasil, o panorama histórico demonstra a difícil evolução da pauta da equidade racial na produção de leis e especialmente na sua implementação, durante os séculos XIX e XX.

Para Bucci,[10] a solução definitiva da controvérsia, pela atuação do Supremo Tribunal Federal, já no século XXI, não teria sido possível se não fossem algumas modificações no seu papel institucional, brevemente abordando a ampliação do rol de legitimados para a propositura de ações diretamente na Corte, bem como novas condições políticas e sociais do país citando o papel do Congresso Nacional e do Poder Executivo.

Ao longo dos anos 2000 e 2010, diversas leis foram aprovadas sobre a questão racial. Aqui citamos a Lei nº 10.172, de 2001, que aprova

---

[10] BUCCI, Maria Paula Dallari. As ações afirmativas no Supremo Tribunal Federal: conexões entre direito e política na difícil promoção da equidade racial no Brasil. *Revista de Direito Administrativo & Constitucional. – A&C,* | Belo Horizonte, ano 21, n. 83, p. 51-74, jan./mar. 2021.

o Plano Nacional de Educação de 2001 a 2011, estabelecendo dentre os objetivos e metas para o ensino superior:

> Criar políticas que facilitem às minorias, vítimas de discriminação, o acesso à educação superior, através de programas de compensação de deficiências de sua formação escolar anterior, permitindo-lhes, desta forma, competir em igualdade de condições nos processos de seleção e admissão a esse nível de ensino.

Destaque importante para o Plano Nacional de Educação para o período seguinte, aprovado pela Lei nº 13.005, de 2014, que é ainda mais explícito quanto à equidade racial: "Meta 8: elevar a escolaridade média da população de 18 (dezoito) a 29 (vinte e nove) anos, de modo a [...] igualar a escolaridade média entre negros e não negros declarados à Fundação Instituto Brasileiro de Geografia e Estatística – IBGE."

A Lei nº 10.558, de 2002, que cria o Programa Diversidade na Universidade, definindo como sua finalidade "implementar e avaliar estratégias para a promoção do acesso ao ensino superior de pessoas pertencentes a grupos socialmente desfavorecidos, especialmente dos afrodescendentes e dos indígenas brasileiros" (art. 1º). A Lei nº 10.678, de 2003, que criou a Secretaria Especial de Políticas de Promoção da Igualdade Racial, vinculada à Presidência da República, a quem compete a coordenação da Política Nacional de Promoção da Igualdade Racial (Decreto nº 4.886/2003), englobando ações afirmativas voltadas à "eliminação de qualquer fonte de discriminação e desigualdade raciais direta ou indireta, mediante a geração de oportunidades", e a Lei nº 12.228, de 2010, que instituiu o Estatuto da Igualdade Racial, estipulando que, para o direito à educação da população negra, "o poder público adotará programas de ação afirmativa" (art. 14), entre outras.

A primeira lei federal brasileira a prever cotas com base no critério racial, ainda que no ensino superior privado, foi a Lei nº 11.096,40 de 2005, que criou o Programa Universidade para Todos (Prouni). O programa prevê a concessão de bolsas de estudo em instituições de educação superior privadas, em troca de incentivos fiscais; o grupo destinatário das referidas bolsas de estudo estariam assim identificados: "II – percentual de bolsas de estudo destinado à implementação de políticas afirmativas de acesso ao ensino superior de portadores de deficiência ou de autodeclarados indígenas e negros".

Várias universidades públicas, valendo-se na autonomia universitária prevista no artigo 207 da Constituição Federal, já adotavam alguma forma de ação afirmativa, antes da que viria a ser a Lei das Cotas, Lei nº 12.711. A experiência inicial ocorreu no estado do Rio de Janeiro, com a Lei estadual nº 3.524, de 2000, e, no âmbito federal, a Universidade de Brasília foi a primeira a adotar a reserva de vagas, a partir de 2004, seguida posteriormente por outras universidades federais.

A Lei de Cotas, instituída posteriormente em âmbito nacional, deve ter seu histórico contextualizado quando se tem que a tramitação da Lei nº 12.711/2012 se inicia com um projeto apresentado em 1999, ou seja, durante mais de dez anos ocorrem intensos debates, incluindo mobilização de intelectuais e professores universitários liberais contrários às ações afirmativas, que viam riscos de "racialização" da sociedade, tendo sido inclusive formulado o Manifesto dos Cento e Treze Cidadãos Antirracistas contra as Leis Raciais em 2008. Ocorre, entretanto, que o Congresso entendeu que as ações afirmativas eram indispensáveis para garantir a oferta de oportunidades e foi promulgada a Lei nº 12.711, de 2012, dispondo que:

> Art. 1º As instituições federais de educação superior vinculadas ao Ministério da Educação reservarão, em cada concurso seletivo para ingresso nos cursos de graduação, por curso e turno, no mínimo 50% (cinquenta por cento) de suas vagas para estudantes que tenham cursado integralmente o ensino médio em escolas públicas.
> Parágrafo único. No preenchimento das vagas de que trata o *caput* deste artigo, 50% (cinquenta por cento) deverão ser reservados aos estudantes oriundos de famílias com renda igual ou inferior a 1,5 salário-mínimo (um salário-mínimo e meio) per capita. [...]
> Art. 3º Em cada instituição federal de ensino superior, as vagas de que trata o art. 1º desta Lei serão preenchidas, por curso e turno, por autodeclarados pretos, pardos e indígenas e por pessoas com deficiência, nos termos da legislação, em proporção ao total de vagas no mínimo igual à proporção respectiva de pretos, pardos, indígenas e pessoas com deficiência na população da unidade da Federação onde está instalada a instituição, segundo o último censo da Fundação Instituto Brasileiro de Geografia e Estatística – IBGE. (Redação dada pela Lei nº 13.409, de 2016).

Destacamos também que em 2017 o Plenário do Supremo Tribunal Federal declarou como constitucional a lei que reserva 20% das vagas oferecidas em concursos públicos para provimento de cargos efetivos e empregos públicos no âmbito da Administração Pública federal.

O então ministro Celso de Mello consolida o entendimento que deve ser buscado pelos órgãos: citando a história do advogado Luiz

Gama (1830-1882), que ficou conhecido como advogado dos escravos, para demonstrar "como tem sido longa a trajetória de luta das pessoas negras em nosso país na busca não só de sua emancipação jurídica, como ocorreu no século XIX, mas de sua emancipação social e de sua justa, legítima e necessária inclusão".[11]

Ao defender as políticas de inclusão, assim afirma:

> Sem se reconhecer a realidade de que a Constituição impõe ao Estado o dever de atribuir a todos os que se situam à margem do sistema de conquistas em nosso país a condição essencial de titulares do direito de serem reconhecidos como pessoas investidas de dignidade e merecedoras do respeito social, não se tornará possível construir a igualdade nem realizar a edificação de uma sociedade justa, fraterna e solidária, frustrando assim um dos objetivos fundamentais da República, a que alude o inciso I do artigo 3º da Carta Política.[12]

4 O cenário no Poder Judiciário

No ano de 2015, o Conselho Nacional de Justiça aprovou a Resolução nº 203, que dispõe sobre a reserva de vagas aos negros, no âmbito do Poder Judiciário. Ainda como medida de aperfeiçoamento, no ano de 2022, o CNJ, por meio do Ato Normativo nº 0002241-05.2022.2.00.0000,[13] definiu que os tribunais brasileiros não poderão estabelecer nota de corte ou qualquer cláusula de barreira na prova objetiva seletiva para pessoas negras inscritas em concursos para ingresso na magistratura, pois, apesar do crescimento na equidade racial na magistratura devido à política de cotas, a média nacional ainda demonstra uma lacuna quando comparada com o percentual da população preta ou parda no Brasil – que é de 56%, segundo o Instituto Brasileiro de Geografia e Estatística (IBGE). Antes de 2013, o número de juízes e juízas negras não chegava a 16%; em 2018 – três

---

[11] PLENÁRIO declara constitucionalidade da Lei de Cotas no serviço público federal. Fala do Ministro Celso de Mello *STF*, 08 jun. 2017. Disponível em: https://portal.stf.jus.br/noticias/verNoticiaDetalhe.asp?idConteudo=346140. Acesso em: 15 mar. 2023.

[12] PLENÁRIO declara constitucionalidade da Lei de Cotas no serviço público federal. Fala do Ministro Celso de Mello *STF*, 08 jun. 2017. Disponível em: https://portal.stf.jus.br/noticias/verNoticiaDetalhe.asp?idConteudo=346140. Acesso em: 15 mar. 2023.

[13] BANDEIRA, Regina. CNJ aperfeiçoa regras para ingresso de pessoas negras na magistratura *Conselho Nacional de Justiça*, 20 de abril de 2022. Disponível em: https://www.cnj.jus.br/cnj-aperfeicoa-regras-para-ingresso-de-pessoas-negras-na-magistratura/. Acesso em: 13 mar. 2023.

anos depois da Resolução 203 entrar em vigor – esse número havia subido para 18%. Em 2021, pesquisa do CNJ revelou que esse número cresceu pouco, chegando a 21,6% da magistratura em 2020, como já mencionado anteriormente.

Em 2020, para lastrear uma intervenção nacional mais ampliada, o CNJ instituiu Grupo de Trabalho (GT), por meio da Portaria nº 108/2020, destinado à elaboração de estudos e indicação de soluções com vistas à formulação de políticas judiciárias sobre a igualdade racial no âmbito do Poder Judiciário, e contou com o aporte de acadêmicos(as) e representantes da sociedade civil. A formatação de sua finalidade nasce de discussões implementadas no âmbito dos Seminários Questões Raciais e o Poder Judiciário e Democratizando o Acesso à Justiça.

Destaque essencial deve ser feito para a horizontalidade implementada nas ações e o diálogo institucional que denominaremos como um verdadeiro fenômeno *bottom-up* em que se parte das estruturas para a formulação das políticas – a realização de reunião pública e memoriais confirmam tal afirmação: por sugestão do Grupo de Trabalho, o CNJ realizou, no dia 12 de agosto de 2020, reunião pública para debater temas relacionados à igualdade racial no Poder Judiciário. Para tanto, foi lançado o Edital de Convocação nº 001/2020 com o fim promover chamamento a segmentos representativos da sociedade e a especialistas na temática racial, interessados em participar daquela reunião.[14] O Edital de Convocação também formulou convite a universidades, clínicas de direitos humanos, organizações não governamentais, associações profissionais, Defensorias Públicas, Ministério Público Federal e dos estados, Ordem dos Advogados do Brasil, bem como a toda e qualquer pessoa interessada, para apresentação de propostas, com o intuito de subsidiar os estudos a serem desenvolvidos na temática proposta. Como conclusão, foram elencadas proposições que se alinham às medidas relacionadas: (i) à transformação da cultura institucional, com 15 propostas; e (ii) aos impactos do racismo internalizado na cultura institucional sobre o jurisdicionado com rol de oito sugestões de encaminhamento.

Também se destacam no âmbito das atividades: a) apresentação de proposta de construção de projeto de curso a ser executado pelo CeaJud/CNJ para formação na área de comunicação social; b) elaboração

---

[14] Disponível em: cnj.jus.br/wp-content/uploads/2020/10/Relatorio_Igualdade-Racial_2020-10-02_v3-2.pdf. Acesso em: 13 mar. 2023.

de parecer sobre as possíveis alterações da Resolução CNJ nº 75/2015, que dispõe sobre os concursos públicos para ingresso na carreira da magistratura em todos os ramos do Poder Judiciário nacional, tendo em vista o requerimento trazido ao CNJ pelo Tribunal Regional Federal da 3ª Região, constante do procedimento SEI nº 07733/2020 – Ofício nº 8 – EMAG/ROCO), além de sugestões recebidas por ocasião da reunião pública; c) indicação de possíveis demandas, matérias e/ou processos a serem monitorados pelo Observatório Nacional sobre Questões Ambientais, Econômicas e Sociais de Alta Complexidade e Grande Impacto e Repercussão, dado que o tema relacionado à igualdade e discriminação racial, Objetivo de Desenvolvimento Sustentável 10, da Agenda 2030, foi incluído para monitoramento por aquele Observatório Nacional, nos termos da Portaria Conjunta CNJ/CNMP nº 7, de 1º de setembro de 2020.

Para esta última citada, mais uma vez confirma-se a congruência com a ODS 10. Nesse sentido, o GT indica para monitoramento, no âmbito daquele Observatório,[15] alguns temas, cujos destaques aqui se apresentarão acompanhado de suas justificativas:

a) ações de grande repercussão, em especial os crimes dolosos contra a vida, considerando o alto índice de homicídios de pessoas negras no Brasil, além daquelas nas quais a questão racial seja uma das motivações para a ocorrência dos fatos objetos das demandas, tanto na esfera pública como privada; que possui como justificativa o combate ao racismo estrutural e institucional, quando se evidencia que: conforme dados do Atlas da Violência de 2020 divulgado pelo IPEA, 75% das vítimas de homicídio no Brasil são negras. A despeito da queda no índice de homicídios de não negros (queda de 12,9%), houve aumento de 11,5% de mortes de pessoas negras. As taxas de homicídios de mulheres seguem os mesmos padrões, pois 68% das mulheres assassinadas no período analisado eram negras.

b) ações de racismo, injúria racial, indenizações por danos morais e dispensa que tenham como fundamento a prática

---

[15] CONSELHO NACIONAL DE JUSTIÇA. Pesquisa sobre negros e negras no Poder Judiciário / Conselho Nacional de Justiça. – Brasília: CNJ, 2021. Disponível em: https://www.cnj.jus.br/wp-content/uploads/2021/09/rela-negros-negras-no-poder-judiciario-290921.pdf .Acesso em: 15 mar. 2023.

de atos racistas (em articulação com o DPJ), o que só será possível com a criação de indicação nas tabelas de assuntos e inserção do dado cor/raça nos sistemas. O monitoramento foi justificado à medida que a inclusão de ações que versem sobre racismo, injúria racial, indenizações por danos morais e dispensas trabalhistas que tenham como fundamento a prática de atos racistas suspenderá o véu de invisibilidade no Poder Judiciário. Destaca-se que a Declaração de Durban de 2001, entre outras medidas, insta os Estados a reforçarem a proteção contra o racismo, discriminação racial, xenofobia e intolerância correlata assegurando que todas as pessoas tenham acesso aos remédios eficazes e a gozarem do direito de se dirigirem aos tribunais nacionais competentes e em outras instituições nacionais para solicitarem reparação ou satisfação justas e adequadas, pelos danos ocasionados por tais formas de discriminação.

c) todas aquelas demandas que sejam objeto de reclamação perante o Sistema Interamericano de Direitos Humanos e que tenham, ainda que de modo indireto, a motivação racial como uma das causas para que se esteja recorrendo ao Sistema; aqui se insere o fato de que o Brasil é signatário de diversos tratados internacionais de direitos humanos, entre os quais a Convenção Internacional sobre a Eliminação de Todas as Formas de Discriminação Racial e a Convenção Americana Sobre Direitos Humanos. Em razão disso, compromete-se a garantir o livre e pleno exercício de direitos, a toda pessoa que esteja sujeita à sua jurisdição, sem discriminação de qualquer natureza, inclusive por motivo de raça e/ou cor;

d) ações que envolvam a discussão da implementação de políticas afirmativas. Não obstante, as ações afirmativas promovidas pelo Estado brasileiro e pela sociedade civil costumam ser objeto de críticas e, em alguns casos, de judicialização, com ações que frequentemente chegam aos Tribunais Superiores, a exemplo da Arguição de Descumprimento de Preceito Fundamental 186, do Distrito Federal, na qual o Supremo Tribunal Federal afirmou a constitucionalidade das cotas raciais nas universidades. No âmbito do Observatório, é importante acompanhar a judicialização das políticas afirmativas, uma vez que tais ações costumam ter grande

repercussão e geram elevada expectativa por parte da sociedade, o que exige do Judiciário uma atuação firme e segura a fim de garantir os valores previstos na Constituição.
e) ações que envolvam a regularização das terras quilombolas. Justifica-se pelo necessário respeito aos preceitos constitucionais, qualificando-se a prestação no que concerne ao acesso da população negra e das comunidades tradicionais (quilombolas e terreiros) aos serviços do sistema de justiça, nas condições adequadas às suas necessidades, em especial com respeito às demandas que sobre a regularização fundiária, para que se dê celeridade aos processos de titulação de terras, demanda específica apresentada por remanescentes de quilombolas ao GT.
f) ações que envolvam a saúde da população negra. As precárias condições de saúde da população negra são reconhecidas pelo Estado brasileiro, que possui uma política nacional específica junto ao Ministério da Saúde, a fim de eliminar desigualdades que acometem essa parcela da população, em razão de injustos processos sociais, culturais e econômicos, que historicamente a colocaram em condições de vulnerabilidade.

5 A instituição do Fórum Nacional do Poder Judiciário para a Equidade Racial (Fonaer), destinado a elaborar estudos e propor medidas para o aperfeiçoamento do sistema judicial quanto ao tema

Instituído por meio da Resolução nº 490, de 08 de março de 2023, o Fonaer representa a concretização de mais um dos objetos resultante do Pacto Nacional pela Equidade Racial no âmbito do Judiciário. Interessante notar um aspecto muito relevante que aqui será destacado: a composição que traz para o âmbito do Fórum a participação de diversos setores da sociedade:

Art. 3º O Fonaer será presidido por um(a) Conselheiro(a) do Conselho Nacional de Justiça, indicado(a) pelo Plenário,
§1º O Fonaer será composto pelos seguintes organismos:
I – Advocacia-Geral da União (AGU);
II – Conselho Nacional do Ministério Público (CNMP);

III – Defensoria Pública da União (DPU);
IV – Fundação Palmares;
V – Ministério dos Direitos Humanos e da Cidadania;
VI – Ministério da Igualdade Racial;
VII – Ministério Público do Trabalho (MPT);
VIII – Ordem dos Advogados do Brasil (OAB);
IX – Centro de Estudos das Relações de Trabalho e Desigualdades (Ceert);
X – Coalizão Negra por Direitos;
XI – Coordenação Nacional das Comunidades Quilombolas (Conaq);
XII – Criola;
XIII – Educafro;
XIV – Faculdade Zumbi dos Palmares;
XV – Geledés Instituto da Mulher Negra;
XVI – Grupo de Estudos Multidisciplinares da Ação Afirmativa (Gemaa);
XVII – Movimento Negro Unificado (MNU).

Além disso, há uma explicita determinação a título de ações prioritárias, em que citamos a promoção de estudos para definição de critérios a serem utilizados pelas comissões de heteroidentificação nos concursos públicos promovidos pelo Poder Judiciário, observando as decisões da ADPF nº 186 e ADC nº 41, e o decidido no PCA nº 0002371-92.2022.2000000, o que deverá ocorrer em 60 (sessenta) dias da data de sua instalação.

6 Conclusão

O avanço no debate da justiça racial tem apresentado evoluções significativas. Já o debate sobre medidas de inclusão em nossa sociedade ainda tem um longo caminho a ser trilhado. Embora muitos tribunais realizem a leitura pela sua compatibilidade com ordenamento jurídico pátrio, ainda há muita resistência por diversos atores sociais, que fazem menção exclusiva à noção de igualdade formal.

É preciso pensar o Direito como um instrumento de transformação social, como afirma Moreira,[16] um operador do Direito que pensa como um negro – e ele pode ser negro ou branco. Deve-se estar atento ao fato de que as pessoas são excluídas a partir de diferentes vetores. Deve haver comprometimento da raça como uma categoria meramente formal no

---

[16] MOREIRA, Adilson José. *Pensando como um negro*: ensaio de hermenêutica jurídica. São Paulo: Contracorrente, 2019.

processo de interpretação da Constituição Federal que possa promover a igualdade de *status* entre grupos. Assim, a igualdade deve ser voltada para a proteção de grupos sociais, única forma de promovermos uma transformação da nossa nação.

Referências

BANDEIRA, Regina. CNJ aperfeiçoa regras para ingresso de pessoas negras na magistratura *Conselho Nacional de Justiça*, 20 de abril de 2022. Disponível em: https://www.cnj.jus.br/cnj-aperfeicoa-regras-para-ingresso-de-pessoas-negras-na-magistratura/. Acesso em: 13 mar. 2023.

BRASIL. Lei nº 12.711, de 29 de agosto de 2012. Dispõe sobre o ingresso nas universidades federais e nas instituições federais de ensino técnico de nível médio e dá outras providências. Brasília, DF: Diário Oficial da União, 2012.

BRASIL. Resolução nº 490, de 08 de março de 2023. Institui o Fórum Nacional do Poder Judiciário para a Equidade Racial (Fonaer), destinado a elaborar estudos e propor medidas para o aperfeiçoamento do sistema judicial quanto ao tema. Brasília, DF: Diário Oficial da União, 2023.

BUCCI, Maria Paula Dallari. As ações afirmativas no Supremo Tribunal Federal: conexões entre direito e política na difícil promoção da equidade racial no Brasil. *Revista de Direito Administrativo & Constitucional. – A&C,* | Belo Horizonte, ano 21, n. 83, p. 51-74, jan./mar. 2021.

CONSELHO NACIONAL DE JUSTIÇA. Pesquisa sobre negros e negras no Poder Judiciário / Conselho Nacional de Justiça. – Brasília: CNJ, 2021. Disponível em: https://www.cnj.jus.br/wp-content/uploads/2021/09/rela-negros-negras-no-poder-judiciario-290921.pdf .Acesso em: 15 mar. 2023.

MOREIRA, Adilson José. *Pensando como um negro*: ensaio de hermenêutica jurídica. São Paulo: Contracorrente, 2019.

PACTO Nacional do Judiciário pela Igualdade Racial. Disponível em: https://www.cnj.jus.br/wp-content/uploads/2022/11/pacto-nacional-do-judiciario-pela-equidade-racial-v2-2022-11-24.pdf. Acesso em: 13 mar. 2023.

PACTO pela Implementação dos objetivos de desenvolvimento sustentável as Agenda 2030 no Poder Judiciário e Ministério Público. Disponível em: https://www.cnj.jus.br/wp-content/uploads/2019/09/578d5640079e4b7cca5497137149fa7f.pdf. Acesso em: 13 mar. 2023.

PLENÁRIO declara constitucionalidade da Lei de Cotas no serviço público federal. Fala do Ministro Celso de Mello. *STF*, 08 jun. 2017. Disponível em: https://portal.stf.jus.br/noticias/verNoticiaDetalhe.asp?idConteudo=346140. Acesso em: 15 mar. 2023.

SEMER, Marcelo. *Os paradoxos da justiça*: judiciário e política no Brasil. São Paulo: Contracorrente, 2021.

SEN, Amartya. *A idéia de justiça*. Tradução de Denise Bottmann e Ricardo Doninelli. Rio de Janeiro: Companhia das Letras, 2011.

Sites consultados:

PACTO Nacional do Judiciário pela Igualdade Racial. *Conselho Nacional de Justiça*. Disponível em: https://www.cnj.jus.br/programas-e-acoes/direitos-humanos/pacto-nacional-do-judiciario-pela-equidade-racial/referencias-normativas/. Acesso em: 13 mar. 2023.

https://decada-afro-onu.org/ Acesso em: 14 mar. 2023.

https://www.cnj.jus.br/wp-content/uploads/2020/10/Relatorio_Igualdade-Racial_2020-10-02_v3-2.pdf acesso. Acesso em: 14 mar. 2023.

Informação bibliográfica deste livro, conforme a NBR 6023:2018 da Associação Brasileira de Normas Técnicas (ABNT):

ROCHA, Françoise. O Pacto Nacional do Judiciário pela Equidade Racial: transversalidade com o Objetivo do Desenvolvimento Sustentável - ODS 10: da Agenda 2030 da ONU. BOMFIM, Daiesse Quênia Jaala Santos (Coord.). *Políticas afirmativas de inclusão e equidade racial*: reflexões acerca do papel dos setores público e privado. Belo Horizonte: Fórum, 2023. p. 195-211. ISBN 978-65-5518-553-9.

AÇÕES AFIRMATIVAS E *COMPLIANCE*: SEMEANDO UMA NOVA CULTURA ORGANIZACIONAL

ANTONIO PEDRO FERREIRA DA SILVA

1 Introdução

Tendo em vista as limitações do formato de publicação proposto, o presente texto tem o objetivo fomentar reflexões acerca das ações afirmativas e a sua transversalidade, mormente, em sua possível relação com o *compliance*, enquanto instrumento de governança pública e privada, como forma de garantir efetividade e cumprimento a princípios constitucionais basilares da Constituição Federal brasileira e a convenções internacionais de combate ao racismo.

Inicialmente, é importante entender o que nos trouxe diante dessa proposta de reflexão, e, a partir das filosofias africanas, principalmente da Adinkra[1] Sankofa, é impossível se projetar o futuro sem olhar para o passado, porquanto é com o vivenciado no passado que podemos evitar erros no presente e no futuro. Nessa perspectiva, é de se reconhecer a interferência do pensamento ocidental na construção histórica dos países criados em torno de sua periferia, cenário que propiciou o surgimento do colonialismo, do capitalismo e a sua consolidação como regime econômico ao redor do globo. Isso porque o racismo e o supre-

---

[1] Adinkra são símbolos criados pelo povo Akan, que vivem na região de Gana, que trazem em seu conteúdo conceitos ou aforismos.

macismo branco ganharam, a partir de sustentação inicial religiosa e, posteriormente, científica, bases para justificar um dos maiores atentados contra a humanidade: o processo de escravidão de pessoas negras do continente africano e o tráfico negreiro, os quais constituíram os lastros iniciais das grandes economias ocidentais, e cujos efeitos deletérios é denominado de Maafa,[2] que se evidencia como uma desgraça coletiva vivenciada pelo povo negro na diáspora, mas também no continente africano (WILLIAMS, 2012; DIOP, 1988; MOORE, 2007; NJERI, 2020).

A Conferência de Mundial contra o Racismo, Discriminação Racial, Xenofobia e Intolerância correlata, realizada em Durban, foi um marco importante no cenário mundial, na medida em que, reconhece a diversidade cultural como fator de enriquecimento e aprimoramento das sociedades, além de eleger a educação como setor essencial para a promoção e dissiminação dos valores democráticos da justiça e da igualdade (ONU, 2001).

Passados mais de 20 anos da Conferência, o racismo ainda permeia as sociedades ao redor do mundo, apresentando-se individualmente, estruturalmente e institucionalmente, impactando as relações sociais com violência simbólica e real, ao ponto de gerar mortes, como ocorreu, por exemplo, com George Floyd e José Alberto, vítimas do racismo institucional, promovidos por forças de segurança, respectivamente, pública e privada.

A partir das lentes de análise crítica ao capitalismo e à sociedade euro-ocidental, a teoria das sete esferas (HARVEY, 2011) e a análise da tríade euro-ocidental Asili, Utamaroho e Utamawazo (ANI, 1994), demonstra-se como o capitalismo e o colonialismo se desenvolveram de forma consistente no ocidente, e estabeleceram um modelo civilizatório, que deu origem à figura do "Senhor do Ocidente" – para utilizar o conceito da professora Aza Njeri (2020), cujas bases sólidas indicam a dificuldade para uma transformação rápida do cenário, principalmente, ante a plasticidade e capacidade de readaptação do racismo, enquanto arranjo institucional do capitalismo, pautado em um sistema ético peculiar.

É por acreditar na educação como processo de longo prazo como um instrumento poderoso de transformação da sociedade e tendo o

---

[2] O termo foi cunhado por Marimba Ani, que denomina "holocausto negro". A professora Aza Njeri opta por denominar "desgraça coletiva", pois evita a concorrência com o "holocausto judeu", posição que adoto.

tempo como aliado, abstraindo a linearidade que nos foi ensinada, para entendê-lo como uma unidade 'passado-presente-futuro', e de que somos elos nessa construção, persisto e resisto a esperançar em relação à aplicação das ações afirmativas não só na área governamental, mas também no meio corporativo, porquanto se constituem instrumentos com o objetivo de (re)educar nossa sociedade no sentido da igualdade e da justiça tão festejado nos diplomas relacionados aos Direitos Humanos. Assim, pensando *compliance* para além de um mero instrumento de governança de controle de conformidade das corporações, é possível encará-lo como um grande meio de fomento de uma educação antirracista, cujos efeitos reverberarão no futuro.

2 Ações afirmativas: conhecer para aplicar

No senso comum, é corriqueiro circunscrever o conceito da ação afirmativa apenas à implementação do sistema de cotas raciais para ingresso nas universidades públicas (Lei nº 12.711/2012) e, recentemente, aos concursos públicos (Lei nº 12.990/2014). Por outro lado, os especialistas não deixam dúvidas, como bem faz o Joaquim Benedito Barbosa Gomes e Fernanda Duarte Lopes Lucas da Silva:

> As ações afirmativas se definem como políticas públicas (e privadas) voltadas à concretização do princípio constitucional da igualdade material e à neutralização dos efeitos da discriminação racial, de gênero, de idade, de origem nacional e de compleição física. Na sua compreensão, a igualdade deixa de ser simplesmente um princípio jurídico a ser respeitado por todos, e passa a ser um objetivo constitucional a ser alcançado pelo Estado e pela sociedade. (GOMES; SILVA, 2002, p. 90)

Numa linha menos vinculada à perspectiva do Direito Constitucional, apresento o conceito de Féres Júnior e colaboradores:

> [...] todo programa, público ou privado, que tem por objetivo conferir recursos ou direitos especiais para membros de um grupo social desfavorecido, com vistas a um bem coltivo. Etnia, raça, classe, ocupação, gênero, religião e castas são as categorias mais comuns em tais políticas. Os recursos e oportunidades distribuídos pela ação afirmativa incluem participação política, acesso à educação, admissão em instituições de ensino superior, serviços de saúde, emprego, oportunidades de negócios, bens materiais, redes de proteção social e reconhecimento cultural e histórico. (FÉRES JÚNIOR *et al.*, 2018, 13)

Ambos os conceitos confluem no sentido de que as ações afirmativas são políticas sociais públicas ou privadas que buscam a garantia do princípio da igualdade e justiça social a partir de programas nas mais diversas áreas, e não apenas para acesso à educação pública. Pensar as ações afirmativas como instrumentos de modificação da sociedade não é uma utopia, no entanto implica processo árduo de rompimento de barreiras tão solidamente construídas com o cimento social do privilégio branco.

Na esfera das ações afirmativas públicas, o acesso à educação pública superior e aos cargos públicos foram objeto de apreciação judicial pela Suprema Corte, respectivamente, na ADPF nº 186/DF[3] e na ADC nº 41/DF[4]. Em ambas as decisões, houve o reconhecimento da constitucionalidade das cotas raciais, que teve grande impacto inclusive no campo político-partidário, na medida em que foram instituídas normas fomentadoras da participação de pessoas negras na vida política, através de incentivos financeiros para os partidos políticos (Emenda Constitucional nº 111/2021).[5]

As decisões exaradas pela Suprema Corte reconhecem a necessidade de desenvolver políticas públicas específicas com discriminações positivas, uma vez que, é evidente a disparidade social vivida pela população negra brasileira. Nesse sentido Adilson Moreira (2019, p. 107) é preciso ao afirmar que: "Pressupor que a uniformidae de status jurídico pode significar a homogeneidade de experiências sociais permite que relações de subordinação sejam reproduzidas dentro da sociedade, mantendo classes de pessoas em uma condição de subalternidade ao longo do tempo".

É incontestável a importância da ação afirmativa de acesso à educação superior no Brasil, como efeito da Conferência de Durban em 2001, pois, além de ter mudado a cor do corpo discente das universidades públicas, em cursos, que antes eram acessados majoritariamente por pessoas brancas, resta comprovado através de pesquisas a eficácia

---

[3] Disponível em: https://redir.stf.jus.br/paginadorpub/paginador.jsp?docTP=TP&docID=6984693 Acesso em: 15 jan. 2023.
[4] Disponível em: https://redir.stf.jus.br/paginadorpub/paginador.jsp?docTP=TP&docID=13375729 Acesso em: 15 jan. 2023.
[5] Art. 2º Para fins de distribuição entre os partidos políticos dos recursos do fundo partidário e do Fundo Especial de Financiamento de Campanha (FEFC), os votos dados a candidatas mulheres ou a candidatos negros para a Câmara dos Deputados nas eleições realizadas de 2022 a 2030 serão contados em dobro.

da política pública, através do baixo índice de evasão dos cotistas (efetividade dos programas sociais universitários de assistência social) e do alto rendimento acadêmico dos cotistas; resultados que se contrapõem às primeiras críticas ao sistema. Pensar que o Brasil insituiu o sistema há 20 anos, e que o povo negro brasileiro foi objeto de uma política de exclusão do sistema educacional formalmente por 380 anos e por omissões do Estado brasileiro no período republicano, é de se reconhecer a essencialidade dessa ação afirmativa, a sua continuidade com aprimoramentos dos controles para evitar e combater as fraudes (FÉRES JÚNIOR et al., 2018; VAZ, 2022).

Como grande piloto das ações afirmativas no Brasil, as cotas para acesso à educação pública superior carrega uma gama de procedimentos, estruturas e novas ações secundárias que foram aprimorados no decorrer de sua implementação, e que têm sido a balisa para novas políticas públicas inclusivas: as bancas de heteroverificação e a instituição de políticas sociais de apoio são exemplos.

Na esfera corporativa brasileira, infelizmente, algumas incipientes ações foram implementadas após a morte de pessoas negras em suas instalações ou após grandes movimentos como o "Black lives mater". A empresa Magazine Luiza é um exemplo de implantação de ação afirmativa privada, através do programa de contratação de *trainees* negros. Certamente, a cultura organizacional será transformada com o amadurecimento do programa caso seja mantido.

É importante mencionar também o papel desenvolvido por entidades não governamentais sem fins lucrativos, cujo objetivo é promover a implementação das ações afirmativas tanto no campo privado, quanto no público. Essas instituições manejam ações judiciais e estruturam cursos e ações inclusivas no sentido de maximizar o acesso às cotas e a criação de novas perspectivas de aplicação das ações afirmativas.

Um bom exemplo em relação a ações para acesso às cotas raciais em vestibulares e concursos públicos é a EDUCAFRO BRASIL – Educação e Cidadania de Afrodescendentes e Carentes, [6], cuja missão institucional é: "[...] promover a inclusão da população negra (em especial) e pobre (em geral), nas universidades públicas e particulares com bolsa de estudos, através do serviço de seus voluntários/as nos núcleos de pre-vestibular comunitários e setores da sua Sede Nacional, em forma de mutirão".

---

[6] Disponível em: https://www.educafro.org.br/site/ Acesso: 15 jan. 2023.

Outra instituição importante a ser citada é o CEERT – Centro de Estudos das Relações de Trabalho e Desigualdades,[7] que "[...] defende os direitos da população negra, em particular da juventude e das mulheres negras. Elabora e implementa programa de promoção da equidade racial e de gênero em instituições públicas e privadas."

Atualmente, as ações afirmativas apresentam três pilares de sustentação argumentativa, são eles: a reparação, a justiça distributiva e a diversidade. É possível encontrar os três aspectos juntos ou separadamente em uma política pública ou privada.

Nesse passo, quando se elabora uma ação afirmativa com base argumentativa na reparação, tem-se em vista, como bem falam Livia Vaz e Chiara Ramos (2021), o dia 14 de maio de 1888, o dia posterior à abolição da escravidão no Brasil, em que os escravos foram libertos sem qualquer estrutura pública para incluí-los como cidadãos brasileiros. Três anos após, com a instalação da República, antes de ser promulgada a Constituição Republicana, diplomas infraconstitucionais foram publicados com o objetivo de criminalizar a presença do corpo negro na sociedade brasileira, seja pelas expressões culturais ou religiosas, seja pela exclusão sistemática do sistema educacional, seja pela política eugenista do Estado. Superar o mito da democracia racial e reconhecer o Brasil como um país racista e implementar políticas inclusivas foi possível a partir da luta de ancestrais como Abdias do Nascimento, Lélia Gonzales, Benedita da Silva, Guerreiro Ramos, Beatriz Nascimento, Caó, entre outras personalidades e instituições populares como os blocos afro e o Movimento Negro Unido, que semearam esperança na Constituição de 1988, cujas árvores cresceram a partir da Convenção de Durban em 2001 e possibilitaram a implementação das cotas raciais para acesso à educação superior pública, prescreveu e fomentou o ensino da história da África e possibilitou o registro das terras remanescentes de quilombos (FÉRES JÚNIOR et al., 2018; SILVA, 2022).

Quando a justiça distributiva é empregada como base, busca-se a superação de um padrão de justiça social brasileiro, pautado no ideal iluminista de igualdade, que deu base para o individualismo capitalista. A concepção mental de que o homem, em sua singularidade, é o centro, favoreceu a construção do "Senhor do Ocidente", conforme ensina a professora Aza Njeri. Ele é o padrão de humanidade universal para o qual toda a estrutura ocidental deve se movimentar; esse padrão

---

[7] Disponível em: https://www.ceert.org.br/ Acesso: 15 jan. 2023.

de humanidade é branco, masculino, cis-heterosexual e cristão. Esse modelo universal de humanidade foi a concepção mental que alimentou as estruturas colonizadas, gerando desigualdade social extrema para quem estivesse fora desse padrão, com efeito, ainda que houvesse previsão constitucional do princípio da igualdade e da isonomia, esses princípios só faziam sentido, na prática, para aquelas pessoas que se aproximassem do padrão de humanidade, ou seja, só fazia sentido para as "cópias mal diagramadas do Senhor do Ocidente", e assim, na história brasileira, muitas foram as políticas públicas com essa base, como por exemplo, a Lei de Terras de 1850 (NJERI, 2020; 2018).

A resistência e a insurgência dos povos negros e indígenas foram determinantes para a mudança de rota, a partir dos movimentos populares e ações judiciais em organizações internacionais como o Tribunal Penal Internacional, a ONU e a OEA. Romper com as estruturas racistas da sociedade brasileira e suas instituições é um processo sem volta, e as ações afirmativas vêm cumprindo seu papel de promover a distribuição de justiça social, apesar de todas as ações e fraudes que buscam manter os privilégios da branquitude (SILVA, 2020; 2022b).

A diversidade é o último pilar argumentativo, e ele ganha relevância a partir da Conferência de Durban, onde os países signatários da declaração inferem:

> Reconhecemos o valor e a diversidade da herança cultural dos africanos e afrodescendentes e afirmamos a importância e a necessidade de que seja assegurada sua total integração à vida social, econômica e política, visando a facilitar sua plena participação em todos os níveis dos processos de tomada de decisão[...]. (ONU, 2001, p. 16)

Numa sociedade forjada em base escravocrata e racista, cuja história se sustentou em narrativas pautadas no mito da "democracia racial", que afirmava não existir racismo, culpando por todos os efeitos das desigualdades sociais existentes entre as raças que compõem a população do país uma inferioridade ou despreparo dos negros e dos indígenas, colocando sob o tapete o racismo estrutural e institucional. Nesse ponto, romper o monocromatismo branco das estruturas educacionais, políticas, judiciais entre outras é fundamento das ações afirmativas e deve pautar o controle de sua efetividade, combatendo as fraudes (ALMEIDA, 2019; NASCIMENTO, 2019).

A ponderação empregada por Féres Júnior e colaboradores ao analisar o caso norte-americano é importante para refletirmos sobre a aplicação do argumento da diversidade no Brasil, mormente quando se tratar de políticas públicas para negros, povos indígenas e outras minorias, vejamos:

> O argumento da diversidade dilui a ideia de reparação. A discriminação racial do passado torna-se somente um elemento entre os muitos que devem ser utilizados na seleção de candidatos. Enquanto a reparação olha mormente para o passado e a justiça social foca a desigualdade presente, a diversidade tem um registro temporal incerto, às vezes sugerindo a produção de um tempo futuro no qual as diferenças possam se expressar em todas as instâncias da sociedade. A diversidade também trabalha, em parte, contra o argumento de justiça social, pois a questão da desigualdade e da discriminação presente se dilui em uma valorização geral da diferença, que, por seu turno, é definida em termos de cultura e etnia – conceitos mais vagos que "desigualdade" e, portanto, de operacionalização mais difícil. (FÉRES JÚNIOR *et al.*, 2018, p. 39-40)

Nessa linha de entendimento, a reflexão de Anamaria Prates Barroso é bastante esclarecedora, na medida em que aperfeiçoa o argumento da diversidade, para um entendimento no sentido da inclusão:

> Diversidade traz a ideia de proporcionalidade, ou seja, reproduzir na empresa o que é a sociedade. A inclusão ocorre quando o ambiente abre oportunidades para participação efetiva de todos os grupos sem que haja preterição. A diversidade traz o negro para a empresa. A inclusão traz o negro para processos decisórios, criando um ambiente para manter a autenticidade. Assim, é necessário que se faça a inclusão da diversidade, gerando uma diversidade inclusiva. (BARROSO, 2022, p. 26-27)

A proposta de diversidade inclusiva mencionada pode ser garantida por ações afirmativas nas esferas privadas e públicas, e afastam a denominada discriminação organizacional, que se manifesta segundo Adilson Moreira (2020, p. 443) "[...] em função da construção de uma cultura institucional que cria perfis profissionais ideais. Esses perfis são descritos de forma genérica, mas são frequentemente construídos a partir de características de grupos dominantes". Essa construção de padrão tem base no "pacto narcísico da branquitude" e sustentam o racismo institucional, que podem se manifestar em um processo de seleção de pessoal na esfera pública, assim como pode ocorrer em uma entrevista ou prova oral em um concurso ou seleção pública (BENTO, 2002; ALMEIDA, 2019).

Feitas essas ponderações, é possível concluir que no setor público preponderam os pilares argumentativos da reparação e da justiça distributiva, presente nas políticas públicas, enquanto no setor corporativo o pilar diversidade tem sido o mais relevante e preponderante, na medida em que, com a desmitificação da democracia racial, passou-se a observar a cor dos quadros diretivos das grandes corporações, dos partidos políticos, das grandes redes de comunicação, cenário que tem sido objeto de questionamentos por parte dos movimentos sociais, os quais têm gerado tensões, cujos resultados ainda não podemos mensurar, dada a resistência do grupo privilegiado (FÉRES JÚNIOR *et al.*, 2018).

As ações afirmativas são caminhos para o combate ao racismo estrutural e institucional e desestabilização do pacto narcísico da branquitude, pois, quando o Estado brasileiro institui uma ação afirmativa, mais do que garantir o princípio da igualdade, estão combatendo os "fatores reais de poder" – para empregar a expressão de Lassalle (2008) – que impossibilitavam a plena aplicabilidade das normas e princípios constitucionais, quebrando um ciclo vicioso de privilégios brancos, para buscar a construção de uma sociedade mais igualitária em oportunidades. O mesmo ocorre quando uma empresa decide implementar políticas inclusivas para pessoas negras. Entretanto, é necessário observar que, vivendo numa sociedade capitalista, onde a desigualdade, o individualismo e o racismo são bases fundamentais, a superação do racismo institucional é uma utopia, no entanto é possível reduzir os impactos nas vidas das pessoas negras e, principalmente, não normalizar a violência sobre os corpos negros (SILVA, 2020; 2022).

3 *Compliance* como instrumento de governança pública e privada

O capitalismo é um sistema sujeito a crises, e, apesar de serem frequentes, ainda consegue se reestruturar e manter a sua circulação ao redor do mundo. Nesse ponto, empregando a lente das sete esferas de atividade, é possível notar algumas medidas sistêmicas paliativas que conseguem manter uma aparente estabilidade. Quando pinçamos o *compliance* como um instrumento de controle de uma empresa, o que se busca é dar uma aparência de confiabilidade ao empreendimento, e, assim, nota-se que houve um destaque nos arranjos institucionais e no aprimoramento das tecnologias. É importante mencionar que os arranjos institucionais vão além das medidas de governança, pois englobam também as medidas estatais, que implicam numa atuação fiscalizadora e controladora, mas, em determinadas condições, permitem a realização de acordos de leniência (HARVEY, 2011; SILVA, 2022).

Para Sarcedo (2014, p. 53), *compliance* é um dos ramos[8] do que se denomina governança corporativa, que pode ser conceituado por três perspectivas distintas, mas detém "[…] pontos em comum, que são o respeito e a obediência ao sistema legal em que a companhia opera e está inserida, bem como o aprimoramento das relações interpessoais e de poder na corporação". O conceito de governança de Adilson Moreira mantém uma relação com a perspectiva de Sarcedo, quando declina que são:

> […] processos a partir dos quais a administração utiliza os recursos econômicos e humanos para atingir a maximização de lucros, de forma que esteja em conformidade com as expectativas dos seus investidores e também das pessoas impactadas pela gestão. A governança corporativa objetiva transformar princípios básicos em formas efetivas para a operação das empresas, de maneira que eles se transformem em orientações que serão incorporadas à cultura institucional com vistas à sua preservação. (MOREIRA, 2020, p. 676)

A governança corporativa pública ou privada exige um comportamento ético das corporações e instituições, entrementes, dentro da perspectiva capitalista, que gesta uma concepção mental acerca do mundo pautada numa lógica ocidental baseada na dominação, desigualdade, mentira e destruição, bases do colonialismo e do capitalismo (ANI, 1994; CÉSAIRE, 2020). Como exigir um comportamento ético ante uma lógica de exploração, onde se privatiza os lucros e os prejuízos são socializados com os Estados, que se encontram reféns do sistema? Robert Kurz (1995) já anunciava a fragilidade dos Estados Nacionais ante a capacidade de circulação do capital, que surfa nas ondas dos benefícios fiscais e das frágeis normas de controle ao redor do mundo.

Além disso, a corrupção dentro do sistema capitalista cumpre um papel contraditório, na medida em que, apesar de ser objeto de criminalização penal e administrativa em muitos países, desde a fundação do sistema, ela foi a sua principal financiadora, como bem aponta Eric

---

[8] Os demais pilares valorativos da governança: *fairness* – necessidade de justiça e equidade entre os acionistas; *disclosure* – necessidade de transparência; *accountability* – necessidade de prestação de contas (SARCEDO, 2014).

Williams (2012) ao indicar o enriquecimento da europa com o tráfico negreiro. Nos dias atuais, a própria existência de paraísos fiscais é evidência de que o sistema necessita de espaços de não controle para suportar as crises sistêmicas e continuar circulando com segurança. É dizer, o sistema utiliza-se de Estados Nacionais para dar proteção a ativos decorrentes da corrupção, burlando os instrumentos de controle. É o que o professor Miguel Ontiveros Alonso (Alonso, 2020) denomina de *noncompliance*.

E é dentro dessa lógica contraditória que a corrupção se instala como base da circulação do capital. Antonio Pedro Silva demonstra a complacência dos organismos internacionais frente aos atos de corrupção, vejamos:

> E, assim, mais um paradoxo se manifesta, porque entre as previsões internacionais de combate à corrupção, como por exemplo, a Convenção Interamericana contra a Corrupção da OEA e a Resolução n. 54/2005 da ONU – estabelecem a prevenção de práticas corruptas e transferências ilegais de fundos -, há uma espécie de tolerância, de tal sorte que é possível concluir que todo o aparato corporativo e legal busca deixar a corrupção em níveis "aceitáveis", ou seja, que não impliquem ou fomentem crises sistêmicas. (SILVA, 2022, p. 77)

Assim, pensar em *compliance* exige a consolidação do que se manifesta como componente ético. No setor público, *a priori*, a Constituição é o ponto de partida, pois é esse o diploma constituidor do Estado, é na Carta Magna que estão impressos os fundamentos e objetivos que devem ser implementados pelos governantes. É nesse diploma normativo inicial que estão previstos os princípios que norteam a atividade administrativa – Legalidade, Igualdade, Moralidade e Publicidade – permeados pelo vetor interpretativo constitucional da dignidade da pessoa humana, que são balisas para o controle realizado diretamente pela sociedade e pelos órgãos públicos de controle (BARROSO, 2009).

Entrementes, tendo como premissa que o Direito é um arranjo institucional – na perspectiva das sete esferas –, e que suas normas sofrem a influência determinante dos fatores reais de poder, e de se mitigar a força das normas constitucionais, situação inimaginável para quem se balisa pela lição de Hesse (1991), mas plenamente compreendido a partir da lição de Lassalle (2008). Assim, nota-se como a corrupção pública no Brasil se espraia em todos os entes federativos, gerando uma desestabilização da democracia, apesar do sistema de controle instituído. Por essa razão,

> La corrupción, pues, es um fenómeno grave que ataca al Estado Democrático de Derecho en su totalidad y que, por sus causas, consecuencias y características, es de difícil combate y control, de lo que resulta la dificuldad para la recuperación de activos robados a través de los actos de naturaleza corruptiva. (FRIDRICZEWSKI, 2020, p. 88)

É importante reconhecer que instituições de controle, como a Controladoria Geral da União e o Ministério Público Federal, têm empreendido uma gama de ações, as quais favoreceram ao Estado brasileiro, na medida em que tem repatriado o erário desviado tanto por agentes públicos, quanto indivíduos.

No campo privado, há o predomínio da ética capitalista, ou seja, um conteúdo pautado pela necessidade de acumulação e circulação do capital. Nessa perspectiva, o emprego das técnicas de governança buscam apenas deixar a corrupção nos níveis aceitáveis, como já informado. E empregando a perspectiva de análise do professor mexicano Miguel Ontiveros Alonso, quando se trata do combate à corrupção, há ainda uma distinção no tratamento da questão, pois, segundo o autor, nos países desenvolvidos euro-americanos:

> [...] las energias se enfocan en la prevención del fraude, el lavado de dinero o el financiamiento al terrorismo, en nuestro entorno hay que detenernos, previamente, em la protección de la dignidad y los derechos humanos de las personas, para más tarde – en un segundo nível -, ocuparse de lo financiero y del resto de las matérias. (ALONSO, 2020, p. 15)

O Brasil é um país colonizado e sempre pautou sua estrutura social baseada no espelho das sociedades ocidentais. Nesse sentido, a sua preocupação inicial com a corrupção sempre esteve pautada na perspectiva dos países desenvolvidos. Por outro lado, com as tensões sociais que emergiram a partir da luta dos povos indígenas por território e dos povos negros por dignidade, é de se reconhecer que, atualmente, há a necessidade de incluir nos programas de *compliance* o cumprimento de normas de Direitos Humanos, mormente aquelas vinculadas ao enfrentamento do racismo nas corporações e na sociedade.

Por essa razão, tendo como parâmetro o conceito de *noncompliance*, que, segundo Alonso (2020, p. 15) "[...] debe entenderse, entonces, como el incumplimiento de un estándar o de uma norma y se traduce en ubicarse del lado de la ilegalidad, es decir, estar contra el derecho", é de se notar que, sendo as ações afirmativas políticas públicas regulamentadas por leis, e que o racismo, em suas diversas espécies, constitui tipo penal que pode ser imputado a pessoas vinculadas às empresas e ainda gerar multas administrativas. Não resta dúvidas que o combate ao racismo deve estar presente em qualquer programa de *compliance* de empresa com sede no Brasil.

A Constituição de 1988 representa, segundo Adilson Moreira, um projeto de transformação social que:

> [...] requer o engajamento de instituições públicas, porque elas desempenham um papel central na promoção dos direitos fundamentais. Assim, por meio da interpretação e aplicação dessas normas constitucionais, elas podem promover as modificações necessárias para a proteção de todos os grupos sociais e também estabelecer medidas para o fomento da promoção da integração daqueles que ainda enfrentam maiores dificuldades de acesso a condições dignas de existência. (MOREIRA, 2020, p. 667)

Esse projeto ganhou maior efetividade após a Conferência da Durban em 2001, e desde lá houve a criação de políticas públicas inclusivas para o povo negro ingressar nas universidades públicas e nos cargos públicos, e, como todo grande projeto, permanece em constante aperfeiçoamento, com vistas ao combate das fraudes e a possibilidade de preenchimento das vagas reservadas. Por essa razão, quando se trata de *compliance* antirracista, não se trata apenas do respeito às leis para evitar o racismo, mas também da tentativa de inclusão do povo negro nas estruturas de direção das empresas e do serviço público.

4 Construindo um plano de *compliance* antirracista

A elaboração do plano de *compliance* de uma empresa não é uma tarefa fácil, pois são muitas as variáveis que devem ser analisadas e avaliadas, para poder estabelecer as diretrizes. A decisão por implementar uma cultura de cumprimento deve estar lastreada do compromisso dos proprietários, para evitar que o plano de *compliance* seja desqualificado em razão de medidas superficiais e ineficazes.

Ana Regina Foiatto (2018, p. 53) estabelece quatro níveis que devem ser superados, com vistas à implementação de um programa de *compliance*:

> 1º nível – criar comitê de ética e eleger o *compliance officer*;
> 2º nível – elaborar código de ética e conduta;
> 3º nível – elaborar canais de ouvidoria/denúncia/ética;
> 4º nível – criação de sistema de auditoria e melhoria dos sistema internos da entidade.

Conforme indica Antonio Pedro Silva:

> Para alcançar cada nível de implementação, é necessário superar a etapa mais complexa do processo, que é a análise dos riscos da instituição e a elaboração do mapa de riscos. Isso porque há uma variação de acordo com cada organização, cercada de suas peculiaridades operacionais e estruturais, que implica num rol de normas técnicas e jurídicas que devem ser apreciadas, para que seja elaborado um programa efetivo. (SILVA, 2022, p. 87)

Nessa linha de pensamento, as instituições que têm maior contato com atendimento público, seja através do exercício do comércio ou na prestação de serviços, estarão mais expostas a ocorrências relacionadas ao racismo. Da mesma forma, empresas que atuam com parceria de empresas terceirizadas, mormente na área de segurança, estarão mais suscetíveis a episódios de racismo.

Por outro lado, o mapa de risco deve indicar os pontos nos quais são possíveis as implementações de ações afirmativas, pois, acreditando no efeito pedagógico dessas medidas, haverá o impacto na cultura organizacional, que reverberará, certamente, na sociedade. Assim, Antonio Pedro Silva (2022, p. 89) estabeleceu uma relação de elementos que não devem faltar em um programa de *compliance* antirracista:

- elaboração de um código de ética expressamente antirracista, que vincule o trabalhador, a alta administração da empresa e empresas fornecedoras e terceirizadas;
- elaboração de projeto de educação continuada com conteúdo antirracista para os trabalhadores, alta administração, gestores, terceirizados etc.;
- canal de denúncias efetivo e seguro;

- procedimento disciplinar e sanções bem definidas e de aplicação efetiva;
- programa de equidade racial e de gênero na ocupação dos cargos com poder decisório;
- programa de admissão e formação de jovens negros;
- estabelecimento de plano de cargos e salários igualitário.

Essa relação não é exaustiva; ao contrário, ela comporta aprimoramentos, na medida em que se trata também de uma implementação de processo, que está sempre sujeito a retificações e aprimoramentos. Ademais, diante da possibilidade de aplicação na esfera pública, frente a ações afirmativas de diversidade inclusiva nas universidades públicas e nas instituições públicas, é possível acrescentar alguns itens específicos que aprimoram os dispositivos previstos nas Leis nºs 12.771/2012 e 12.990/2014, a partir das reflexões propostas por Lívia Vaz e por instituições como o CNJ, que regulamentam o concurso de acesso aos cargos da magistratura:

1. Previsão de banca de heteroverificação para todas as políticas públicas em que forem estabelecidas cotas raciais;
2. Composição das bancas de heteroverificação majoritariamente negra;
3. Participação de pessoas vinculadas ao movimento negro ou organizações não governamentais com experiência antirracista na composição da banca de heteroverificação;
4. O afastamento das cláusulas de barreira nos concursos públicos para os cotistas em todas as fases do certame;
5. Participação de pessoas negras nas fases de correção de provas subjetivas;
6. Participação de pessoas negras nas fases de prova oral ou entrevista, garantidos suplentes negros;
7. Aplicação do sistema de cotas raciais em toda e qualquer seleção simplificada;
8. Aplicação do sistema de cotas raciais no acesso a recursos financeiros previstos em editais; e
9. Garantir a paridade racial e de gênero na ocupação das estruturas diretivas do Estado.

As medidas elencadas podem ser aprimoradas e destrinchadas em novas medidas inclusivas, a depender do caso concreto, e a depender do desenvolvimento e da evolução da própria política pública. A intenção é a garantir a participação do povo negro nas estruturas de poder do Estado e no acesso a recursos financeiros com as mais diversas finalidades, minorando os efeitos deletérios do racismo institucional, que ainda nos assombrará por longo período.

5 Considerações finais

Chegamos ao final do texto, esperançosos, mas com os pés no chão, esperando que as reflexões propostas demarquem a importância das ações afirmativas como política social inclusiva e a importância do *compliance* como um dos instrumentos de efetivação dessas políticas.

Os apontamentos referentes ao conteúdo ético apresentado pelas instituições públicas e privadas, dentro de um contexto capitalista, propõe uma reflexão acerca das escolhas possíveis no sistema e a possibilidade de rompimento, para o alvorecer de novos paradigmas éticos.

Entender o Brasil como uma cópia mal diagramada dos países ocidentais foi fundamental para compreender os efeitos decorrentes da Declaração de Durban, pois, reconhecendo o país como racista e afastando de vez o "mito da democracia racial", foi possível implementar as ações afirmativas na área de educação, que vem mudando a cor das universidades públicas, e, posteriormente, o acesso a cargos públicos. Mas ainda há muito espaço para avanço.

Por fim, é importante considerar que, no futuro próximo, as empresas e o próprio Estado privilegiarão contratos com empresas que apresentem programa de *compliance* antirracista efetivo, como forma de orientar a mudança da cultura organizacional a partir dos efeitos pedagógicos das ações afirmativas.

Referências

ALMEIDA, S. L. D. *Racismo estrutural*. São Paulo: Sueli Carneiro; Pólen, 2019.

ALONSO, M. O. *Noncompliance*. In: RODRÍGUEZ-GARCÍA, N.; RODRÍGUEZ-LÓPEZ, F. *Compliance y justicia colaborativa en la prevención de la corrupción*. Valencia: Tirant lo Blanch, 2020.

ANI, M. *Yurugu*: uma crítica africano-centrada do pensamento e comportamento cultural europeu. Trenton: Africa World Press, 1994. Disponível em: https://estahorareall.wordpress.com/. Acesso em: 7 ago. 2015.

BARROSO, A. P. *Compliance* e diversidade inclusiva racial. *In*: BARROSO, A. P.; FREITAS, R. M. D. S. *Direito Negrorreferenciado II:* entre grilhões escravagistas e justiça racial. Salvador: Mente Aberta, 2022. p. 23-35.

BARROSO, L. R. *O direito constitucional e a efetividade de suas normas:* limites e possibilidades da Constituição brasileira. 9. ed. Rio de Janeiro: Renovar, 2009.

BENTO, M. A. S. *Pactos narcísicos no racismo:* branquitude e poder nas organizações empresariais e no poder público. 2002. 185 p. Tese (Doutorado em Psicologia Escolar e do Desenvolvimento Humano) – Instituto de Psicologia, Universidade de São Paulo, São Paulo, 2002.

CÉSAIRE, A. *Discurso sobre o colonialismo*. Tradução de Claudio de Willer. São Paulo: Veneta, 2020.

DIOP, C. A. *Precolonial black Africa*. Tradução de Harold Salemson. Chicago: Lawrence Hill Books, 1988.

FÉRES JÚNIOR, J. et al. *Ação afirmativa:* conceito, história e debates [online]. Rio de Janeiro: EDUERJ, 2018. Disponível em: https://books.scielo.org/id/2mvbb/pdf/feres-9786599036477.pdf. Acesso em: 15 dez. 2022.

FOIATTO, A. R. Como e onde aplicar o *compliance*. *In*: TOMAZ, R. E. *Descomplicando o compliance*. Florianópolis: Tirant Lo Blanch, 2018. Disponível em: https://biblioteca.nubedelectura.com/cloudLibrary/ebook/show/9788594772237#ulNotainformativaTitle. Acesso em: 25 nov. 2021.

FRIDRICZEWSKI, V. Acuerdos de lenidad en Brazil: una herramienta eficaz para la recuperación de activos de la corrupción. *In*: RODRÍGUEZ-GARCÍA, N.; RODRÍGUEZ-LÓPEZ, F. Compliance y justicia colaborativa en la prevención de la corrupción. Valencia: Tirant lo Blanch, 2020. p. 87-110.

GOMES, J. B. B.; SILVA, F. D. L. L. D. As ações afirmativas e os processos de promoção da igualdade efetiva. *Seminário Internacional - as Minorias e o Direito*, Brasília, v. 24, 2002. Disponível em: https://bradonegro.com/content/arquivo/11122018_205135.pdf. Acesso em: 09 jan. 2023.

HARVEY, D. *O enigma do capital:* e as crises do capitalismo. Tradução de João Alexandre Peschanski. São Paulo: Boitempo, 2011.

HESSE, K. *A força normativa da Constituição*. Tradução de Gilmar Mendes. Porto Alegre: Fabris, 1991.

KURZ, R. O fim da Economia nacional (Perdedores Globais), 1995. Disponível em: http://obeco.planetaclix.pt/rkurz39.htm. Acesso em: 01 out. 1995.

LASSALLE, F. *Que é uma constituição*. Tradução de Walter Stonner. São Paulo: Edições e Publicações Brasil, 2008. Disponível em: http://bibliotecadigital.puc-campinas.edu.br/services/e-books/Ferdinand%20Lassalle-1.pdf. Acesso em: 30 maio 2017.

MOREIRA, A. J. *Pensando como um negro:* ensaio de hermenêutica jurídica. São Paulo: Contracorrente, 2019.

MOREIRA, A. J. *Tratado de Direito Antidiscriminatório*. São Paulo: Contracorrente, 2020.

NASCIMENTO, A. D. *O quilombismo:* documentos de uma militância pan-africanista. 3. ed. São Paulo: Perspectiva, 2019.

NJERI, A. Reflexões artístico-filosóficas sobre a humanidade negra. Ítaca - Especial Filosofia Africana, Rio de Janeiro, n. 36, p. 164-226, 2020. Disponível em: https://revistas.ufrj.br/index.php/Itaca/article/view/31895. Acesso em: 02 ago. 2020.

ONU. *Conferência Mundial contra o Racismo, Discriminação Racial, Xenofobia e Intolerância Correlata.* Durban: Ministério da Cultura; Fundação Cultural Palmares, 2001. Disponível em: http://www.unfpa.org.br/Arquivos/declaracao_durban.pdf. Acesso em: 15 nov. 2021.

SARCEDO, L. *Compliance e responsabilidade penal da pessoa jurídica.* 2014. Tese (Doutorado em Direito) – Faculdade de Direito da Universidade de São Paulo São Paulo, 2014. 325 p. Disponível em: https://teses.usp.br/teses/disponiveis/2/2136/tde-07122015-163555/publico/Leandro_Sarcedo_Tese_Versao_final.pdf. Acesso em: 30 jun. 2021.

SILVA, A. P. F. D. *Etnodesenvolvimento:* impactos nas comunidades indígenas no nordeste da Bahia. 2020. Tese (Doutorado em Políticas Sociais e Cidadania) – Universidade Católica do Salvador, Salvador, 2020.

SILVA, A. P. F. D. *Compliance Antirracista:* necessidade, alcance e medidas numa perspectiva crítica afrocentrada. Salvador: Mente Aberta, 2022.

SILVA, A. P. F. D. Um olhar afrocentrado sobre a tese do "marco temporal": como se constroem barreiras para a demarcação de terras indígenas e quilombolas no Brasil. *In*: BARROSO, A. P.; FREITAS, R. M. D. S. *Direito Negrorreferenciado II.* Salvador: Mente Aberta, 2022b. p. 36-51.

VAZ, L. S. *Cotas raciais.* São Paulo: Jandaíra, 2022.

VAZ, L. S.; RAMOS, C. *A Justiça é uma mulher negra.* Belo Horizonte: Casa do Direito, 2021.

WILLIAMS, E. *Capitalismo e escravidão.* Tradução de Denise Bottmann. São Paulo: Companhia da Letras, 2012.

Informação bibliográfica deste livro, conforme a NBR 6023:2018 da Associação Brasileira de Normas Técnicas (ABNT):

SILVA, Antonio Pedro Ferreira da. Ações afirmativas e *compliance*: semeando uma nova cultura organizacional. BOMFIM, Daiesse Quênia Jaala Santos (Coord.). *Políticas afirmativas de inclusão e equidade racial*: reflexões acerca do papel dos setores público e privado. Belo Horizonte: Fórum, 2023. p. 213-230. ISBN 978-65-5518-553-9.

PERSPECTIVAS DE INCLUSÃO E EQUIDADE RACIAL NO MUNDO CORPORATIVO NOS DIAS ATUAIS

RACHEL O. MAIA
LUCIANA DIAS

Introdução

Ao observar o cenário nacional, concluímos que a diversidade e a inclusão racial não estão nem perto de ser consideradas igualitárias. São anos e anos de lutas históricas e avanços consideráveis, e com a globalização foram atingidos grandes objetivos. Mas será que realmente as pessoas detentoras dos cargos de decisão querem verdadeiramente esta transformação tão necessária e urgente? Será que todos estão dispostos a cooperar com essa latente necessidade de inclusão? Avançamos nesta pauta? Há dados que precisam ser considerados, temos consultorias que medem a porcentagem de diversidade racial no mercado de trabalho apresentando índices com relatórios para prestar contas (*accountability*) a nossa sociedade. Os dados trazidos de nosso último censo IBGE 2010,[1] afirma que a população que se autodeclarava negra e parda alcançava a porcentagem de 50,7%.

---

[1] A NOVA composição racial brasileira segundo o Censo 2010. *Escola Nacional de Saúde Pública Sergio Arouca*. Disponível em: https://dssbr.ensp.fiocruz.br/a-nova-composicao-racial-brasileira-segundo-o-censo-2010/#:~:text=O%20Censo%202010%20detectou%20mudan%C3%A7as,e%20817%20mil%20como%20ind%C3%ADgenas. Acesso em: 12 jan. 2023.

Em 2022 foi apresentada nova pesquisa[2] e o aumento de pessoas que se autodeclaravam pretas em 2012 era de 7,4 em 2022 subiu 9,1 e pessoas pardas em 2012 era de 45,6 e em 2022 subiu para 47,0. Mas, mesmo sendo a maioria populacional deste país, por que ainda somos a minoria nos altos cargos? Como explicar um índice de 24%[3] de empresas no Brasil que não têm nenhuma mulher negra contratada? E o que está sendo feito para mudar o rumo dessa história? Quer saber como? Leia este artigo até o final!

O mundo corporativo

O mundo corporativo atualmente traz um índice bem desigual entre homens e mulheres segundo pesquisa publicada pela Global Gender Gap Report 2020.[4] A pesquisa aponta que demorará 100 anos para ocorrer a igualdade entre homens e mulheres no mercado de trabalho. Hoje, as mulheres representam 38,8% da força de trabalho global, contra 61,2% de homens. E quando falamos de pessoas pretas e pardas a desigualdade estrutural fica muito mais acentuada. Após um período pandêmico esse quadro se agravou seriamente, conforme pesquisa apresentada pelo Departamento Intersindical de Estatística e Estudos Socioeconômicos (Dieese).[5] Dos oito milhões de pessoas que perderam o emprego entre o primeiro e o segundo trimestre de 2020, 71% seriam de homens e mulheres negras, ou seja, o equivalente a 6,3 milhões. Outra pesquisa de grande relevância do vagas.com[6] averiguou que 47% dos trabalhadores pretos e pardos ocupam posições operacionais e 11,4% posições técnicas, dos quais apenas 0,7% entre os negros detêm o cargo de diretoria, supervisão e coordenação, de

---

[2] FERRARI, Hamilton. População cresce com mais pessoas negras e pardas. *Poder 360*, 22 jul. 2022. Disponível em: https://www.poder360.com.br/brasil/populacao-cresce-com-mais-pessoas-negras-e-pardas/. Acesso em: 12 jan. 2023.

[3] MOVIMENTO AR. *Indicadores*. Disponível em: http://movimentoar.com.br/indicadores/. Acesso em: 5 jan. 2023.

[4] GLOBAL Gender Gap Report 2020. *Word Economic Forum*, 16 dez. 2019. Disponível em: https://www.weforum.org/reports/gender-gap-2020-report-100-years-pay-equality/. Acesso em: 8 jan. 2023.

[5] BOLETIM Especial de 8 de março dia da mulher. *DIESSE*, mar. 2023. Disponível em: https://www.dieese.org.br/boletimespecial/2023/mulheres2023.html. Acesso em: 8 mar. 2023.

[6] MENOS de 5% dos trabalhadores negros têm cargos de gerência ou diretoria, aponta pesquisa. *G1 Economia*, 24 set. 2020. Disponível em: https://g1.globo.com/economia/concursos-e-emprego/noticia/2020/09/24/menos-de-5percent-dos-trabalhadores-negros-tem-cargos-de-gerencia-ou-diretoria-aponta-pesquisa.ghtml. Acesso em: 18 jan. 2023

alta e média gestão. Podemos trazer o exemplo de quem escreve este artigo: ao assumir, em 2010, o cargo de Presidente de uma grande e renomada empresa do segmento de joias conhecida globalmente por quase dez anos, representou 0,4% dos executivos no cenário corporativo brasileiro. No mundo corporativo é normalizado que as pessoas mais qualificadas para estarem à frente das grandes empresas, como executivos, são as pessoas brancas, por terem acesso à educação de qualidade; mas, apesar de este pensamento retrógado ser considerado natural, não podemos continuar normalizando isto. O professor Silvio Luiz de Almeida consegue explicitar esta segregação:

> Assim, detêm o poder os grupos que exercem o domínio sobre a organização política e econômica da sociedade. Entretanto, a manutenção deste poder adquirido depende da capacidade do grupo dominante de institucionalizar seus interesses, impondo a toda a sociedade regras, padrões de conduta e modos de racionalidade que tornam 'normal' e 'natural' o seu domínio.[7]

Tradicionalmente, os processos de contratação nas empresas já começam de forma díspare e colocando em pé de desigualdade pessoas brancas e negras. O primeiro obstáculo é ter cursado uma universidade de renome para o mercado e o segundo ponto é falar outro idioma com fluência, geralmente o inglês. Essa prática reforça o racismo institucional na sociedade. O professor Silvio Luiz de Almeida traz uma definição sobre o termo:

> Trata-se do racismo implícito existente de forma estruturada nas relações sociais, que exclui e zomba (mesmo inconscientemente) e está entranhado na evolução da nossa sociedade alicerçada no patriarcado, no sexismo e na escravidão.[8]

O mundo corporativo iniciou uma mudança de paradigma após perceber o poder de compra dessa população e a princípio visava ao aumento dos lucros. Após a queda do mito da democracia racial e o acesso às universidades através de políticas públicas sérias e inclusivas, o letramento racial chegou a um maior número de pessoas, que passaram

---

[7] ALMEIDA, Silvio Luiz de. *O que é racismo estrutural?* Belo Horizonte: Letramento, 2019. p. 31.

[8] ALMEIDA, Silvio Luiz de. *O que é racismo estrutural?* Belo Horizonte: Letramento, 2019. p. 27.

a questionar a falta de representatividade dentro das empresas. E, como forma de não aceitação, pararam de consumir produtos de empresas que não tinham representatividade. Como iniciativa de enfrentamento a essa exclusão, foram implantadas ações pontuais, mas que, devido à urgência, ainda não surtiram o efeito desejado.

Faz-se necessário trazer aqui a questão de que, quando uma grande empresa adere à política de inclusão com o objetivo de implementar a equidade racial, irá passar por sérias retaliações da população branca consumidora que condena veementemente essa prática. A professora e Doutora Cida Bento, cofundadora do Centro de Estudos das Relações de Trabalho e Desigualdades (CEERT), em sua tese de doutorado *Pactos narcísicos no racismo: branquitude e poder nas organizações empresariais e no poder público*, traz esse conceito de forma brilhante, e depois novamente em seu livro *O pacto da branquitude*.

> Assim vem sendo construída a história de instituições e da sociedade onde a presença e a contribuição negras se tornam invisibilizadas. As instituições públicas, privadas e da sociedade civil definem, regulamentam e transmitem um modo de funcionamento que torna homogêneo e uniforme não só processos, ferramentas, sistema de valores, mas também o perfil de seus empregados e lideranças, majoritariamente masculino e branco. Essa transmissão atravessa gerações e altera pouco a hierarquia das relações de dominação ali incrustadas. Esse fenômeno tem um nome, branquitude, e sua perpetuação no tempo se deve a um pacto de cumplicidade não verbalizado entre pessoas brancas, que visa manter seus privilégios. É claro que elas competem entre si, mas é uma competição entre segmentos que se consideram "iguais".[9]

Daniel Markovits, autor do livro *A cilada da meritocracia*, afirma que:

> A meritocracia pretende justificar as desigualdades que produz e criar uma elite que se considera trabalhadora e virtuosa. Esta elite se beneficia das enormes desigualdades em investimentos educacionais e se esforça para oferecer as mesmas oportunidades educacionais aos filhos, passando os privilégios de uma geração à outra, o que vai impactar melhores oportunidades de trabalho e de salários para este grupo. Ruim para os pobres, mas também aprisionadora da elite, que tem que lutar cada vez

---

[9] BENTO, Cida. "O pacto da branquitude: uma hierarquia da cor". *Nexo*, 18 mar. 2022. Disponível em: https://www.nexojornal.com.br/estante/trechos/2022/03/18/%E2%80%98O-pacto-da-branquitude%E2%80%99-uma-hierarquia-da-cor. Acesso em: 26 jan. 2023.

mais para chegar e se manter no topo, criando diferentes ressentimentos de ambos os lados, capitalizados pelos governos populistas.[10]

Nesse viés, trazemos o que a professora Cristina Paranhos Olmos fala sobre discriminação: "[...] A mesma pessoa pode ser discriminada por ser mulher e por ser negra, e, assim, discriminada é duas vezes por pertencer a dois grupos sabidamente 'em desvantagem' perante a sociedade (o que se lamenta profundamente)".[11]

O que o mercado corporativo tradicional terá que aprender e a lidar é com a nova geração C, que são clientes realmente preocupados em verificar como a empresa de quem estão comprando se porta ou se posiciona em questões como equidade de raça e gênero, se a conduta da empresa coaduna com o que apresenta nos meios de comunicação. Os *stakeholders* precisam estar atentos ao que sua empresa está fazendo para mudar o mundo, e a falta de equidade dentro das empresas é um ponto de atenção constante. Se o discurso não está alinhado à prática esses, consumidores não compraram dessas empresas.

No âmbito jurídico

Ao realizar um estudo aprofundado na esfera jurídica sobre equidade racial, nos deparamos com avanços significativos; após muitas batalhas travadas pelo movimento negro, tivemos a promulgação Lei nº 12.288,[12] que institui o Estatuto da Equidade Racial.

Mas a luta por equidade racial neste país começou muitos anos antes da lei acima citada. Elaboramos uma linha do tempo histórica para melhor ilustrar o tema abordado.

- Nos anos de 1597 a 1695 - Quilombo dos Palmares: um dos maiores símbolos do período colonial, este quilombo, junto com seu líder Zumbi, é um símbolo de resistência e luta contra o sistema escravista, que perdurou até o final do século XIX.
- Ano 1871 - Lei do Ventre Livre (Lei Imperial nº 2.040): liberta todas as crianças nascidas de pais escravos.

---

[10] MARKOVITS, Daniel. *A cilada da meritocracia*. 1. ed. São Paulo: Intrínseca, 2021.
[11] OLMOS, Cristina Paranhos. Discriminação na relação de emprego e proteção contra a dispensa discriminatória, São Paulo: LTR, 2008, p. 57.
[12] BRASIL. Lei nº 12.288, de 20 de julho de 2010. Disponível em: https://www.planalto.gov.br/ccivil_03/_ato2007-2010/2010/lei/l12288.htm. Acesso em: 28 jan. 2023

- Ano de 1888: Lei Áurea (Lei Imperial nº 3.353): essa lei extinguiu legalmente a escravização no Brasil, que foi o último país do continente americano a abolir esta estrutura de horror, mas deu início a um novo tipo de escravização: os calabouços sociais que hoje são conhecidos como favelas urbanas, sem saneamento básico, sem o mínimo de resguardo aos direitos de moradia digna.
- Ano 1958: no âmbito internacional, a Convenção nº 111,[13] da Organização Internacional do Trabalho, traz em seu artigo 1º o conceito do termo "discriminação", que compreende "toda distinção, exclusão ou preferência fundada na raça, cor, sexo, religião, opinião política, ascendência nacional ou origem social, que tenha por efeito destruir ou alterar a igualdade de oportunidade ou de tratamento em matéria de emprego ou profissão".
- Anos de 1965 e 1966: Convenção Internacional sobre a Eliminação de Todas as Formas de Discriminação Racial[14] (1965) e Convenção da ONU sobre a Eliminação de todas as Formas de Discriminação Racial[15] (1966): baseadas na Declaração Universal dos Direitos Humanos, "promover o direito universal e combate à discriminação de raça, sexo, idioma ou religião" e trazem o compromisso dos Estados em enfrentar as formas de discriminação racial.
- Ano de 1988: a Constituição Federal traz em seu artigo 3º, inciso XLI[16] que "Constituem objetivos Fundamentais: promover o bem de todos, sem preconceitos de origem, raça, sexo, cor, idade e quaisquer outras formas de discriminação"; no artigo 5º, inciso XLI[17] que "a lei punirá qualquer discriminação atentatória dos direitos fundamentais"; o artigo 7º, inciso

---

[13] ORGANIZAÇÃO INTERNACIONAL DO TRABALHO. *C111 - Discriminação em Matéria de Emprego e Ocupação*. Disponível em: https://www.ilo.org/brasilia/convencoes/WCMS_235325/lang--pt/index.htm. Acesso em: 28 jan. 2023

[14] BRASIL. Decreto nº 65.810, de 8 de dezembro de 1969. Disponível em: http://www.planalto.gov.br/ccivil_03/decreto/1950-1969/D65810.html. Acesso em: 28 jan. 2023.

[15] Decreto nº 65.810, de 8 de dezembro de 1969. Disponível em: http://www.planalto.gov.br/ccivil_03/decreto/1950-1969/D65810.html. Acesso em: 28 jan. 2023.

[16] BRASIL. Constituição (1988). *Constituição da República Federativa do Brasil*, 1988. Brasília: Senado Federal, Centro gráfico, 1988. 292 p

[17] BRASIL. Constituição (1988). *Constituição da República Federativa do Brasil*, 1988. Brasília: Senado Federal, Centro gráfico, 1988. 292 p

469,[18] da Lei Maior, veda a diferença de salários em razão de sexo e cor.

- Ano de 1989: Lei nº 7.716,[19] de 5 de janeiro de 1989: define os crimes resultantes de preconceito de raça ou de cor e estabelece punições que resultem de discriminação. Observa-se que já se passaram 34 anos e mesmo assim os índices de diferenças salariais ainda são altíssimos, como foi apresentado nas pesquisas no decorrer deste artigo.
- Ano de 2001: Declaração e Programa de Ação adotados na III Conferência Mundial de Combate ao Racismo, Discriminação Racial, Xenofobia e Intolerância Correlata (Durban, África do Sul):[20] a partir desta data, além de combater as questões referentes à discriminação racial, essa declaração chama a comunidade internacional para adotar ações inovadoras dentro sociedade, trazendo um conceito de equidade racial dentro das empresas nas esferas pública e privada, tanto nacional como internacionalmente.
- Ano de 2003: Lei nº 10.639/2003: torna obrigatório o ensino da história e cultura afro-brasileira e africana. É o início de uma nova história, que traz outro viés sobre a polução afro-brasileira. Até essa data, sua história era contata em todas as escolas públicas e particulares, desde o ensino fundamental ao ensino médio, sempre pelo olhar do escravizador. Com a promulgação dessa lei, se estabeleceram novas diretrizes nas quais os negros são considerados sujeitos da sua própria história, trazendo importantes intelectuais negros brasileiros, a cultura, a musicalidade, as religiões de matriz africana, e foi instituído o dia Nacional da Consciência Negra, 20 de novembro, em homenagem ao dia da morte do líder negro Zumbi dos Palmares. Um dia de luta contra o preconceito racial.

---

[18] BRASIL. Constituição (1988). *Constituição da República Federativa do Brasil*, 1988. Brasília: Senado Federal, Centro gráfico, 1988. 292 p

[19] BRASIL. Lei nº 7.716, de 5 de janeiro de 1989. Disponível em: https://www.planalto.gov.br/ccivil_03/leis/l7716.htm. Acesso em: 28 jan. 2023.

[20] DECLARAÇÃO E PLANO DE AÇÃO DE DURBAN (2001). *Nações Unidas Brasil*, 8 set. 2001. Disponível em: https://brasil.un.org/pt-br/150033-declara%C3%A7%C3%A3o-e-plano-de-a%C3%A7%C3%A3o-de-durban-2001. Acesso em: 28 jan. 2023.

- Ano de 2008: Lei nº 11.645/2008: além de reforçar os preceitos estabelecidos na Lei nº 10.639/2003, estabelece a obrigatoriedade do ensino de história e cultura indígena nas nossas instituições de ensino.
- Ano de 2010: Estatuto da Igualdade Racial (Lei nº 12.288/2010[21]): esta lei institui o Estatuto da Igualdade Racial, destinado a garantir à população negra a efetivação da igualdade de oportunidades, a defesa dos direitos étnicos individuais, coletivos e difusos e o combate à discriminação e às demais formas de intolerância étnica.

  Parágrafo único. Para efeito deste Estatuto, considera-se:
  I - discriminação racial ou étnico-racial: toda distinção, exclusão, restrição ou preferência baseada em raça, cor, descendência ou origem nacional ou étnica que tenha por objeto anular ou restringir o reconhecimento, gozo ou exercício, em igualdade de condições, de direitos humanos e liberdades fundamentais nos campos político, econômico, social, cultural ou em qualquer outro campo da vida pública ou privada;
  II - desigualdade racial: toda situação injustificada de diferenciação de acesso e fruição de bens, serviços e oportunidades, nas esferas pública e privada, em virtude de raça, cor, descendência ou origem nacional ou étnica;
  Também institui o Sistema Nacional de Promoção da Igualdade Racial (Sinapir).[22]

- Ano 2012: Lei nº 12.711[23]: trata do ingresso nas universidades federais e nas instituições federais de ensino técnico de nível médio, garantindo a reserva de 50% das matrículas a alunos oriundos integralmente do ensino médio público e prevendo que as vagas sejam preenchidas por autodeclarados pretos, pardos e indígenas de modo a assegurar a proporção desses grupos na população (de acordo com o Censo mais recente).

---

[21] BRASIL. Lei nº 12.288, de 20 de julho de 2010. Disponível em: https://www.planalto.gov.br/ccivil_03/_ato2007-2010/2010/lei/l12288.htm. Acesso em: 28 jan. 2023

[22] SINAPIR Sistema Nacional de Promoção da Igualdade Racial. *Gov.br*. Disponível em: https://www.gov.br/mdh/pt-br/navegue-por-temas/igualdade-etnico-racial/acoes-e-programas/sinapir. Acesso em: 28 jan. 2023

[23] BRASIL. Lei nº 12.711, de 29 de agosto de 2012. Disponível em: https://www.planalto.gov.br/ccivil_03/_ato2011-2014/2012/lei/l12711.htm. Acesso em: 28 jan. 2023

Na esfera trabalhista, temos a Consolidação das Leis do Trabalho, que nos traz em seu artigo 461, §6º, que foi acrescentado pela Lei nº 13.467/2017.[24] "Se comprovada a discriminação com base em motivo de sexo ou etnia o juiz irá determinar o pagamento integral da diferença salarial e aplicará multa".

Trazemos dados da Coordenadoria de Estatística e Pesquisa do Tribunal Superior do Trabalho:[25] o tema discriminação, principalmente racial, esteve presente no ano de 2019 em mais de 49,2 mil processos e no ano de 2020 este número de ações atingiu a marca de 31 mil.

O cenário empresarial precisa extirpar as práticas segregacionistas e pôr fim ao *apartheid* social enraizado nas contratações de alta liderança. Esse movimento começará a partir de uma reeducação de conceitos. É preciso inserir nas empresas a filosofia do *walk the talk*[26] (sua fala caminha com suas atitudes). Muitas empresas levantam a bandeira da equidade em suas falas dentro do seu código de ética e até realizam o mês da equidade ou da diversidade, mas se faz necessário implantar a equidade de forma genuína. Elaborar falas institucionais impactantes não trará a efetiva mudança se ainda continuarmos com 24% de empresas no Brasil que sequer têm no seu quadro de funcionários mulheres negras.

Equidade Racial no mundo empresarial

Através das políticas afirmativas de inclusão, a população negra alterou drasticamente a configuração do ensino superior, pois passaram a frequentar universidade e ter acesso à educação de qualidade.

A população brasileira passou muitos anos acreditando no mito da democracia racial e aceitando a história de que não existia desigualdade racial neste país. Os processos de violência após a abolição da escravidão são brutais. Começa com a desvalorização da população negra, apagamento da memória das contribuições para a ciência, para a

---

[24] Acessado em 28.01.23. BRASIL. Lei nº 13.467, de 13 de julho de 2017. Disponível em: https://www.planalto.gov.br/ccivil_03/_ato2015-2018/2017/lei/l13467.htm. Acesso em: 28 jan. 2023

[25] TST. *Relatório Geral da Justiça do Trabalho 2021*. Disponível em: https://www.tst.jus.br/documents/18640430/30889144/RGJT+2021.pdf/16c678c9-7136-51ba-2d62-cae4c5a4ab4d?t=1659976490857. Acesso em: 28 jan. 2023

[26] BIOGRAFIA de Carolyn Taylor. *Walking The Talk*. Disponível em: https://www.walkingthetalk.com/pt-br/team-carolyn-taylor. Acesso em: 29 jan. 2023.

literatura, intolerância religiosa em relação às religiões afro-brasileiras, isso sem falar da hipersexualização das mulheres e homens negros.

A equidade racial no mundo empresarial só irá ocorrer de forma genuína quando todas essas questões forem respeitadas. Não adianta colocar uma pessoa negra ou parda em um alto cargo e ser somente ela em toda a empresa, pois ao longo do tempo isso se tornará adoecedor. Chamamos de síndrome do negro único, o famoso "tokenismo",[27] que nada mais é que uma blindagem da empresa para que não seja acusada de ser contra a equidade racial.

O termo tokenismo surgiu em 1960 nos Estados Unidos e o primeiro a usá-lo foi Martin Luther King em um artigo publicado em 1962: "A noção de que a integração por meio de *tokens* vai satisfazer as pessoas é uma ilusão. O negro de hoje tem uma noção nova de quem é".

Em 2015, a ONU (Organização das Nações Unidas), com a Resolução nº 68/237, proclamou o período de 2015 a 2024 como a década Internacional dos Afrodescendentes.[28]

Os principais objetivos da Década Internacional são:

- Promover o respeito, proteção e cumprimento de todos os direitos humanos e liberdades fundamentais das pessoas afrodescendentes, como reconhecido na Declaração Universal dos Direitos Humanos;
- Promover um maior conhecimento e respeito pelo patrimônio diversificado, a cultura e a contribuição de afrodescendentes para o desenvolvimento das sociedades;
- Adotar e reforçar os quadros jurídicos nacionais, regionais e internacionais de acordo com a *Declaração e Programa de Ação de Durban* e da *Convenção Internacional sobre a Eliminação de Todas as Formas de Discriminação Racial*, bem como assegurar a sua plena e efetiva implementação.

Todas essas medidas visam que até 2024 ocorra a equidade racial em todas as esferas, sejam elas na saúde, moradia, educação e emprego.

---

[27] FOLTER, Regiane. O que é tokenismo? *Politize*, 14 jan. 2020. Disponível em: https://www.politize.com.br/tokenismo. Acesso em: 25 jan. 2023.

[28] PROGRAMA de Atividades para a Implementação da Década Internacional de Afrodescendentes. Plano de Ação. *2015-2024 Década Internacional de Afrodescendentes*. Disponível em: em: https://decada-afro-onu.org/plan-action.shtml. Acesso em: 25 jan. 2023

Outra medida efetiva a ser adotada é a adesão ao Pacto de Promoção de Equidade Racial.[29] A adesão ao protocolo ESG[30] (Ambiental, Social e Governança) tem como objetivo trazer a equidade para o mundo corporativo, para o ambiente das empresas de forma equânime, mudando a estratégia e a cultura organizacional. As políticas de ações afirmativas, ainda que estejam ocorrendo há algum tempo dentro das empresas, mesmo que de forma lenta, já estão surtindo efeito e criando uma percepção para toda a sociedade, que hoje tem mais consciência do que almeja como sociedade inclusiva e efetiva em bem-estar social.

Neste ano de 2023, foi lançada a Coalizão Empresarial para Equidade Racial e de Gênero[31] e seu objetivo é realizar um debate de forma objetiva para implementar de forma efetiva as políticas públicas nas práticas empresariais, de uma forma coletiva para que a equidade e inclusão aconteça dentro das organizações.

Os dias atuais

A equidade racial no mundo corporativo atualmente, conforme toda análise exposta, vislumbra melhoras necessárias e urgentes. Neste contexto do artigo, apresentaremos programas efetivos para toda a sociedade.

O primeiro caso de grande repercussão foi uma grande empresa do varejo que lançou um programa de *trainee* somente para negros. A empresa enfrentou acusações de "racismo reverso" "discriminação contra brancos", mas o programa seguiu e as contratações foram realizadas, não cedendo à pressão de uma minoria que não acredita na efetiva mudança.

Uma empresa do segmento de saúde e agricultura anunciou oportunidades voltadas para jovens negros no Programa "Liderança Negra" para 2021.

Tivemos empresas no segmento de aço, mineração e instituições financeiras que nos anos de 2021 e 2022 lançaram seus programas para jovens negros e mulheres.

---

[29] PACTO DE PROMOÇÃO DA IGUALDADE RACIAL. Disponível em: http://www.pactopelaequidaderacial.org.br/. Acesso em: 26 jan. 2023
[30] PACTO GLOBAL REDE BRASIL. Disponível em: https://www.pactoglobal.org.br/pg/esg. Acesso em: 26 jan. 2023
[31] EQUIDADE ORG BR. *Coalizão Empresarial Para Equidade Racial e de Gênero*. Disponível em: https://equidade.org.br/. Acesso em: 27 jan. 2023

O Programa Diversidade em Conselho (PDeC)[32] foi criado em 2014. Atualmente conta com o apoio de quatro entidades, entre elas o Instituto Brasileiro de Governança Corporativa (IBGC), International Finance Corporation (IFC) e Women Corporate Directors (WCD) Foundation. Além das quatro entidades organizadoras, o Programa conta também com a participação de profissionais de mercado que atuam como membros voluntários. O PDeC tem como objetivo promover a diversidade em conselhos das empresas e outras entidades brasileiras, de modo a fortalecer e incentivar a participação de mulheres nesses colegiados, com o intuito de melhorar todos os índices de desempenho das empresas brasileiras. O Programa, que está em sua 7ª edição, se divide em mentoria realizada com conselheiros formadores de opinião do ecossistema de conselhos; curso *online* sobre governança corporativa e mercado de capitais. Desde a sua primeira edição, 139 mulheres já participaram do PDeC e 65% delas assumiram assentos em conselhos ou comitês.

E, no final de 2022, empresa do segmento alimentício lançou seu primeiro Programa de Mentoria para Profissionais Negros. A primeira turma conta com 30 profissionais de todo o Brasil, que terão como mentores 30 lideranças nas diversas áreas de atuação da empresa. O programa conta com encontros mensais para o desenvolvimento de temas e competências com mentoria individual de 6 meses.

Algumas empresas estão comprometidas em criar um ambiente de inclusão, com oportunidades de aceleração de carreira e desenvolvimento contínuo, implantando comitês internos voltados para diversidade, considerando as diferentes comunidades, culturas e idades nas equipes. O equilíbrio de gênero, pessoas com deficiência, público LGBTQIA+, raça negra e gerações.

Só assim conseguiremos transformar o cenário de forma genuína e perene e mudar os números que representam hoje a participação de todos os grupos menorizados no mercado de trabalho e nas posições de alta liderança.

---

[32] PROGRAMA DIVERSIDADE EM CONSELHO. Instituto Brasileiro de Governança Corporativa. Disponível em: https://www.ibgc.org.br/advocacy/diversidade. Acesso em: 27 jan. 2023

Conclusão

Concluiu-se, após as informações trazidas, que as mudanças rumo à equidade racial no mundo corporativo estão acontecendo, ainda que de forma morosa se comparado com a necessidade de transformação, que é latente. As empresas que querem verdadeiramente incluir e ter um grupo diverso precisam investir maciçamente em cultura organizacional. É necessário quebrar paradigmas para provocar a mudança, a equidade dentro das empresas traz vantagens efetivas para o negócio, mas é preciso criar uma credibilidade e fazer com que todos entendam que os espaços de decisão precisam ser ocupados por todos, principalmente num país com uma população que se autodeclara preta e parda, passando dos 50% conforme último censo do IBGE. Dentro desses mais de 50% temos mulheres como provedoras de seu lar e que ainda ganham 5% a 10% menos que os homens no mesmo cargo. Isso sem falar o índice de demissão e desemprego comparado com o dos homens.

Temos um arcabouço jurídico de normas, leis e tratados internacionais extremamente vasto, que de alguma forma ainda não são seguidos de maneira efetiva. O Brasil é um dos 51 países membros fundadores das Nações Unidas, mas hoje ocupa a posição de 87º país do mundo em desenvolvimento humano. Somos o país mais biodiverso do mundo, e em contrapartida o que mais desmata. Os estudos mais recentes apostam que é o país mais miscigenado do mundo,[33] e mesmo assim uma pequena parcela da população branca ocupa os grandes cargos e as grandes cadeiras de decisão. Após 35 anos de promulgada a Constituição Federal de 1988, nunca elegemos um presidente negro e as empresas que tentam de alguma forma implementar uma reparação histórica, nos seus processos de contratação, sofrem com ataques nas mídias e até processos para suspender seus programas de inclusão e equidade no meio corporativo.

Em seu livro *Desenvolvimento como liberdade*,[34] o prêmio Nobel em Ciências Econômicas, Amartya Sen, acredita que se desenvolver é se libertar, e se libertar é poder fazer coisas para se valorizar, é ter acesso ao conhecimento de políticas públicas eficientes, é ter o poder

---

[33] BECKER, Guilherme. O Brasil tem provavelmente maior miscigenação do mundo. *Dw Made For Minds*. 27 dez. 2019. Disponível em: https://www.dw.com/pt-br/o-brasil-%C3%A9-provavelmente-o-pa%C3%ADs-com-maior-miscigena%C3%A7%C3%A3o-do-mundo/a-51733280. Acesso em: 10 jan. 2023

[34] SEN, Amartya. *Desenvolvimento como liberdade*. 9. ed. São Paulo: Companhia de Bolso, 2010.

de escolha para onde se quer seguir e a aonde se quer chegar. É ter uma educação que lhe propicie melhores acessos, e obter o respeito dos seus semelhantes.

É com esta premissa que finalizamos este artigo, com o objetivo de equidade em todos os âmbitos de uma sociedade civil. Seguiremos firmes neste propósito.

Referências

A NOVA composição racial brasileira segundo o Censo 2010. *Escola Nacional de Saúde Pública Sergio Arouca*. Disponível em: https://dssbr.ensp.fiocruz.br/a-nova-composicao-racial-brasileira-segundo-o-censo-2010/#:~:text=O%20Censo%202010%20detectou%20mudan%C3%A7as,e%20817%20mil%20como%20ind%C3%ADgenas. Acesso em: 12 jan. 2023.

ALMEIDA, S. L. D. *Racismo estrutural*. 2. ed. São Paulo: Pólen, 2019.

BECKER, Guilherme. O Brasil tem provavelmente maior miscigenação do mundo. *Dw Made For Minds*. 27 dez. 2019. Disponível em: https://www.dw.com/pt-br/o-brasil-%C3%A9-provavelmente-o-pa%C3%ADs-com-maior-miscigena%C3%A7%C3%A3o-do-mundo/a-51733280. Acesso em: 10 jan. 2023.

BENTO, Cida. "O pacto da branquitude: uma hierarquia da cor". *Nexo*, 18 mar. 2022. Disponível em: https://www.nexojornal.com.br/estante/trechos/2022/03/18/%E2%80%98O-pacto-da-branquitude%E2%80%99-uma-hierarquia-da-cor. Acesso em: 26 jan. 2023.

BIOGRAFIA de Carolyn Taylor. *Walking The Talk*. Disponível em: https://www.walkingthetalk.com/pt-br/team-carolyn-taylor. Acesso em: 29 jan. 2023.

BOLETIM Especial de 8 de março dia da mulher. *DIESSE*, mar. 2023. Disponível em: https://www.dieese.org.br/boletimespecial/2023/mulheres2023.html. Acesso em: 8 mar. 2023.

BRASIL. Constituição (1988). *Constituição da República Federativa do Brasil*, 1988. Brasília: Senado Federal, Centro gráfico, 1988. 292 p.

BRASIL. Decreto nº 65.810, de 8 de dezembro de 1969. Disponível em: http://www.planalto.gov.br/ccivil_03/decreto/1950-1969/D65810.html. Acesso em: 28 jan. 2023.

BRASIL. Lei nº 12.288, de 20 de julho de 2010. Disponível em: https://www.planalto.gov.br/ccivil_03/_ato2007-2010/2010/lei/l12288.htm. Acesso em: 28 jan. 2023.

BRASIL. Lei nº 12.711, de 29 de agosto de 2012. Disponível em: https://www.planalto.gov.br/ccivil_03/_ato2011-2014/2012/lei/l12711.htm. Acesso em: 28 jan. 2023.

BRASIL. Lei nº 13.467, de 13 de julho de 2017. Disponível em: https://www.planalto.gov.br/ccivil_03/_ato2015-2018/2017/lei/l13467.htm. Acesso em: 28 jan. 2023.

BRASIL. Lei nº 7.716, de 5 de janeiro de 1989. Disponível em: https://www.planalto.gov.br/ccivil_03/leis/l7716.htm. Acesso em: 28 jan. 2023.

DECLARAÇÃO E PLANO DE AÇÃO DE DURBAN (2001). *Nações Unidas Brasil*, 8 set. 2001. Disponível em: https://brasil.un.org/pt-br/150033-declara%C3%A7%C3%A3o-e-plano-de-a%C3%A7%C3%A3o-de-durban-2001. Acesso em: 28 jan. 2023.

FERRARI, Hamilton. População cresce com mais pessoas negras e pardas. *Poder 360*, 22 jul. 2022. Disponível em: https://www.poder360.com.br/brasil/populacao-cresce-com-mais-pessoas-negras-e-pardas/. Acesso em: 12 jan. 2023.

FOLTER, Regiane. O que é tokenismo? *Politize*, 14 jan. 2020. Disponível em: https://www.politize.com.br/tokenismo. Acesso em: 25 jan. 2023.

GLOBAL Gender Gap Report 2020. *Word Economic Forum*, 16 dez. 2019. Disponível em: https://www.weforum.org/reports/gender-gap-2020-report-100-years-pay-equality/. Acesso em: 8 jan. 2023.

MARKOVITS, Daniel. *A cilada da meritocracia*. 1. ed. São Paulo: Intrínseca, 2021.

MENOS de 5% dos trabalhadores negros têm cargos de gerência ou diretoria, aponta pesquisa. *G1 Economia*, 24 set. 2020. Disponível em: https://g1.globo.com/economia/concursos-e-emprego/noticia/2020/09/24/menos-de-5percent-dos-trabalhadores-negros-tem-cargos-de-gerencia-ou-diretoria-aponta-pesquisa.ghtml. Acesso em: 18 jan. 2023.

OLMOS, Cristina Paranhos. *Discriminação na relação de emprego e proteção contra a dispensa discriminatória*, São Paulo: LTR, 2008.

ORGANIZAÇÃO INTERNACIONAL DO TRABALHO. *C111 - Discriminação em Matéria de Emprego e Ocupação*. Disponível em: https://www.ilo.org/brasilia/convencoes/WCMS_235325/lang--pt/index.htm. Acesso em: 28 jan. 2023.

PACTO DE PROMIOÇÃO DA IGUALDADE RACIAL. Disponível em: http://www.pactopelaequidaderacial.org.br/. Acesso em: 26 jan. 2023.

PROGRAMA de Atividades para a Implementação da Década Internacional de Afrodescendentes. Plano de Ação. *2015-2024 Década Internacional de Afrodescendentes*. Disponível em: em: https://decada-afro-onu.org/plan-action.shtml. Acesso em: 25 jan. 2023.

SEN, Amartya. *Desenvolvimento como liberdade*. 9. ed. São Paulo: Companhia de Bolso, 2010.

TST. *Relatório Geral da Justiça do Trabalho 2021*. Disponível em: https://www.tst.jus.br/documents/18640430/30889144/RGJT+2021.pdf/16c678c9-7136-51ba-2d62-cae4c5a4ab4d?t=1659976490857. Acesso em: 28 jan. 2023.

Sites consultados:

EQUIDADE ORG BR. *Coalizão Empresarial Para Equidade Racial e de Gênero*. Disponível em: https://equidade.org.br/. Acesso em: 27 jan. 2023.

MOVIMENTO AR. *Indicadores*. Disponível em: http://movimentoar.com.br/indicadores/. Acesso em: 5 jan. 2023.

PACTO GLOBAL REDE BRASIL. Disponível em: https://www.pactoglobal.org.br/pg/esg. Acesso em: 26 jan. 2023.

PROGRAMA DIVERSIDADE EM CONSELHO. Instituto Brasileiro de Governança Corporativa. Disponível em: https://www.ibgc.org.br/advocacy/diversidade. Acesso em: 27 jan. 2023.

SINAPIR Sistema Nacional de Promoção da Igualdade Racial. *Gov.br*. Disponível em: https://www.gov.br/mdh/pt-br/navegue-por-temas/igualdade-etnico-racial/acoes-e-programas/sinapir. Acesso em: 28 jan. 2023.

Informação bibliográfica deste livro, conforme a NBR 6023:2018 da Associação Brasileira de Normas Técnicas (ABNT):

MAIA, Rachel O.; DIAS, Luciana. Perspectivas de inclusão e equidade racial no mundo corporativo nos dias atuais. BOMFIM, Daiesse Quênia Jaala Santos (Coord.). *Políticas afirmativas de inclusão e equidade racial*: reflexões acerca do papel dos setores público e privado. Belo Horizonte: Fórum, 2023. p. 231-246. ISBN 978-65-5518-553-9.

COMPLIANCE ANTIDISCRIMINATÓRIO NO SETOR PRIVADO

DIUMARA ARAÚJO FERREIRA

Introdução

O presente capítulo tem o intuito de abordar os avanços do *compliance* antidiscriminatório no setor privado, com base na análise da lei estadual de São Paulo, sob o nº 14.187, de 19 de julho de 2010, que dispõe sobre penalidades administrativas a serem aplicadas pela prática de atos de discriminação racial, e também da Lei nº 12.846/2013, que passou a tratar o tema de forma mais significativa, tornando-se um mecanismo cada vez mais utilizado no setor privado.

Parte-se da premissa de que o objetivo do *compliance* é manter as pessoas jurídicas em conformidade com as normas e regulamentos legais com implementação de procedimentos internos, baseados na realidade da cultura já existente na empresa, observando a integridade e a ética.

O tema proposto faz-se necessário para analisar e entender como é realizado o *compliance* antidiscriminatório e seus avanços no âmbito empresarial, de modo que a tarefa da gestão profissional de *compliance* até agora é tratada num departamento independente. Muitas vezes, é coberto pelo jurídico, auditoria interna ou pelo departamento de segurança.

Obviamente que, além da integração das múltiplas tarefas do *compliance* dentro de uma empresa, surge também a questão do *compliance officer*, que traz para a empresa o gerenciamento das tarefas, sempre pautado com valores escolhidos pela empresa como compromisso diante da sociedade.

Há mudanças significativas já realizadas no legislativo, que estabelece novas normas em relação à Lei nº 12.846/2013 (Lei Anticorrupção), com alteração no novo decreto regulamentador da lei, considerando que, em 12 de julho de 2022, o Decreto nº 11.129/2022 (decreto regulamentador), revogou o Decreto nº 8.420/2015.

Nessa linha, a responsabilização das pessoas jurídicas foi motivo impulsionador para que as empresas começassem a se preocupar com a conformidade, diversidade dentro do ambiente corporativo, inclusão e pertencimento, para que a reprodução e repetição dos modelos sexistas, machistas, lgbtfóbicos não permaneçam nos ambientes.

A linha de desenvolvimento do estudo é qualitativa, com base bibliográfica e jurisprudencial, que evidenciará os avanços do *compliance* antidiscriminatório no setor privado.

Tem-se como meta o desenvolvimento da temática antidiscriminatória, tendo como o eixo principal os compromissos assumidos por meio do programa de *compliance* que impactam também na sociedade, não somente aos funcionários da empresa.

1 *Compliance*

A priori, no Brasil, o ordenamento jurídico visa a que as relações interpessoais sejam harmônicas e alcancemos a paz social, e a movimentação das instituições para implementação do *compliance* surge antes da Lei nº 12.846/2013, sendo utilizadas em algumas empresas públicas e privadas desde os anos 1990 por influência internacional.

A propósito, a Resolução nº 2.554 de 1998 dispõe sobre a implantação e implementação de sistema de controles internos, o que demonstra a incorporação de práticas do *compliance* por essas instituições.

Em 2013 foi instituída a primeira lei voltada para o combate à corrupção, em que imputa a responsabilização administrativa e civil de pessoas jurídicas pela prática de atos contra a Administração Pública. Deste modo, a prevenção é a direção que as empresas têm seguido para entrar em conformidade.

No ano de 1998 foi criada a Lei de Combate aos Crimes de Lavagem de Dinheiro, Lei nº 9.613/98, e a função do *compliance*, além de monitorar e assegurar a conformidade, é criar um código de ética que direcione, informe os riscos não observância da política adotada pela empresa.

> O *compliance* tem a função de monitorar e assegurar que todos os envolvidos com uma empresa estejam de acordo com as práticas de conduta da mesma [sic]. Essas práticas devem ser orientadas pelo Código de Conduta e pelas políticas da companhia, cujas ações estão especialmente voltadas para o combate à corrupção. (UBALDO, 2017, p. 121)

O Decreto nº 11.129/2022,[1] no que se refere à investigação preliminar de ato lesivo à Administração Pública federal, regulamenta que o compartilhamento dos livros fiscais da empresa será necessário para conclusão da investigação preliminar, e o prazo é de 180 dias prorrogáveis conforme autorização da entidade competente ou da corregedoria.

Nota-se que a responsabilização será mediante processo administrativo e a competência para a instauração e julgamento será exercida de ofício ou mediante provocação, conforme transcrição abaixo:

> Art. 4º A competência para a instauração e para o julgamento do PAR é da autoridade máxima da entidade em face da qual foi praticado o ato lesivo ou, em caso de órgão da administração pública federal direta, do respectivo Ministro de Estado.
> Parágrafo único. A competência de que trata o *caput* será exercida de ofício ou mediante provocação e poderá ser delegada, vedada a subdelegação.

Nessa linha, as normas regulamentadoras do *compliance* são disposições complementares a respeito de área fundamental para a efetiva aplicação do programa, como Direito do Trabalho, direitos humanos, e considerando os pilares primordiais para um programa de *compliance*, a transparência com os funcionários, investidores, mercado de forma geral sobre as diretrizes da empresa. As pautas de diversidade, inclusão, meio ambiente, proteção de dados etc. são preocupações dos investidores e do consumidor final; assim, ocorre uma transformação efetiva no âmbito empresarial.

Nesse sentido, o *compliance* não se trata apenas de cumprimento de regras legais. É necessário que ocorra a promoção do respeito, o

---

[1] Regulamenta a Lei nº 12.846, de 1º de agosto de 2013, que dispõe sobre a responsabilização administrativa e civil de pessoas jurídicas pela prática de atos contra a Administração Pública, nacional ou estrangeira.

aprimoramento dos princípios éticos e morais. O programa de integridade tem um papel exímio na cultura da empresa. Reitera-se que o cumprimento de regras formais ou informais não é foco do programa, sendo que o alcance é mais amplo, pois impacta diretamente nos procedimentos internos e consequentemente na imagem externa da empresa.

Os princípios da governança, transparência, deliberação ética, prestação de contas e sustentabilidade, alinhados com os pilares do programa, construído de acordo com a necessidade da empresa, tendo o apoio da alta gestão, é capaz de transformar de forma efetiva as relações internas e externas, gerando um ambiente ético.

Não se pode olvidar que, apesar da implementação de *compliance* ser um avanço e garantir àquela empresa que o adotou uma maior competitividade no mercado, ainda existem empresas de pequeno porte que estão ficando de fora por entender, por exemplo, que o preço da multa, se houver uma fiscalização pela não observância da Lei de Cotas para Pessoas com Deficiência (nº 8.213/1991), ainda vale o risco.

Os consumidores finais tendem a procurar empresas que se preocupam com as pautas existentes, de modo geral raça, gênero, meio ambiente, e a estratégia adotada pela empresa irá posicioná-la no mercado, a depender do seu comportamento ético.

A Operação Lava Jato, que teve início em 17 de março de 2014 e contou com 80 fases operacionais autorizadas, entre outros, pelo então juiz Sérgio Moro, acendeu a importância dos programas de *compliance* no Brasil que já vinha sendo aplicado de forma tímida através do código de ética dos bancos.

De igual modo, o porte da empresa é levado em consideração para estipular o tratamento dos dados que possam causar dano ao titular, sendo que a gestão de riscos passa por critérios que preveem a flexibilização e a dispensa de obrigações previstas na Lei Geral de Proteção de Dados.

Uma particularidade importante para o bom cumprimento do programa de *compliance* é o responsável pela implementação conhecer a cultura, os costumes da empresa e fazer uma pesquisa de campo para que, assim, possa avaliar os riscos e as possibilidades de prevenir situações em desconformidade com a legislação.

Trataremos da ISO de forma mais detalhada na terceira seção, mas convém ressaltar que a ISO define parâmetros em vários segmentos que devem ser implementados nas empresas, de modo que as organizações insiram responsabilidades quanto ao assunto. Assim sendo, vale dizer que a ISO 14001 leva como base a melhoria dos processos com a implementação do sistema de gestão ambiental.

A norma internacional que se concentra na causa do problema e na prevenção busca a efetiva melhoria dos processos com a implementação do sistema de gestão ambiental. Por este motivo, as pequenas empresas têm sido estimuladas ao desenvolvimento sustentável, pois seu comprometimento determina as consequências ou responsabilizações por eventuais problemas.

Segundo a ISO 27.000/2018, os pilares nos quais se baseia a Segurança da Informação são:

a) Confidencialidade os dados são exclusivos aos usuários autorizados, não podendo ser divulgada para aqueles não autorizados;
b) Integridade quer dizer a informação não estar corrompida, e condiz com a verdade aplicada corretamente, ou seja, há uma propriedade na informação, pois esta é completa e exata;
c) Disponibilidade diz respeito à acessibilidade; todos os usuários que precisam utilizar as informações para cumprimento das tarefas empresariais conseguem acessá-las.

A ISO 9001 é voltada para produtos e serviços, e as empresas a utilizam para aplicação de boas práticas, aumentando o padrão organizacional e, consequentemente, o padrão de qualidade.

Noutra linha, o *compliance* antidiscriminatório ganhou uma projeção maior em 2020, após o assassinato de George Floyd, e se tornou um aliado na luta antirracista visando à prevenção e mitigação de atitudes desumanizadas em relação aos grupos historicamente minorizados.

Conclui-se que os objetivos por trás da implementação do *compliance* são inúmeros. As empresas cumprem as legislações nacionais e internacionais, evitando que condutas ilícitas sejam práticas dentro das corporações. Além de o programa instituído pela empresa ser avaliado no mercado, isso a coloca em maior competitividade, os códigos de condutas, regulamentos diversos e de padronização de procedimentos são organizados de modo que as corporações/instituições se fortaleçam e assumam também compromissos com o combate ao racismo dentro das instituições.

2 Direito antirracista e antidiscriminatório no *compliance*

Na atualidade, a sociedade brasileira debate muito sobre o processo de elaboração e implementação de políticas públicas de combate ao racismo, por ser um país com a segunda maior população negra do mundo. E em razão dos movimentos realizados pela população negra, a regulamentação legislativa se fazia necessária para que a responsabilização seja imputada corretamente.

As legislações são os pilares do Estado Democrático de Direito, tendo uma importância significativa para a população, como norteadores de direitos e deveres. Nessa linha, as leis que tratam sobre Discriminação Racial no Brasil são fundamentais para promover a equidade racial para a população negra no Brasil.

Nesse cenário, houve muitos avanços na sociedade e a criação de leis, como a Lei nº 1.390, de 3 de julho de 1951, que inclui entre as contravenções penais a prática de atos resultantes de preconceitos de raça ou de cor, e ficou conhecida como Lei Afonso Arinos, político e jurista que ministrava aulas de história do Brasil e ocupou a cadeira nº 25 na Academia Brasileira de Letras.

A legislação acima mencionada já penalizava em seu art. 7º[2] a não inserção de alguém no ambiente de trabalho, motivado por preconceito de raça ou cor. Do mesmo modo, em 2008, a Lei nº 11.645 tornou obrigatório o ensino das histórias e culturas afro-brasileira e indígena nas escolas públicas e privadas, tendo como principal objetivo resgatar a contribuição desses povos em todas as áreas.

O estado de São Paulo decretou uma lei, sob o nº 14.187, de 19 de julho de 2010, que dispõe sobre penalidades administrativas a serem aplicadas pela prática de atos de discriminação racial. A positivação do direito é fundamental para que direitos sejam assegurados. Os movimentos organizados pela população negra, como o Movimento Negro Unificado, se mobilizaram com propostas, pois o fato de ter apenas dois negros a cada 100 universitários precisava mudar de forma efetiva.

A política de cotas é uma das formas de ações afirmativas que tem como objetivo diminuir os danos causados pelos 300 anos de

---

[2] Art. 7º Negar emprêgo ou trabalho a alguém em autarquia, sociedade de economia mista, emprêsa concessionária de serviço público ou emprêsa privada, por preconceito de raça ou côr. Pena: prisão simples de três meses a um ano e multa de Cr$ 500,00 (quinhentos cruzeiros) a Cr$ 5.000,00 (cinco mil cruzeiros), no caso de emprêsa privada; perda do cargo para o responsável pela recusa, no caso de autarquia, sociedade de economia mista e emprêsa concessionária de serviço público.

escravização da população negra no país. Com isso, a Lei nº 12.990/2014 reserva para as pessoas negras 20% das vagas que são oferecidas nos concursos públicos.

A reserva de vagas a grupos sociais e de raça, acrescido o pilar de gênero, fazem parte da luta por conquistas civilizatórias e democráticas em todo o Brasil. O avanço das políticas de cotas e sua manutenção são conquistas civilizatórias. A Resolução nº 68/237, de 23 de dezembro de 2013, tem como principal objetivo a promoção do respeito, proteção de todos os direitos humanos e liberdades fundamentais dos afrodescendentes, e proclama a Década Internacional dos Afrodescendentes. A saber:

> [...] 1. Decide proclamar a Década Internacional de Povos Afrodescendentes, com início em 1 de janeiro de 2015 e final em 31 de dezembro de 2024, com o tema "Povos afrodescendentes: reconhecimento, justiça e desenvolvimento", a ser lançada oficialmente logo após o debate geral da sexagésima nona sessão da Assembleia Geral;[3]

Inúmeras políticas afirmativas estão sendo instituídas e as empresas, por exemplo, têm o dever de eliminar qualquer prática discriminatória e respeitar o direito de todos os funcionários, agregando de forma direta no ambiente de trabalho e na sua relação com fornecedores e consumidores.

Diante disso, em 2017 entrou em vigor a lei que proíbe e combate a discriminação. Mas, além disso, o *compliance* tem uma importante participação na prevenção de práticas discriminatórias, sendo que a judicialização de tais condutas pode ocorrer de forma autônoma na esfera criminal, civil e administrativa. A seguir, o trecho da lei retirado do Diário Oficial:

---

[3] PROCLAMAÇÃO da Década Internacional de Povos Afrodescendentes. 19 dez. 2013. Disponível em: http://www.onumulheres.org.br/wp-content/uploads/2015/07/N1362881_pt-br.pdf. Acesso em: 19 jan. 2023.

> **ASSEMBLEIA DA REPÚBLICA**
>
> **Lei n.º 93/2017**
>
> de 23 de agosto
>
> Estabelece o regime jurídico da prevenção, da proibição e do combate à discriminação, em razão da origem racial e étnica, cor, nacionalidade, ascendência e território de origem
>
> A Assembleia da República decreta, nos termos da alínea c) do artigo 161.º da Constituição, o seguinte:
>
> CAPÍTULO I
>
> **Disposições gerais**
>
> Artigo 1.º
>
> Objeto
>
> A presente lei estabelece o regime jurídico da prevenção, da proibição e do combate a qualquer forma de discriminação em razão da origem racial e étnica, cor, nacionalidade, ascendência e território de origem.
>
> Artigo 2.º
>
> Âmbito
>
> 1 — A presente lei é aplicável a todas as pessoas singulares e coletivas, públicas e privadas, no que respeita:
>
> grupo de pessoas numa situação de desvantagem, designadamente em comparação com outra pessoa ou grupo de pessoas, a não ser que essa disposição, critério ou prática seja objetivamente justificada por um objetivo legítimo e que os meios utilizados para o alcançar sejam adequados e necessários;
>
> d) «Discriminação por associação», aquela que ocorrer em razão de relação e ou associação a pessoa ou grupo de pessoas a quem sejam atribuídos ou que possuam os fatores indicados no artigo 1.º;
>
> e) «Discriminação múltipla», aquela que resultar de uma combinação de dois ou mais fatores de discriminação, devendo, neste caso, a justificação objetiva permitida nos termos da alínea c) verificar-se em relação a todos os fatores em causa;
>
> f) «Assédio», sempre que ocorra um comportamento relacionado com os fatores indicados no artigo 1.º, com o objetivo ou o efeito de violar a dignidade de determinada pessoa ou grupo de pessoas e de criar um ambiente intimidativo, hostil, degradante, humilhante, desestabilizador ou ofensivo.
>
> 2 — O assédio constitui discriminação, bem como qualquer tratamento desfavorável em razão da rejeição ou submissão a comportamento desse tipo.
>
> 3 — As instruções ou ordens com vista a uma discriminação direta ou indireta em razão dos fatores indicados no artigo 1.º constituem discriminação.

O governo do estado de São Paulo possui o programa de combate à discriminação racial, que é considerado um dos maiores do Brasil, que prevê penalização administrativa pela prática de conduta discriminatórias. Lei nº 14.187, de 19 de julho de 2010:[4]

> Artigo 6º As sanções aplicáveis aos que praticarem atos de discriminação nos termos desta lei serão as seguintes:
> I - advertência;
> II - multa de até 1.000 UFESPs (mil Unidades Fiscais do Estado de São Paulo);
> III - multa de até 3.000 UFESPs (três mil Unidades Fiscais do Estado de São Paulo), em caso de reincidência;
> IV - suspensão da licença estadual para funcionamento por 30 (trinta) dias;
> V - cassação da licença estadual para funcionamento.
> §1º Quando a infração for cometida por agente público, servidor público ou militar, no exercício de suas funções, sem prejuízo das sanções previstas nos incisos I a III deste artigo, serão aplicadas as penalidades disciplinares cominadas na legislação pertinente.

---

[4] ASSEMBLEIA LEGISLATIVA DO ESTADO DE SÃO PAULO. Lei nº 14.187, de 19 de julho de 2010. Dispõe sobre penalidades administrativas a serem aplicadas pela prática de atos de discriminação racial. Disponível em: https://www.al.sp.gov.br/repositorio/legislacao/lei/2010/lei-14187-19.07.2010.html. Acesso em: 19 jan. 2023.

§2º O valor da multa será fixado tendo-se em conta as condições pessoais e econômicas do infrator e não poderá ser inferior a 500 UFESPs (quinhentas Unidades Fiscais do Estado de São Paulo).

§3º A multa poderá ser elevada até o triplo, quando se verificar que, em virtude da situação econômica do infrator, sua fixação em quantia inferior seria ineficaz.

§4º Quando for imposta a pena prevista no inciso V deste artigo, deverá ser comunicada à autoridade responsável pela outorga da licença, que providenciará a sua execução, comunicando-se, igualmente, à autoridade federal ou municipal para eventuais providências no âmbito de sua competência.

Apesar das previsões normativas, as instituições, empresas de direito público e privado e as organizações entenderam que ter sua marca associada a condutas discriminatórias, fraudes e corrupções não é o caminho mais adequado para se manter no mercado. No Brasil a prática ESG[5] tem crescido e ganhando visibilidade, em razão do descontentamento do mercado financeiro, sendo possível após sua aplicação ampliar a competitividade.

Há uma série de dispositivos legais de combate à discriminação, como a Convenção Interamericana contra a Corrupção, assinada pelo Brasil em 1996, mas ratificada e promulgada apenas em 2002, por meio do Decreto Legislativo nº 4.410/200207, a Lei nº 7.716/1989[6] e a Lei nº

---

[5] ESG é uma sigla em inglês que significa *environmental, social and governance*, e corresponde às práticas ambientais, sociais e de governança de uma organização. O termo foi cunhado em 2004 em uma publicação do Pacto Global em parceria com o Banco Mundial, chamada Who Cares Wins. Surgiu de uma provocação do secretário-geral da ONU Kofi Annan a 50 CEOs de grandes instituições financeiras, sobre como integrar fatores sociais, ambientais e de governança no mercado de capitais. Na mesma época, a UNEP-FI lançou o relatório Freshfield, que mostrava a importância da integração de fatores ESG para avaliação financeira. Já em 2006, do PRI (Princípios do Investimento Responsável), que hoje possui mais de 3 mil signatários, com ativos sob gestão que ultrapassam USD 100 trilhões em 2019, cresceu em torno de 20%. Disponível em: https://www.pactoglobal.org.br/pg/esg. Acesso em: 19 jan. 2023.

[6] Lei nº 7.716, de 5 de janeiro de 1989. Define os crimes resultantes de preconceito de raça ou de cor. Art. 1º Serão punidos, na forma desta Lei, os crimes resultantes de discriminação ou preconceito de raça, cor, etnia, religião ou procedência nacional. (Redação dada pela Lei nº 9.459, de 15/05/97). (PACTO GLOBAL REDE BRASIL. Disponível em: https://www.pactoglobal.org.br/pg/esg. Acesso em: 19 jan. 2023).

9.029/1995.[7] As sanções previstas nas referidas legislações têm como base o art. 5º,[8] *caput*, da Constituição Federal.

Nessa linha, o tratamento discriminatório no ramo empresarial ocasiona uma série de prejuízos em seus negócios, e a ferramenta do *compliance* é crucial para prevenir ações como essas. Não restam dúvidas de que o racismo, a discriminação e o preconceito têm significados diferentes, mas fazem parte da estrutura no país, de modo que o *compliance* antidiscriminatório precisa ser aplicado nas empresas com intencionalidade de alcançar a equidade nas relações.

Adilson José Moreira afirma que o conceito de discriminação direta pressupõe "que as pessoas são discriminadas a partir de um único vetor e também que a imposição de um tratamento desvantajoso requer a existência da intenção de discriminar" (MOREIRA, 2017. p. 102).

No livro *Racismo estrutural*, Silvio Almeida define o preconceito racial como: "o juízo baseado em estereótipos acerca de indivíduos que pertençam a um determinado grupo racializado, e que pode ou não resultar em práticas discriminatórias" (ALMEIDA, 2019, p. 22).

Em síntese, o Brasil avançou na luta contra a discriminação racial a instituição de políticas públicas, ações afirmativas coadunam com o Brasil que a sociedade precisa se tornar mais igualitária, em que a equidade e justiça social sejam alcançadas. Portanto, a população branca precisa reconhecer que o racismo existe, pois a negação é um obstáculo para o combate. Trata-se de um problema atual a ser enfrentado todos os dias e sua reprodução, mesmo que inconscientemente, causa danos na vida de muitos.

Acredita-se que o direito antidiscriminatório no setor privado é o caminho que as organizações encontraram para manter a reputação de sua empresa, o posicionamento da marca, competitividade no mercado, tornando a empresa diversa e inovadora, seguindo o programa de integridade mantendo-se em conformidade com a lei.

---

[7] Lei nº 9.029, de 13 de abril de 1995. Proíbe a exigência de atestados de gravidez e esterilização, e outras práticas discriminatórias, para efeitos admissionais ou de permanência da relação jurídica de trabalho, e dá outras providências. Disponível em: https://www.planalto.gov.br/ccivil_03/leis/l9029.htm. Acesso em: 19 jan. 2023.

[8] Art. 5º Todos são iguais perante a lei, sem distinção de qualquer natureza, garantindo-se aos brasileiros e aos estrangeiros residentes no País a inviolabilidade do direito à vida, à liberdade, à igualdade, à segurança e à propriedade, nos termos seguintes [...].

3 Desafios na aplicação do *compliance* nas empresas

Compliance é um dos temas mais comentados dentro das organizações, pois é o dever de estar em conformidade e fazer cumprir as leis, diretrizes, regulamentos internos e externos, buscando mitigar riscos atrelados à reputação e o risco legal/regulatório. Dentre os objetivos e responsabilidades da função do *compliance*, estão a análise de riscos operacionais; gerenciamento de controles internos; desenvolvimento de projetos de melhoria e adequação às normas; prevenção de fraude e monitoramento da segurança de informação; auditorias periódicas e revisão das políticas de gestão junto ao RH da empresa; elaboração de manuais de conduta e fiscalização da contabilidade; interpretação das leis.

As pequenas e médias empresas que implementam o programa de *compliance* e contam com o comprometimento da alta gestão, ao implantar um código de ética simples, realizar uma análise de riscos com o tratamento dos desvios, entendendo que a reputação da empresa será influenciada de forma positiva pela qualidade e efetividade do seu programa de *compliance*, colocam-se em destaque na concorrência.

Importa dizer que o *compliance* não protege apenas a organização, mas também a sociedade em si, de modo que aquele que é responsável pela sua implementação na organização precisa entender a cultura da empresa, com transparência com os funcionários e clientes de forma ética, para detectar e remediar práticas discriminatórias de qualquer natureza e criar um ambiente de harmonia e respeito à diversidade.

Portanto, surge a necessidade corporativa no cumprimento do disposto nos fundamentos antirracistas de nossa Constituição brasileira, como basilar de um ambiente empresarial sem riscos e danos, refletindo, assim, em todo o restante da sociedade, que padece de práticas racistas estruturais. Com isso, nada tão eficiente quanto à aplicação da Lei estadual nº 14.187/2010, como caráter administrativo sancionatório capaz de regular práticas discriminatórias em todo estado de São Paulo, que detém grandiosa cultura e diversidade, além de maior economia entre os estados da federação.

A estrutura organizacional influencia na aplicabilidade do programa de integridade *compliance*. De acordo com Batisti (2017, p. 105), a Lei nº 12.846/2013 promoveu uma mudança significativa no papel da empresa ao torná-la responsável por fiscalizar a conduta de seus colaboradores.

Greenwald e Banaji (1995) concluem que o comportamento social cognitivo que fora internalizado por muitos anos como consciente mostra evidências de que opera de forma inconsciente ou implícita. Ou seja, as experiências e vivências ficam no subconsciente e forma os estereótipos que influenciam os julgamentos e as atitudes. Mesmo que haja uma negativa sobre o preconceito, as pessoas negam explicitamente que tenham preconceitos, pois a estereotipagem atua de forma implícita.

A sustentabilidade é fator importante no programa de *compliance*, sendo que a intencionalidade e a interseccionalidade são pontos cruciais para o sucesso do programa de *compliance*. "Ética e conduta não são coletas que podem ser meramente criadas ou atingidas somente através de gastos corporativos. Elas exigem um profundo comprometimento, que só pode ser atingido através do tempo, esforços e, sim gastos" (BIEGELMAN; BIEGELMAN, 2011, p. 5).

Quando a empresa entende que os desafios enfrentados na implementação do *compliance* no setor privado são pequenos em comparação aos benefícios que um programa de conformidade aplicado de forma efetiva, ocasionará a melhora do desempenho do empregado e o compromisso com a organização a que pertence, pois o empregado entende que a empresa está preocupada em seguir as legislações cabíveis à empresa, garantindo que os direitos trabalhistas serão observados e uma gestão humanizada aplicada.

O principal desafio é fazer os chefes de cada setor entenderem que talvez, seja preciso direcionar a performance do negócio de outra forma, que os canais de comunicação farão parte da rotina. Quando os colaboradores percebem que haverá alterações na cultura já implementada, é necessário treinamentos e palestras.

Logo, com a implementação do *compliance* a marca ganha valor no mercado, e isso estimula a alta gestão a se comprometer com o programa de integridade, sendo que os custos e as despesas da organização são reduzidos. Se ocorrer qualquer situação de não conformidade, o programa de *compliance* instituído na empresa é avaliado e serve como fator atenuante.

A Lei de Proteção de Dados é necessária na implementação do *compliance*, e sua não observância pode gerar riscos financeiros em potencial. Quando o código de ética e conduta é criado, gera um susto nos colaboradores, pois todos estão acostumados à cultura existente no ambiente. Por este motivo, a reunião com os líderes de cada setor e o treinamentos das equipes são cruciais para que os demais membros aceitem o programa e este tenha uma maior efetividade.

Por fim, entende-se que o *compliance* assegura o funcionamento dos controles internos de forma sistemática, buscando a redução dos riscos com base no modelo de negócios.

4 Avanços do *compliance* antidiscriminatório no setor privado

De pronto, far-se-á breve análise histórica.

Um grupo foi criado em 1887 por homens negros nascidos livres, dentre deles José do Patrocínio, escritor abolicionista, a Liga de Homens de Cor, e nesse contexto muito do *compliance* se via, de forma estruturada e organizada para que a população negra cobrasse, conquistasse direitos. No estado da Bahia, na cidade de Salvador, em 1887, o governo delimitou como seria a atuação da autoridade policial, cabendo a estes zelar pela boa conduta da população e aplicando toque de recolher às 22h, época em que a capoeira[9] era considerada crime.

Diante da abolição da escravatura, em 1888, não houve por parte do Estado políticas públicas para inserção dos negros na sociedade, no mercado de trabalho, com moradias com saneamento básico, muitos ainda continuavam "trabalhando" na casa dos senhores para conseguir um local para dormir e um prato de comida.

Em 1948, na África do Sul, após a institucionalização do *apartheid*, surgiram legislações criadas com o objetivo de separar a população negra e mestiça da população branca. Assim, em 1945, por exemplo, surgiu a Lei de Passe, que separava os negros e delimitava onde poderiam ir, sua raça, etnia, profissão eram informações escritas nos cadernos e os negros obrigados a apresentar seu registro sempre que solicitado pelos policiais sul-africanos, caso contrário, seriam detidos.

Considerando as dificuldades enfrentadas em razão da instituição da lei, no dia 21 de março de 1960, cerca de 20 mil pessoas se reuniram para manifestar pacificamente, mas um grupo de policiais resolveram disparar suas armas de fogo contra os manifestantes ocasionando a

---

[9] A capoeira ou capoeiragem é uma expressão cultural e esporte afro-brasileiro que mistura arte marcial, dança e música, desenvolvida no Brasil por descendentes de escravos africanos possivelmente no final do século XVI no Quilombo dos Palmares, que resistiu por mais de um século na antiga Capitania de Pernambuco. (CAPOEIRA. *Wikipédia*. Disponível em: https://pt.wikipedia.org/wiki/Capoeira. Acesso em: 12 jan. 2023).

morte de 69 pessoas e 186 feridas no chamado Massacre de Shaperville, província de Gauteng, África do Sul, em 1960. Após seis anos do corrido, foi instituído o Dia Internacional pela Eliminação da Discriminação Racial em 21 de março.

Nessa linha, o Direito Antidiscriminatório é um campo do Direito que surge e se consolida ao longo dos últimos 70, 80 anos, sendo que o Direito moderno surge no século XVIII, baseado na universalidade dos direitos. Todas as sociedades são atravessadas por diferenças de classe, raça, gênero e os grupos que foram minorizados ao longo da história se mobilizaram para garantir e assegurar seus direitos, bem como sua inserção no mercado de trabalho.

Antes de examinar os avanços do *compliance* é preciso ratificar a importância do direito antidiscriminatório, e as considerações traçadas acima fazem parte deste processo.

Tecidas essas breves considerações, é salutar trazer que a Declaração da Convenção Racial da ONU diz que:

> Art. 1º Discriminação racial significará toda distinção, exclusão, restrição ou preferência baseada em raça, cor, descendência ou origem nacional ou étnica que tenha por objeto ou resultado anular ou restringir o reconhecimento, gozo ou exercício em um mesmo plano (em igualdade de condição) de direitos humanos e liberdades fundamentais nos campos político, econômico, social, cultural ou em qualquer outro campo da vida pública.[10]

O sistema começou a responder de forma positiva, havendo nos tempos atuais uma atuação das grandes empresas para incluir os grupos minorizados e treinamentos para que essas pessoas se sintam pertencentes ao ambiente empresarial, considerando que todas as pessoas possuem vieses inconscientes[11] limitadores e o *compliance* antidiscriminatório diminui disparidades no meio social.

---

[10] 1904 (XVIII). *Declaração das Nações Unidas sobre a Eliminação de Todas as Formas de Discriminação Racial*.

[11] O viés inconsciente, também conhecido como viés ou preconceito implícito, é um pressuposto, uma crença ou uma atitude aprendida que parte do subconsciente. Todos têm tais vieses e recorrem a eles como atalhos mentais para um processamento de informação mais rápido. Os vieses implícitos se desenvolvem ao longo do tempo, à medida que acumulamos experiências de vida e nos expomos a estereótipos distintos. Segundo o Instituto Kirwan para estudo de raças e etnias, "tais vieses, que englobam avaliações favoráveis e desfavoráveis, são ativados involuntariamente e sem a consciência ou controle intencional de um indivíduo". (19 VIESES inconscientes a superar a fim de promover uma cultura de inclusão. *Asana*, 17

A saber, existem normas infraconstitucionais que protegem a população negra, indígena, LGBTQIAP+, pessoas com deficiência e demais grupos sociais que ainda têm acesso aos direitos e garantias fundamentais negados ou dificultados. São inúmeras legislações protetivas, que visam impedir condutas discriminatórias a esses grupos, mas também incluir no mercado de trabalho, universidade etc.

A ideia de *compliance* antidiscriminatório deve ser pautada de acordo com a realidade da empresa, cultura, segmento no mercado, principal atividade para que seja possível estabelecer código de ética e controles internos e externos de forma que as interseções e recortes, mitigando os riscos e promovendo um ambiente saudável, digno, atrelado a argumentos gerenciais e econômicos, de modo que o comprometimento da alta gestão gere um resultado positivo e boa reputação organizacional.

Diante de tal constatação, após a implementação de políticas e com seu funcionamento de forma efetiva, a instituição ganha a confiança dos investidores, credibilidade no mercado e o programa de integridade para que as empresas se mantenham em conformidade. Aqui é necessário, sobretudo, lidar com as situações que envolvam condutas discriminatórias dentro do ambiente corporativo, de modo que promova um ambiente produtivo e harmonioso para se trabalhar.

> Com a implantação da política de *compliance*, a empresa tende a: orientar todas as suas ações para os objetivos definidos; utilizar os recursos de forma mais eficiente, visto que as decisões passam a ser mais econômicas, pois uniformes para casos similares; "proteção contra as pressões das emergências"; ter uniformidade e coerência em todos os seus atos e decisões, colaborando com a transparência dos processos; facilitar a adaptação de novos empregados à cultura organizacional; disponibilizar aos gestores mais tempo para repensar políticas e atuar em questões estratégicas; aumentar e aperfeiçoar o conhecimento da organização por todos os seus atores (GONÇALVES, 2012, p. 64-65).

Neste contexto, cabe dizer que a construção do *compliance* antidiscriminatório, exige regulamentações, instruções normativas, para efetivação da cidadania, verdadeiro exercício de direitos acionáveis e defensáveis a todos os cidadãos, estimulará a consciência de que

---

maio 2021. Disponível em: https://asana.com/pt/resources/unconscious-bias-examples. Acesso em: 16 jan. 2023).

direitos constitucionais como da igualdade, liberdade, não discriminação e, principalmente, da dignidade da pessoa humana, são os pilares fundamentais de uma sociedade livre, justa e solidária.

É necessário identificar a probabilidade de riscos e priorizar os riscos atuais e potenciais, conforme tabela exposta abaixo:

Processo / Linha de Defesa Objetivo	Gestão de Riscos	Gestão de Continuidade dos Negócios	Gestão de Crises
	Reduzir o risco global em linha com objetivos de negócio	Responder a incidentes tático-operacionais inaceitáveis às operações de negócios de missão crítica	Gerenciar eventos de grande dimensão que podem comprometer a perenidade e a reputação de negócios
Responsabilidades	• Maximizar oportunidades; • Mitigar riscos para o cumprimento das estratégias de negócios; • Melhorar a eficiência operacional; • Suportar gestão de capital e atratividade de investimentos.	• Definir requisitos para operação de negócios de missão crítica em situações de contingência; • Manter estratégias de continuidade das operações de missão crítica; • Capacitar pessoas na utilização das estratégias de contingência	• Monitorar cenários pré-crise; • Capacitar pessoas para responder às crises; • Deliberar respostas em tempo real; • Facilitar a comunicação com os públicos de interesse; • Definir planos de recuperação pós-crise.

Fonte: Manual de Gestão para Relações com Investidores, 2015, p. 6.

A implementação do *compliance* trouxe inúmeros avanços para as empresas, pensando na credibilidade que um bom programa de integralidade traz, passando confiança aos fornecedores, clientes e investidores, a estrutura e a gestão de riscos fornecem bases a serem implantadas que garantem o sucesso, com base na cultura da empresa é possível verificar a melhor estratégia operacional.

O setor privado tem evoluído consideravelmente com a mitigação dos riscos e prevenção, combatendo práticas ilícitas, com base nos preceitos de governança corporativa empresarial, evitando discriminações diversas.

5 Considerações finais

Conclui-se que a implementação de uma política *compliance* é fundamental para as empresas que buscam eficiência nas contratações, prestação de serviços e se preocupam com o ambiente em que os colaboradores trabalham, que possuem um programa de integridade, aliado à Lei de Proteção de Dados e inserção de políticas antidiscriminatórias.

Observa-se que a cultura das instituições muda de forma gradativa e o mercado empresarial exige que as empresas estejam em conformidade. Assim, a responsabilidade das empresas no Brasil passou a ser objetiva a partir do advento da Lei nº 12.846/2013.

Desta maneira a discriminação no mundo dos negócios parte de arbitrariedade, intencionalidade, tratamento desvantajoso com base na utilização de um critério proibido por lei. Mecanismos que evitam e combatem práticas ilícitas são os programas de integridade e conformidade implementados nas instituições, com o intuito de coibir práticas ilícitas e com isso reverberar no mercado empresarial o efetivo cumprimento do programa de *compliance*.

Do que foi dito, o *compliance* antidiscriminatório previne que práticas discriminatórias sejam cometidas no ambiente de trabalho, sendo que o pilar da igualdade de inclusão visa coibir tais condutas, que serão punidas severamente com os códigos internos da instituição, além de estar em desconformidade com a legislação vigente. O sucesso do programa de integridade auxilia na reputação da empresa.

A alta gestão tem um papel importante na efetividade do programa de *compliance*. No que diz respeito à pauta racial, é provado que historicamente a sociedade é racista e realiza microagressões no ambiente de trabalho, a conscientização da alta gestão e o seu comprometimento com tal programa é realizando o gerenciamento dos riscos e irregularidade na implementação da diversidade.

Compreende-se que os líderes setoriais são o coração da instituição e o engajamento e treinamentos, alinhados com o programa de integridade e conformidade, tornarão o ambiente harmonioso, e empresa competitiva no mercado proporcionará interesse de investidores.

Não é necessário empreender esforços para verificar que a educação antirracista e os movimentos sociais têm crescido no Brasil, e as empresas que não tiverem o olhar humanizado para a movimentação do mercado ficarão em desvantagem em relação às instituições que aplicam o *compliance* antidiscriminatório. Os custos para a implementação são ínfimos em comparação aos ganhos econômicos.

Referências

19 VIESES inconscientes a superar a fim de promover uma cultura de inclusão. *Asana*, 17 maio 2021. Disponível em: https://asana.com/pt/resources/unconscious-bias-examples. Acesso em: 16 jan. 2023.

1904 (XVIII). *Declaração das Nações Unidas sobre a Eliminação de Todas as Formas de Discriminação Racial*. Disponível em: https://www.oas.org/dil/port/1963%20 Declara%C3%A7%C3%A3o%20das%20Na%C3%A7%C3%B5es%20Unidas%20sobre%20 a%20Elimina%C3%A7%C3%A3o%20de%20Todas%20as%20Formas%20de%20Discrimina%C3%A7%C3%A3o%20Racial,%20proclamada%20pela%20Assembleia%20Geral%20 das%20Na%C3%A7%C3%B5es%20Unidas%20em%2020%20de%20novembro%20de%20 1963,%20a%20resolu%C3%A7%C3%A3o%201904%20(XVIII).pdf. Acesso em: 28 dez. 2022.

ALMEIDA, Silvio Luiz de. *Racismo estrutural*. São Paulo: Sueli Carneiro; Pólen, 2019. 264 p. (Feminismos Plurais) ISBN: 978-85-98349-74-9.

ASSEMBLEIA LEGISLATIVA DO ESTADO DE SÃO PAULO. Lei nº 14.187, de 19 de julho de 2010. Dispõe sobre penalidades administrativas a serem aplicadas pela prática de atos de discriminação racial. Disponível em: https://www.al.sp.gov.br/repositorio/legislacao/lei/2010/lei-14187-19.07.2010.html. Acesso em: 19 jan. 2023.

BATISTI, Beatriz Miranda. *Compliance e corrupção*: análise de risco e prevenção nas empresas em face dos negócios públicos. Curitiba: Juruá, 2017.

BIEGELMAN, Martin T.; BIEGELMAN, Daniel R. *Building a World-Class Compliance Program: The Seven Steps in Practice (Part I)*. Hoboken. Nj, USA: John Wiley & Sons, Inc., 2011.

BRASIL. Constituição (1988). *Constituição da República Federativa do Brasil*, 1988. Brasília: Senado Federal, Centro gráfico, 1988. 292 p.

BRASIL. Lei nº 7.716, de 5 de janeiro de 1989. Define os crimes resultantes de preconceito de raça ou de cor. Art. 1º Serão punidos, na forma desta Lei, os crimes resultantes de discriminação ou preconceito de raça, cor, etnia, religião ou procedência nacional. (Redação dada pela Lei nº 9.459, de 15/05/97). Disponível em: http://www.planalto.gov.br/ccivil_03/leis/l7716.htm. Acesso em: 19 jan. 2023.

BRASIL. Lei nº 9.029, de 13 de abril de 1995. Proíbe a exigência de atestados de gravidez e esterilização, e outras práticas discriminatórias, para efeitos admissionais ou de permanência da relação jurídica de trabalho, e dá outras providências. Disponível em: https://www.planalto.gov.br/ccivil_03/leis/l9029.htm. Acesso em: 19 jan. 2023.

BRASIL. Lei nº 14.187, de 19 de julho de 2010. Lei de diretrizes sobre penalidades administrativas a serem aplicadas pela prática de atos de discriminação racial. Disponível em: https://www.al.sp.gov.br/repositorio/legislacao/lei/2010/alteracao-lei-14187-19.07.2010.html. Acesso em: 17 jan. 2023.

CAPOEIRA. *Wikipédia*. Disponível em: https://pt.wikipedia.org/wiki/Capoeira. Acesso em: 12 jan. 2023.

GONÇALVES, José Antônio Pereira. *Alinhando processos, estrutura e compliance à gestão estratégica*. São Paulo: Atlas, 2012.

GREENWALD, A. G.; BANAJI, M. R. Implicit social cognition: Attitudes, self-esteem, and stereotypes. *Psychological Review*, Washington, v. 102, n. 1, p. 4-27, 1995. DOI https://doi.org/10.1037/0033-295X.102.1.4. Acesso em: 17 jan. 2023.

INSTITUTO BRASILEIRO DE GOVERNANÇA CORPORATIVA. Compliance *à luz da governança corporativa*. São Paulo, 2017.

MANUAL de Gestão para Relações com Investidores. Comunicação Estratégia para preservação do valor. Deloitte Touche Tohmatsu. Instituto Brasileiro de Relações com Investidores. São Paulo, 2015. Disponível em: https://www2.deloitte.com/content/dam/Deloitte/br/Documents/risk/Manual-Gestao-Crises-para-RI.pdf. Acesso em: 19 jan. 2023.

MOREIRA, Adilson José. *O que é discriminação?* Belo Horizonte: Letramento, 2017.

PACTO GLOBAL REDE BRASIL. Disponível em: https://www.pactoglobal.org.br/pg/esg. Acesso em: 19 jan. 2023.

PROCLAMAÇÃO da Década Internacional de Povos Afrodescendentes. 19 dez. 2013. Disponível em: http://www.onumulheres.org.br/wp-content/uploads/2015/07/N1362881_pt-br.pdf. Acesso em: 19 jan. 2023.

RIOS, Roger Raupp. *Direito da antidiscriminação*: discriminação direta, indireta e ações afirmativas. Porto Alegre: Livraria do Advogado, 2008.

UBALDO, Flávia Safadi. Lei Anticorrupção: a importância do programa de *compliance* no cenário atual. *In*: PORTO, Vinicius; MARQUES, Jader (orgs.). *O compliance como instrumento de prevenção e combate à corrupção*. Porto Alegre: Livraria do Advogado, 2017.

Informação bibliográfica deste livro, conforme a NBR 6023:2018 da Associação Brasileira de Normas Técnicas (ABNT):

FERREIRA, Diumara Araújo. *Compliance* antidiscriminatório no setor privado. BOMFIM, Daiesse Quênia Jaala Santos (Coord.). *Políticas afirmativas de inclusão e equidade racial*: reflexões acerca do papel dos setores público e privado. Belo Horizonte: Fórum, 2023. p. 247-265. ISBN 978-65-5518-553-9.

CIDADÃO COSMOPOLITA E NEGROS NO BRASIL

DANILO LIMA ALVES

1 Introdução

Ao longo dos tempos a evolução da sociedade permitiu um maior esclarecimento sobre o significado do Estado de Direito, sendo que esta mesma evolução galgou admitir que nem todo Estado de Direito é desejável.

O Direito, sem maiores digressões, é instrumento da política. Contudo, o estabelecimento do Estado de Direito permitiu que a sociedade limitasse, inicialmente o Estado, e depois pudesse estabelecer as regras mais importantes do "jogo", notadamente a segurança jurídica, bem como responsabilidades positivas – normas programáticas num pensamento prospectivo.

Entretanto, estabeleceu-se também que não era qualquer Estado de Direito que atenderia as crescentes necessidades dessa sociedade, mas um Estado de Direito Democrático, onde o poder emanasse do povo.

Um exemplo inexorável de Estado de Direito que não seria desejável seriam as ditaduras, regimes em que o povo não pudesse, de forma legítima, escolher seus representantes, sem aprofundar a questão entre sufrágio direto e indireto, ou seja, admitidos ambos como democráticos e partindo do pressuposto de que o poder constituinte originário elegeu este formato, a exemplo dos Estados Unidos da América.

Vale ressaltar que apesar do Estado nazista alemão ser por vezes citado como exemplo de Estado de Direito indesejável, Hitler ascendeu ao poder de forma legítima e democrática, sendo que somente após indicado como Chanceler, pelo partido eleito, impediu a mudança do poder, revelando-se ditador.

Lado outro, o exemplo da Alemanha e seu impacto no mundo, como um dos principais fomentadores da Segunda Guerra Mundial, foi o principal desencadeador para a construção de uma consciência internacional quanto a acompanhar o regime dos Estados de Direito vizinhos e a necessidade de erigir direitos mínimos a serem tutelados, a exemplo dos direitos humanos.

É fato que a predileção por um Estado Democrático de Direito ganhou ainda mais força, bem como não é coincidência que a União Europeia represente a maior e mais avançada comunidade internacional existente, a despeito de seus evidentes problemas, a exemplo do Brexit, uma vez que foi palco das duas guerras mundiais e atualmente sofre com guerra entre Rússia e Ucrânia.

Pois bem. O Estado de Direito então passou por muitos marcos para evoluir até o tempo atual, onde praticamente somente se reconhece como legítimo um Estado Democrático de Direito.

Existiram diversos marcos até o momento atual, a exemplo da Revolução Francesa, Revolução Industrial, guerras mundiais, criação da ONU, direitos de primeira até a quarta ou quinta geração e o reconhecimento internacional de proteção aos direitos humanos.

A relevância desta construção é inquestionável, uma vez que o Estado, ao longo da história, demonstrou, em larga escala, que não possui qualquer embaraço em invadir a esfera de bens e direitos de seu administrado.

A escravidão, o *apartheid* na África do Sul e a guerra da Rússia contra a Ucrânia são exemplos de que o Estado de Direito não é suficiente para a garantia de direitos individuais.

A evolução no mundo jurídico levou os legisladores, precipuamente os poderes constituintes diversos, a estabelecerem a tutela de diversos direitos nas cartas constitucionais, bem como fixaram também objetivos a serem perseguidos, concretizados e/ou direcionados pelo Estado em prol de seus administrados.

Todavia, ainda hoje se observa de forma manifesta diferentes categorias de cidadãos.

No livro *A afirmação histórica dos direitos humanos*, o Professor Fábio Konder Comparato assevera que a evolução da humanidade sempre foi antecedida de momentos de profunda crise social, política e jurídica, momento no qual "arrebentavam-se as amarras, ou grilhões", com o Estado de Direito anterior e uma nova norma fundamental era estabelecida.

O Direito é instrumento de poder, e como tal sua missão é garantir segurança a ordem posta. No entanto, consoante bem pontuado pelo mestre Fábio Konder Comparato, a existência de um Estado de Direito nos moldes atuais demandou tempo e muito sangue.

> No desenrolar da Guerra de Tróia, o sacrifício de Ifigênia pelo seu próprio pai, Agamenon, comandante da frota grega, representou, de certa forma, o paradigma da tragédia enquanto meio de se purificar a alma de suas paixões destruidoras. Agamenon pôs o seu êxito pessoal, como chefe guerreiro, acima de uma pessoa, e não se tratava de uma pessoa qualquer, mas sim de sua própria filha. O remorso do crime cometido costuma doer como a supuração de uma ferida, e faz penetrar a sabedoria no coração dos homens. Na peça de Ésquilo, o coro faz o elogio supremo de Zeus, que logrou superar o orgulho desmedido (*hybris*) de seus antecessores, Urano e Cronos: "ele abriu aos homens os caminhos da prudência, ao dar-lhes por lei: *sofrer para compreender*" (to pathei mathos).[1]
>
> Pois bem, a compreensão da dignidade suprema da pessoa humana e de seus direitos, no curso da História, tem sido, em grande parte, o fruto da dor física e do sofrimento moral. A cada grande surto de violência, os homens recuam, horrorizados, à vista da ignomínia que afinal se abre claramente diante de seus olhos, e o remorso pelas torturas, as mutilações em massa, os massacres coletivos e as explorações aviltantes faz nascer nas consciências, agora purificadas, a exigência de novas regras de uma vida mais digna para todos.[2]

A evolução da sociedade permitiu chegar ao Estado Democrático de Direito, o qual, longe de ser ideal, apresenta atualmente, sob o ponto de vista constitucional, um desatrelamento entre a previsão constitucional e sua real efetividade, tendo como o exemplo a permanência do racismo.

---

[1] COMPARATO, Fábio Konder. *A afirmação histórica dos direitos humanos*. 4. ed. São Paulo: Saraiva, 2005, p. 36-37.

[2] COMPARATO, Fábio Konder. *A afirmação histórica dos direitos humanos*. 4. ed. São Paulo: Saraiva, 2005, p. 37.

O fenômeno da globalização transformou o mundo, sobretudo em razão dos avanços tecnológicos. Hoje a possibilidade de interação entre as pessoas é enorme e rápida, o mesmo ocorre no mercado econômico, mediante empresas que assumem poder maior do que muitos países.

Entretanto, como fica o indivíduo neste mundo globalizado sob o ponto de vista de sua proteção?

A percepção do individuo está cada vez menor, sua relevância reside apenas quanto ao seu aspecto econômico. A tutela dos direitos humanos é uma preocupação existente no cenário internacional, a qual perpassa também por uma questão de soberania.

Os Estados não desejam ceder parte de sua soberania para se submeterem a órgãos, mesmo cortes internacionais, ainda que seja sob o fundamento de extensão de proteção aos direitos humanos.

Neste sentido, torna-se ainda mais difícil um indivíduo se reconhecer como pertencente a uma comunidade internacional, na medida em que inexiste algo palpável, remanescendo apenas sofrer os reflexos econômicos que hoje impactam o mundo todo em decorrência de disputas comerciais, barreiras alfandegárias, importação e exportação etc.

De outro lado, a Constituição Federal do Brasil, no seu art. 5º, mediante emenda constitucional, estabeleceu o seguinte:

> §2º Os direitos e garantias expressos nesta Constituição não excluem outros decorrentes do regime e dos princípios por ela adotados, ou dos tratados internacionais em que a República Federativa do Brasil seja parte.
> §3º Os tratados e convenções internacionais sobre direitos humanos que forem aprovados, em cada Casa do Congresso Nacional, em dois turnos, por três quintos dos votos dos respectivos membros, serão equivalentes às emendas constitucionais.
> §4º O Brasil se submete à jurisdição de Tribunal Penal Internacional a cuja criação tenha manifestado adesão.

Além do mencionado dispositivo a Constituição brasileira prescreve o seguinte:

> Art. 4º A República Federativa do Brasil rege-se nas suas relações internacionais pelos seguintes princípios:
> I - independência nacional;
> II - prevalência dos direitos humanos;
> III - autodeterminação dos povos;
> IV - não-intervenção;
> V - igualdade entre os Estados;

VI - defesa da paz;
VII - solução pacífica dos conflitos;
VIII - repúdio ao terrorismo e ao racismo;
IX - cooperação entre os povos para o progresso da humanidade;
X - concessão de asilo político.
Parágrafo único. A República Federativa do Brasil buscará a integração econômica, política, social e cultural dos povos da América Latina, visando à formação de uma comunidade latino-americana de nações.

Dessa forma, o legislador constituinte estabeleceu como o Brasil pautará suas relações internacionais e que princípios considera importantes para tanto.

Considerando os dispositivos constitucionais supracitados, o constitucionalismo moderno caminha no sentido de maior reconhecimento, proteção e garantia dos direitos humanos, confirmando a tendência de um mundo em que se enxergue o ser humano, acima de todas as diferenças étnicas, religiosas e históricas.

Neste passo, a trajetória dos Direitos Humanos e a concepção do Direito Internacional Público em sua relação com o Direito Constitucional vem "evoluindo" e se soltando de grilhões do passado, que limitavam o implemento de uma efetiva tutela/proteção.

Neste ensaio, de forma inicial e objetiva, busca-se trazer pequenos elementos que possam incentivar para que de fato haja consciência de um indivíduo cosmopolita.

Será que as pessoas mais pobres (em sua maioria negros), têm consciência de que são cidadãos cosmopolitas? De que integram o Mercosul, por exemplo?

Em casos que a interpretação constitucional, decorrente do órgão competente, implique em violações a direitos humanos, o que seria possível para restabelecer a proteção ao referido direito, considerando que tal desejo espelhe a finalidade da própria Constituição?

A defesa de direitos humanos é um dos principais escopos no Direito Internacional, e o presente ensaio objetiva destacar uma medida pouco conhecida, ou utilizada no cenário nacional, o Controle de Convencionalidade, como forma de tutela de direitos humanos e conscientização do cidadão cosmopolita, permitindo a inclusão social de determinados segmentos da sociedade.

2 Controle de Convencionalidade

O conceito de Controle de Convencionalidade foi utilizado pela primeira vez pelo Conselho Constitucional da França, destacando-se a Sentença nº 75-54 DC de 15 de janeiro de 1975. O Conselho Constitucional Francês determinou competência para o controle constitucionalidade das leis, conforme o art. 61 da Constituição Francesa/1958, não havendo, contudo, competência para exercer Controle de Convencionalidade.

Assim, na forma desse conceito, o Controle de Convencionalidade é o controle que os órgãos supranacionais, a exemplo da Corte Interamericana de Direitos Humanos, exercem sobre a compatibilidade do ordenamento jurídico interno dos países signatários, com as normas do Tratado ou Convenção Internacional, tratando-se do Controle de Convencionalidade Internacional.

Não obstante seja a missão da corte constitucional interpretar a Constituição Federal, não raro se observam mudanças de entendimento que nem sempre decorreram de mudança do texto ou de alteração do estado de fato relativa à hipótese de incidência da norma constitucional a ser aplicada.

Considerando a missão do Tribunal Constitucional, inclusive de natureza política em virtude da forma de escolha de seus membros, este nem sempre gozou da isenção devida para tomada de decisão, conquanto alguns possam afirmar que por ser um Tribunal Constitucional a isenção política é impossível, aliás é inerente à posição de ministro de uma corte constitucional ter um posicionamento político.

Negar que um ministro do Supremo Tribunal Federal possui carga axiológica, dotada de preceitos políticos próprios, e que eles não irão influenciar na sua tomada de decisão é o mesmo que acreditar na neutralidade axiológica do Direito, ou seja, que ele pudesse permanecer imutável ao momento histórico de uma determinada sociedade.

Na verdade, o problema não está na ausência de isenção política e axiológica de um Ministro do STF.

O problema principal reside quando o julgador, dotado do poder em que está investido, o utiliza para violar a Constituição Federal, denotando ato da mais profunda má-fé, ou melhor, ausência de boa-fé objetiva ao trair a confiança dos administrados, do povo.

Não obstante o Controle de Convencionalidade seja uma realidade, e que não se discute a obrigação de aplicação do instituto pelos juízes, incluindo os de primeira instância, todavia a questão ganha importância quando a decisão a ser submetida ao Controle de

Convencionalidade tem origem na Corte Constitucional de um país, no caso do Brasil – o Supremo Tribunal Federal.

Do ponto de vista teórico, é possível a realização do Controle de Convencionalidade sobre qualquer decisão emanada por qualquer órgão de Poder, inclusive do Judiciário, de um país signatário do referido tratado, sobretudo quanto a questões envolvendo proteção dos direitos humanos, a despeito de uma possível discussão sobre soberania.

O início do cumprimento da pena privativa de liberdade após o segundo grau de jurisdição, quando ainda pendente recurso capaz de gerar absolvição, acarreta prejuízo da presunção de inocência?

Ocorre que a Constituição Federal do Brasil assevera que ninguém é considerado culpado antes da decisão penal transitada em julgado (art. 5º, LVII).

A decisão do Supremo Tribunal Federal declarando que é possível o início do cumprimento definitivo de pena de réu, após decisão de condenação em segundo grau de jurisdição viola a Constituição Federal Brasileira? Viola "apenas" um Tratado Internacional? E o conceito de bloco de constitucionalidade, teria aplicação no caso concreto?

A interpretação conferida pelo STF à Constituição Federal no caso em questão foi de que não existiu violação constitucional, a despeito de diversas divergências (incluindo alegações de violação à interpretação literal da CF). Destarte, questiona-se se as divergências apresentadas sujeitam a submissão da decisão ao Controle de Convencionalidade?

A CF brasileira observa que ninguém é considerado culpado até decisão penal transitada em julgado.[3]

O pacto de San Jose da Costa Rica prevê como tutela dos direitos humanos que uma pessoa somente pode ter privada a sua liberdade se provada a sua culpa de acordo com as normas de Direito interno, garantindo ainda direito a recurso. O Brasil é signatário do pacto de San Jose da Costa Rica.

Deve-se ressaltar o alerta, bastante importante, de que um Estado, ao celebrar um tratado, não se compromete somente perante os outros Estados, mas também com seu próprio povo, sobretudo quando se trata de direitos humanos.[4]

---

[3] No Uruguai, por exemplo, a Constituição garante que ninguém será preso de forma definitiva antes da sentença penal legal (art. 12).

[4] FREITAS, Ruben Correa. *Supremacía Constitucional y Control de Convencionalidad en el Uruguay*. Instituto de Derecho Administrativo de la Facultad de Derecho de la Universidad de la República (UDELAR) el 7 de octubre de 2015.

Um dos principais aspectos consiste em verificar se a decisão da Suprema Corte brasileira descumpriu tratado internacional e está sujeita a Controle de Convencionalidade e, inclusive, se violou bloco de constitucionalidade.

Vejamos os dispositivos constitucionais:

> Art. 5º Todos são iguais perante a lei, sem distinção de qualquer natureza, garantindo-se aos brasileiros e aos estrangeiros residentes no País a inviolabilidade do direito à vida, à liberdade, à igualdade, à segurança e à propriedade, nos termos seguintes:
> (*omissis*)
> LVII - *ninguém será considerado culpado até o trânsito em julgado de sentença penal condenatória;*
> LXI - ninguém será preso senão em flagrante delito ou por ordem escrita e fundamentada de autoridade judiciária competente, salvo nos casos de transgressão militar ou crime propriamente militar, definidos em lei;
> LXVI - ninguém será levado à prisão ou nela mantido, quando a lei admitir a liberdade provisória, com ou sem fiança;

Agora, vejamos as regras da Constituição Federal sobre os direitos incorporados por tratados internacionais:

> §2º Os direitos e garantias expressos nesta Constituição não excluem outros decorrentes do regime e dos princípios por ela adotados, ou dos tratados internacionais em que a República Federativa do Brasil seja parte.
> §3º Os tratados e convenções internacionais sobre direitos humanos que forem aprovados, em cada Casa do Congresso Nacional, em dois turnos, por três quintos dos votos dos respectivos membros, serão equivalentes às emendas constitucionais.

Desse modo, a primeira discussão consiste em que momento a Constituição Federal considera uma pessoa culpada e depois qual o *status* em que uma norma relativa a direitos humanos ingressa no ordenamento jurídico brasileiro.

Indiscutivelmente compete ao Supremo Tribunal Federal a guarda da interpretação constitucional como forma de proteção do poder constituinte.

O tratado internacional que entra em rota de colisão com a interpretação constitucional do STF, que entendeu pela possibilidade de execução definitiva da pena privativa de liberdade depois de esgotados os recursos na segunda instância, é o Pacto de San Jose da Costa Rica que assim assevera:

> ARTIGO 7º
> 2. Ninguém pode ser privado de sua liberdade física, salvo pelas causas e nas condições previamente fixadas pelas Constituições políticas dos Estados-partes ou pelas leis de acordo com elas promulgadas.
> ARTIGO 8º
> 2. Toda pessoa acusada de um delito tem direito a que se presuma sua inocência, enquanto não for legalmente comprovada sua culpa. Durante o processo, toda pessoa tem direito, em plena igualdade, às seguintes garantias mínimas:

Pois bem, resta claro que tanto a Constituição Federal do Brasil, assim como o tratado internacional retrocitado protegem a presunção de inocência e o tratado, em particular, assevera que a pessoa somente pode ser presa diante das circunstâncias previamente definidas na Constituição, nas leis do país que lhe é vinculado.

Deixando de lado a circunstância política vivida no Brasil na época desta decisão do STF, que já sofreu modificação, especificamente a situação do Presidente Lula, considerado por muitos o desencadeador da mudança de entendimento do STF na época, fato que o impediu de participar das eleições presidenciais de 2018, questiona-se: E a situação dos brasileiros e brasileiras que foram atingidos por esta mudança e não foram considerados para essas reflexões?

3 Onde está a população negra no Brasil?

O Brasil, país com longa história escravocrata, possui, de forma imanente, traços e consequências do racismo e da discriminação racial em sua sociedade. Um dos elementos de conexão com o presente ensaio, está justamente na possibilidade de enquadramento da reflexão aqui trazida e sua relação com a população negra no Brasil.

As duas últimas pesquisas sobre a população carcerária no Brasil refletem a imensa maioria de negros, assim como muito maior número de mortes violentas.[5] Sem olvidar de que aqueles que não estão presos ou mortos, vivem, ou melhor sobrevivem, em bairros pobres e periféricos.

---

[5] ACAYABA, Cíntia; REIS Thiago. Proporção de negros nas prisões cresce 14% em 15 anos, enquanto a de brancos cai 19%, mostra Anuário de Segurança Pública, *G1*, 19 out. 2020.

Neste passo, é possível concluir que para a grande maioria dos negros e negras do Brasil, a situação se agrava para as mulheres negras em matéria de discriminação, é desconhecida qualquer proteção internacional relativa a direitos humanos, sobretudo em se tratando de uma medida jurídica.

Então, a mudança de entendimento do STF, quanto ao início do cumprimento da pena privativa de liberdade na segunda instância, em 2017/2018, ganhou mais repercussão por envolver um ex-presidente da república, do que propriamente pelo impacto que poderia atingir a maior gama da população brasileira, ou seja, negros e negras.

4 Considerações sobre o cidadão cosmopolita

A despeito de ter relevância a discussão sobre Controle de Convencionalidade e soberania das interpretações constitucionais pelo STF, como ficaram as situações dos discriminados, o vulgo: "preto, pobre", ou ainda mais marginalizados a exemplo das mulheres, negras e pobres, que ficaram sujeitos a iniciar cumprimento de pena privativa de liberdade após o julgamento do recurso na segunda instância?

Não foi localizada estatística sobre o ponto citado acima, o que reforça o grau de marginalização. Neste passo, observa-se que o presente capítulo versa sobre a construção/consciência de um cidadão cosmopolita, que, contudo, apesar do mundo globalizado e dos benefícios inerentes, não "existe" justamente para aqueles que mais sofrem violações a direitos humanos.

A situação acima, em verdade, reflete a dificuldade da construção de um cidadão cosmopolita. Existem casos de Controle de Convencionalidade no Brasil, apesar de que algum brasileiro poderia dizer, se um presidente da república não conseguiu se beneficiar deste controle, como um cidadão comum poderia?

Essa pergunta obviamente não será respondida neste ensaio, sem ressalvar todas as questões políticas envolvendo o citado caso, bem como de que há espaço ainda para a discussão de que não caberia Controle de Convencionalidade para definir como se interpreta a Constituição, sob pena de violar a soberania nacional.

Disponível em: https://g1.globo.com/sp/sao-paulo/noticia/2020/10/19/em-15-anos-proporcao-de-negros-nas-prisoes-aumenta-14percent-ja-a-de-brancos-diminui-19percent-mostra-anuario-de-seguranca-publica.ghtml. Acesso em: 11 mar. 2023.

Por outro lado, esquecendo-se de questões políticas, a discussão e popularização do Controle de Convencionalidade reforça a reflexão do cidadão cosmopolita, objetivo deste ensaio, considerando que em outros lugares do mundo isto tem acontecido. Na União Europeia, por exemplo, um aposentando teve seu benefício restabelecido contra uma decisão da corte máxima de seu país, envolvendo um caso contra o governo, ou seja, após a decisão final no Poder Judiciário nacional, o cidadão recorreu à União Europeia alegando que se tratava de direito envolvendo a sua própria subsistência e restou provado o erro do governo.[6]

De certo que é possível existirem interesses no desconhecimento de tutelas para indivíduos em países pobres, justamente como forma de manter o controle sobre as pessoas em governos aparentemente democráticos, ou permanecer marginalizado determinados grupamentos sociais.

Todavia, é justamente a ampliação de conhecimento sobre formas de tutela do indivíduo, além da esfera nacional, que poderiam auxiliar na construção de um sentimento de cidadão cosmopolita, e auxiliar em alcances de outras metas globais que os países tanto almejam, a exemplo de redução de discriminações, contribuição para tutela ambiental, fortalecer um mercado consumidor, entre outras.

Observado o Mercosul, é indiscutível a distância para a União Europeia, o exemplo citado acima do aposentado não seria possível, pois inexiste legislação semelhante, o que evidencia que a principal diferença não está na existência de países ricos, mas algo mais relevante é que os europeus integrantes da referida comunidade, especificamente os indivíduos, sabem que têm proteção desta comunidade em relação ao seu próprio Estado.

Destarte, a construção do cidadão cosmopolita pode estar mais ligada ao indivíduo do que à sociedade como um todo, onde se sobressaem os interesses econômicos, e resistem sentimentos discriminatórios de forma camuflada, mas com evidências significativas.

A tutela de direitos humanos para indivíduos, além da tutela prestada pelo Estado Nacional (Poder Judiciário no caso do Brasil), pode ser um dos passos para um real reconhecimento de cidadãos

---

[6] Czaja x Polônia – Case Application nº 5744/05 – Julgamento em Strasbourg em 02/01/2013 pela Corte Europeia de Direitos Humanos.

cosmopolitas, ao revés de simplesmente comporem estatística de mercado consumidor para multinacionais.

Referências

ACAYABA, Cíntia; REIS Thiago. Proporção de negros nas prisões cresce 14% em 15 anos, enquanto a de brancos cai 19%, mostra Anuário de Segurança Pública, *G1*, 19 out. 2020. Disponível em: https://g1.globo.com/sp/sao-paulo/noticia/2020/10/19/em-15-anos-proporcao-de-negros-nas-prisoes-aumenta-14percent-ja-a-de-brancos-diminui-19percent-mostra-anuario-de-seguranca-publica.ghtml. Acesso em: 11 mar. 2023.

ALMEIDA, Paulo Roberto de. Falácias acadêmicas, 3: o mito do marco teórico. *Revista Espaço Acadêmico*, n. 89, p. 111-122, out. 2008. Disponível em: http://www.espacoacademico.com.br/089/89pra.pdf. Acesso em: 15 jan. 2018.

BRASIL. Constituição (1988). *Constituição da República Federativa do Brasil*, 1988. Brasília: Senado Federal, Centro gráfico, 1988. 292 p.

COMPARATO, Fábio Konder. *A afirmação histórica dos direitos humanos*. 4. ed. São Paulo: Saraiva, 2005.

CONSTITUIÇÃO DA REPÚBLICA ORIENTAL DO URUGUAIA – Uruguai. Disponível em: http://www.rau.edu.uy/uruguay/const97-1.6.htm. Acesso em: 15 jan. 2018.

FREITAS, Ruben Correa. *Estudios de Derecho Público*. Montevideo: Magró, 2013.

FREITAS, Ruben Correa. *Supremacía Constitucional y Control de Convencionalidad en el Uruguay*. Instituto de Derecho Administrativo de la Facultad de Derecho de la Universidad de la República (UDELAR) el 7 de octubre de 2015.

GOMES, Luiz Flávio. Controle de Convencionalidade: Valerio Mazzuoli "versus" STF. *Migalhas*, 2 jul. 2009. Disponível em: http://www.migalhas.com.br/dePeso/16,MI87878,91041-Controle+de+Convencionalidade+Valerio+Mazzuoli+versus+STF. Acesso em: 15 jan. 2018.

MAZZUOLI, Valério de Oliveira. *O Controle Jurisdicional da Convencionalidade das Leis*. São Paulo: Revista dos Tribunais, 2013.

MAZZUOLI, Valério de Oliveira. *O Controle Jurisdicional da Convencionalidade das Leis*. 4. ed. São Paulo: Revista dos Tribunais, 2016. (Coleção Direito e Ciências Afins)

MENDES, Gilmar Ferreira. *Direitos fundamentais e controle de constitucionalidade*. 3. ed. São Paulo: Saraiva, 2004.

SARLET, Ingo. A Constituição Federal de 1988, os tratados internacionais de Direitos Humanos e o assim chamado Controle de Convencionalidade dos atos normativos internos analisada à luz do caso dos direitos sociais, econômicos e culturais. *In*: BOGDANDY, Armin von; PIOVESAN, Flávia; ANTONIAZZI, Mariela Morales. *Direitos Humanos, democracia e integração jurídica*: emergência de um novo direito público. Rio de Janeiro: Elsevier, 2013. p. 779-800.

SILVA, Carla Ribeiro Volpini; JUNIOR, Bruno Wanderley. A responsabilidade internacional do Brasil em face do Controle de Convencionalidade em sede de direitos humanos: conflito de interpretação entre a jurisdição da Corte Interamericana de Direitos Humanos e o Supremo Tribunal Federal quanto a Lei de Anistia. *Revista de Direito Internacional*, Brasília, v. 12, n. 2, p. 611-629, 2015.

SOLÉ, Julio Ponce. *El Derecho a una Buena Administracion y el Derecho Administrativo Iberoamericano del siglo XXI*. Buen gobierno y Derecho a una Buena Administracion contra arbitrariedad y corrupcion. En El Control de la Actividad Estatal I-Discrecionalidad, División de Poderes y Control Extrajudicial. Buenos Aires: Asociación de Docentes Facultad de Derecho Universidad de Buenos Aires, 2017.

Informação bibliográfica deste livro, conforme a NBR 6023:2018 da Associação Brasileira de Normas Técnicas (ABNT):

ALVES, Danilo Lima. Cidadão cosmopolita e negros no Brasil. BOMFIM, Daiesse Quênia Jaala Santos (Coord.). *Políticas afirmativas de inclusão e equidade racial*: reflexões acerca do papel dos setores público e privado. Belo Horizonte: Fórum, 2023. p. 267-279. ISBN 978-65-5518-553-9.

INTERPRETAÇÃO JURÍDICA E INTELIGÊNCIA ARTIFICIAL: OS RISCOS DO RACISMO ALGORÍTMICO NO BRASIL

FÁBIO DE SOUSA SANTOS

1 Introdução

Uma sociedade contemporânea é resultado de um processo histórico de formatação de um território, um povo e instituições encarregadas do exercício e proteção dos valores relevantes para determinada sociedade. Uma sociedade estruturalmente racista é, portanto, resultado de uma equação que desagua no resultado assim rotulado. A hipótese que motiva o presente estudo é que o Direito e seus intérpretes, enquanto instituição e integrantes de uma sociedade estruturalmente racista, agem também de forma racista, de maneira expressa ou implícita.

A primeira parte do artigo encarna um olhar para o passado. É pressuposto do presente trabalho – e os motivos históricos da validade dessa pressuposição são expostos no escorço histórico feito na primeira parte deste artigo – que a civilização brasileira tem como marca característica a existência do racismo. A formação da economia da colônia, a importação de mão de obra escrava e a conformação das estruturas do Estado nacional brasileiro às estruturas econômicas e sociais existentes no período colonial são tema desta parte.

A segunda parte trata do papel do direito e do intérprete, com especial atenção aos ensinamentos de Hans Kelsen e de Ronald Dworkin. O trecho reconhece acertos de ambas as teorias, pela lente contextual do presente trabalho, discutindo o papel do direito como instrumento de coerção e a natureza argumentativa da ciência jurídica. Tais construções teóricas encontram maior ressonância empírica e impactam o tema sob análise e propiciam maior riqueza e profundidade no debate proposto, possibilitando verificar a hipótese proposta de maneira direta. A análise é centrada, de modo a focalizar a pesquisa, nos conceitos jurídicos indeterminados.

A terceira parte discute, tendo em vista as premissas expostas nos dois trechos antecedentes, como o racismo estrutural impacta o Direito e a prática da interpretação jurídica, especialmente no Poder Judiciário. É o Direito um instrumento de coerção que serve à estrutura racista? O intérprete do Direito brasileiro pode ser considerado racista? Existem evidências das respostas para além da retórica? São estas algumas das perguntas que o presente trabalho se propõe a responder.

2 O negro no Brasil e o racismo estrutural

A formatação contemporânea do Estado brasileiro tem contornos cujo desenho remonta à ocupação portuguesa, nascendo como um espaço de exploração para abastecer a metrópole e o mercado europeu,[1] sendo o grande produtor das riquezas que financiaram a Revolução Industrial inglesa. O que iniciou dedicado a extração de recursos naturais primários passou a também abrigar a plantação de monoculturas ou *commodities* (açúcar, couro e fumo),[2] mesmo após a independência.

O Brasil enquanto empreendimento econômico passa a necessitar de novos "recursos": cerca de 4.8 milhões de africanos escravizados, importados em 14.910 viagens entre 1550 e 1856, o que representa em torno de 46% (quarenta e seis por cento) do total de escravizados desembarcados do mundo. De cada 100 pessoas desembarcadas nos portos brasileiros durante esse período, 86 eram africanos escravizados.[3] A mão de obra escravizada nutria um lucrativo mercado de importação de africanos que abasteceu toda a América.

---

[1] PRADO JÚNIOR, Caio. *Formação do Brasil Contemporâneo*: Colônia. 12. ed. São Paulo: Brasiliense, 1972, p. 114.
[2] FURTADO, Celso. *Formação econômica do Brasil*. 34. ed. São Paulo: Companhia das Letras, 2015.
[3] ALMEIDA, Silvio. *Racismo estrutural*. São Paulo: Sueli Carneiro ; Pólen, 2019, p. 57 e 61.

Com a independência de Portugal em 1822, o rol relativamente extenso de direitos individuais consagrado na carta constitucional outorgada em 25 de março de 1824 não tem como destinatário a população negra escravizada que habitava o país.[4] A presença firma do modelo econômico da economia colonial brasileira, fazia com que se justificasse a manutenção da escravidão ainda por um período razoável.[5]

Foi somente em 13 de maio de 1888 que o Brasil promulgou lei cujo texto dizia "é declarada extincta [sic] desde a data desta lei a escravidão no Brazil".[6] Finda a escravidão como mecanismo de dominação, foram desenvolvidos outros mecanismos de violência. Por exemplo, "a repressão à vadiagem foi um recurso frequentemente utilizado pelos poderosos para expulsar das localidades indivíduos considerados 'insubordinados' ou que não se submetiam à autoridade senhorial".[7] Portanto, o fim da escravidão não implicou na reversão das estruturas existentes no país, destinadas à contingência do negro na posição de subalterno.

Medida que ilustra as raízes do racismo estrutural contemporâneo é a "estratégia saquarema": o problema da mão de obra e da necessidade de branqueamento da população se daria pela introdução de imigrantes europeus e pela regulamentação fundiária (de modo a substituir o escravo por terra como garantia em operações financeiras).[8] O negro, quando não se deixa ser tomado como bem, não é nem nunca foi bem-vindo no país que ajudou a construir. Dito de outra forma, "a história do mercado brasileiro, amanhado pela pilhagem e pelo comércio, é longa, mas a história da nação brasileira, fundada na violência e no consentimento, é curta".[9] Para além das amarras econômicas, sociais e jurídicas existentes, a da economia brasileira do século XIX foi marcada

---

[4] SOUZA NETO, Cláudio Pereira de; SARMENTO, Daniel. *Direito Constitucional*: teoria, história e métodos de trabalho. 2. ed. Belo Horizonte: Fórum, 2014, p. 101.

[5] SILVA, Lígia Osório. *Terras devolutas e latifúndio*: efeitos da lei de terras de 1850. Campinas: UNICAMP, 1996, p. 127-128.

[6] BRASIL. Lei nº 3.353, de 13 de maio de 1888. Declara extinta a escravidão no Brasil. Diário Oficial da União, Rio de Janeiro, RJ, 13 de maio de 1888.

[7] SCHWARCZ, Lilia Moritz; GOMES, Flávio dos Santos; SILVA, Alberto da Costa e (orgs.). *Dicionário da escravidão e liberdade*: 50 textos críticos. São Paulo: Companhia das Letras, 2018, p. 356.

[8] SILVA, Lígia Osório. *Terras devolutas e latifúndio*: efeitos da lei de terras de 1850. Campinas: UNICAMP, 1996, p. 127.

[9] ALENCASTRO, Luiz Felipe de. *O trato dos viventes*: formação do Brasil no Atlântico Sul, séculos XVI e XVII. São Paulo: Companhia das Letras, 2000, p. 355.

pela atuação do capital estrangeiro em investimentos de infraestrutura direcionados à reprodução do modelo colonial escravista.[10]

A independência, portanto, não teve como consequência alterações estruturais profundas no Brasil. As estruturas econômicas e sociais construídas no período colonial, portanto, continuam a manifestar-se com igual força desde os momentos iniciais da constituição do Brasil enquanto Estado nacional. Embora o passar do tempo desfoque os acontecimentos daquela época na memória coletiva do brasileiro – efeitos talvez do reduzido compromisso da sociedade brasileira tanto com o acesso como com a qualidade da educação – seus efeitos ainda são plenamente visíveis, sendo parte relevante da herança colonial presente em "estruturas e instituições e também nas mentalidades, imaginários, subjetividades e epistemologias, e até hoje dão forma e conteúdo às sociedades atuais".[11]

O racismo, herança da estrutura econômica destinada a alimentar a mão de obra que construiu a riqueza nacional, é uma das manifestações mais claras da presença contemporânea das estruturas coloniais e decorre da construção ficcional "de uma realidade identitária (psicológica, social, humana) radicalmente separada – e eventualmente modulável segundo a variedade dos contextos discriminatórios".[12] A experiência nacional está repleta de iniciativas de branqueamento ou de romantização do mestiço enquanto "domesticação" do negro ou rótulo de sua brasilidade idealizada.

Mais do que uma experiência individualmente representada, uma falha institucional, o racismo compõe a estrutura da sociedade e apresenta influência em diversos dos campos de manifestação humana. Em outras palavras: "é uma decorrência da própria estrutura social, ou seja, de modo "normal" com que se constituem as relações políticas, econômicas, jurídicas e até familiares, não sendo uma patologia social e nem um desarranjo institucional."[13] O racismo, portanto, compõe a estrutura que dá corpo e forma à sociedade brasileira, não podendo ser simplificado como falha individual, isto é, simplesmente como pecado

---

[10] CAMPOS, Pedro Henrique Pedreira. *Estranhas catedrais:* as empreiteiras brasileiras e a ditadura civil-militar, 1964-1988. Niterói: Eduff, 2017, p. 42.
[11] ALMEIDA, E. A.; SILVA, J. F. Abya Yala como território epistêmico: pensamento decolonial como perspectiva teórica. *Revista Interterritórios*, Caruaru, v. 1, n. 1, p. 42-64, 2015. DOI: https://doi.org/10.33052/inter.v1i1.5009
[12] SODRÉ, Muniz, *Claros e escuros:* identidade, povo e mídia no Brasil. 3. ed. atual. e ampl. Petrópolis: Vozes, 2015, p. 222.
[13] ALMEIDA, Silvio. *Racismo estrutural*. São Paulo: Sueli Carneiro ; Pólen, 2019, p. 50.

imponível a cada indivíduo com condutas racistas, mas como elemento integrante da teia social que define, legitima, condiciona e rotula ações, pessoas, lugares e manifestações.

Obviamente, as tecnologias humanas não escapam às consequências do racismo estrutural, na medida em que estão imersas na estrutura social e institucional existente. É sobre essa realidade que a própria parte do artigo se debruça.

3 Linguagem e heurísticas como veículos do racismo na interpretação jurídica

No Brasil é adotado o sistema de *civil law*, sistema que busca a construção de uma racionalidade linear, onde a lei é, por excelência, a fonte da normatividade jurídica.[14] Este fato sobreleva o papel da linguagem escrita como forma de manifestação do Direito. Das leis aos costumes, a expressão das figuras jurídicas encontra a simbologia própria da comunicação inter-humana como veículo de expressão.

A visão positivista kelseniana, que confere ao ordenamento o papel de oferecer estabilidade, especialmente diante da "fragmentação do social e o consequente esvaziamento de uma concepção abrangente de bem, característicos da modernidade",[15] alinha-se com a ideia de que o Direito é instrumento destinado à coerção, não fazendo sentido a ciência jurídica averiguar relações humanas fora do contexto da produção normativa.[16] A fragmentação "característica da modernidade" citada pelo autor, também se vê presente no momento de ruptura do modelo econômico escravista e da própria criação do Estado Nacional.

A linguagem – instrumento necessário do Direito – é repleta de elementos que, em maior ou menor grau, geram imprecisão. As palavras utilizadas na produção de normas gerais ou específicas sofrem alterações significativas no processo de comunicação intrínseco.[17] Isto é: a

---

[14] FEITOSA, Maria Luiza Pereira de Alencar Mayer. Os sistemas de *common-law* e de *civil-law* na determinação do perfil atual dos contratos: influências recíprocas ou dominação?. *Verba Juris*, João Pessoa, v. 5, n. 5, p. 489-512, dez. 2006. Disponível em: https://periodicos.ufpb.br/ojs/index.php/vj/article/view/14857/8412. Acesso em: 9 mar. 2016.

[15] KOZICKI, Katya; PUGLIESE, William S. De Kelsen a Hart: as transformações do positivismo jurídico. *In*: LOIS, Cecília Caballero; SIQUEIRA, Gustavo Silveira (ed.). *Da Teoria da Norma à Teoria do Ordenamento*: o positivismo jurídico entre Kelsen e Bobbio. Belo Horizonte: Arraes, 2016, p. 75.

[16] KELSEN, Hans. *Teoria pura do Direito*. São Paulo: Martins Fontes, 2009, p. 79.

[17] WARAT, Luis Alberto. *O direito e sua linguagem*. Porto Alegre: Fabris, 1984, p. 65.

redação da lei não guarda similitude necessária com o que o legislador que a produziu tinha em mente; a sentença (norma individualizada) que aplica a referida lei aderece ao processo mais uma camada de complexidade na comunicação e mais uma lente para distorção dos significados dos símbolos linguísticos. No mundo digital, temos ainda o complicador adicional decorrente da camada de tradução das regras para a linguagem computacional.

A verificação empírica da utilidade da autoridade política responsável pela prolação da norma e que serve de fundamento derradeiro de sua validade, representada na teoria de Kelsen pela "norma hipotética fundamental", corre o risco de se perder diante dos problemas intrínsecos da linguagem. Ao revés, "a prática jurídica revela que os profissionais do direito, em particular os juízes, se valem dos princípios não porque estes são dotados de autoridade (política), mas antes em razão de sua razoabilidade e justiça."[18]

Tal evidência confere, em alguma medida, razão a Dworkin, que assenta a natureza argumentativa da Ciência jurídica.[19] Ainda assim, a lição de ambos pode ser conciliada: O Direito, como ciência e expressão de poder, tem então veículo de precisão duvidosa (linguagem), característica que é reforçada pelo emprego, empiricamente verificado, de ideias cujos conceitos são eminentemente carregados de subjetividade de amplitude linguística (como razoabilidade).

Essa visão não destoa do reconhecimento de que a construção lógico-linear-racional, que é o objetivo do sistema de *civil law*, encontra claro obstáculo no processo comunicativo e, por consequência, na interferência do intérprete. O texto legal deixa de ser uma referência prescritiva direta, passa a servir como um esboço do real conteúdo normativo, que apenas pode ser alcançado quando aquela prescrição é vista dentro de um contexto sistemático.[20] As dúvidas ou indeterminações podem acontecer em outras situações, especialmente por conta de relações contextuais ou de distorções provocadas por lentes metajurídicas, mas é nestes espaços de indefinição linguística e científica que

---

[18] MACEDO JÚNIOR, Ronaldo Porto. *Do xadrez à cortesia*: Dworkin e a Teoria do Direito Contemporânea. São Paulo: Saraiva, 2013, p. 164.
[19] MACEDO JÚNIOR, Ronaldo Porto. *Do xadrez à cortesia*: Dworkin e a Teoria do Direito Contemporânea. São Paulo: Saraiva, 2013, p. 157-158.
[20] GABARDO, Emerson; VIANA, Ana Cristina A.; WASILEWSKI, Dione Jesebel. Teoria da argumentação jurídica em confronto com o populismo judicial. *Revista de Estudos Constitucionais, Hermenêutica e Teoria do Direito*, São Leopoldo, v. 12, n. 3, p. 516-537, set./dez. 2020. DOI: 10.4013/rechtd.2020.123.12, p. 520.

se manifestam de maneira mais visível os efeitos do processo comunicativo e a carga subjetiva do aplicador do Direito, dando margem ao afloramento das manifestações do racismo estrutural.

A vagueza e a ambiguidade decorrem da inexistência de uma regra precisa para a aplicação do símbolo linguístico, seja acerca da precisa designação para qual o símbolo aponta, seja na extensão na qual determinado símbolo se aplica.[21] Importante esclarecer que nem sempre a imprecisão pode ser apontada à palavra ou expressão utilizada, na medida em que esta imprecisão pode estar atrelada à ideia ou o conceito por ela expressa. Tal dissociação se mostra importante e reflete um elemento atrelado ao próprio caráter científico do Direito, com a criação de significados e abstrações próprias do campo do conhecimento.

"Interesse Público", "pobreza", "urgência", são exemplos de expressões dotadas de imprecisão, tendo a doutrina jurídica convencionado chamar tais expressões de conceitos jurídicos indeterminados,[22] sendo que no contexto jurídico – ou mesmo fora dele, por exemplo, na Administração ou na Política – essas expressões encontram uma evidente polivalência de significados empíricos.[23]

As pesquisas em torno da economia comportamental dão evidências empíricas no sentido da existência de desvios da racionalidade que invariavelmente impactam o julgamento humano: o intérprete jurídico não é exceção a esta condição. Exemplo eloquente é noticiado na mídia nacional, foi o de magistrada, mesmo declarando que "sobre sua conduta social nada se sabe", determina que indivíduo negro é "seguramente integrante do grupo criminoso, em razão da sua raça".[24] A averiguação da "conduta social", expressão de precisão vaga, foi, neste caso, elemento que permitiu ao estado-juiz aflorar o elemento guia do processo interpretativo: declaradamente a raça.

---

[21] WARAT, Luis Alberto. *O direito e sua linguagem*. Porto Alegre: Fabris, 1984, p. 79.
[22] MELLO, Celso Antônio Bandeira de. *Discricionariedade e controle jurisdicional*. São Paulo: Malheiros, 1998. p. 20-21.
[23] GABARDO, Emerson; REZENDE, Maurício Corrêa de Moura. O conceito de interesse público no direito administrativo brasileiro. *Revista Brasileira de Estudos Políticos*, Belo Horizonte, n. 115, p. 267-318, jul./dez., 2017. DOI: 10.9732/P.0034-7191.2017V115P267
[24] BRASIL. TRIBUNAL DE JUSTIÇA DO ESTADO DO PARANÁ. 1 Vara Criminal do foro Metropolitano de Curitiba. Sentença nº NI, Autos Nº: 0017441-07.2018.8.16.0196. Autor: MINISTÉRIO PÚBLICO; Réus: ADEMILSON ANTÔNIO MARCELINO E OUTROS. Relator: Juiz de Direito Inês Marchalek Zarpelon. Curitiba, PR, 19 de junho de 2020.

Os seres humanos utilizam atalhos de julgamento,[25] isto é, heurísticas (que existem em diversas formas), de modo a simplificar decisões complexas; tais heurísticas implicam na criação de desvios sistemáticos – os vieses – do julgamento racional.[26] Importante apontar que o sentido destas teorias não é de apontar um determinismo irracional das decisões humanas, mas de reconhecer a possibilidade dos desvios e a fragilidade da racionalidade absoluta nas escolhas.

Deixar de reconhecer vieses e heurísticas implica em aceitar como racional o sistema de justiça que, para o indivíduo da cor negra, é suficiente a apreensão de uma quantidade de substância ilegal até 8 (oito) vezes inferior do que a carregada por um indivíduo branco, para que seja reconhecida a condição de usuário de entorpecentes.[27] O racismo estruturalmente inscrito nas nossas estruturas de poder pode ser considerado como manifestação da nossa racionalidade? A resposta, amparada num sistema jurídico que declara normativamente a intenção de eliminar a discriminação, é obviamente negativa.

Portanto, por característica biológica ou por escolha deliberada, a cognição e a inteligência humana não podem ser apresentadas como inteiramente racionais e apresentam limitações na capacidade de observar a realidade ou mesmo de identificar aspectos relevantes desta para a tomada de decisões. O próximo tópico discute como se dá a relação entre a problemática posta e as tecnologias contemporâneas de automação de atos na esfera pública.

4 Inteligência artificial e o racismo algorítmico

A expressão *inteligência artificial* não nos deixa compreender melhor o seu conceito, sem refletir de maneira mais profunda sobre as palavras que compõem o termo. De todo modo, é possível afirmar que o estudo da inteligência performada pelos computadores e da inteligência

---

[25] ÁVILA, Marcos Gonçalves; FARIAS, Paula Fogacci de. A heurística do afeto e o conceito de "avaliabilidade": experimentos no contexto brasileiro. *Revista Brasileira de Marketing –* REMark, São Paulo, v. 12, n. 2, p. 29-48, abr./jun. 2013, p. 32.

[26] VANE, Howard; MULHEARN, Chris. *James M. Buchanan, Gary S. Becker, Daniel Kahneman and Vernon L. Smith*. Northampton: Edward Elgar Publishing Inc, 2012, p. 296.

[27] DOMENICI, Thiago; BARCELOS, Iuri. Negros são mais condenados por tráfico e com menos drogas em São Paulo. *Publica*, 6 maio 2019. Disponível em: https://apublica.org/2019/05/negros-sao-mais-condenados-por-trafico-e-com-menos-drogas-em-sao-paulo/. Acesso em: 01 ago. 2020.

humana são interconectados,[28] já que há uma preferência humana em adotar critérios que privilegiam a capacidade de pensamento abstrato ou linguagem na régua para a medição da capacidade cognitiva,[29] sejam os objetos de comparação igualmente biológicos ou não.

Sendo o processo de raciocínio humano o exercício de capacidades limitadas por heurísticas e vieses, é necessário reconhecer que a inteligência não se limita aos aspectos relacionados ao exercício da racionalidade, na medida em que "os processos intelectuais e processos de sentimento têm de ser interconectados para produzir algo que se assemelhe às operações de organismos vivos, em especial de seres humanos".[30] Há ainda uma funcional de inteligência, conceituando-a como "a capacidade de resolver problemas com recursos limitados",[31] ou como "habilidade para atingir certos objetivos",[32] comumente encampada para descrever as tecnologias que integram o conceito de inteligência artificial.

A inteligência artificial, artefato de produção humana e que tem como parâmetro de seu reconhecimento a similitude com o processo cognitivo humano (ao menos em seu resultado), tem como inafastável elemento constitutivo de seu funcionamento os processos de heurísticas e vieses dos humanos. Essa característica se afirma diante do fato de que, no exercício das atividades humanas na Administração Pública, a inteligência é difusamente presente, seja por meio da prática de atos administrativos constituintes de uma sequência maior, seja na preservação da sequência procedimental adequada, ou no processo de comunicação das decisões entre os diversos atores,[33] seja na observância dos valores inerentes ao Estado de Direito.

---

[28] CUSTERS, B. H. M.; FOSCH-VILLARONGA, Eduard (orgs.). *Law and Artificial Intelligence*: regulating AI and applying AI in legal practice. The Hague: Asser Press, 2022. (Information technology and law series, volume 35), p. 39.

[29] DE WAAL, Franz. *Somos inteligentes o bastante para saber quão inteligentes são os animais?* Tradução de Paulo Geiger. Rio de Janeiro: Zahar, 2022. p. 16.

[30] DAMÁSIO, Antônio. *A estranha ordem das coisas*: as origens biológicas dos sentimentos e da cultura. Tradução de Laura Teixeira Motta. São Paulo: Companhia das Letras, 2018, p. 233.

[31] KURZWEIL, Ray. *Como criar uma mente*: os segredos do pensamento humano. Tradução de Marcello Borges. São Paulo: Aleph, 2015, p. 333.

[32] MCCARTHY, John. *What is Artificial Intelligence?* Stanford, CA: Computer Science Department 2007. Disponível em: http://jmc.stanford.edu/articles/whatisai/whatisai.pdf. Acesso em: 12 dez. 2020.

[33] SIMON, Herbert A. *Administrative behavior*: a study of decision-making processes in administrative organizations. 4th ed. New York: Free Press, 1997, p. 7.

Este concatenar de agentes e atos é uma das formas mais conhecidas de inteligência coletiva, que se manifesta em "sistemas compostos por vários números de componentes humanos trabalhando juntos com vários graus de eficiência".[34] Um algoritmo que decide determinada questão no âmbito da Administração Pública é uma ferramenta integrante de um sistema de decisão,[35] sendo antecedido por outros elementos presentes nesse sistema.

Quando confrontamos esse debate com a imagem kelseniana do Direito enquanto estrutura de poder e de coerção, dá encaixe para a noção de que "por trás da raça sempre há contingência, conflito, poder e decisão, de tal sorte que se trata de um conceito relacional e histórico."[36] Produzem-se as castas sociais, tendo o elemento racial como *token* de sua identificação, sendo o Direito uma das estruturas responsáveis pela estabilização da opressão existente. Carl Schimit apresenta argumento que evidencia a perversão da lógica da estrutura racista, já que, para o autor, a normalidade é pressuposto para que as normas jurídicas tenham validade. Mas em situações críticas, a pacificação depende da construção de um "inimigo" interno (sob outros rótulos menos evidentes, mas igualmente capazes de gerar antagonia).[37] Observando-se que "raça é um elemento essencialmente político",[38] esta passa a ser, no contexto brasileiro, rótulo latente para a construção da figura do inimigo interno, justificador da violência e, na linha de Schimit, a violência física só faz sentido sob a justificativa política.[39]

A construção do Estado nacional brasileiro, suas instituições públicas e de suas ferramentas jurídicas, teve como elemento nuclear uma leitura da raça negra enquanto elemento de desumanização: "a qualidade de ser humano não era conferida de imediato a todos, mas,

---

[34] BOSTROM, Nick. *Superintelligence:* paths, dangers, strategies. Oxford, United Kingdom ; New York, NY: Oxford University Press, 2016, p. 65. No original: "systems composed of various numbers of human-level components working together with various degrees of efficiency."

[35] CROZIER, Michel. *O fenômeno burocrático.* Tradução de A. Gili Sobrinho. Brasília: Ed. Unb, 1981, p. 306.

[36] SCHWARCZ, Lilia Moritz; GOMES, Flávio dos Santos; SILVA, Alberto da Costa e (orgs.). *Dicionário da escravidão e liberdade*: 50 textos críticos. São Paulo: Companhia das Letras, 2018, p. 24.

[37] SCHMITT, Carl. *O conceito do político*. Lisboa: Ed. 70, 2019.

[38] ALMEIDA, Silvio. *Racismo estrutural*. São Paulo: Sueli Carneiro ; Pólen, 2019, p. 31.

[39] SCHMITT, Carl. *O conceito do político*. Lisboa: Ed. 70, 2019.

ainda que o fosse, isso não aboliria as diferenças".[40] O negro, que no passado era tido como coisa, continua a ter sua humanidade negada, na construção do inimigo diante do permanente estado de exceção existente no Brasil, como decorrência do seu subdesenvolvimento.[41]

Neste ponto é necessário evidenciar que qualquer programa de computador é o resultado de um trabalho de tradução da tradução: um intérprete primário, que dita o que se espera do *software*, definindo o caminho e o destino no qual se quer chegar; e um intérprete secundário, ao qual é atribuída a missão de traduzir as orientações negociais existentes em uma linguagem computacional. Ao fim e ao cabo são os engenheiros de *software* que efetivam a tradução das regras de operação, expressas pelo demandante do programa em linguagem natural, para a linguagem computacional na qual o programa será escrito.[42]

Mesmo no emprego de técnicas mais avançadas de agentes digitais, como o aprendizado de máquina, têm-se riscos evidentes. A afirmação é feita diante do fato de que nestes programas a construção do modelo de realidade é feita por mecanismos integrantes do próprio *software*, a partir da criação de relações probabilísticas entre as diversas informações constantes daquele conjunto, apresentando algum grau de inconsistência no tempo e de acordo com o contexto:[43] a alteração, ainda que parcial, do conjunto de dados empregados pela ferramenta tem potencial para alterar as respostas.

Sendo o Estado brasileiro um produto de mulheres e homens responsáveis por verbalizar as manifestações institucionais (seja por meio de leis, atos administrativos ou sentenças), constituindo um sistema de decisão que deve constranger o aplicador e o intérprete, mesmo que este aplicador/intérprete seja uma ferramenta digital. Os modelos de comportamento construídos a partir dos dados coletados de ações

---

[40] MBEMBE, Achile. *Crítica da razão negra*. Lisboa: Antígona, 2014. Disponível em: https://www.ppgcspa.uema.br/wp-content/uploads/2020/11/MBEMBE-Achille.-Cr%C3%ADtica-da-raz%C3%A3o-negra1.pdf. Acesso em: 12 dez. 2020, p. 115.

[41] CABRAL, Mario André Machado. *Subdesenvolvimento e Estado de Exceção*: o papel da constituição econômica e do Estado no Brasil. Rio de Janeiro: Lumen Juris, 2018.

[42] LEITE, Júlio César Sampaio do Prado; LEONARDI, Maria Carmen. Business rules as organizational policies. *Proceedings Ninth International Workshop on Software Specification and Design*, Ise-Shima, Japan, p. 68-76, 1998. DOI: 10.1109/IWSSD.1998.667921.

[43] HUYEN, Chip. *Designing machine learning systems:* an iterative process for production-ready applications. Sebastopol, CA, USA: O'reilly Media, 2022, p. 332.

produzidas por humanos carregam inexoravelmente um conjunto de preconceitos e vieses.[44]

Sendo uma ferramenta digital encarregada de individualizar a aplicação da norma, esta se torna o interlocutor institucional, sendo inexoravelmente embebida no cenário de racismo estrutural. Ainda que se trate a ferramenta da personaficação de Hércules, juiz fictício cunhado por Dworkin, aquele "de capacidade e paciências sobre-humanas", capaz de construir um veredito "extraído de uma interpretação que ao mesmo tempo se adapte aos fatos anteriores e os justifique, até onde isso seja possível",[45] a estrutura – e o racismo nela embrenhado, se impõe não só nos fatos, mas na racionalidade própria do Direito.

As possibilidades de objetividade no julgamento de qualquer ferramenta é uma ilusão, já que as estruturas destinadas à manutenção da discriminação racial fazem parte de uma realidade que "só se dá para nós na medida em que já temos sempre certo patrimônio de ideias, é dizer, certos pré-juizos que nos guiam na descoberta das coisas".[46] A ação humana deliberada na criação de regras e código, ou embebida na escolha humana necessária para constituir o conjunto de dados com qual a máquina aprende, manifesta seu racismo para além da barreira do analógico.

5 Conclusão

O Brasil foi constituído como um empreendimento nascido da exploração de bens e de pessoas escravizadas. Negros e negras, importados da África a fórceps e aos milhões, construíram um país em que são impedidos de usufruir em sua plenitude. Os efeitos da escravização não se findaram com abolição, sendo eles persistentes no contexto social contemporâneo.

Existem diversas estruturas tecnológicas destinadas a manter a lógica de dominação racial. O que antes se justificava pelo signo do Direito de propriedade sobre o corpo e o trabalho, hoje encontra justificativa em outros elementos presentes do ordenamento e na ciência e

---

[44] O'NEIL, Cathy. *Weapons of math destruction:* how big data increases inequality and threatens democracy. First edition. New York: Crown, 2016, p. 3.
[45] DWORKIN, Ronald. *O Império do Direito.* São Paulo: Martins Fontes, 1999, p. 288-289.
[46] STRECK, Lenio. *Hermenêutica Jurídica e(m) crise*: uma exploração hermenêutica da construção do Direito. 11. ed. Porto Alegre: Livraria do Advogado, 2014, p. 284.

pela distorção mais ou menos ostensiva de elementos linguísticos para justificar e sobrelevar a coerção, travestidos de outras figuras jurídicas ou institucionais.

O Direito é ferramenta para a perpetuação de uma segregação velada, legitimando juridicamente a ação de agentes públicos, motivados pelo "clamor" de justiça.[47] A profusão de casos de violência estatal direcionada à população negra e do viés cognitivo de condenação pela cor é reconhecível nos dados e nos "casos isolados" que diariamente exemplificam posturas racistas exercidas na interpretação do Direito.

Ao fim, reconhecendo que "as máquinas são parte do processo de evolução humana", pois "a realidade técnica [...] inscreve em si a realidade humana",[48] é preciso ter em mente que a mera criação de ferramentas digitais, longe de tornar os julgamentos objetivos, pode cristalizar ferramentas amorfas destinadas a perpetuar as estruras racistas da sociedade brasileira.

Referências

ALENCASTRO, Luiz Felipe de. *O trato dos viventes*: formação do Brasil no Atlântico Sul, séculos XVI e XVII. São Paulo: Companhia das Letras, 2000.

ALMEIDA, E. A.; SILVA, J. F. Abya Yala como território epistêmico: pensamento decolonial como perspectiva teórica. *Revista Interterritórios*, Caruaru, v. 1, n. 1, p. 42-64, 2015. DOI: https://doi.org/10.33052/inter.v1i1.5009

ALMEIDA, Silvio. *Racismo estrutural*. São Paulo: Sueli Carneiro; Pólen, 2019.

ÁVILA, Marcos Gonçalves; FARIAS, Paula Fogacci de. A heurística do afeto e o conceito de "avaliabilidade": experimentos no contexto brasileiro. *Revista Brasileira de Marketing – REMark*, São Paulo, v. 12, n. 2, p. 29-48, abr./jun. 2013.

BOSTROM, Nick. *Superintelligence*: paths, dangers, strategies. Oxford, United Kingdom ; New York, NY: Oxford University Press, 2016.

BRASIL. Lei nº 3.353, de 13 de maio de 1888. Declara extinta a escravidão no Brasil. Diário Oficial da União, Rio de Janeiro, RJ, 13 de maio de 1888.

---

[47] GABARDO, Emerson. Os perigos do moralismo político e a necessidade de defesa do direito posto na Constituição da República de 1988. *A&C – Revista de Direito Administrativo & Constitucional*, Belo Horizonte, ano 17, n. 70, p. 65-91, out./dez. 2017, p. 86.

[48] HUI, Yuk. *Tecnodiversidade*. Tradução de Humberto do Amaral. São Paulo: Ubu, 2020, p. 161.

BRASIL. TRIBUNAL DE JUSTIÇA DO ESTADO DO PARANÁ. 1 Vara Criminal do foro Metropolitano de Curitiba. Sentença nº NI, Autos Nº: 0017441-07.2018.8.16.0196. Autor: MINISTÉRIO PÚBLICO; Réus: ADEMILSON ANTÔNIO MARCELINO E OUTROS. Relator: Juiz de Direito Inês Marchalek Zarpelon. Curitiba, PR, 19 de junho de 2020.

CABRAL, Mario André Machado. *Subdesenvolvimento e Estado de Exceção*: o papel da constituição econômica e do Estado no Brasil. Rio de Janeiro: Lumen Juris, 2018.

CAMPOS, Pedro Henrique Pedreira. *Estranhas catedrais*: as empreiteiras brasileiras e a ditadura civil-militar, 1964-1988. Niterói: Eduff, 2017.

CROZIER, Michel. *O fenômeno burocrático*. Tradução de A. Gili Sobrinho. Brasília: Ed. Unb, 1981.

CUSTERS, B. H. M.; FOSCH-VILLARONGA, Eduard (orgs.). *Law and Artificial Intelligence*: regulating AI and applying AI in legal practice. The Hague: Asser Press, 2022. (Information technology and law series, volume 35).

DAMÁSIO, Antônio. *A estranha ordem das coisas*: as origens biológicas dos sentimentos e da cultura. Tradução de Laura Teixeira Motta. São Paulo: Companhia das Letras, 2018.

DE WAAL, Franz. *Somos inteligentes o bastante para saber quão inteligentes são os animais?* Tradução de Paulo Geiger. Rio de Janeiro: Zahar, 2022.

DOMENICI, Thiago; BARCELOS, Iuri. Negros são mais condenados por tráfico e com menos drogas em São Paulo. *Publica*, 6 maio 2019. Disponível em: https://apublica. org/2019/05/negros-sao-mais-condenados-por-trafico-e-com-menos-drogas-em-sao-paulo/. Acesso em: 01 ago. 2020.

DWORKIN, Ronald. *O império do Direito*. São Paulo: Martins Fontes, 1999.

FEITOSA, Maria Luiza Pereira de Alencar Mayer. Os sistemas de *common-law* e de *civil-law* na determinação do perfil atual dos contratos: influências recíprocas ou dominação?. *Verba Juris*, João Pessoa, v. 5, n. 5, p. 489-512, dez. 2006. Disponível em: https://periodicos.ufpb. br/ojs/index.php/vj/article/view/14857/8412. Acesso em: 9 mar. 2016.

FURTADO, Celso. *Formação econômica do Brasil*. 34. ed. São Paulo: Companhia das Letras, 2015.

GABARDO, Emerson. Os perigos do moralismo político e a necessidade de defesa do direito posto na Constituição da República de 1988. *A&C – Revista de Direito Administrativo & Constitucional*, Belo Horizonte, ano 17, n. 70, p. 65-91, out./dez. 2017.

GABARDO, Emerson; REZENDE, Maurício Corrêa de Moura. O conceito de interesse público no direito administrativo brasileiro. *Revista Brasileira de Estudos Políticos*, Belo Horizonte, n. 115, p. 267-318, jul./dez., 2017. DOI: 10.9732/P.0034-7191.2017V115P267

GABARDO, Emerson; VIANA, Ana Cristina A.; WASILEWSKI, Dione Jesebel. Teoria da argumentação jurídica em confronto com o populismo judicial. *Revista de Estudos Constitucionais, Hermenêutica e Teoria do Direito*, São Leopoldo, v. 12, n. 3, p. 516-537, set./dez. 2020. DOI: 10.4013/rechtd.2020.123.12

HUI, Yuk. *Tecnodiversidade*. Tradução de Humberto do Amaral. São Paulo: Ubu, 2020.

HUYEN, Chip. *Designing machine learning systems:* an iterative process for production-ready applications. Sebastopol, CA, USA: O'reilly Media, 2022.

KELSEN, Hans. *Teoria pura do Direito.* São Paulo: Martins Fontes, 2009.

KOZICKI, Katya; PUGLIESE, William S. De Kelsen a Hart: as transformações do positivismo jurídico. *In:* LOIS, Cecília Caballero; SIQUEIRA, Gustavo Silveira (ed.). *Da Teoria da Norma à Teoria do Ordenamento*: o positivismo jurídico entre Kelsen e Bobbio. Belo Horizonte: Arraes, 2016.

KURZWEIL, Ray. *Como criar uma mente:* os segredos do pensamento humano. Tradução de Marcello Borges. São Paulo: Aleph, 2015.

LEITE, Júlio César Sampaio do Prado; LEONARDI, Maria Carmen. Business rules as organizational policies. *Proceedings Ninth International Workshop on Software Specification and Design,* Ise-Shima, Japan, p. 68-76, 1998. DOI: 10.1109/IWSSD.1998.667921.

MACEDO JÚNIOR, Ronaldo Porto. *Do xadrez à cortesia:* Dworkin e a Teoria do Direito Contemporânea. São Paulo: Saraiva, 2013.

MBEMBE, Achile. *Crítica da razão negra.* Lisboa: Antígona, 2014. Disponível em: https://www.ppgcspa.uema.br/wp-content/uploads/2020/11/MBEMBE-Achille.-Cr%C3%ADtica-da-raz%C3%A3o-negra1.pdf. Acesso em: 12 dez. 2020.

MCCARTHY, John. *What is Artificial Intelligence?* Stanford, CA: Computer Science Department 2007. Disponível em: http://jmc.stanford.edu/articles/whatisai/whatisai.pdf. Acesso em: 12 dez. 2020.

MELLO, Celso Antônio Bandeira de. *Discricionariedade e controle jurisdicional.* São Paulo: Malheiros, 1998.

O'NEIL, Cathy. *Weapons of math destruction:* how big data increases inequality and threatens democracy. First edition. New York: Crown, 2016.

PRADO JÚNIOR, Caio. *Formação do Brasil Contemporâneo:* Colônia. 12. ed. São Paulo: Brasiliense, 1972.

SCHMITT, Carl. *O conceito do político.* Lisboa: Ed. 70, 2019.

SCHWARCZ, Lilia Moritz; GOMES, Flávio dos Santos; SILVA, Alberto da Costa e (orgs.). *Dicionário da escravidão e liberdade*: 50 textos críticos. São Paulo: Companhia das Letras, 2018.

SILVA, Lígia Osório. *Terras devolutas e latifúndio*: efeitos da lei de terras de 1850. Campinas: UNICAMP, 1996.

SIMON, Herbert A. *Administrative behavior:* a study of decision-making processes in administrative organizations. 4th ed. New York: Free Press, 1997.

SODRÉ, Muniz, *Claros e escuros*: identidade, povo e mídia no Brasil. 3. ed. atual. e ampl. Petrópolis: Vozes, 2015.

SOUZA NETO, Cláudio Pereira de; SARMENTO, Daniel. *Direito Constitucional*: teoria, história e métodos de trabalho. 2. ed. Belo Horizonte: Fórum, 2014.

STRECK, Lenio. *Hermenêutica Jurídica e(m) crise*: uma exploração hermenêutica da construção do Direito. 11. ed. Porto Alegre: Livraria do Advogado, 2014.

VANE, Howard; MULHEARN, Chris. *James M. Buchanan, Gary S. Becker, Daniel Kahneman and Vernon L. Smith*. Northampton: Edward Elgar Publishing Inc, 2012.

WARAT, Luis Alberto. *O direito e sua linguagem*. Porto Alegre: Fabris, 1984.

Informação bibliográfica deste livro, conforme a NBR 6023:2018 da Associação Brasileira de Normas Técnicas (ABNT):

SANTOS, Fábio de Sousa. Interpretação jurídica e inteligência artificial: os riscos do racismo algorítmico no Brasil. BOMFIM, Daiesse Quênia Jaala Santos (Coord.). *Políticas afirmativas de inclusão e equidade racial*: reflexões acerca do papel dos setores público e privado. Belo Horizonte: Fórum, 2023. p. 281-296. ISBN 978-65-5518-553-9.

A DISCRIMINAÇÃO DE ALGORITMO NO ÂMBITO DAS RELAÇÕES DE CONSUMO EM PLATAFORMAS VIRTUAIS DE *E-COMMERCE*

FABIANO MACHADO DA ROSA
WITOR FLORES DA SILVA

1 Introdução

O advento da globalização como fenômeno revolucionário das relações convencionais das sociedades pós-modernas tem sido o maior responsável pela criação de máquinas e inteligências artificiais, concebidas na intenção de otimizar o trabalho humano para a execução dos mais variados tipos de tarefas. Muitos são os desafios dos setores público e privado no desenvolvimento de mecanismos capazes de controlar o emprego de tais ferramentas virtuais nas relações que se estabelecem entre sociedades, instituições e mercados.

A globalização, nesse sentido, tem sido caracterizada pelo aumento da interconexão e interdependência entre países, culturas e pessoas em todo o mundo. Esse processo de integração global está sendo impulsionado em grande parte pela tecnologia, incluindo a internet e a inteligência artificial. No entanto, a globalização também está associada a desigualdades e discriminação, especialmente na sociedade do consumo.

No campo das relações de consumo, a inteligência digital toma cada vez mais espaço para ser utilizada através de ferramentas algorítmicas que cumprem o objetivo de construir novos padrões de acesso a produtos e serviços. Contudo, descobriu-se que algumas empresas vinham se valendo do uso de práticas algorítmicas que promovem discriminações com base em critérios geográficos, de raça, de gênero, para a oferta de determinados produtos, serviços ou preços diferenciados.

Os algoritmos discriminatórios em ambientes virtuais de consumo são um exemplo de como a globalização pode perpetuar desigualdades e discriminações. Esses algoritmos podem ser programados para discriminar com base em uma série de características que podem levar à exclusão de certos grupos de consumidores.

Assim, o presente artigo busca analisar quais são os efeitos dessas práticas discriminatórias empregadas por algoritmos e busca verificar quais são as medidas que devem ser tomadas pelos órgãos públicos e privados a fim de combatê-las, à luz do ordenamento jurídico constitucional brasileiro, que consagra a proteção aos direitos fundamentais da pessoa humana e a proteção de seus dados pessoais.

2 Algoritmo e inteligência artificial na sociedade pós-moderna

É de suma importância, neste primeiro momento, tratarmos de certos conceitos contemporâneos intrínsecos à ideia de algoritmo e inteligência artificial (IA) dentro do contexto de globalização. Esses conceitos adquiriram características próprias na era digital, e pela relevância que possuem, são os grandes responsáveis pelas inovações interpessoais promovidas a partir do uso e do acesso a ambientes virtuais.

Inteligência artificial (IA) e algoritmos são duas das tecnologias mais importantes que moldam o mundo pós-moderno.[1] A IA refere-se à capacidade de máquinas e sistemas de computação para realizar tarefas que exigem inteligência humana, como reconhecimento de fala, visão computacional, tomada de decisão e aprendizado de máquina. Algoritmos, por sua vez, são procedimentos computacionais que resolvem problemas matemáticos e lógicos, fornecendo soluções para uma ampla variedade de problemas.

---

[1] Segundo o sociólogo polonês Zygmunt Bauman, concepção de pós-modernidade significa o contraste entre o mundo moderno e a contemporaneidade, em que era possível naquele passado construir a sociedade através de rígidas certezas, ao passo que nos dias atuais, pelo advento da globalização, as relações sociais, econômicas e de produções são maleáveis e líquidas não mais duráveis, estando sempre em constantes mudanças e atualizações. Para saber mais: BAUMAN, Zygmunt. *Modernidade líquida*. Rio de Janeiro: Jorge Zahar, 2001.

Um algoritmo, portanto, pode ser definido como um conjunto ordenado de instruções que descrevem como um problema deve ser resolvido ou como um conjunto de dados deve ser processado. São usados para transformar dados brutos em informações úteis, realizando cálculos, classificações, filtragens e outras operações para obter resultados precisos e confiáveis.

A inteligência artificial, por sua vez, é uma área da computação que busca criar sistemas capazes de realizar tarefas que, de outra forma, exigiriam inteligência humana.[2] Nesse diapasão, é possível se afirmar que a inteligência artificial utiliza algoritmos e outras técnicas computacionais para analisar dados e aprender com eles, permitindo que os sistemas possam realizar tarefas complexas, como reconhecimento de padrões, tomada de decisões e resolução de problemas.

O termo "inteligência artificial" foi concebido pelo cientista de computação norte-americano John McCarthy, em compartilhamento de pesquisa junto ao Darmouth College, no estado de New Hampshire, no ano de 1956,[3] ao passo que a palavra "algoritmo" tem origem no nome de um matemático persa chamado Al-Khwarizmi, conhecido como um dos primeiros a desenvolver técnicas sistemáticas para resolver equações e outros problemas matemáticos.[4]

No mundo pós-moderno, a IA e os algoritmos têm uma ampla gama de aplicações, desde a análise de dados até a robótica e a automação de processos. A IA é usada em sistemas de reconhecimento de voz, assistentes pessoais, carros autônomos e diagnóstico médico, entre muitos outros campos. Algoritmos são usados em sistemas de recomendação, análise de dados financeiros, previsão de tendências de mercado e muitas outras áreas.

No entanto, a crescente dependência da IA e dos algoritmos também traz desafios significativos para a contemporaneidade, dentro da ambientação do mundo globalizado. Uma preocupação comum é

---

[2] HOFFMAN-RIEM, Wolfgang. *Teoria geral do Direito digital*: transformação digital: desafios para o Direito. Rio de Janeiro: Forense, 2021, p. 35-37.

[3] MCCARTHY, J.; MINSKY, M. L.; ROCHESTER, N.; SHANNON, C. E. A *Proposal for the Dartmouth Summer Research Project on Artificial Intelligence, August 31, 1955*. AI Magazine, [S. l.], v. 27, n. 4, p. 12, 2006. Disponível em: https://ojs.aaai.org/index.php/aimagazine/article/view/1904. Acesso em: 16 mar. 2023.

[4] ARAÚJO, Marlene Gorete de. *Abu ja'far muhammad ibn musa al-khwarizmi*: contribuições da álgebra para o ensino. 2019. 141 f. Dissertação (Mestrado em Ensino de Ciências Naturais e Matemática) – Centro de Ciências Exatas e da Terra, Universidade Federal do Rio Grande do Norte, Natal, 2019. Disponível em: https://repositorio.ufrn.br/bitstream/123456789/27790/1/Abuja%27farmuhammad_Ara%C3%BAjo_2019.pdf. Acesso em: 16 mar. 2023.

a possibilidade de viés algorítmico, em que algoritmos são desenvolvidos com dados tendenciosos ou incompletos e, assim, perpetuam desigualdades e injustiças existentes em nossa sociedade.[5]

Outra questão que surge com a utilização da IA e dos algoritmos é a ética em torno da tomada de decisão autônoma. À medida que a IA se torna mais avançada, ela pode tomar decisões sem a intervenção humana. Embora isso possa trazer eficiência e benefícios, também levanta preocupações sobre quem é responsável por decisões incorretas ou injustas tomadas pela IA.

Assim, a IA e os algoritmos também levantam questões mais amplas sobre o papel da tecnologia em nossa sociedade. À medida que a IA e os algoritmos se tornam cada vez mais sofisticados e onipresentes, eles estão mudando a maneira como interagimos uns com os outros, como trabalhamos e até como entendemos a nós mesmos e ao mundo ao nosso redor.

Com isso, percebe-se que a IA e os algoritmos são tecnologias poderosas que estão transformando o mundo pós-moderno. Podemos, então, considerá-los como tópicos inter-relacionados na área da computação, capazes de atuarem no desenvolvimento de soluções computacionais que buscam eficiência na execução das atividades que são programadas para executá-las. No entanto, essas tecnologias também trazem muitos desafios significativos que exigem uma abordagem cautelosa e crítica para garantir que sejam usadas de maneira justa, ética e responsável, principalmente porque todos estão sujeitos, indistintamente, à exposição dessas novas ferramentas digitais no cenário da globalização.

3 Práticas discriminatórias de algoritmos em ambientes virtuais de consumo

As tecnologias, como se sabe, têm desempenhado um papel significativo no mundo pós-moderno, onde a globalização exerce papel fundamental de fio condutor dos avanços científicos e da dinamização das relações interpessoais. As inovações tecnológicas têm transformado a maneira como as pessoas se comunicam, trabalham, consomem e se

---

[5] BORGESIUS, F. Zuirderveen. *Discrimination, artificial intelligence, and algorithmic decision-making*. Strasbourg: Council of Europe, Directorate General of Democracy, 2018, p. 15. Disponível em: https://rm.coe.int/discrimination-artificial-intelligenceand-algorithmic-decision-making/1680925d73. Acesso em: 16 mar. 2023.

relacionam, criando constantemente novos desafios de compreensão e adaptação das sociedades à nova realidade estabelecida.

Uma das áreas em que as tecnologias têm tido um grande impacto é na sociedade do consumo. Com o surgimento da internet e das plataformas de comércio eletrônico, as pessoas agora têm acesso a uma gama cada vez maior de produtos e serviços, que podem ser adquiridos com apenas alguns cliques. Essa facilidade de acesso e a oferta abundante de produtos têm levado a um aumento no consumo, que se tornou uma parte central da vida em muitas sociedades pós-modernas.

Com a crescente utilização de algoritmos em ambientes virtuais de consumo, como *sites* de compras *online* e redes sociais, tem havido uma preocupação sobre o potencial desses algoritmos para perpetuar práticas discriminatórias. Os algoritmos são baseados em dados e são programados para tomar decisões com base em modelos estatísticos e padrões históricos, o que pode levar à criação de preconceitos implícitos.

Um exemplo disso é a utilização de algoritmos em *sites* de compras *online* para recomendar ou não produtos para os consumidores. Se esses algoritmos forem baseados em modelos estatísticos que levam em conta fatores como a idade, a raça, gênero ou localização social, eles podem acabar recomendando produtos de forma discriminatória.

No Brasil, o fenômeno da discriminação de algoritmo se apresenta através de diversas formas, sendo as práticas de *geo-blocoking* e *geo-pricing* consideradas como algumas das mais preocupantes e recentes, sobretudo já reconhecidas por órgãos oficiais de fiscalização da Administração Pública e de exercício de jurisdição do Estado, como o Ministério da Justiça e o Superior Tribunal de Justiça.[6] Tais práticas são apontadas como espécies do gênero de "geodiscriminação digital".[7]

Em termos conceituais, as características de *geo-blocking* consistem no uso de ferramentas de inteligência algorítmica que causam restrição de acesso, bloqueio ou impedimento de determinados consumidores a produtos e serviços com base em critério geográfico;[8] enquanto a

---

[6] BRASIL. Superior Tribunal de Justiça. *RMS: 61306 RJ 2019/0199274-6*. Relator: Ministro LUIS FELIPE SALOMÃO, Data de Publicação: DJ 10/12/2019.

[7] FORTES, Pedro Rubim Borges; MARTINS, Guilherme Magalhães; OLIVEIRA, Pedro Farias. O consumidor contemporâneo no Show de Truman: a geodiscriminação digital como prática ilícita no Direito brasileiro. *Revista de Direito do Consumidor*, São Paulo, v. 124, p. 235-260, jul./ago. 2019. Acesso em: 16 mar. 2023.

[8] MORASSUTTI, Bruno Schimitt. Responsabilidade Civil, discriminação ilícita e algoritmos computacionais: breve estudo sobre as práticas de *geoblocking* e *geopricing*. *Revista de Direito do Consumidor*, São Paulo, v. 124, p. 213-234, jul./ago. 2019.

prática de *geo-pricing* tem produzido a discriminação de preço para o mesmo produto ou serviço oferecido pelo fornecedor aos consumidores a depender de suas localizações geográficas.[9] Eu outras palavras, nos casos de *geo-pricing*, informações a respeito da localidade do usuário são utilizadas para precificar bens e serviços de forma diferenciada, e o *geo-blocking* atua no bloqueio do usuário a produtos e serviços em razão de sua localidade.[10]

A respeito da ocorrência dessas atividades, o Departamento de Proteção e Defesa do Consumidor do Ministério da Justiça, constatou que a empresa de *e-commerce* do setor de companhias aéreas e alojamentos, Decolar.com, vinha utilizando algoritmos para alterar o preço de produtos e serviços que oferecia em seu *site*, a partir do uso de dados da localização geográfica dos usuários. Por conta disso, foi determinada aplicação de multa avaliada em R$7,5 milhões à empresa, em 2018.[11] Apesar da reprimenda sofrida através da aplicação de multa, o uso de *geo-pricing* voltou a ocorrer por descuido na mesma companhia em 2022, e como resultado sobreveio nova aplicação de multa pela Secretaria Nacional do Consumidor, no importe R$2,5 milhões.[12]

Ainda, descobrimos que a empresa de transportes Uber, no Brasil, através de práticas de *geo-blocking*:

> tem utilizado ferramentas algorítmicas que restringem o acesso e impedem usuários dos serviços a solicitarem corrida em determinados horários e localidades, com a efetivação do bloqueio do sistema para áreas que são consideradas de risco. Essa atividade impeditiva do aplicativo tem gerado desconforto em muitos consumidores, por revelar situação discriminatória, dado que a maioria da indisponibilização dos serviços ocorre em camadas periféricas, de regiões mais pobres das cidades;

---

[9] MORASSUTTI, Bruno Schimitt. Responsabilidade Civil, discriminação ilícita e algoritmos computacionais: breve estudo sobre as práticas de *geoblocking* e *geopricing*. *Revista de Direito do Consumidor*, São Paulo, v. 124, p. 213-234, jul./ago. 2019.

[10] MARTINS, Guilherme Magalhães. O *geopring* e *geoblocking* e seus efeitos nas relações de consumo. *In*: FRAZÃO, Ana; MULHOLLAND, Caitlin (coord.) *Inteligência artificial e Direito*. São Paulo: Revista dos Tribunais, 2019, p. 636-637.

[11] BRASIL. Ministério da Justiça. *Departamento de Proteção e Defesa do Consumidor – DPDC. Nota Técnica n.º 92/2018/CSASENACON/CGCTSA/GAB-DPDC/DPDC/SENACON/MJ*. Disponível em: https://www.cmlagoasanta.mg.gov.br/abrir_arquivo.aspx?PRATICAS_ABUSIVAS_DECOLARCOM?cdLocal=2&arquivo=%7BBCA8E2AD-DBCA866A-C8AA-BDC2BDEC3DAD%7D.pdf. Acesso em: 16 mar. 2023.

[12] MAMONA, Karla. Decolar é multada em R$2,5 mi por oferecer melhores preços a clientes que estão fora do Brasil. *Exame*, jun. 2022. Disponível em: https://exame.com/invest/minhas-financas/decolar-e-multada-em-r-25-mi-por-oferecer-melhores-precos-a-clientes-que-estao-fora-do-brasil/. Acesso em: 16 mar. 2023.

e pela ausência de transparência e fornecimento de informações a respeito de quais são as localidades consideradas potencialmente mais arriscadas, e com base em quais dados são calculados os alegados riscos de segurança pública.[13]

Contudo, no caso da Uber,[14] ainda não houve nenhuma manifestação de órgão oficial, e sim apenas a constatação de que o aplicativo bloqueia o acesso à solicitação de corridas a determinados usuários inseridos em localidades consideradas de "risco". Indagada a respeito de quais seriam os critérios para serem essas áreas consideradas perigosas, a empresa informou que o aplicativo acessa uma tecnologia conhecida como *machine learning*,[15] que realiza e identifica zonas consideradas de "risco" a partir da análise de milhões de dados de usuários da plataforma. Todavia, a companhia não informa quais são esses dados acessados dos usuários que justificam os bloqueios das viagens, não fornece quais seriam as localidades consideradas perigosas a ponto de impedir que a prestação de serviço se satisfaça, bem como não informa se esses dados acessados foram liberados com o consentimento dos usuários.[16]

---

[13] SILVA, Witor Flores da. A discriminação social de algoritmo no âmbito das relações de consumo da plataforma Uber. *In*: SALÃO DE INICIAÇÃO CIENTÍFICA, 469III, 27 set. a 1º out. 2021, Porto Alegre. Apresentação oral. Disponível em: https://lume.ufrgs.br/handle/10183/244666. Acesso em 16 mar. 2023.

[14] Veículos de comunicação anunciam que a Uber utiliza práticas de *geo-blocking*. Para saber mais: PAIVA, Deslange. Aplicativos de transporte têm restrições a bairros da periferia de SP; moradores relatam exclusão digital. *G1*, 3 set. 2019. Disponível em: https://g1.globo.com/sp/sao-paulo/noticia/2019/09/03/aplicativos-de-transporte-tem-restricoes-a-bairros-da-periferia-de-sp-e-moradores-relatam-exclusao-digital.ghtml. Acesso em: 16 jan. 2023. VASCONCELLOS, Hygino; MENDES, Letícia. Uber bloqueado: moradores de pelo menos 11 bairros de Porto Alegre não conseguem chamar carro pelo aplicativo à noite. *Jornal Zero Hora*, 4 maio 2018. Disponível em: https://gauchazh.clicrbs.com.br/seguranca/noticia/2018/05/uber-bloqueado-moradores-de-pelo-menos-11-bairros-de-porto-alegre-nao-conseguem-chamar-carro-pelo-aplicativo-a-noite-cjgsdz4eh02lo01pa85yx7ze4.html. Acesso em: 16 mar. 2023. OLIVEIRA, Regiane. Quando seu bairro é definido como zona de risco por um app de transporte. *El País*, São Paulo, 10 jan. 2020. Disponível em: https://brasil.elpais.com/sociedade/2020-01-10/quando-seu-bairro-e-definido-como-zona-de-risco-por-um-app-de-transporte.html. Acesso em: 16 mar. 2023. Acesso em: 16 mar. 2023.

[15] A *Machine learning* consiste na utilização de algoritmos que são voltados para desenvolver técnicas de aprendizado de máquinas no âmbito da inteligência artificial. Esses algoritmos produzem um conjunto de dados de forma organizada (*dataset*) com a intenção de trazer valores específicos ao que foi acessado. FACELI, Katti et al. *Inteligência artificial*: uma abordagem de aprendizado de máquina. 2. ed. Rio de Janeiro: LTC, 2021, p. 3-7.

[16] Na política de transferência, recolhimento e utilização de dados pessoais, a Uber não fornece se os usuários consentiram especificamente para compartilhar com a empresa a respeito de suas geolocalizações com o fim considerá-las elegíveis aos critérios estabelecidos pela companhia para aferir as consideradas "zonas de risco". Ler mais em: UBER. *Aviso de privacidade da*

Nos Estados Unidos, em 2019, houve o conhecido caso de apuração do uso de algoritmos discriminatórios baseados no critério de gênero para a concessão de cartões de crédito Apple Card (uma joint venture entre a Apple e o banco Goldamn Sachs). Na época, o empresário David Heinemeier – criador da plataforma de programação Ruby on Rails[17] – denunciou em uma rede social ter recebido um crédito 20 vezes maior que o de sua esposa.[18] Segundo Heinemeier, sua mulher tinha uma pontuação superior à dele quando analisados escores de crédito e riscos, tão difundidos no sistema financeiro norte-americano.[19]

Surgia um debate: os algoritmos das empresas de crédito estão programados para discriminar mulheres? Corolário, evidente, reside na parametrização discriminatória advinda de ideologias, posições diretas e vieses inconscientes das pessoas que efetivam a programação dos referidos códigos algorítmicos.

O Departamento de Serviços Financeiros do Estado de Nova York instaurou inquérito, que concluiu pela ausência de vieses discriminatórios intencionais contra mulheres na concessão de crédito praticados pela Apple Card. Todavia, apontou para a ausência de transparência às próprias pessoas usuárias quanto à tomada de decisões de crédito.

Muito embora não seja o foco epistemológico da presente reflexão, entende-se por vital uma constatação que deve pautar os contornos éticos do futuro: como lidar com o delicado paradoxo entre a proibição normativa de discriminações diretas na sociedade (por exemplo o racismo) e práticas de programação de algoritmos que podem (por ação volitiva, omissiva ou comissiva) perpetrar exatamente o crime de racismo?

Pedimos licença para exemplificar de forma mais prática e direta. João é programador. João é, no gozo de suas prerrogativas invioláveis de personalidade, um adepto do racismo contra pessoas negras. João

---

Uber. Disponível em: https://www.uber.com/legal/pt-br/document/?country=brazil&lang=pt-br&name=privacy-notice. Acesso em: 16 mar. 2023.

[17] Site oficial da Ruby on Rails: https://rubyonrails.org/.
[18] GOLDMAN Sachs é investigado por suposta discriminação de gênero do Apple Card. *O Globo*, 10 nov. 2019. Disponível em: https://oglobo.globo.com/economia/tecnologia/goldman-sachs-investigado-por-suposta-discriminacao-de-genero-do-apple-card-24073289. Acesso em: 19 nov. 2021.
[19] Exemplificativamente, sugerimos a leitura de matéria do jornal *The Washington Post* refletindo como escores de crédito podem, por exemplo, confirmar e fortalecer práticas discriminatórias (SINGLETARY, Michelle. Credit scores are supposed to be race-neutral. That's impossible. *The Washington Post*, 16 out. 2020. Disponível em: https://www.washingtonpost.com/business/2020/10/16/how-race-affects-your-credit-score/ Acesso em 21 mar. 2023).

não poderia negar a concessão de crédito usando como justificativa a cor da pele do proponente do crédito por ferir o art. 5º da Constituição Federal, cominado com a Lei nº 7.716/1989. João praticaria crime e poderia ser preso. João vira programador no banco em que trabalha. João passa a desenhar os parâmetros do algoritmo que avalia riscos e procede à concessão de crédito. João inserta parâmetros como renda, domicílio, escolaridade, tamanho do grupo familiar, faixa etária, patrimônio, dentre outros que, como metadados, filtram pessoas negras a partir das observações mais elementares dos censos populacionais. João poderia ser racista e gerar a consequência racismo sem poder ser responsabilizado no rigor do texto legal.

É importante de salientar que no Brasil, a Constituição Federal, em seu artigo 5º, *caput*, proíbe qualquer prática discriminatória, e a partir do inciso 469II, do mesmo artigo, atribui a defesa do consumidor como um direito fundamental de todas e todos.[20] Ainda, preconiza no artigo 170, inciso VII, que a ordem econômica deve reduzir as desigualdades regionais e sociais e elenca a proteção do consumidor como um dos princípios gerais de toda e qualquer atividade econômica.[21] Portanto, isso significa dizer que toda e qualquer prática promovida no sentido da não observação desses mandamentos constitucionais, mesmo aquelas empregadas por algoritmos, implicam na responsabilização e imputação de consequências severas, tais como aplicações de multa e outras penalidades previstas em legislações próprias.

No plano infraconstitucional, o Código de Defesa do Consumidor garante o direito básico à igualdade nas contratações e caracteriza como abusiva a prática de recusa de atendimento, de venda de bens ou prestação de serviços, a quem se disponha a adquiri-los; bem como elevar sem justa causa o preço de produtos e serviços;[22] e no que se refere à legislação que estabelece o Marco Civil da Internet, Lei nº 12.965/2014, existe a previsão que garante o tratamento isonômico da transmissão, comutação ou roteamento de quaisquer pacotes de dados, sem distinção por conteúdo, origem e destino, serviço, terminal ou aplicação; e

---

[20] BRASIL. Constituição (1988). *Constituição da República Federativa do Brasil*, 1988. Brasília: Senado Federal, Centro gráfico, 1988. 292 p.

[21] BRASIL. Constituição (1988). *Constituição da República Federativa do Brasil*, 1988. Brasília: Senado Federal, Centro gráfico, 1988. 292 p.

[22] BRASIL. Lei nº 8.078, de 11 de setembro de 1990. Artigos 6, inciso II, e 39, incisos II, X e IX. Disponível em: http://www.planalto.gov.br/ccivil_03/leis/l8078compilado.htm. Acesso em: 17 mar. 2023.

dispõe da transparência como um dos deveres das sociedades empresárias que atuam no setor e que devem oferecer serviços em condições não discriminatórias.[23]

Os conceituados professores Bruno Miragem e Claudia Lima Marques há tempos estão produzindo material científico que busca trazer atualizações importantes para o ordenamento jurídico brasileiro a respeito da matéria de comércio eletrônico a partir das novas ferramentas digitais inteligentes utilizadas por plataformas virtuais. Uma de suas reivindicações acadêmicas está no manifesto pela aprovação do PL nº 3.514/2015,[24] construído pela Comissão de Juristas do Senado Federal, presidida pelo Min. Antonio Herman de Vasconcellos e Benjamin, do Superior Tribunal de Justiça, que prevê atualizações no Código de Defesa do Consumidor para incluir as transformações causadas pelo consumo digital.[25]

Percebe-se que essas práticas no uso de algoritmos merecem atenção, tanto por parte de fornecedores de produtos e serviços em ambientes digitais, quanto de autoridades públicas, pois, certamente, a inteligência digital empregada nessas ferramentas algorítmicas ao invés de trazer avanços e resultados promissores, acabam muitas vezes por produzir uma cadeia de implicações negativas que comprometem as relações de consumo e a proteção de direitos fundamentais, com o cometimento de violações aos direitos do consumidor, à sua proteção de dados, além de causar ofensa à ordem econômica e ao princípio da livre-iniciativa de mercado.

As relações de consumo digitais se dão, no contexto de mundo globalizado, muitas vezes pela relação de confiança que se estabelece

---

[23] BRASIL. Lei nº 12.965, de 23 de abril de 2014. Artigo 9º, *caput*, §2º, incisos II e IV. Disponível em: http://www.planalto.gov.br/ccivil_03/_ato2011-2014/2014/lei/l12965.htm. Acesso em: 17 mar. 2023.

[24] Altera a Lei nº 8.078, de 11 de setembro de 1990 (Código de Defesa do Consumidor), para aperfeiçoar as disposições gerais do Capítulo I do Título I e dispor sobre o comércio eletrônico, e o art. 9º do Decreto-Lei nº 4.657, de 4 de setembro de 1942 (Lei de Introdução às Normas do Direito Brasileiro), para aperfeiçoar a disciplina dos contratos internacionais comerciais e de consumo e dispor sobre as obrigações extracontratuais. Atualmente, o PL encontra-se pendente de avanço no Congresso Nacional. Disponível em: https://www.camara.leg.br/proposicoesWeb/fichadetramitacao?idProposicao=2052488. Acesso em: 27 mar. 2023.

[25] MARQUES, Claudia Lima; MIRAGEM, Bruno. 'Serviços simbióticos' do consumo digital e o PL 3.514/2015 de atualização do CDC. *Revista de Direito do Consumidor*, São Paulo, v. 29, n. 132, p. 91-118, nov./dez. 2020.

entre o mercado fornecedor de produtos e serviços e os consumidores.[26] Nesse sentido, o Direito como instrumento responsável pela criação de ordem, não permite o abuso dessa relação.[27]

4 Algoritmos, proteção de dados e riscos discriminatórios

Como visto, os algoritmos discriminatórios podem causar problemas significativos na proteção de dados pessoais. Quando esses algoritmos são programados para discriminar com base em características pessoais, eles podem coletar, processar e compartilhar informações pessoais sem o consentimento ou conhecimento dos indivíduos afetados.

Isso pode levar a uma violação da privacidade e dos direitos das pessoas, especialmente quando as informações coletadas são sensíveis ou confidenciais. Por exemplo, se um algoritmo discriminatório for programado para avaliar a capacidade de crédito de uma pessoa com base em sua raça ou etnia, ele pode coletar informações pessoais sensíveis e usá-las para tomar decisões com o potencial de replicar preconceitos com base no critério racial, o que pode levar a uma discriminação mais generalizada na sociedade.

No Brasil, felizmente a proteção de dados é regulada pela Lei nº 13.709/2018, conhecida como Lei Geral de Proteção de Dados (LGPD), responsável por estabelecer regras para o tratamento de dados pessoais de indivíduos no país.

Aprovada em 2018 e em vigor desde setembro de 2020, a LGPD foi inspirada no Regulamento Geral de Proteção de Dados (GDPR) da União Europeia e é considerada uma das legislações mais modernas e rigorosas do mundo em termos de proteção de dados.

A LGPD estabelece direitos e deveres para empresas e indivíduos que lidam com dados pessoais, definindo o que são dados pessoais e sensíveis, os direitos dos titulares dos dados (como acesso, correção, exclusão e portabilidade), as obrigações das empresas que coletam e

---

[26] MUCELIN, Guilherme. *Conexão online e hiperconfiança*: os players da economia do compartilhamento e o Direito do Consumidor. São Paulo: Revista dos Tribunais, 2020. E-book.

[27] BERGSTEIN, Lais. Inteligência artificial nas práticas de *geopricing* e *geoblocking*: a tutela dos vulneráveis nos contratos eletrônicos. *In*: SILVA, Rodrigo da Guia; TEPEDINO, Gustavo (coords.). *O Direito Civil na era da inteligência artificial*. São Paulo: Thomson Reuters Brasil, 2020. p. 441-468, p. 464.

tratam dados (como obtenção de consentimento, implementação de medidas de segurança e responsabilização por violações) e as regras para a transferência de dados para outros países.

Com a LGPD incorporada ao ordenamento jurídico brasileiro, foi criada Autoridade Nacional de Proteção de Dados (ANPD),[28] autarquia federal criada pela Medida Provisória (MP) nº 869, de 27 de dezembro de 2018, vinculada ao Ministério da Justiça. Dentre as atribuições da autarquia estão a proteção de dados pessoais e da privacidade, o dever de fiscalizar o cumprimento da Lei nº 13.709/2018, bem como orientar empresas e titulares de dados sobre as melhores práticas para garantir a proteção de dados pessoais.

De acordo com a pesquisadora Marcela Joelsons:

> [...] a partir da vigência da LGPD, temos como impacto imediato à necessidade de adaptação não apenas das atividades empresariais centralizadas no tratamento de dados pessoais, mas de toda e qualquer organização, pública ou privada, que utiliza informações relacionadas a pessoas naturais, sejam estas clientes, prospectos, funcionários, e até mesmo os usuários de seus *sites* na internet. E para uma atuação em conformidade com a LGPD, tornou-se necessária a estruturação de complexos mecanismos técnicos e organizacionais que possam garantir o respeito à legalidade no tratamento de dados pessoais, aliados a boas práticas corporativas, através de programas de compliance e governança.[29]

Ainda, a LGPD reafirma o combate à discriminação por intermédio da inteligência artificial e veda qualquer forma de discriminação com base em dados tratados por algoritmos: "Art. 6º As atividades de tratamento de dados pessoais deverão observar a boa-fé e os seguintes princípios: [...] IX – não discriminação: impossibilidade de realização do tratamento para fins discriminatórios ilícitos ou abusivos;"

Nesse particular, apenas como demarcação sem maior aprofundamento, a LGPD traz em seu arcabouço ontológico e teleológico a preocupação de construção de salvaguardas antidiscriminatórias

---

[28] A criação da Autoridade Nacional de Proteção de Dados (ANPD) estava prevista na Lei nº 13.709/2018. Contudo, foi vetada pelo Presidente da República à época, Michel Temer, sob alegação de "vício de origem", já que o Legislativo não pode dispor sobre a organização do Estado, uma vez que isso é prerrogativa do Executivo.

[29] JOELSONS, Marcela. Lei Geral de Proteção de Dados em vigor: impactos imediatos e possíveis desafios à luz da experiência da União Europeia. *Revista dos Tribunais*. São Paulo, v. 109, n. 1022, p. 175-194, dez. 2020, p. 176.

como: a) a positivação explícita do princípio da não discriminação; b) regras protetivas sobre dados conceituados como sensíveis; c) o direito de revisão de decisões automatizadas (vital na perspectiva da *accountability*) e o possível desdobramento de auditoria da Autoridade Nacional de Proteção de Dados (ANPD) para a verificação de aspectos discriminatórios.

5 Conclusão

As práticas discriminatórias de algoritmos em ambientes virtuais de consumo são preocupantes, pois podem perpetuar desigualdades e reforçar estereótipos prejudiciais. É importante que as empresas que utilizam algoritmos em seus negócios adotem medidas para garantir que essas ferramentas sejam imparciais e não discriminatórias. Isso inclui a coleta de dados mais diversos e representativos, a realização de testes regulares para identificar possíveis preconceitos, a revisão cuidadosa dos resultados gerados pelos algoritmos e a garantia de que os consumidores tenham transparência e controle sobre como seus dados são coletados e usados.

Os algoritmos discriminatórios podem ser particularmente prejudiciais para os países em desenvolvimento, onde as pessoas podem ter menos acesso a tecnologias avançadas e recursos para combater a discriminação. Por exemplo, os algoritmos de recrutamento usados em empresas globais podem excluir automaticamente candidatos de certos países ou culturas, perpetuando problemas sociais discriminatórios e limitando a diversidade no local de trabalho.

Nesse sentido, as práticas discriminatórias de algoritmos em ambientes virtuais de consumo são uma preocupação importante na era digital. As empresas que se valem de tais instrumentos pós-modernos digitais devem ser proativas em garantir que seus algoritmos sejam limpos de resíduos discriminatórios e preconceituosos, a fim de garantir uma experiência de consumo equitativa e evitar a perpetuação de desigualdades.

Para combater esses problemas, é importante que não apenas a iniciativa privada, mas também o Estado adote – através de seu poder regulamentar e legislativo – medidas fiscalizatórias para garantir que os algoritmos utilizados em ambientes virtuais de consumo sejam justos e imparciais. Isso inclui a realização de testes regulares para identificar possíveis preconceitos e a revisão cuidadosa dos resultados gerados pelos algoritmos.

Além disso, é importante que haja transparência e responsabilidade em relação ao uso de algoritmos em ambientes virtuais de consumo. Os consumidores devem ter acesso às informações sobre como seus dados são coletados e usados, e devem ter a capacidade de controlar suas informações pessoais.

Referências

ARAÚJO, Marlene Gorete de. *Abu ja'far muhammad ibn musa al-khwarizmi*: contribuições da álgebra para o ensino. 2019. 141 f. Dissertação (Mestrado em Ensino de Ciências Naturais e Matemática) – Centro de Ciências Exatas e da Terra, Universidade Federal do Rio Grande do Norte, Natal, 2019. Disponível em: https://repositorio.ufrn.br/bitstream/123456789/27790/1/Abuja%27farmuhammad_Ara%C3%BAjo_2019.pdf. Acesso em: 16 mar. 2023.

BAUMAN, Zygmunt. *Modernidade líquida*. Rio de Janeiro: Jorge Zahar, 2001.

BERGSTEIN, Lais. Inteligência artificial nas práticas de *geopricing* e *geoblocking*: a tutela dos vulneráveis nos contratos eletrônicos. *In*: SILVA, Rodrigo da Guia; TEPEDINO, Gustavo (coords.). *O Direito Civil na era da inteligência artificial*. São Paulo: Thomson Reuters Brasil, 2020. p. 441-468.

BORGESIUS, F. Zuirderveen. *Discrimination, artificial intelligence, and algorithmic decision-making*. Strasbourg: Council of Europe, Directorate General of Democracy, 2018. p. 15. Disponível em: https://rm.coe.int/discrimination-artificial-intelligenceand-algorithmic-decision-making/1680925d73. Acesso em: 16 mar. 2023.

BRASIL. Constituição (1988). *Constituição da República Federativa do Brasil*, 1988. Brasília: Senado Federal, Centro gráfico, 1988. 292 p.

BRASIL. LEI nº 12.965, de 23 de abril de 2014. Artigo 9º, *caput*, §2º, incisos II e IV. Disponível em: http://www.planalto.gov.br/ccivil_03/_ato2011-2014/2014/lei/l12965.htm. Acesso em: 17 mar. 2023.

BRASIL. LEI nº 8.078, de 11 de setembro de 1990. Artigos 6, inciso II, e 39, incisos II, X e IX. Disponível em: http://www.planalto.gov.br/ccivil_03/leis/l8078compilado.htm. Acesso em: 17 mar. 2023.

BRASIL. Ministério da Justiça. *Departamento de Proteção e Defesa do Consumidor – DPDC. Nota Técnica n.º 92/2018/CSASENACON/CGCTSA/GAB-DPDC/DPDC/SENACON/MJ*. Disponível em: https://www.cmlagoasanta.mg.gov.br/abrir_arquivo.aspx/PRATICAS_ABUSIVAS_DECOLARCOM?cdLocal=2&arquivo=%7BBCA8E2AD-DBCA866A-C8AA-BDC2BDEC3DAD%7D.pdf. Acesso em: 16 mar. 2023.

BRASIL. PL nº 3.514. Congresso Nacional. Disponível em: https://www.camara.leg.br/proposicoesWeb/fichadetramitacao?idProposicao=2052488. Acesso em: 27 mar. 2023.

BRASIL. Superior Tribunal de Justiça. *RMS: 61306 RJ 2019/0199274-6*. Relator: Ministro LUIS FELIPE SALOMÃO, Data de Publicação: DJ 10/12/2019.

FACELI, Katti et al. *Inteligência artificial*: uma abordagem de aprendizado de máquina. 2. ed. Rio de Janeiro: LTC, 2021.

FORTES, Pedro Rubim Borges; MARTINS, Guilherme Magalhães; OLIVEIRA, Pedro Farias. O consumidor contemporâneo no Show de Truman: a geodiscriminação digital como prática ilícita no Direito brasileiro. *Revista de Direito do Consumidor*, São Paulo, v. 124, p. 235-260, jul./ago. 2019. Acesso em: 16 mar. 2023.

GOLDMAN Sachs é investigado por suposta discriminação de gênero do Apple Card. *O Globo*, 10 nov. 2019. Disponível em: https://oglobo.globo.com/economia/tecnologia/goldman-sachs-investigado-por-suposta-discriminacao-de-genero-do-apple-card-24073289. Acesso em: 19 nov. 2021.

HOFFMAN-RIEM, Wolfgang. *Teoria geral do Direito digital*: transformação digital: desafios para o Direito. Rio de Janeiro: Forense, 2021.

JOELSONS, Marcela. Lei Geral de Proteção de Dados em vigor: impactos imediatos e possíveis desafios à luz da experiência da União Europeia. *Revista dos Tribunais*. São Paulo, v. 109, n. 1022, p. 175-194, dez. 2020.

MAMONA, Karla. Decolar é multada em R$2,5 mi por oferecer melhores preços a clientes que estão fora do Brasil. *Exame*, jun. 2022. Disponível em: https://exame.com/invest/minhas-financas/decolar-e-multada-em-r-25-mi-por-oferecer-melhores-precos-a-clientes-que-estao-fora-do-brasil/. Acesso em: 16 mar. 2023.

MARQUES, Claudia Lima; MIRAGEM, Bruno. 'Serviços simbióticos' do consumo digital e o PL 3.514/2015 de atualização do CDC. *Revista de Direito do Consumidor*, São Paulo, v. 29, n. 132, p. 91-118, nov./dez. 2020.

MARTINS, Guilherme Magalhães. O *geopring* e *geoblocking* e seus efeitos nas relações de consumo. *In*: FRAZÃO, Ana; MULHOLLAND, Caitlin (coord.) *Inteligência artificial e Direito*. São Paulo: Revista dos Tribunais, 2019.

MCCARTHY, J.; MINSKY, M. L.; ROCHESTER, N.; SHANNON, C. E. A Proposal for the Dartmouth Summer Research Project on Artificial Intelligence, August 31, 1955. *AI Magazine*, [S. l.], v. 27, n. 4, p. 12, 2006. Disponível em: https://ojs.aaai.org/index.php/aimagazine/article/view/1904. Acesso em: 16 mar. 2023.

MORASSUTTI, Bruno Schimitt. Responsabilidade Civil, discriminação ilícita e algoritmos computacionais: breve estudo sobre as práticas de *geoblocking* e *geopricing*. *Revista de Direito do Consumidor*, São Paulo, v. 124, p. 213-234, jul./ago. 2019.

MUCELIN, Guilherme. *Conexão online e hiperconfiança*: os players da economia do compartilhamento e o Direito do Consumidor. São Paulo: Revista dos Tribunais, 2020. E-book.

OLIVEIRA, Regiane. Quando seu bairro é definido como zona de risco por um app de transporte. *El País*, São Paulo, 10 jan. 2020. Disponível em: https://brasil.elpais.com/sociedade/2020-01-10/quando-seu-bairro-e-definido-como-zona-de-risco-por-um-app-de-transporte.html. Acesso em: 16 mar. 2023.

PAIVA, Deslange. Aplicativos de transporte têm restrições a bairros da periferia de SP; moradores relatam exclusão digital. *G1*, 3 set. 2019. Disponível em: https://g1.globo.com/sp/sao-paulo/noticia/2019/09/03/aplicativos-de-transporte-tem-restricoes-a-bairros-da-periferia-de-sp-e-moradores-relatam-exclusao-digital.ghtml. Acesso em: 16 jan. 2023.

SILVA, Witor Flores da. A discriminação social de algoritmo no âmbito das relações de consumo da plataforma Uber. *In*: SALÃO DE INICIAÇÃO CIENTÍFICA, 469III, 27 set. a 1º out. 2021, Porto Alegre. Apresentação oral. Disponível em: https://lume.ufrgs.br/handle/10183/244666. Acesso em 16 mar. 2023.

SINGLETARY, Michelle. Credit scores are supposed to be race-neutral. That's impossible. *The Washington Post*, 16 out. 2020. Disponível em: https://www.washingtonpost.com/business/2020/10/16/how-race-affects-your-credit-score/ Acesso em 21 mar. 2023.

UBER. *Aviso de privacidade da Uber*. Disponível em: https://www.uber.com/legal/pt-br/document/?country=brazil&lang=pt-br&name=privacy-notice. Acesso em: 16 mar. 2023.

VASCONCELLOS, Hygino; MENDES, Letícia. Uber bloqueado: moradores de pelo menos 11 bairros de Porto Alegre não conseguem chamar carro pelo aplicativo à noite. *Jornal Zero Hora*, 4 maio 2018. Disponível em: https://gauchazh.clicrbs.com.br/seguranca/noticia/2018/05/uber-bloqueado-moradores-de-pelo-menos-11-bairros-de-porto-alegre-nao-conseguem-chamar-carro-pelo-aplicativo-a-noite-cjgsdz4eh02lo01pa85yx7ze4.html. Acesso em: 16 mar. 2023.

Informação bibliográfica deste livro, conforme a NBR 6023:2018 da Associação Brasileira de Normas Técnicas (ABNT):

ROSA, Fabiano Machado da; SILVA, Witor Flores da. A discriminação de algoritmo no âmbito das relações de consumo em plataformas virtuais de *e-commerce*. BOMFIM, Daiesse Quênia Jaala Santos (Coord.). *Políticas afirmativas de inclusão e equidade racial*: reflexões acerca do papel dos setores público e privado. Belo Horizonte: Fórum, 2023. p. 297-312. ISBN 978-65-5518-553-9.

(AUSÊNCIA DE) DIVERSIDADE RACIAL NA ADVOCACIA: REFLEXÕES PARA O ENEGRECIMENTO DAS BANCAS JURÍDICAS NO BRASIL

CAMILA TORRES CESAR
VINÍCIUS DE SOUZA ASSUMPÇÃO

1 Introdução

Se você é uma pessoa negra e decidiu enveredar pelos difíceis caminhos da advocacia, mesmo sem lhe conhecer podemos afirmar que você não é sócia/sócio de um grande escritório. Sabemos que você vai dizer que acertamos, e não há surpresa alguma, considerando que, pelas poucas estatísticas existentes, há 99 chances em 100 de termos "adivinhado" essa sua condição. Em 2019, o Centro de Estudos das Relações de Trabalho e Desigualdades fez um levantamento nos 10 maiores escritórios de advocacia de São Paulo e identificou apenas 1% de sócios e advogados negros.[1] A flexão no masculino aqui é intencional: a pesquisa não especificou o gênero desse grupo de 1% pessoas negras, sendo razoável intuir que, se pensarmos em mulheres negras ocupando esses espaços, os números são ainda mais vergonhosos.[2]

---

[1] Dados obtidos em CEERT. Áreas de atuação, ESG e Trabalho. Disponível em: https://www.ceert.org.br/esg-recursos. Acesso em: 20 fev. 2023.

[2] Três anos depois, a pesquisa foi refeita e pessoas negras alcançaram 11% de participação nas mesmas bancas jurídicas, a partir da implementação de medidas afirmativas realizadas

A composição racial e de gênero dos escritórios de advocacia em São Paulo não reflete uma realidade específica, mas que se repete em todo o país. Mesmo em estados como a Bahia, em que 80% da população é negra, os corredores das bancas jurídicas mais parecem escritórios nórdicos do que brasileiros. A força do racismo se mostra especialmente presente quando a sub-representação da população negra em espaços de poder é uma constante, mesmo nas localidades com alta presença de negras e negros.

Até o ano de 2023, a Ordem dos Advogados do Brasil ainda não havia realizado um censo da categoria, o que permitiria ter uma noção do abismo diante do qual estamos. Sabemos que há um número considerável de mulheres na advocacia – algo que é visível e que não se reflete em cargos de liderança –, mas não temos dados institucionais acerca da composição racial dos advogados e advogadas. Um termômetro desolador são as presidências das seccionais, totalmente ocupadas por pessoas brancas. Segundo levantamento do Datafolha, a advocacia privada é constituída por 62% de pessoas brancas e 36% de pessoas negras,[3] um dado que, embora não produzido pela classe, pode ser utilizado como ponto de partida para reflexões em torno do tema.

Como afirma, certeira, Cida Bento, a branquitude não se reúne todos os dias de manhã cedo para organizar como fará para perpetuar sua hegemonia, mas é como se reunisse. Sendo literais:

> É evidente que os brancos não promovem reuniões secretas às cinco da manhã para definir como vão manter seus privilégios e excluir os negros. Mas é como se assim fosse: as formas de exclusão e de manutenção de privilégios nos mais diferentes tipos de instituições são similares e sistematicamente negadas ou silenciadas[4]

Não é de se estranhar, portanto, que a maior parte dos/as defensores/as privados/as seja contra as cotas: 58% da advocacia consultada entende que os escritórios de advocacia não devem instituir programas

---

pela Aliança Jurídica pela Equidade Racial, um tímido, porém relevante avanço. FILIPPE, Marina. Como a união de escritórios de advocacia promove avanço na equidade racial. *Revista Exame*, 27 jun. 2022. Disponível em: https://exame.com/esg/como-a-uniao-de-escritorios-de-advocacia-promove-avanco-na-equidade-racial/. Acesso em: 23 fev. 2023.

[3] FERREIRA, Flavio; GALF, Renata. Datafolha: pesquisa inédita revela perfil econômico e de atuação da advocacia do país. *Folha de São Paulo*, Folhajus, 06 maio 2021. Disponível em: https://www1.folha.uol.com.br/poder/2021/05/datafolha-pesquisa-inedita-revela-perfil-economico-e-de-atuacao-da-advocacia-do-pais.shtml. Acesso em: 20 fev. 2023.

[4] BENTO, Cida. *O pacto da branquitude*. São Paulo: Companhia das Letras, 2022, p. 18.

de ações afirmativas.⁵ Essa posição representa um ignorante conservadorismo (conservação de privilégios), se lembrarmos de que a Lei de Cotas foi instituída há mais de uma década e os inúmeros relatórios dão conta do sucesso que representa.

Há muitas razões para ultrapassar a mentalidade do século XVIII e assimilar a diversidade como um valor indispensável, inclusive no âmbito corporativo. Se somos, enquanto sociedade, uma soma de diferentes perfis, nada mais justo do que espelhar essa realidade nos escritórios de advocacia. Esse critério, que podemos chamar simplesmente de "justiça", é extremamente legítimo e, ao nosso sentir, o mais relevante. Seria, entretanto, plenamente viável falar a linguagem do mundo dos negócios – e o resultado será o mesmo, porque os indicadores provam que diversidade é lucrativa. Fundada em 1926, a McKinsey & Company realiza estudos frequentes ao redor do mundo e tem alcançado exatamente essa conclusão:

> A diversidade étnica e cultural da equipe de liderança está correlacionada com a lucratividade. Em nosso conjunto de dados de 2017, analisamos a diversidade racial e cultural em seis países em que a definição de diversidade étnica era consistente e para os quais dispúnhamos de dados confiáveis. Assim como em 2014, verificamos que as empresas com as equipes executivas de maior diversidade étnica – não só em termos de representação absoluta, mas também de variedade ou mistura de etnias – têm probabilidade 33% maior de superar seus pares em termos de lucratividade. Isso é comparável aos 35% de performance superior relatado em 2014, sendo ambas as cifras estatisticamente significativas.⁶

Sendo justo e lucrativo implementar a diversidade no ambiente corporativo, por qual razão ainda há tanta resistência? A resposta, segundo pensamos, passa por reconhecer a presença forte e violenta do racismo na sociedade brasileira. É imprescindível (re)afirmar a (inegável) existência do racismo numa sociedade que se constituiu sob o "mito da democracia racial", segundo o qual a mistura de raças é o que

---

⁵ FERREIRA, Flavio; GALF, Renata. Maioria da advocacia é contra cota racial e de gênero no comando de escritórios, diz Datafolha. *Folha de São Paulo*, Folhajus, 22 jun. 2021. Disponível em: https://www1.folha.uol.com.br/poder/2021/06/maioria-da-advocacia-e-contra-cota-racial-e-de-genero-no-comando-de-escritorios-diz-datafolha.shtml. Acesso em: 19 fev. 2023.

⁶ HUNT, Dame Vivian; YEE, Lareina; PRINCE, Sara; DIXON-FYLE, Sundiatu. A diversidade como alavanca de performance. *Mckinsey & Company*, 18 jan. 2018. Disponível em: https://www.mckinsey.com/capabilities/people-and-organizational-performance/our-insights/delivering-through-diversity/pt-BR. Acesso em: 1 fev. 2023.

faz do Brasil um país belo, alegre e sorridente. A composição racial dos escritórios expõe a convivência entre acesso à informação e capacidade de mudança com a repulsa ao diferente, que resulta na exclusão das pessoas negras, sobretudo da mulher negra, dos quadros das bancas jurídicas. Kabengele Munanga nos ajuda a explicar esse fenômeno:

> Porém, as crenças racistas não recuam, apesar de as pessoas terem mais acesso à ciência através da educação, o que mostra que racionalidade em si não é suficiente para que todas as pessoas possam abrir mão de suas crenças racistas. Em outros termos os racistas são movidos por outra racionalidade, que não é necessariamente científica.[7]

Podemos dizer que a branquitude se sustenta justamente pela negação constante da ciência, ou pela fabricação de uma ciência própria para justificar seus interesses. Tem sido assim desde as teorias que categorizaram seres humanos em raças distintas e lhes atribuem valor a partir do seu fenótipo; logo, não é de surpreender que neguem a possibilidade de contratação de pessoas que não ostentam as mesmas (supostas) raízes europeias de quem tem o poder de contratar.

Sobre poder, em 2021, o Centro de Pesquisa em Macroeconomia das Desigualdades, da Universidade de São Paulo – MAPE da USP –, apontou que os 705 mil homens brancos que compõem o 1% mais rico do país, ou o equivalente a 0,56% da população adulta, concentravam 15,3% de toda a renda, uma fatia maior do que a de *todas* as mulheres negras adultas juntas.[8]

Diante desse cenário preocupante, nada mais urgente do que pensar estratégias antirracistas para criar fissuras nesse empreendimento monolítico que é o mundo branco-jurídico. Como nos têm ensinado as lutas das mulheres negras, nossas ancestrais, e dos movimentos negros de forma geral, nada nos será dado pela branquitude, portanto precisamos nos organizar e lutar, pavimentando o caminho que tornará menos árdua a existência dos que virão.

---

[7] MUNANGA, Kabengele. As ambiguidades do racismo à brasileira, p. 33. *In*: KON, Noemi Moritz; SILVA, Maria Lúcia da; ABUD, Cristiane Curi (orgs.). *O racismo e o negro no Brasil*: questões para a psicanálise. São Paulo: Perspectiva, 2017, 302 p.

[8] GAVRAS, Douglas. Desigualdade de gênero. 705 mil homens brancos têm renda maior que a de todas as 33 milhões de mulheres negras do Brasil. *Mercado Folha*, 10 dez. 2021. Disponível em: https://folha.com/bih56n8y. Acesso em: 12 jan. 2023.

2 Da formação jurídica excludente à ausência de pessoas negras nos escritórios de advocacia

O silêncio também comunica. E não é de se estranhar que por muito tempo ele tenha sido a tônica sobre a (ausência de) diversidade racial nos ambientes jurídicos e nas bancas de advocacia.

O silêncio é uma forma de discurso que, intencionalmente ou não, mantém o *status quo* e reforça as estruturas de dominação que oprimem nações e pessoas, ao passo que calam suas vozes, soterram suas memórias e mostram conivência com a violência, seja ela intersubjetiva, seja institucional, organizada ou não, que elimina e marginaliza narrativas, agências e corpos.[9]

Significado de elite e poder, o Direito foi (é) um importante elemento na construção e manutenção da desigualdade racial, viabilizando a escravização e, depois, perpetuando e criando mecanismos de controle da população negra excluída dos postos de trabalho, através da produção legislativa que penalizou práticas religiosas e culturais – como a capoeira, fortalecendo o consciente e o inconsciente social que ligava a imagem do negro ao crime e ao ócio.[10][11]

A legislação brasileira promoveu o embranquecimento, inclusive por meio da educação eugênica, prevista, pasmem, na Constituição de 1934. Esse cenário possibilitou uma confortável imigração europeia, com autorizações de gastos para trazer pessoas brancas a solo nacional já com acesso à terra, moradia, educação e postos de trabalho. Como destacam Batista e Almeida,[12] o racismo estrutura não apenas as relações sociais, mas também as regras jurídicas que regulamentam estas relações.

---

[9] SILVA, Karine de Souza. "Esse silêncio todo me atordoa": a surdez e a cegueira seletivas para as dinâmicas raciais nas Relações Internacionais. *Revista de Informação Legislativa – RIL*, Brasília, DF, v. 58, n. 229, p. 37-55, jan./mar. 2021. Disponível em: https://www12.senado.leg.br/ril/edicoes/58/229/ril_v58_n229_p37. Acesso em: 20 fev. 2023.

[10] Com o Código Penal de 1890 (art. 399), a vadiagem e a capoeira tornaram-se crimes. A responsabilidade criminal aos 9 anos de idade também parecia ter endereço certo e não eram as crianças filhas "dos senhores". Florestan Fernandes destaca que após a abolição, fazendeiros brancos e imigrantes europeus acabaram ocupando os trabalhos remunerados disponíveis. FERNANDES, Florestan. *A integração do negro na sociedade de classes*. 6. ed. São Paulo: Contracorrente, 2021.

[11] CESAR, Camila Torres. Política criminal e punitivismo racial. *Boletim IBCCRIM*, ano 31, n. 364, p. 4-5, mar. 2023, ISSN 1676-3661, p. 4-5.

[12] BATISTA, Waleska Miguel; ALMEIDA, Silvio Luiz de. Teoria crítica racial e do direito: aspectos da condição do negro nos Estados Unidos da América. *Revista Quaestio Iuris*, [S.l.], v. 14, n. 03, p. 1527-1551, out. 2021. ISSN 1516-0351. Disponível em: https://www.e-publicacoes.uerj.

No Brasil, a criação dos cursos de ciências jurídicas e sociais estava ligada à desvinculação da metrópole e à construção do Estado nacional, para formação de uma cultura jurídica própria, que não dependesse de Coimbra para formar os filhos homens de fazendeiros brasileiros.

Enquanto pessoas negras eram vistas como bens produtores de riqueza na perspectiva civil, ainda que passíveis de punição na esfera penal caso atentassem contra seus senhores, este país buscava construir sua própria "elite pensante", basicamente um sinônimo para homens brancos ricos formados em Direito.

Em 1827, quando o decreto imperial de 11 de agosto instituiu nas cidades de São Paulo e Olinda, os primeiros cursos de Direito no Brasil, o 2º Ato Oficial Complementar à Constituição de 1824 já proibia negros e leprosos de frequentarem a escola.

Apenas para compreendermos o lapso temporal, o primeiro advogado negro a formar-se na mesma Universidade de São Paulo foi Francisco de Assis Martins, em 1945. Adentrou ao curso de direito em 1941, formou-se em 1945 e colou grau em 1946, vindo a atuar como advogado nos ramos de Direito Civil e Tributário.

A história do doutor Francisco não foi fácil, repetindo o roteiro imposto à população negra, filho de doméstica que se transferiu do litoral para a cidade em busca de emprego, vindo a trabalhar em um casarão de barões. Leonardo Martins, neto do doutor Francisco, conta que a família dona do casarão incentivava o então menino Francisco e seus irmãos a estudar, ler e lhes davam livros.[13]

Neste ano a primeira turma de alunos ingressos através do sistema de cotas étnico-raciais se formou na Faculdade de Direito da USP. Em reportagem ao portal G1,[14] os agora formandos e formandas citaram frases como "Olhava ao meu redor e pensava: 'será que deveria mesmo estar aqui?'"; "Eu me sentia uma extraterrestre"; "Contei nos dedos quantos negros vi ali. Fiquei assustada".

---

br/index.php/quaestioiuris/article/view/50656/39522. Acesso em: 04 mar. 2023. doi:https://doi.org/10.12957/rqi.2021.50656.

[13] SILVA, Gustavo Roberto da. Conheça a história do primeiro advogado negro formado pela USP. *Aparecidanet*, 20 fev. 2023. Disponível em: https://aparecidanet.com.br/conheca-a-historia-do-primeiro-advogado-negro-formado-pela-usp/ Acesso em: 03 mar. 2023.

[14] TENENTE, Luíza. Filhos de garis, pedreiros e faxineiras: 1ª turma com cotistas negros se forma na Faculdade de Direito da USP. *G1*, 04 fev. 2023. Disponível em: https://g1.globo.com/educacao/noticia/2023/02/04/filhos-de-garis-pedreiros-e-faxineiras-1a-turma-com-cotistas-negros-se-forma-na-faculdade-de-direito-da-usp.ghtml. Acesso em: 03 mar. 2023.

Poderiam ser palavras do início do século XX, mas os relatos da turma que se formou 78 anos depois do doutor Francisco apontam que as experiências de bacharéis negros e negras em pleno ano de 2023, sobretudo em espaços elitizados – como também são a maioria das bancas jurídicas – se repetem. Aqui já adiantamos uma conclusão óbvia, porém negligenciada por muitos espaços que se pretendem racialmente inclusivos: chegar e estar não é pertencer; em outras palavras, diversidade é diferente de inclusão e pertencimento.

Num texto de 2014 chamado "Os cotistas desagradecidos", Tau Golin fala sobre a percepção de pessoas brancas a respeito de políticas de cotas, destacando que muitas delas são contrárias a políticas afirmativas porque desconhecem que seus ancestrais imigrantes europeus foram a primeira leva de beneficiários.

> Nos ambientes sociais, invariavelmente, escuto descendentes de imigrantes condenarem a política de cotas. São ignorantes ou hipócritas. A parte rica do Rio Grande do Sul e outras regiões do Brasil é o presente de cotistas do passado. *As políticas de colonização do país foram as aplicações concretas de políticas de cotas*. Aos servos, camponeses, mercenários, bandidos, ladrões, prostitutas da Europa foi acenado com a utopia cotista. Ofereceram-lhes em primeiro lugar um lugar para ser seu, um espaço para produzir, representado pelo lote de terra; uma colônia para que pudesse *semear o seu sonho*. E lhes alcançaram juntas de bois, arados, implementos agrícolas, sementes, e o direito de usar a natureza – a floresta, os rios e minerais – para se capitalizarem. No processo, milhares não conseguiram pagar a dívida colonial e *foram anistiados*. E quando ressarciram foi em condições módicas.[15] (grifos nossos)

Na medida em que avançamos na discussão sobre acesso e oportunidades para pessoas negras, palavras como justiça e merecimento são trazidas em contexto de afastar cotas e outras ações afirmativas. Em algum ponto, parece injusto para as pessoas brancas que "correram atrás, se esforçaram e chegaram lá" *sem ajuda*, que pessoas negras *simplesmente* cheguem e tenham acesso a espaços de poder sem *nenhum* esforço e, até mesmo, sem capacidade. E as pessoas brancas pobres?[16]

---

[15] GOLIN, Tau. Os cotistas desagradecidos. *Sul 21*, 6 jun. 2014. Disponível em: https://sul21.com.br/colunastau-golin/2014/06/os-cotistas-desagradecidos/. Acesso em: 12 jan. 2023.

[16] Para Moreira (2017), o Brasil reconhece a existência do racismo, mas criou-se uma moralidade pública baseada no tratamento igualitário entre grupos que torna problemática a adoção de ações afirmativas uma vez que "Se apenas negros e indígenas eram racializados nos discursos raciais anteriores, aqueles socialmente classificados como brancos tornaram-se um grupo

Como dissemos, pessoas brancas convergem, intencionalmente ou não, na manutenção de seus interesses. O silêncio sobre a herança branca da escravização, também importa não reconhecer que imigrantes europeus foram autorizados a "semear seu sonho", acumular riquezas e transmiti-las ao longo do tempo.

O relatório *A persistência da pobreza: como a igualdade real pode quebrar o ciclo vicioso*,[17] produzido pela ONU em 2021 aponta que são necessárias nove ou mais gerações para que as crianças de famílias de baixa renda em países como o Brasil atinjam a renda média de seu país. No Brasil, pobres são pessoas pretas e pardas, mais especificamente mulheres. Partimos de pontos diferentes em uma estrutura que se retroalimenta e renova, com dinâmicas cada vez mais sofisticadas e que discerne perfeitamente raça, gênero e outros marcadores sociais. Basta voltarmos às nove gerações.

Uma analogia bem explicativa é a da escada. Três pessoas precisam se deslocar à parte de cima e têm diante de si escadas diferentes: uma escada simples, uma escada rolante subindo e outra escada rolante descendo. Nenhuma das pessoas pôde escolher o local de partida e nem a escada.

A pessoa 1 precisa imprimir esforço físico para chegar ao topo da escada simples; passo a passo, depois de algum tempo, ela consegue. A pessoa 2 utiliza a escada rolante subindo e chega ao topo em menos de um minuto. A pessoa 3 utiliza a escada rolante que está descendo. Além de imprimir força física, precisa desafiar o movimento da própria escada, que a empurra no sentido oposto. A pessoa 2 se beneficiou de um contexto alheio à sua vontade, mas que lhe trouxe vantagens. Arriscamos dizer que quase ninguém a apontaria como mais merecedora do que as demais. A pergunta é: e se mudássemos o sentido da terceira escada?

O enegrecimento das bancas jurídicas passa por reconhecê-las como o que são: espaços que simbolizam poder e *status*, e, portanto,

---

racial minoritário, supostamente vítimas de políticas governamentais discriminatórias que pretendem desestruturar a unidade cultural da nação brasileira". MOREIRA, Adilson José. Cidadania racial. *Revista Quaestio Iuris*, [S.l.], v. 10, n. 2, p. 1052-1089, abr. 2017. ISSN 1516-0351. Disponível em: https://www.e-publicacoes.uerj.br/index.php/quaestioiuris/article/view/22833/20506. Acesso em: 5 mar. 2023. doi:https://doi.org/10.12957/rqi.2017.22833.

[17] PESSOAS de baixa renda levam de quatro a cinco gerações para romper com a pobreza *Nações Unidas Brasil*, 21 out. 2021. Disponível em: https://brasil.un.org/pt-br/152568-pessoas-de-baixa-renda-levam-de-quatro-cinco-geracoes-para-romper-com-pobreza. Acesso em: 3 mar. 2023.

não pensados para corpos negros.[18] Por óbvio que pessoas negras estão aptas e capacitadas a integrar e pertencer a estes locais, a mudança real começa a acontecer quando as pessoas brancas reconhecem *seu* despreparo e se tornam aptas a esta convivência e isso vai além da vontade de ser diverso e da mera contratação.

3 Noções gerais para estruturar um programa de diversidade racial

Para além dos já apontados motivos de justiça e retorno em produtividade e desempenho, a pressão social e de mercado para implementação de políticas voltadas à diversidade, equidade e inclusão, ou ao "S" do ESG – Environmental (Meio ambiente), Social e Governance (Governança) – tem fomentado o interesse das bancas jurídicas em diversificar seus times. Clientes multinacionais e até mesmo pessoas físicas têm corretamente cobrado que os escritórios reflitam, cada vez mais, as proporções demográficas do Brasil, tanto em gênero como em raça, e que outros grupos socialmente vulnerabilizados (PCDs, população LGBTQIAP+) estejam representados.

Os escritórios de advocacia estão cientes desta demanda. Mas, como se ouviu há algum tempo de uma CEO de um grande banco, há uma preocupação em não "baixar a régua" quando se pretende fazer diversidade. Partindo de uma perspectiva decolonial, poderíamos aqui inclusive discutir quem criou tal régua e a serviço da manutenção de quais privilégios ela está. No entanto, focando no significado de tal afirmação, entendemos oportuno discutir parâmetros.

Quando falamos em incluir profissionais negros e negras nas bancas de advocacia a ideia da queda da qualidade do escritório e a (alegada) dificuldade em encontrar profissionais – sobretudo mais seniores – sempre chegam ao debate. Precisamos trazer estes pontos

---

[18] "Essa disparidade é utilizada para garantia de direitos para alguns grupos e redução dos mesmos para outros, a ponto de ter-se uma dicotomia entre cidadania branca frente a uma cidadania negra, que, na verdade, traduz-se na ausência de acesso a bens e equipamentos públicos. Em outras palavras, nota-se que a concepção da subjetividade é fundamental para conseguir esse propósito". BATISTA, Waleska Miguel; ALMEIDA, Silvio Luiz de. Teoria crítica racial e do direito: aspectos da condição do negro nos Estados Unidos da América. *Revista Quaestio Iuris*, [S.l.], v. 14, n. 03, p. 1527-1551, out. 2021. ISSN 1516-0351. Disponível em: https://www.e-publicacoes.uerj.br/index.php/quaestioiuris/article/view/50656/39522. Acesso em: 04 mar. 2023. doi:https://doi.org/10.12957/rqi.2021.50656.

para a mesa. Profissionais negras e negros existem e estão disponíveis no mercado de trabalho.

Muitas vezes as "tentativas" de contratação partem da ideia de conformar pessoas negras a critérios desnecessários ao exercício da advocacia. Exigência de faculdades de "primeira linha", realização de intercâmbios e cursos internacionais, fluência em três ou mais idiomas (não utilizados no dia a dia da função), experiências em grandes bancas de advocacia e em funções de destaque e liderança. Ser indicado por sócio ou associado daquela banca ou de alguma outra de renome. Também vale a indicação de grandes clientes e empresas multinacionais.

Uma política com foco no aumento da equidade racial precisa promover mudança cultural. Os sócios e sócias precisam ser racialmente letrados para compreender que a maioria das advogadas negras e negros não têm acesso aos círculos fechados de poder e ao *networking* que abre portas para as grandes bancas, seja porque não frequentaram os mesmos colégios, clubes, países ou as mesmas universidades que seus colegas brancos ou porque não estão nos mesmos espaços que potenciais clientes destas bancas. Características como fazer intercâmbio ou falar 3 ou 4 idiomas são irrelevantes caso não guardem relação direta com a área de atuação.

Sabemos que pessoas negras – sobretudo mulheres – têm dificuldade em ser contratadas para vagas compatíveis com sua formação (seniores em nível júnior e pleno, por exemplo), que ganham menos para desempenhar funções semelhantes e que são menos promovidas. Também sabemos que as pessoas negras já são maioria nas universidades públicas e que o aumento do grau de escolaridade não proporcionou igual inserção no mercado de trabalho. São dados de livre acesso. A *régua a baixar* é aquela que se baseia em privilégios e não em parâmetros de competência e desempenho.

Voltando ao enegrecimento das bancas, o envolvimento e comprometimento da liderança com a pauta envolve disseminar a cultura antirracista e inclusiva, de modo que todas as pessoas recebam letramento racial. O ambiente se faz de pessoas, deve ser documentado e verbalizado a todo tempo que o escritório está atento ao tema e que não admitirá ações e falas racistas ou de cunho discriminatório.

Outro passo é identificar, mediante autodeclaração, qual a composição étnico racial da banca, as interseccionalidades (há mulheres negras PCDs?) e também em que momento da carreira (estagiários, funcionários, sócios etc.) as pessoas negras, se existirem, estão.

É preciso ter metas definidas e métricas para medir o progresso ou não das ações propostas. Isso possibilita planejar e agir com intencionalidade. No caso de cidades com presença negra acima da média nacional (56%), como Salvador, é importante que a proporção de pessoas negras dentro do escritório tenha como meta o local onde a banca jurídica está localizada.

É importante ouvir as pessoas da equipe para entender sua percepção sobre o ambiente, se ele é receptivo ou hostil a pessoas diversas, quais pontos de melhoria etc. Um exemplo, qual a percepção sobre a questão de raça, gênero, se as carreiras profissionais são afetadas por esta característica. O ideal é que esta escuta seja realizada por pessoas de fora do escritório (uma consultoria, por exemplo) ou de forma anônima, para que hierarquias e receio de ser prejudicado não diminuam a sinceridade das pessoas envolvidas. A preparação do ambiente envolve trazer todas as pessoas para a ação, ajustar os pontos identificados e ainda observar a presença de imagens, esculturas ou outros itens que possam ser racialmente ofensivos.

Sobre o recrutamento, retenção e promoção, é importante atentar para os critérios pedidos na vaga e adequá-los à realidade do trabalho. Cansamos de ouvir relatos de anúncios de vagas que pedem conhecimentos que não serão utilizados, este é um fator excludente e que pode atrapalhar e muito. Imagens e palavras também falam, atenção a elas. Nas entrevistas, é relevante observar com seriedade possíveis vieses inconscientes que podem levar à exclusão de pessoas negras dos processos. Exemplo: viés de afinidade (tendência a avaliar melhor e aprovar aqueles que percebemos como pares) ou de percepção (percepção descriteriosa pode levar ao reforço de estereótipos). Também se deve considerar criar grupos de afinidade e canais de denúncia (anônimos ou não), garantindo um espaço seguro para que situações de racismo e outras formas de discriminação sejam reportadas e tratadas.

Convém dizer que o aumento da quantidade de pessoas negras nas bancas de advocacia não se mede apenas por porcentagem. É essencial entender se, entre as contratações, há advogados/as experientes ou apenas estagiários/as e recém-formados/as. É nesse ponto que costuma surgir a alegação de que o mercado não oferece profissionais mais experientes e que a senioridade e a diversidade caminharão juntas na medida em que as estagiárias e estagiários do presente progredirem em suas carreiras.

Profissionais seniores estão, ao menos em tese, mais perto dos espaços da liderança, de modo que contratá-los numa perspectiva de equidade e antirracismo requer, necessariamente, pensar em planos de carreira que envolvam, em curto ou médio prazo, sua entrada formal na sociedade, com "nome na porta ou não", mas pensando no simbolismo dos corpos negros em espaços de mando e decisão.

Antirracismo focado apenas no início da carreira mantém confortável a hierarquia e corre até o risco de não trazer impacto à estrutura posta em menos de 10 anos! Ousamos dizer que esta seria uma das formas mais disruptivas: caso não encontre em seu escritório profissionais que possam ser promovidos aos níveis mais altos – e aqui vale um olhar atento a todas as possibilidades – procure no mercado de trabalho pessoas com este perfil ou já seniores e as contrate pelos mesmos salários que pagaria a advogados brancos. Outra vez chamamos o gênero para a conversa, uma vez que o teto de vidro que atrapalha a subida das mulheres brancas muitas vezes sequer é visualizado pelas negras, que ainda estão tentando entrar no prédio. Portanto, mulheres negras são prioridade na contratação.

4 Além da contratação: inclusão e permanência

Avaliar, corrigir e revisar. Programas voltados à diversidade, equidade e inclusão não devem ser estanques, pois precisam acompanhar a evolução das demandas.

A consciência racial trará novas indagações e percepções até então desconhecidas, o que é relevante e deve ser convertido em transformação. Válido sempre questionar: nossos comportamentos estimulam ou permitem preconceito, discriminação? Criam ambientes emocionalmente tóxicos e psicologicamente nocivos?

Pessoas que não se enquadram na liderança devem ser estimuladas a contribuir para um ambiente mais inclusivo e saudável. Respeitando o espaço e atuando com intencionalidade, corrigindo, por exemplo, outra pessoa da equipe que fizer ou disser algo depreciativo ou impróprio, sinalizando que aquela ação é incompatível com o ambiente de trabalho. Resistir ao apelo da omissão e se colocar como a pessoa antirracista da sala, ainda que isso a leve para um lugar momentâneo de desconforto.

Bancas jurídicas enegrecidas respeitam escolhas estéticas e não atribuem maior ou menor profissionalismo a pessoas negras carecas, com ou sem trança, com ou sem *dread*, com cabelos crespos ou lisos, com ou sem turbante. Também não é uma questão em debate a (não) religiosidade do advogado ou advogada, o uso de roupas coloridas e/ ou brancas. A menos que por escolha própria, não há qualquer obrigatoriedade de participação em grupos de afinidade, muito menos em posições de liderança da pauta.

É essencial que todos os/as profissionais tenham acesso ao plano de carreira e entendam quais metas e ações são necessárias para ser promovida/o. Programas de incentivo, cursos de idiomas, bolsas para realização de especializações e cursos são muito benvindos. Quanto à remuneração, a máxima *mesmo trabalho, igual salário* ou honorários no caso, é inegociável. Atente-se para possíveis desníveis provocados por promoções ao longo do tempo.

Sócios e sócias devem estabelecer um canal de escuta ativa com as pessoas negras para compreender as necessidades e o clima organizacional, também para entender os acertos e ajustes para que haja pertencimento e, assim, permanência. A cultura antirracista e de equidade deve perpassar todos os níveis, funcionários/as, estagiários/ as também precisam ser ouvidos e apoiados. Fanon nos ensina que falar é uma "forma de existir para o outro".[19] Quando não há espaço ou liberdade para abordagem do tema, reforça-se a invisibilidade e a opressão da estrutura.

Dados de retenção e participação devem ser periodicamente revisitados. Cuidado para que a inserção de pessoas negras não seja um reforço de violências. Em ambientes elitizados, muitas vezes conversas "banais" sobre viagens para o exterior, carro do ano, restaurantes do Guia Michelin e roupas de grife podem ser desconfortáveis ou até mesmo dolorosas de se ouvir – reforçam uma realidade excludente e segregam a pessoa presente.

As pessoas que estão à frente dos programas de diversidade e inclusão devem ser valorizadas e receber contrapartida efetiva, seja em remuneração ou em compensação de horas. Exigir que as pessoas negras dediquem suas horas de descanso ou lazer para compor esses grupos de forma não remunerada significa aproveitamento indevido do seu tempo. É necessário reconhecer situações como essa como atribuição adicional.

---

[19] FANON, Frantz. *Pele negra, máscaras brancas.* Tradução de Renato da Silveira. Salvador: EDUFBA, 2008. p. 194.

5 Considerações finais

Lélia Gonzalez indica que o "lixo vai falar e numa boa",[20] em uma referência à abertura forçada por pessoas negras dos espaços de poder, para que transcendam a condição de objetos e possam ocupar negada e negligenciada posição de sujeitos.

Destacamos que as pessoas negras, mulheres ou não, sempre tiveram voz, mas sua fala foi sistematicamente desqualificada e invalidada, ou, ainda, transmitida por pessoas não negras, que passaram a ser lidas como especialistas em temáticas afetas a nossas vivências.[21] Como sabemos, tal relação hierarquizada só foi possível porque foi precedida pelo epistemicídio de mulheres, negros, indígenas e povos subalternizados.

A perspectiva sobre o que é conhecimento e quem o produz, favorece(u) especificamente o sujeito universal representado pelo homem, branco, hétero, ocidental citado por Kilomba,[22] que ainda é o principal representado nos espaços de poder. Escritórios de advocacia são uma forte simbolização desse conceito, porque também foram pensados para corpos não negros, esses tidos como sujeitos universais por excelência.

Apesar de tudo, aprendemos a partir das lutas das mulheres negras, nossas ancestrais, e dos movimentos negros. Sabemos que nada nos é dado pela branquitude, por isso nos organizamos e lutamos, trilhando o caminho que tornou menos árdua nossa existência e pavimentando a trilha dos que virão, como fizeram Esperança Garcia e Luiz Gama.

Pessoas brancas convergem, intencionalmente ou não, na manutenção de seus interesses. Aquelas que já tiraram a hipócrita venda da democracia racial e da igualdade de oportunidades compreendem que a escada que estão subindo na vida não as puxa em sentido contrário.

---

[20] GONZALEZ, Lélia. Racismo e sexismo na cultura brasileira. *Revista Ciências Sociais Hoje*, ANPOCS, p. 223-244, 1984. Disponível em: https://edisciplinas.usp.br/pluginfile. php/4584956/mod_resource/content/1/06%20-%20GONZALES%2C%20L%C3%A9lia%20 -%20Racismo_e_Sexismo_na_Cultura_Brasileira%20%281%29.pdf. Acesso em: 12 jan. 2023.

[21] SILVA, Karine de Souza. "Esse silêncio todo me atordoa": a surdez e a cegueira seletivas para as dinâmicas raciais nas Relações Internacionais. *Revista de Informação Legislativa – RIL*, Brasília, DF, v. 58, n. 229, p. 37-55, jan./mar. 2021. Disponível em: https://www12.senado. leg.br/ril/edicoes/58/229/ril_v58_n229_p37. Acesso em: 20 fev. 2023.

[22] KILOMBA, Grada. *Memórias da plantação*: episódios de racismo cotidiano. Tradução de Jess Oliveira. Rio de Janeiro: Cobogó, 2019.

A essas pessoas dirigimos o convite para a ação, a fim de que exerçam o conceito de antirracismo e de pessoa aliada na prática. O enegrecimento das bancas jurídicas no Brasil requer intencionalidade: investimentos intencionais, oportunidades intencionais, contratações e promoções intencionais. A dica final é pensar e agir sem desvincular raça e gênero.

Um ambiente equilibrado é onde há mulheres negras em proporção, não apenas nas vagas de estágio, mas sobretudo em nível pleno e sênior, com destaque e poder de decisão, integrando os quadros da sociedade – e preferencialmente com nome na porta.

Referências

BATISTA, Flávio Roberto et al. Ensino jurídico e inclusão: a experiência da primeira edição do Projeto Incluir Direito na FDUSP. In: BUCCI, Maria de Paula Dallari; SOUZA, Rodrigo Pagani de (orgs.). O ensino jurídico no bicentenário da independência. Belo Horizonte; São Paulo: D'Plácido, 2022. Disponível em: https://direito.usp.br/pca/arquivos/d708e204d4c9_livro-ensino-juridico-no-bicentenario-maria-paula-dallari-bucci-e-rodrigo-pagani-orgs-2022-1.pdf. Acesso em: 04 mar. 2023.

BATISTA, Waleska Miguel; ALMEIDA, Silvio Luiz de. Teoria crítica racial e do direito: aspectos da condição do negro nos Estados Unidos da América. *Revista Quaestio Iuris*, [S.l.], v. 14, n. 03, p. 1527-1551, out. 2021. ISSN 1516-0351. Disponível em: https://www.e-publicacoes.uerj.br/index.php/quaestioiuris/article/view/50656/39522. Acesso em: 04 mar. 2023. doi:https://doi.org/10.12957/rqi.2021.50656.

BENTO, Cida. *O pacto da branquitude*. São Paulo: Companhia das Letras, 2022.

CEERT. Áreas de atuação, ESG e Trabalho. Disponível em: https://www.ceert.org.br/esg-recursos. Acesso em: 20 fev. 2023.

CESAR, Camila Torres. Política criminal e punitivismo racial. *Boletim IBCCRIM*, ano 31, n. 364, p. 4-5, mar. 2023, ISSN 1676-3661.

FANON, Frantz. *Pele negra, máscaras brancas*. Tradução de Renato da Silveira. Salvador: EDUFBA, 2008.

FERNANDES, Florestan. *A integração do negro na sociedade de classes*. 6. ed. São Paulo: Contracorrente, 2021.

FERREIRA, Flavio; GALF, Renata. Datafolha: pesquisa inédita revela perfil econômico e de atuação da advocacia do país. *Folha de São Paulo*, Folhajus, 06 maio 2021. Disponível em: https://www1.folha.uol.com.br/poder/2021/05/datafolha-pesquisa-inedita-revela-perfil-economico-e-de-atuacao-da-advocacia-do-pais.shtml. Acesso em: 20 fev. 2023.

FERREIRA, Flavio; GALF, Renata. Maioria da advocacia é contra cota racial e de gênero no comando de escritórios, diz Datafolha. *Folha de São Paulo*, Folhajus, 22 jun. 2021. Disponível em: https://www1.folha.uol.com.br/poder/2021/06/maioria-da-advocacia-e-contra-cota-racial-e-de-genero-no-comando-de-escritorios-diz-datafolha.shtml. Acesso em: 19 fev. 2023.

FILIPPE, Marina. Como a união de escritórios de advocacia promove avanço na equidade racial. *Revista Exame*, 27 jun. 2022. Disponível em: https://exame.com/esg/como-a-uniao-de-escritorios-de-advocacia-promove-avanco-na-equidade-racial/. Acesso em: 23 fev. 2023.

GAVRAS, Douglas. Desigualdade de gênero. 705 mil homens brancos têm renda maior que a de todas as 33 milhões de mulheres negras do Brasil. *Mercado Folha*, 10 dez. 2021. Disponível em: https://folha.com/bih56n8y. Acesso em: 12 jan. 2023.

GOLIN, Tau. Os cotistas desagradecidos. *Sul 21*, 6 jun. 2014. Disponível em: https://sul21.com.br/colunastau-golin/2014/06/os-cotistas-desagradecidos/. Acesso em: 12 jan. 2023.

GONZALEZ, Lélia. Racismo e sexismo na cultura brasileira. *Revista Ciências Sociais Hoje*, ANPOCS, p. 223-244, 1984. Disponível em: https://edisciplinas.usp.br/pluginfile.php/4584956/mod_resource/content/1/06%20-%20GONZALES%2C%20L%C3%A9lia%20-%20Racismo_e_Sexismo_na_Cultura_Brasileira%20%281%29.pdf. Acesso em: 12 jan. 2023.

HUNT, Dame Vivian; YEE, Lareina; PRINCE, Sara; DIXON-FYLE, Sundiatu. A diversidade como alavanca de performance. *Mckinsey & Company*, 18 jan. 2018. Disponível em: https://www.mckinsey.com/capabilities/people-and-organizational-performance/our-insights/delivering-through-diversity/pt-BR. Acesso em: 1 fev. 2023.

KILOMBA, Grada. *Memórias da plantação*: episódios de racismo cotidiano. Tradução de Jess Oliveira. Rio de Janeiro: Cobogó, 2019.

MOREIRA, Adilson José. Cidadania racial. *Revista Quaestio Iuris*, [S.l.], v. 10, n. 2, p. 1052-1089, abr. 2017. ISSN 1516-0351. Disponível em: https://www.e-publicacoes.uerj.br/index.php/quaestioiuris/article/view/22833/20506. Acesso em: 5 mar. 2023. doi:https://doi.org/10.12957/rqi.2017.22833.

MUNANGA, Kabengele. As ambiguidades do racismo à brasileira, p. 33. *In*: KON, Noemi Moritz; SILVA, Maria Lúcia da; ABUD, Cristiane Curi (orgs.). *O racismo e o negro no Brasil*: questões para a psicanálise. São Paulo: Perspectiva, 2017, 302 p.

PESSOAS de baixa renda levam de quatro a cinco gerações para romper com a pobreza *Nações Unidas Brasil*, 21 out. 2021. Disponível em: https://brasil.un.org/pt-br/152568-pessoas-de-baixa-renda-levam-de-quatro-cinco-gerações-para-romper-com-pobreza. Acesso em: 3 mar. 2023.

SILVA, Gustavo Roberto da. Conheça a história do primeiro advogado negro formado pela USP. *Aparecidanet*, 20 fev. 2023. Disponível em: https://aparecidanet.com.br/conheca-a-historia-do-primeiro-advogado-negro-formado-pela-usp/ Acesso em: 03 mar. 2023.

SILVA, Karine de Souza. "Esse silêncio todo me atordoa": a surdez e a cegueira seletivas para as dinâmicas raciais nas Relações Internacionais. *Revista de Informação Legislativa – RIL*, Brasília, DF, v. 58, n. 229, p. 37-55, jan./mar. 2021. Disponível em: https://www12.senado.leg.br/ril/edicoes/58/229/ril_v58_n229_p37. Acesso em: 20 fev. 2023.

TENENTE, Luíza. Filhos de garis, pedreiros e faxineiras: 1ª turma com cotistas negros se forma na Faculdade de Direito da USP. *G1*, 04 fev. 2023. Disponível em: https://g1.globo.com/educacao/noticia/2023/02/04/filhos-de-garis-pedreiros-e-faxineiras-1a-turma-com-cotistas-negros-se-forma-na-faculdade-de-direito-da-usp.ghtml. Acesso em: 03 mar. 2023.

Informação bibliográfica deste livro, conforme a NBR 6023:2018 da Associação Brasileira de Normas Técnicas (ABNT):

CESAR, Camila Torres; ASSUMPÇÃO, Vinícius de Souza. (Ausência de) diversidade racial na advocacia: reflexões para o enegrecimento das bancas jurídicas no Brasil. BOMFIM, Daiesse Quênia Jaala Santos (Coord.). *Políticas afirmativas de inclusão e equidade racial*: reflexões acerca do papel dos setores público e privado. Belo Horizonte: Fórum, 2023. p. 313-329. ISBN 978-65-5518-553-9.

INTEGRAÇÃO RACIAL: UMA URGÊNCIA NACIONAL – POLÍTICAS AFIRMATIVAS NO ÂMBITO DA ENTIDADE DE CLASSE

ANA CAROLINA LOURENÇO
IRAPUÃ SANTANA

Introdução

O Brasil é um país racista? Como é possível identificar uma pessoa racista? Afinal, o que é racismo? Podemos definir o racismo como a prática de desumanização ou subcategorização do indivíduo por sua raça ou etnia.

Tal desclassificação pode acontecer em nível individual, quando uma pessoa comete essa ação em relação a outra, mas também pode ocorrer em nível coletivo, tanto por parte das instituições, quanto pela sociedade em geral, no momento em que é possível observar um comportamento social e institucional reiterado, de modo naturalizado.

A designação como indivíduos de segunda categoria foi o fundamento principal que levou à escravização de milhões de pessoas negras e à subalternidade que são presentes ainda hoje.

É esse o pilar que sustenta a Lei nº 7.716/1989, na qual está a noção genérica de que é crime se impedir o acesso ao bem da vida pretendido por determinada pessoa, em razão de sua "raça, cor, etnia, religião ou procedência nacional".

Nesse sentido, seria possível enxergar a sub-humanização fora do campo individual, promovida pelas próprias instituições e pelo Estado? Seguramente.

É só lembrarmos, por exemplo, da Lei de Terras de 1850, que restringia a aquisição de propriedade, excluindo o meio laboral, impondo a exclusividade da compra. Assim, os negros recém-alforriados não tinham dinheiro para adquirir sequer um terreno, para construir sua casa. Enquanto isso, em 1890, o Estado brasileiro concedia a possibilidade de aquisição de propriedade, mediante trabalho, caso a pessoa fosse branca e viesse da Europa.

Negar categoricamente o direito à liberdade e de propriedade é sentenciar à miséria, por gerações, grande parcela da sociedade brasileira. Afastar os negros dos grandes centros, criminalizar seus costumes e relegá-los à própria sorte é aquilo que a história conta na construção deste país.

Isso se reflete no presente, enquanto os piores índices socioeconômicos têm em comum a cor escura da pele das pessoas representadas.

A partir desse quadro, há quem defenda que o racismo deveria ser analisado dentro de uma lógica de infraestrutura coletiva, com um pano de fundo histórico sempre presente. Por outro lado, também existem os negacionistas, que não enxergam o racismo em lugar algum, sob o argumento que todos somos iguais, havendo, quando muito, alguma ação individual.

A advocacia foi e é um espaço predominantemente branco, sendo necessário para possibilitar o acesso à justiça concretizar a justiça racial, fomentar, promover e mensurar políticas afirmativas para que pessoas negras façam parte da estrutura.

Nas reflexões que serão expostas a seguir, estará presente a linha mestra de entender o racismo como um fator relevante de vulnerabilidade, que passa por muitas áreas da sociedade brasileira, impedindo-a de ser diversa e efetivamente inteira.

O passado

Para entendermos o que ocorre no Brasil de hoje, é preciso ir ao passado e tentar enxergar todos os fatos que influenciaram na forma como o país foi construído, onde o tratamento relativo à comunidade negra se mostra como um ponto central desse debate.

O racismo surge para justificar a escravização de pessoas negras, retirando-lhes o caráter humanitário a fim de subjugá-las, dizendo que não tinham alma e que eram selvagens e, por esse motivo, seria benéfico utilizá-las em trabalhos forçados.

A escravidão, por si só, já traz em seu conteúdo a divisão entre negros e brancos. Entretanto, ao contrário do que possa parecer, sua extinção não contribuiu efetivamente para eliminar as barreiras de mobilidade social, que faria misturar as duas raças de maneira concreta. Isso porque outros obstáculos foram impostos pelo Estado brasileiro, como a Lei de Terras e as normas de educação nacional no Brasil Império.

Basicamente, com a escravidão, tínhamos a ausência de liberdade para a população negra. Com a Lei de Terras, a ausência de propriedade. E, por fim, não havia também direito à educação. Sem esses três pilares, qualquer pessoa deve reconhecer o efeito nefasto sobre gerações inteiras negras, no que diz respeito à busca por dignidade.

No dia 18 de setembro de 1850 nasceu a Lei de Terras, determinando que a aquisição de terras devolutas somente era possível mediante a compra, tornando-se estritamente proibida a obtenção do título de propriedade através do trabalho. "Art. 1º Ficam prohibidas as acquisições de terras devolutas por outro titulo que não seja o de compra."[1]

Os negros que já detinham a condição de posseiros eram submetidos a uma série de requisitos extremamente restritos para que fossem reconhecidos seus domínios, o que, na prática, significou retirar da população negra o acesso ao direito de propriedade.

Associado a isso, estava em vigor a proibição de acesso à escola pelos escravos, na medida em que somente era permitido que cidadãos brasileiros estudassem. Quanto aos negros não escravizados, outras tantas restrições eram impostas a ponto de também inviabilizar o acesso à educação.

A Constituição de 1824 dispunha sobre a matéria, especificamente na combinação entre os artigos 179, 469III – que estabelecia o direito de cidadãos brasileiros terem ensino público – e o 6º – o qual informava quem eram as pessoas reconhecidamente qualificadas como cidadãs brasileiras:

---

[1] BRASIL. Lei nº 601 de 18 de setembro de 1850. Dispõe sobre as terras devolutas do Império. Disponível em: www.planalto.gov.br/CCIVIL/Leis/L0601-1850.htm.

Art. 179. A inviolabilidade dos Direitos Civis, e Politicos dos Cidadãos Brazileiros, que tem por base a liberdade, a segurança individual, e a propriedade, é garantida pela Constituição do Imperio, pela maneira seguinte.
469III. Collegios, e Universidades, aonde serão ensinados os elementos das Sciencias, Bellas Letras, e Artes.
Art. 6. São Cidadãos Brazileiros
I. Os que no Brazil tiverem nascido, quer sejam ingenuos, ou libertos, ainda que o pai seja estrangeiro, uma vez que este não resida por serviço de sua Nação.
II. Os filhos de pai Brazileiro, e Os illegitimos de mãi Brazileira, nascidos em paiz estrangeiro, que vierem estabelecer domicilio no Imperio.
III. Os filhos de pai Brazileiro, que estivesse em paiz estrangeiro em sorviço do Imperio, embora elles não venham estabelecer domicilio no Brazil.
IV. Todos os nascidos em Portugal, e suas Possessões, que sendo já residentes no Brazil na época, em que se proclamou a Independencia nas Provincias, onde habitavam, adheriram á esta expressa, ou tacitamente pela continuação da sua residencia.
V. Os estrangeiros naturalisados, qualquer que seja a sua Religião. A Lei determinará as qualidades precisas, para se obter Carta de naturalisação.

Vale ressaltar que apenas em 1854, com o Decreto nº 1.331-A de 17 de fevereiro, houve um regulamento que previsse a forma de acesso de negros ao ensino formal, porém, como antecipado, os obstáculos eram quase intransponíveis aos não escravos:

Art. 69. Não serão admittidos á matricula, nem poderão frequentar as escolas:
§1º Os meninos que padecerem molestias contagiosas.
§2º Os que não tiverem sido vaccinados.
§3º Os escravos.
Art. 85. Não serão admittidos á matricula, nem poderão frequentar o Collegio, os individuos nas condições do Art. 69.

Diante desse quadro, apesar de a história oficial pintar um belo caminho de melhoria das condições do negro no século XIX, vemos que o Estado lhe negava os direitos básicos de propriedade e de acesso à educação.

Para arrematar e completar todos os pontos de bloqueio do acesso ao desenvolvimento socioeconômico da população negra, em 28 de julho de 1890, foi editado um decreto com o objetivo de incentivar a vinda de imigrantes ao Brasil.

Essa é mais uma página interessante e triste de nossa história, porque não se tratava de qualquer imigrante, visto que os de origem africana, logo no artigo 1º do decreto, estavam expressamente excluídos da sua incidência, expondo uma verdadeira política de branqueamento da sociedade brasileira.

Dentre os inúmeros incentivos introduzidos pelo governo brasileiro no sistema projetado, destaco dois: (i) a passagem de vinda era custeada pelo Brasil e (ii) era entregue um título de propriedade de terra ao imigrante que aceitasse vir ao país trabalhar.

> Art. 5º Sómente terão passagem integral ou reduzida, por conta do Governo Federal:
> 1º As familias de agricultores, limitados aos respectivos chefes, ou aos seus ascendentes os individuos maiores de 50 annos;
> 2º Os varões solteiros maiores de 18 annos e menores de 50, uma vez que sejam trabalhadores agricolas;
> 3º Os operarios de artes mecanicas ou industriaes, artezãos e os individuos que se destinarem ao serviço domestico, cujas idades se acharem comprehendidas entre os limites do paragrapho precedente.
> Os individuos enfermos ou com defeitos physicos, sómente terão passagem gratuita, si pertencerem a alguma familia que tenha pelo menos duas pessoas válidas.
> Art. 26. O immigrante receberá, no acto do seu estabelecimento, um titulo provisorio de sua propriedade, no qual serão lançados, com o preço do lote, os adiantamentos que receber.
> Neste mesmo titulo serão igualmente registrados os pagamentos que forem effectuados.
> Logo que terminarem os pagamentos devidos pelo immigrante, será este titulo trocado por outro de caracter definitivo, onde lhe seja dada plena quitação e se achem indicadas todas as vantagens estabelecidas no citado decreto n. 451 B, de 31 de maio.

Ora, enquanto os povos não africanos eram convidados a vir para o Brasil, garantindo-lhes passagem, trabalho e casa, os quase seis milhões de negros foram proibidos pelo Estado brasileiro de ter um lugar para morar e para estudar.

Logo, não é preciso muito esforço para concluir quem ficou com os postos de trabalho disponíveis à época e a quem foi permitido prosperar social e economicamente após o dia 13 de maio de 1888.

Um estudo formulado por Justin R. Bucciferro, professor de Economia da Universidade Estadual de Nova Iorque, traz uma evidência empírica muito favorável para o povo negro: "novas estimativas de ganhos confirmam que os europeus foram explorados quase da mesma forma que os escravos, mas benefícios não monetários e racismo podem ter apoiado as oportunidades do primeiro grupo de mobilidade social".[2]

Essa pesquisa desnuda a forma como o racismo foi e é capaz de gerar uma vulnerabilidade implacável sobre a população negra, relegando aos piores índices socioeconômicos encontrados nos dias atuais. Enquanto os negros procuravam por trabalho, eram preteridos frente à alta oferta de imigrantes europeus e de seus filhos em terras brasileiras.

Para se ter uma ideia, já em 1920, os afro-brasileiros eram a grande maioria nos empregos de baixa remuneração e tinham a renda correspondente a, no máximo, 80% daquela obtida pelos trabalhadores brancos.

O professor chega a afirmar categoricamente que a segregação racial claramente existia entre as ocupações no Brasil, onde somente se permitia a contratação de pessoas negras nos espaços em que os brancos não mais queriam estar, gerando a perpetuação do desequilíbrio social, econômico e racial.

Ressalte-se que a advocacia existia à época da escravização, inclusive como já demonstrado acima como aparato jurídico-sistêmico-legal de formalização da violação de direitos de pessoas negras. Os primeiros cursos de Direito foram criados por Dom Pedro I em 11 de agosto de 1827 em Olinda e São Paulo. Apesar de em 25 de novembro de 2022 a Ordem dos Advogados do Brasil reconhecer Esperança Garcia como a primeira mulher advogada por suas cartas de Direito enviadas ao governador para denunciar as situações de violências pelas quais crianças e mulheres passavam e pedia providências, os negros foram impedidos de cursar a faculdade de Direito.

Assim, embora a liberdade tenha sido uma melhora incalculável na qualidade de vida dos negros, o prevalente preconceito e o desejo de clareamento da população criou novas desvantagens, que são sentidas até os dias atuais.

---

[2] BUC BUCCIFERRO, Justin R. A lucrative end: abolition, immigration, and the new occupational hierarchy in southeast Brazil. *Cliometrica*, v. 1, n. 15, p. 391-418, 2021. p. 1

O presente

A Resolução nº 68/237 editada na Assembleia Geral da ONU de 23 de dezembro de 2013 instituiu a Década Internacional dos Afrodescendentes, com o tema "Afrodescendentes: reconhecimento, justiça e desenvolvimento".[3] Esse período compreenderá 1º de janeiro de 2015 a 31 de dezembro de 2024.[4]

O principal objetivo da Década Internacional consiste em promover o respeito, a proteção e a realização de todos os direitos humanos e liberdades fundamentais de afrodescendentes, como reconhecidos na Declaração Universal dos Direitos Humanos.[5]

O Brasil aderiu a essa campanha, celebrando o período a partir do dia 22.07.2015.

Tal iniciativa se dá em decorrência da evidente necessidade de reduzir a extrema desigualdade de acesso do povo negro ao exercício de seus direitos fundamentais e aos serviços públicos.[6]

O quadro de representatividade e visibilidade dessa parcela da população também no que consiste no acesso à justiça é algo que vem aumentando, mas está muito aquém do desejável. Nesse sentido, cumpre anotar alguns dos objetivos traçados pela ONU para aprimoramento do atendimento ao povo negro:[7]

- Introduzindo medidas para garantir igualdade perante a lei, especialmente no desfrute do direito ao tratamento igual perante tribunais e todos os outros órgãos jurídico-administrativos;

---

[3] ORGANIZAÇÃO DAS NAÇÕES UNIDAS. Resolution adopted by the General Assembly on 23 December 2013: 68/237 Proclamation of the International Decade for People of African Descent. Disponível em: http://www.un.org/en/ga/search/view_doc.asp?symbol=A/RES/68/237.

[4] PORTAL BRASIL. ONU aprova Década Internacional de Afrodescendentes. Disponível em: http://www.brasil.gov.br/cidadania-e-justica/2014/01/onu-aprova-decada-internacional-de-afrodescendentes.

[5] ORGANIZAÇÃO DAS NAÇÕES UNIDAS PARA A EDUCAÇÃO, A CIÊNCIA E A CULTURA. Década Internacional de Afrodescendentes. Disponível em: http://www.unesco.org/new/pt/brasilia/about-this-office/prizes-and-celebrations/2015-2024-international-decade-for-people-of-african-descent/.

[6] PORTAL BRASIL. ONU aprova Década Internacional de Afrodescendentes. Disponível em: http://www.brasil.gov.br/cidadania-e-justica/2014/01/onu-aprova-decada-internacional-de-afrodescendentes.

[7] ORGANIZAÇÃO DAS NAÇÕES UNIDAS. Resolution adopted by the General Assembly on 18 November 2014: 69/16 Programme of activities for the implementation of the International Decade for People of African Descent. Disponível em: http://www.decada-afro-onu.org/assets/pdf/A.RES.69.16_IDPAD.pdf.

- Projetando, implementando e aplicando medidas eficazes para a eliminação do fenômeno popularmente conhecido como "perfil racial" (*racial profiling*);
- Garantindo que afrodescendentes tenham total acesso a proteção e recursos eficazes perante os tribunais nacionais competentes e outras instituições do Estado contra quaisquer atos de discriminação racial, e o direito de exigir destes tribunais reparação ou indenização justa e adequada por qualquer dano sofrido em resultado de tal discriminação;
- Facilitando o acesso à justiça para afrodescendentes que foram vítimas de racismo fornecendo as informações jurídicas necessárias sobre seus direitos e prestando assistência jurídica quando apropriado;
- Assegurando que afrodescendentes, como todas as outras pessoas, desfrutem de todas as garantias de um julgamento justo e da igualdade perante a lei tal como consagrado nos instrumentos internacionais de direitos humanos relevantes, e especificamente o direito à presunção de inocência, o direito à assistência de um advogado e um intérprete, o direito a um tribunal independente e imparcial, garantias de justiça e todos os direitos garantidos aos presos;
- Convocando a todos os Estados interessados a tomar medidas apropriadas e efetivas para conter e reverter as duradouras consequências destas práticas, tendo suas obrigações morais em consideração.

Para que as medidas desenhadas sejam implementadas, é necessário o reconhecimento da existência de um fato de nossa realidade cotidiana, contida na afirmação de que o racismo existe no Brasil, dentro dos próprios braços estatais.

Para tanto, é importante conhecer o Brasil de hoje. Apesar de ter uma equivalência entre brancos e negros no país, no critério populacional, compreendendo os negros a 56,1% da população brasileira, a forma como essas comunidades estão distribuídas é de modo absolutamente desproporcional, no que tange ao critério socioeconômico.

Apesar de a população preta ou parda ser maioria no Brasil, esse grupo, em 2018, representou apenas 27,7% das pessoas quando se consideram os 10% com os maiores rendimentos. Por outro lado, entre os

10% com os menores rendimentos, observa-se uma sobrerrepresentação desse grupo, abarcando 75,2% dos indivíduos.

No critério de escolaridade, o desequilíbrio se mantém da mesma forma, quando o índice de analfabetismo de pessoas brancas é de 3,9% contra 9,1% de pessoas negras. No nível superior, em 1997, apenas 2,2% de pardos e 1,8% de negros entre 18 e 24 anos cursavam ou tinham concluído um curso de graduação no Brasil. Após algumas universidades estaduais e federais aderirem ao sistema de cotas, os números começaram a apresentar melhoras. Subiu de 2,2% para 11% a porcentagem de pardos que cursam ou concluíram um curso superior no Brasil; e de 1,8% para 8,8%, de negros, segundo o Ministério da Educação, em 2013. Nesse contexto, e com a trajetória de melhora nos indicadores de adequação, atraso e abandono escolar, estudantes pretos ou pardos passaram a compor maioria nas instituições de ensino superior da rede pública do país (50,3%), em 2018.

No âmbito jurídico podemos mencionar as mudanças que ocorreram na Ordem dos Advogados do Brasil (OAB), apesar de não termos dados sobre a composição sociodemográfica dos advogados inscritos nos quadros da entidade de classe, houve um aumento de participação dos negros devido a uma política afirmativa. As Resoluções nºs 05/2020 e 08/2021 alteraram o Regulamento Geral do Estatuto da Advocacia da OAB para, respectivamente, estabelecer paridade de gênero e política de cotas raciais para composição das chapas. O regulamento passou a viger com a seguinte redação:

> Art. 131. São admitidas a registro apenas chapas completas, que deverão atender ao percentual de 50% para candidaturas de cada gênero e, ao mínimo, de 30% (trinta por cento) de advogados negros e de advogadas negras, assim considerados os(as) inscritos(as) na Ordem dos Advogados do Brasil que se classificam (autodeclaração) como negros(as), ou seja, pretos(as) ou pardos(as), ou definição análoga (critérios subsidiários de heteroidentificação).

Todavia, o regulamento prevê que essa ação afirmativa tem prazo de duração, sendo que os percentuais mínimos de participação dos advogados negros estão assegurados para 10 mandatos, ou seja, 30 anos.

> Art. 156-B. As alterações das regras estabelecidas no art. 131, caput e §§ 1º, 2º, 3º, 4º e 6º, deste Regulamento Geral, promovidas em 2020 e 2021,

passarão a vigorar a partir das eleições de 2021, inclusive, e, no caso do percentual mínimo de 30% (trinta por cento) estipulado de cotas raciais para advogados negros e advogadas negras, valerão pelo prazo de 10 (dez) mandatos.

Sendo assim, a entidade que existe há aproximadamente 90 anos pretende combater o seu racismo institucional em três décadas. A pergunta que fica é: este período seria suficiente?

De acordo com o Relatório Global de Mobilidade Social de 2020 do Fórum Econômico Mundial, o Brasil ocupa a 60ª posição no *ranking* de mobilidade social entre 82 países. Isso quer dizer que uma pessoa de baixa renda no país demoraria nove gerações para atingir a renda média da população brasileira.

Segundo estudo publicado pelo *National Bureau of Economic Research*, homens negros nascidos em famílias no 75º percentil da distribuição de renda terminam, em média, 12 percentis abaixo dos homens brancos nascidos em famílias igualmente ricas.[8]

Outra pesquisa americana mostra que crianças brancas pobres têm 45% mais chances de permanecer pobres. As crianças brancas do quintil de renda superior têm 21% mais probabilidade de permanecer no quintil superior como adultos em comparação com crianças aleatórias. Dessa forma, crianças brancas ricas têm duas vezes mais chances de permanecer ricas.[9]

Crianças negras pobres têm 17% a mais de probabilidade de permanecer no mesmo nível de renda como adultos, em comparação com as crianças aleatórias. Isso é quase duas vezes a chance de crianças brancas pobres. As crianças negras que fazem parte da camada mais rica da população têm, na verdade, 2% a menos de chance de permanecer no quintil de renda superior, em comparação com a média.[10]

---

[8] AKEE, Randall; JONES, Maggie R., PORTER, Sonya R. Race Matters: Income Shares, Income Inequality, and Income Mobility for All U.S. Races. *Demography*, v. 56, n. 3, p. 999-1021, 2019.

[9] REEVES, Richard V.; PULLIAM, Christopher. No room at the top: The stark divide in black and white economic mobility. *Brookings*, 14 fev. 2019. Disponível em: https://www.brookings.edu/blog/up-front/2019/02/14/no-room-at-the-top-the-stark-divide-in-black-and-white-economic-mobility/.

[10] REEVES, Richard V.; PULLIAM, Christopher. No room at the top: The stark divide in black and white economic mobility. *Brookings*, 14 fev. 2019. Disponível em: https://www.brookings.edu/blog/up-front/2019/02/14/no-room-at-the-top-the-stark-divide-in-black-and-white-economic-mobility/.

No Brasil, a situação não é mais animadora, pelo contrário. Segundo trabalho desenvolvido por Carlos Costa Ribeiro, filhos de brancos têm três vezes mais chance de entrar na escola do que filhos de negros e duas vezes mais chance de ingressar na universidade.[11] Rafael Osório, em sua tese de doutorado, afirma que "os brasileiros estão sujeitos a um regime de mobilidade comum, no qual o peso da renda do passado é muito grande na determinação da renda presente, independentemente do grupo racial" e que "o fato de negros e brancos estarem sujeitos a um mesmo regime de mobilidade é extremamente ruim para os negros".[12]

Quando cruzamos o viés socioeconômico, podemos enxergar a separação racial que foi iniciada pelo Estado brasileiro desde os tempos da escravidão até os dias atuais e os reflexos disso em várias camadas sociais, inclusive em uma entidade de classe que passou a maior parte de sua existência sem refletir sobre políticas voltadas aos advogados negros que pudessem colaborar com a inclusão nos espaços de decisão.

Portanto, não é exagero afirmar que a população negra luta ainda para ter acesso a bens básicos da vida, como manter-se viva, livre e completando o ensino superior e está distante de participar de sua emancipação e equidade racial.

O futuro

Diante do quadro ora apresentado, precisamos ainda construir pontes para a devida integração nacional entre brancos e negros no país.

E estamos caminhando nessa direção, a partir da criação de cotas raciais nas universidades e no serviço público, da distribuição proporcional de verbas eleitorais para as candidaturas negras, bem como da conscientização do setor privado provendo instrumentos de equalização de acesso e manutenção de pessoas negras aos postos de trabalho.

Um dos capítulos da mais alta importância da história negra atual é, sem dúvida alguma, a criação das cotas raciais, primeiramente nas universidades públicas e, posteriormente, no serviço público.

---

[11] RIBEIRO, Carlos Antonio Costa. Classe, raça e mobilidade social no Brasil. *Dados – Revista de Ciências Sociais*, Rio de Janeiro, v. 49, n. 4, p. 833-873, 2006. Disponível em: https://www.scielo.br/j/dados/a/5PnmRBJ4MxnkTzss59gPgzq/?format=pdf&lang=pt.

[12] OSÓRIO, Rafael Guerreiro. *A desigualdade racial de renda no Brasil: 1976-2006*. 2009. 362 f. Tese (Doutorado em Sociologia) – Universidade de Brasília, Brasília, 2009. p. 208-209.

O Supremo Tribunal Federal nos dois casos, por unanimidade, considerou constitucionais as cotas raciais. Mas, apesar da unidade de nossa Suprema Corte, o entendimento é polêmico e ainda divide opiniões.

A Suprema Corte dos Estados Unidos enfrentou o tema, no concernente ao ingresso nas universidades, e entendeu pela constitucionalidade das cotas, por maioria, em 23.06.2016.

O *Justice* Anthony Kennedy, em seu voto, considerou ser plenamente possível a universidade poder "instituir um programa de admissões racialmente consciente como um meio de obter os benefícios educacionais decorrentes da diversidade do corpo discente".

Prossegue ao afirmar que

> a diversidade promove o entendimento inter-racial, ajuda a dissolver estereótipos raciais e permite aos estudantes entender melhor as pessoas de raças diferentes. Além disso, prepara os estudantes para uma força de trabalho e para uma sociedade cada vez mais diversa e forma líderes que representam as raças com maior legitimidade aos olhos dos cidadãos.[13]

Thomas Sowell, em seu trabalho intitulado *Ação afirmativa pelo mundo: um estudo empírico*, atenta para os perigos de se implementar uma ação afirmativa observando-se tão somente seus fundamentos filosóficos e morais, sem atentar para os resultados práticos de benefícios e custos, o que converge para o entendimento dos críticos das cotas raciais em concurso público.

Mas, no que concerne à eficácia das cotas raciais a fim de reduzir a miséria da população, a experiência mostra que a reserva de vagas para pessoas negras é um grande caso de sucesso do ponto de vista de acesso ao ensino superior.

Outro fato que conduz a entendermos pelo avanço gradual da pauta de equidade racial é que o Tribunal Superior Eleitoral reconheceu de forma inequívoca que a sub-representatividade de pessoas negras na política em razão da disparidade de recursos financeiros para o financiamento de campanhas viola o texto constitucional e determinou a distribuição proporcional de verbas eleitorais para candidaturas negras.

Porém, como foi visto, a fotografia atual é de um país que ainda luta para não resguardar sua população negra, que permanece exposta

---

[13] UNITED STATES OF AMERICA. Supreme Court. Disponível em: https://www.supremecourt.gov/opinions/15pdf/14-981_4g15.pdf.

a uma série de contextos que geram a degradação de seu caráter de ser humano, negando-lhe o mínimo de dignidade.

A verdade é que existem vários diplomas legislativos que reconhecem direitos, mas, ao que parece, é tudo pró-forma e o povo negro segue largado à própria sorte.

Dessa forma, mostra-se necessário mudar a roupagem das ações afirmativas, cortando as amarras que ainda nos impedem de concretizar direitos tão legítimos da maioria da população brasileira.

O Estatuto da Igualdade Racial, no seu artigo 2º, estabelece que

> é dever do Estado e da sociedade garantir a igualdade de oportunidades, reconhecendo a todo cidadão brasileiro, independentemente da etnia ou da cor da pele, *o direito à participação na comunidade, especialmente nas atividades políticas, econômicas, empresariais, educacionais,* culturais e esportivas, defendendo sua dignidade e seus valores religiosos e culturais. (grifos nossos)

O art. 4°, por sua vez, materializa os objetivos traçados pelo artigo supracitado, estabelecendo medidas concretas a serem seguidas, especificamente nos seguintes dispositivos:

> Art. 4º A participação da população negra, em condição de igualdade de oportunidade, na vida econômica, social, política e cultural do País será promovida, prioritariamente, por meio de:
> II - adoção de medidas, programas e políticas de ação afirmativa;
> III - modificação das estruturas institucionais do Estado para o adequado enfrentamento e a superação das desigualdades étnicas decorrentes do preconceito e da discriminação étnica;
> V - eliminação dos obstáculos históricos, socioculturais e institucionais que impedem a representação da diversidade étnica nas esferas pública e privada;
> VII - implementação de programas de ação afirmativa destinados ao enfrentamento das desigualdades étnicas no tocante à educação, cultura, esporte e lazer, saúde, segurança, trabalho, moradia, meios de comunicação de massa, financiamentos públicos, acesso à terra, à Justiça, e outros.
> Parágrafo único. Os programas de ação afirmativa constituir-se-ão em políticas públicas destinadas a reparar as distorções e desigualdades sociais e demais práticas discriminatórias adotadas, nas esferas pública e privada, durante o processo de formação social do País.

Um dos caminhos a propor é modificar a forma como se enxerga o Estatuto da Igualdade Racial, o qual tem sido considerado uma lei de conteúdo abstrato e para o futuro, passando a entendê-lo como uma ordem concreta, direta e imediata a todos os Poderes da República, em todos os níveis da federação, para realizar a integração pretendida por toda nação, no sentido de extinguir o racismo. Assim, é importante apresentar um trecho da exposição de motivos dessa legislação:

> O Brasil tornou-se uma das maiores economias mundiais por meio do trabalho de brancos, índios e negros. Por isso, nós negros queremos ver nossa história reconhecida, registrada e respeitada!
> Queremos políticas públicas e privadas que abram espaços para a nossa gente tão sofrida.
> Revolta-nos ver que nossos jovens, ainda hoje, figuram nas listas dos assassinados, dos marginalizados. São maioria nas prisões, entre os desempregados e entre aqueles que dependem do salário mínimo.
> No ano passado, institutos de pesquisas vinculados ao governo federal mostraram que os negros são os mais pobres, os menos escolarizados, são os que recebem os menores salários quando empregados e constituem a maioria esmagadora dos trabalhadores lançados na informalidade e no desemprego.
> Dados do IPEA nos mostram que os diferenciais de pobreza entre negros e brancos não diminuíram. A proporção de negros abaixo da linha de pobreza é de 50%, enquanto a de brancos fica em 25%. Isso desde 1995. O diferencial entre os indigentes - que são os mais pobres entre os pobres -, é ainda mais desfavorável aos negros. Se somos maioria entre os pobres (65%), essa maioria se amplia entre os indigentes (70%). A proporção de negros abaixo da linha de indigência no total da população negra no Brasil também vem mantendo a mesma tendência desde 1995: em torno de 25%, muito superior à proporção de brancos, que fica em aproximadamente 10%.
> Os mesmos indicadores mostram que houve melhoras em relação à expectativa de vida, mas a desigualdade entre os índices para negros e brancos persiste. Por exemplo, uma pessoa negra, nascida em 2000 viverá, em média, 5,3 anos menos que uma branca.
> Em novembro do ano passado, o Departamento Intersindical de Estatística e Estudos Sócio-Econômicos (Dieese) mostrou que, em todas as regiões do país, o salário pago aos afrobrasileiros é menor em relação aos trabalhadores brancos.
> Em março de 2005 o IBGE nos dizia o mesmo em sua pesquisa mensal de emprego. Segundo a cor, em seis regiões metropolitanas, a pesquisa do IBGE indicou que as informações sobre os rendimentos do trabalho

mostravam que os negros e os pardos recebiam por hora trabalhada menos que os brancos.

Para dar fim a esses indicadores e aos pensamentos discriminatórios, foi que, em conjunto com o Movimento Negro, pensamos o Estatuto. Queremos conquistar os espaços que nos foram negados. O Estatuto é um conjunto de ações afirmativas, reparatórias e compensatórias. Sabemos que esses tipos de ações devem emergir de todos e de cada um. Devem partir do Governo, do Legislativo, da sociedade como um todo e do ser humano que habita em cada um de nós. Felizmente isso vem acontecendo. Talvez pudessem ser mais numerosas, mas temos presenciado ações afirmativas. São frentes de luta contra o racismo na educação, no mercado de trabalho, nos meios de comunicação e em diversas outras áreas.

Dessa forma, qualquer interpretação na aplicação da lei que restrinja esse sentimento social e constitucional não deve ser levada à frente, tendo em vista que é preciso dar o maior alcance e força possível para que se consiga atingir os objetivos de chegar à igualdade de fato.

Em linha com este objetivo a primeira gestão da OABSP com equidade de gênero e cotas raciais busca efetivar a inclusão de pessoas negras na sociedade por meio de ações como cotas de no mínimo 30% que vinculem todas as esferas da OAB como indicação ao quinto constitucional; às composições de diretorias, conselhos e direção de comissões; às Escolas Superiores da Advocacia, entre diretorias, coordenações, corpo docente, instrutoras(es) e palestrantes; às Caixas de Assistência à Advocacia; às Procuradorias e Ouvidorias; a todos os eventos, comissões de julgamento de artigo, bem como na composição de mesas e painéis na condição de expositores; a criação de curso de formação antirracista para todos os dirigentes; realização da Conferência Paulista da Advocacia Negra e transformação da Comissão de Igualdade Racial em uma Comissão Permanente.

Portanto, é preciso continuar caminhando – devagar e junto, como ensinam os provérbios africanos[14] –, mas que seja de modo mais firme, não aceitando mais benefícios "pra inglês ver" a fim de acabarmos, de uma vez por todas, com o racismo no Brasil.

Valeu Zumbi / O grito forte dos Palmares / Que correu terras, céus e mares / Influenciando a Abolição / Zumbi valeu / Hoje a Vila é Kizomba

---

[14] *"Se quer ir rápido vá sozinho; se quer ir longe vá em grupo"*. *"O sol caminha devagar mas atravessa o mundo"*.

/ É batuque, canto e dança / Jongo e Maracatu / Vem, menininha, pra dançar o Caxambu / Ô nega mina / Anastácia não se deixou escravizar / Ô Clementina / O pagode é o partido popular / Sacerdote ergue a taça / Convocando toda a massa / Nesse evento que congraça / Gente de todas as raças / Numa mesma emoção / Esta Kizomba é nossa constituição / Que magia / Reza, ajeum e orixá / Tem a força da Cultura / Tem a arte e a bravura / E um bom jogo de cintura / Faz valer seus ideais / E a beleza pura dos seus rituais / Vem a Lua de Luanda / Para iluminar a rua / Nossa sede é nossa sede / De que o *Apartheid* se destrua.[15]

Referências

AKEE, Randall; JONES, Maggie R., PORTER, Sonya R. Race Matters: Income Shares, Income Inequality, and Income Mobility for All U.S. Races. *Demography*, v. 56, n. 3, p. 999-1021, 2019.

BRASIL. Lei nº 601 de 18 de setembro de 1850. Dispõe sobre as terras devolutas do Império. Disponível em: www.planalto.gov.br/CCIVIL/Leis/L0601-1850.htm.

BRASIL. Lei nº 7.716, de 5 de janeiro de 1989. Define os crimes resultantes de preconceito de raça ou de cor. Disponível em: https://www.planalto.gov.br/ccivil_03/leis/l7716.htm.

BUCCIFERRO, Justin R. A lucrative end: abolition, immigration, and the new occupational hierarchy in southeast Brazil. *Cliometrica*, v. 1, n. 15, p. 391-418, 2021.

DÉCADA Internacional de Afrodescendentes: Reconhecimento, Justiça, Desenvolvimento. ONU BRASIL. [S.l: s.n]. 1 vídeo. (32seg.). Disponível em: https://www.youtube.com/watch?v=gSej12eOxlQ&feature=youtu.be.

KIZOMBA, festa da raça. Luiz Carlos da Vila. Samba enredo da Vila Isabel de 1988.

ORGANIZAÇÃO DAS NAÇÕES UNIDAS PARA A EDUCAÇÃO, A CIÊNCIA E A CULTURA. Década Internacional de Afrodescendentes. Disponível em: http://www.unesco.org/new/pt/brasilia/about-this-office/prizes-and-celebrations/2015-2024-international-decade-for-people-of-african-descent/

ORGANIZAÇÃO DAS NAÇÕES UNIDAS. Resolution adopted by the General Assembly on 23 December 2013: 68/237 Proclamation of the International Decade for People of African Descent. Disponível em: http://www.un.org/en/ga/search/view_doc.asp?symbol=A/RES/68/237

ORGANIZAÇÃO DAS NAÇÕES UNIDAS. Resolution adopted by the General Assembly on 18 November 2014: 69/16 Programme of activities for the implementation of the International Decade for People of African Descent. Disponível em: http://www.decada-afro-onu.org/assets/pdf/A.RES.69.16_IDPAD.pdf.

---

[15] KIZOMBA, festa da raça. Luiz Carlos da Vila. Samba enredo da Vila Isabel de 1988.

OSÓRIO, Rafael Guerreiro. *A desigualdade racial de renda no Brasil*: 1976-2006. 2009. 362 f. Tese (Doutorado em Sociologia) – Universidade de Brasília, Brasília, 2009.

PORTAL BRASIL. ONU aprova Década Internacional de Afrodescendentes. Disponível em: http://www.brasil.gov.br/cidadania-e-justica/2014/01/onu-aprova-decada-internacional-de-afrodescendentes.

REEVES, Richard V.; PULLIAM, Christopher. No room at the top: The stark divide in black and white economic mobility. *Brookings*, 14 fev. 2019. Disponível em: https://www.brookings.edu/blog/up-front/2019/02/14/no-room-at-the-top-the-stark-divide-in-black-and-white-economic-mobility/.

RIBEIRO, Carlos Antonio Costa. Classe, raça e mobilidade social no Brasil. *Dados – Revista de Ciências Sociais*, Rio de Janeiro, v. 49, n. 4, p. 833-873, 2006. Disponível em: https://www.scielo.br/j/dados/a/5PnmRBJ4MxnkTzss59gPgzq/?format=pdf&lang=pt.

SOWELL, Thomas. *Ação afirmativa pelo mundo*: um estudo empírico. Rio de Janeiro: UniverCidade, 2005.

UNITED STATES OF AMERICA. Supreme Court. Disponível em: https://www.supremecourt.gov/opinions/15pdf/14-981_4g15.pdf.

Informação bibliográfica deste livro, conforme a NBR 6023:2018 da Associação Brasileira de Normas Técnicas (ABNT):

LOURENÇO, Ana Carolina; SANTANA, Irapuã. Integração racial: uma urgência nacional – políticas afirmativas no âmbito da entidade de classe. BOMFIM, Daiesse Quênia Jaala Santos (Coord.). *Políticas afirmativas de inclusão e equidade racial*: reflexões acerca do papel dos setores público e privado. Belo Horizonte: Fórum, 2023. p. 331-347. ISBN 978-65-5518-553-9.

A SUB-REPRESENTAÇÃO DOS NEGROS E NEGRAS NAS FUNÇÕES FINALÍSTICAS DA ADMINISTRAÇÃO DA JUSTIÇA: UM OLHAR SOBRE A BAIXA EFETIVIDADE DA POLÍTICA AFIRMATIVA DE RESERVA DE VAGAS PARA NEGROS NOS CONCURSOS PARA MEMBROS NAS INSTITUIÇÕES JURÍDICAS E OS BONS EXEMPLOS DO SETOR PRIVADO

MICHEL DE SOUZA VELLOZO
PÂMELA SOUZA CAMPOS

1 Introdução

A prática racial escravocrata do Brasil teve suas origens no começo da colonização portuguesa, tendo se intensificado no século XVIII, período no qual se estima que o tráfico negreiro tenha trazido mais de um milhão e meio de africanos para serem escravizados. Movimentos liberais que influenciavam o país recém-independente e a pressão dos ingleses fizeram com que, em 4 de setembro de 1840, Eusébio de Queiroz, então Ministro da Justiça, decretasse o fim do tráfico negreiro.

Seguindo nesse contexto, em 28 de setembro de 1871, foi aprovada a Lei do Ventre Livre, dispondo que seria livre qualquer filho de escravo nascido no Brasil. Em 28 de setembro de 1885, com vistas a retardar ainda a abolição, o parlamento aprova a Lei dos Sexagenários. Por fim, em 13 de maio de 1888, ocorre o fim da escravidão.

Com a abolição, os pretos foram para os morros, sem dinheiro, sem casa e muitos com o paradeiro de suas famílias sanguíneas desconhecido. As "casas de família", fazendas, armazéns etc., não os empregavam. Afinal, se não eram seres humanos, por que empregá-los? Por que lhes trazer dignidade? Por que não importar mão de obra branca, vinda da Itália, Alemanha ou Suíça? Por que pretos poderiam frequentar escolas? Por que pessoas brancas deveriam ser compelidas a propiciar educação formal a pessoas negras? A igualdade formal não seria capaz de responder a essas questões.

Durante muitos anos o debate sobre o racismo no Brasil navegou entre a negativa de sua real existência e a afirmação de uma teoria racial de miscigenação. De acordo com Vinicius Pereira de Oliveira,[1] a ideia de promover um processo de miscigenação desejada e planejada foi vista como alternativa para o branqueamento da sociedade.

A proposta era promover progressivos cruzamentos entre brancos, negros e mestiços até que se atingisse um nível de branqueamento aceitável, pois o negro, tido como inferior por natureza, acabaria definhando pela ação do sangue branco superior. Informada por teorias raciais e especialmente pelo darwinismo social, essa postura via a imigração de indivíduos europeus como fundamental. A consequência desse processo seria, na visão de seus proponentes, a elevação moral e intelectual do "produto" final, um povo quase branco.

Nesse contexto, a questão racial brasileira seria, então, muito mais leve que os episódios da segregação estadunidense, do *apartheid* sul-africano ou da xenofobia europeia. Semelhantemente aos estágios do luto,[2] foi preciso superar a negação, depois as demais fases, até finalmente chegarmos ao estágio de aceitação, no qual se admite o dano, mas

---

[1] OLIVEIRA, Vinicius Pereira de. O afro-descendente, o imigrante europeu, e a construção da nação brasileira no século XIX: miscigenação, racismo e branqueamento. *In*: JORNADAS DE ESTUDIOS AFROLATINOAMERICANOS DEL GEALA, II, 2011, Buenos Aires. Actas de las Segundas Jornadas de Estudios Afrolatinoamericanos del GEALA. Buenos Aires: Mnemosyne, 2011. Disponível em: https://www.academia.edu/65208651/O_afro_descendente_o_imigrante_europeu_e_a_constru%C3%A7%C3%A3o_da_na%C3%A7%C3%A3o_brasileira_no_s%C3%A9culo_XIX_miscigena%C3%A7%C3%A3o_racismo_e_branqueamento. Acesso em: 28 jan. 2023.

[2] BASSO, Lissia Ana; WAINER, Ricardo. Luto e perdas repentinas: contribuições da Terapia Cognitivo-Comportamental. *Revista Brasileira de Terapias Cognitivas*, Porto Alegre, v. 7, n. 1, p. 35-43, 2011.

consegue-se expressar de modo sereno sobre as perdas sofridas, tratar os sentimentos envolvidos e recalcular a rota da vida com o que se tem.

E o Brasil parece ter alcançado a fase de aceitação, ainda que vozes contrárias nos remetam aos estágios de negação, raiva, negociação ou depressão, o debate sobre a existência do racismo, o alcance de seus danos e as estratégias para seguirmos em frente e superarmos esse modelo de organização da sociedade é o que hoje prevalece. Nesse contexto, destacam-se autores como Silvio Almeida, que trata do racismo estrutural[3] como um elemento que integra a organização econômica e política da sociedade e se manifesta por mecanismos de discriminação sistemática de pessoas e grupos.

Em seu livro *Racismo estrutural*,[4] o advogado, filósofo e Ministro dos Direitos Humanos Silvio Almeida apresentou inúmeras reflexões sobre fatores que transformaram o mundo político e a sociedade civil ao longo dos últimos anos e contribuíram para que as diversas camadas do racismo fossem expostas.

Para o citado autor,[5] apenas a presença de negros nos espaços de poder e prestígio, representatividade, é insuficiente – e até perigosa – como legitimadora de uma ótica de meritocracia do esforço individual. No entanto, a representatividade pode ser o ponto de partida para a construção de uma sociedade antirracista por meio da abertura dos espaços de poder à repercussão das reivindicações das minorias, pela conquista de lideranças como um projeto político coletivo e pelo desmantelamento de narrativas discriminatórias que relegam o negro a um lugar de subalternidade.

Sob a ótica de Silvio Almeida, a própria representatividade já é o resultado de luta política e social. Ela não é a solução do racismo, que é um problema de poder real,[6] mas pode ser vista como um novo patamar a ser alcançado nessa escalada.

É sobre o desafio da efetividade das ações afirmativas que podem nos levar a esse novo patamar, notadamente em relação à representatividade negra nas instituições jurídicas e em seus cargos finalísticos, tais

---

[3] ALMEIDA, Silvio. *Racismo estrutural*. São Paulo: Sueli Carneiro; Pólen, 2020. (Coleção Feminismos Plurais), p. 20-21.
[4] ALMEIDA, Silvio. *Racismo estrutural*. São Paulo: Sueli Carneiro; Pólen, 2020. (Coleção Feminismos Plurais).
[5] ALMEIDA, Silvio. *Racismo estrutural*. São Paulo: Sueli Carneiro; Pólen, 2020. (Coleção Feminismos Plurais), p. 109.
[6] ALMEIDA, Silvio. *Racismo estrutural*. São Paulo: Sueli Carneiro; Pólen, 2020. (Coleção Feminismos Plurais), p. 110.

como juiz, promotor, defensor, delegado, procurador, sobre os quais nos debruçaremos a seguir, sob a premissa de que o racismo estrutural não se confunde com vitimismo, nem é uma invenção moderna, e sim a base econômica e social da sociedade brasileira.

2 Da baixa efetividade da política afirmativa de reserva de vagas para negros nos concursos para membros nas instituições jurídicas

2.1 Das cotas nas universidades públicas: um começo promissor – ADPF nº 186

A discussão sobre ações afirmativas baseadas em reserva de vagas para negros em certames públicos começou no fim do século XX, pelas universidades públicas, especialmente na Bahia e no Rio de Janeiro. Movimentos sociais, como a Educafro, reivindicavam uma política de acesso, por meio dos antigos exames vestibulares, que propiciasse mudança no quadro então vigente, que apontava uma participação de apenas 5% de estudantes negros nas universidades, ainda assim a maior parte deles concentrados em cursos cujos vestibulares tinham menor relação candidato x vaga.

A Universidade do Estado do Rio de Janeiro (UERJ) foi pioneira nas cotas, inicialmente voltadas para estudantes de escolas públicas (Lei nº 3.524/00), depois incluídas as cotas raciais (Lei nº 3.708/01), sendo seguida pela Universidade de Brasília (UNB), primeira federal a aderir ao sistema, em 2004. O tema acendeu intensas discussões enquanto outras universidades iam pouco a pouco aplicando essa política nos seus exames de acesso de estudantes.

Enquanto as legislações estaduais e a autonomia universitária permitiam a expansão das cotas pelo país, a União editou a Lei Federal nº 12.711/12, tornando obrigatória a reserva de 50% das vagas em todas as universidades federais para estudantes oriundos de escolas públicas, metade delas para alunos de baixa renda, além de estabelecer vagas reservadas proporcionalmente à população de negros, indígenas e pessoas com deficiência na unidade federativa onde localizada a universidade.

Além dos debates sociais, acadêmicos e legislativos, a questão foi levada ao Supremo Tribunal Federal por meio da ADPF nº 186,[7] oportunidade em que a unanimidade do STF referendou as cotas na UNB, considerando-as ações afirmativas que promoviam igualdade material entre os estudantes, com vistas a superar desigualdades decorrentes de situações históricas, com base em discriminação positiva, por tempo limitado, não configurando ofensa à isonomia e, sendo, portanto, constitucionais, como se verá a seguir:

EMENTA: ARGUIÇÃO DE DESCUMPRIMENTO DE PRECEITO FUNDAMENTAL. ATOS QUE INSTITUÍRAM SISTEMA DE RESERVA DE VAGAS COM BASE EM CRITÉRIO ÉTNICO-RACIAL (COTAS) NO PROCESSO DE SELEÇÃO PARA INGRESSO EM INSTITUIÇÃO PÚBLICA DE ENSINO SUPERIOR. ALEGADA OFENSA AOS ARTS. 1º, CAPUT, III, 3º, IV, 4º, VIII, 5º, I, II 469III, XLI, LIV, 37, CAPUT, 205, 206, CAPUT, I, 207, CAPUT, E 208, V, TODOS DA CONSTITUIÇÃO FEDERAL. AÇÃO JULGADA IMPROCEDENTE. [...]. *IV – Medidas que buscam reverter, no âmbito universitário, o quadro histórico de desigualdade que caracteriza as relações étnico-raciais e sociais em nosso País, não podem ser examinadas apenas sob a ótica de sua compatibilidade com determinados preceitos constitucionais, isoladamente considerados, ou a partir da eventual vantagem de certos critérios sobre outros, devendo, ao revés, ser analisadas à luz do arcabouço principiológico sobre o qual se assenta o próprio Estado brasileiro. V - Metodologia de seleção diferenciada pode perfeitamente levar em consideração critérios étnico-raciais ou socioeconômicos, de modo a assegurar que a comunidade acadêmica e a própria sociedade sejam beneficiadas pelo pluralismo de ideias, de resto, um dos fundamentos do Estado brasileiro, conforme dispõe o art. 1º, V, da Constituição. VI - Justiça social, hoje, mais do que simplesmente redistribuir riquezas criadas pelo esforço coletivo, significa distinguir, reconhecer e incorporar à sociedade mais ampla valores culturais diversificados, muitas vezes considerados inferiores àqueles reputados dominantes. VII – No entanto, as políticas de ação afirmativa fundadas na discriminação reversa apenas são legítimas se a sua manutenção estiver condicionada à persistência, no tempo, do quadro de exclusão social que lhes deu origem. Caso contrário, tais políticas poderiam converter-se benesses permanentes, instituídas em prol de determinado grupo social, mas em detrimento da coletividade como um todo, situação – é escusado dizer – incompatível com o espírito de qualquer Constituição que se pretenda democrática, devendo, outrossim, respeitar a proporcionalidade entre os*

---

[7] BRASIL. Supremo Tribunal Federal (Tribunal Pleno). *Arguição de Descumprimento de Preceito Fundamental 186/DF*. Relator Ministro Ricardo Lewandowski. Julgada em 26/04/12. Disponível em: https://redir.stf.jus.br/paginadorpub/paginador.jsp?docTP=TP&docID=6984693. Acesso em: 23 jan. 2023.

meios empregados e os fins perseguidos. VIII – Arguição de descumprimento de preceito fundamental julgada improcedente. (ADPF 186. Rel. Min. Ricardo Lewandowski; j. em 26/04/2012, grifos nossos)

Até a presente data, o que se sabe é que os supostos efeitos catastróficos das cotas nas universidades públicas, previstos pelos críticos e céticos, não se cumpriram, pois, com base em evidências, estudantes cotistas demonstram desempenho equivalente ao de não cotistas. De acordo com o fundador da Educafro, Frei David Raimundo dos Santos:[8]

> O Brasil precisa cada vez mais reconhecer para libertar. Consignar o consenso de que estudantes negros e pobres, com o instrumento das cotas, estão mudando a universidade para melhor, e desse modo transformando o país. As ações afirmativas são uma realidade, um fato social potente e democrático, que se desenvolve em diversas áreas, fomentando a cidadania e tornando possível o que antes delas era impensável.

Contudo, não é essa a impressão que a classe média predominantemente branca atualmente tem da universidade pública. Para além do discurso de que "estão tirando nossas vagas", como se aquele espaço somente lhes pertencesse, grupos políticos e ideológicos com grande presença nas redes sociais digitais propagam a ideia de que as universidades públicas seriam "mal frequentadas".

Atualmente, com as salas de aulas cheias de pessoas pretas, pobres e oriundas de escola pública, outra face do racismo estrutural se reflete dentro da comunidade acadêmica na dificuldade de acesso aos melhores estágios, grupos de pesquisas, monitorias estudantis etc.

2.2 Das universidades para as carreiras da Administração Pública – ADC nº 41

Das universidades, a política afirmativa de reserva de vagas avançou para os concursos públicos. A União editou a Lei Federal nº 12.990/14 prevendo, por 10 anos, a reserva de 20% das vagas para negros nos concursos da Administração Federal, sempre que fossem oferecidas 3 ou mais vagas, aproximando-se para cima a fração igual ou superior a 0,5.

---

[8] SANTOS, Frei David Raimundo dos; FERREIRA, Renato. *As cotas raciais 20 anos depois*. Correio Braziliense, 1 jan. 2022. Disponível em: https://www.correiobraziliense.com.br/opiniao/2022/01/4974518-as-cotas-raciais-20-anos-depois.html. Acesso em: 23 jan. 2023.

A referida lei também teve sua constitucionalidade confirmada pelo STF, no âmbito da ADC nº 41, tendo sido firmada a seguinte tese de julgamento:

> É constitucional a reserva de 20% das vagas oferecidas nos concursos públicos para provimento de cargos efetivos e empregos públicos no âmbito da administração pública direta e indireta. É legítima a utilização, além da autodeclaração, de critérios subsidiários de heteroidentificação, desde que respeitada a dignidade da pessoa humana e garantidos o contraditório e a ampla defesa.[9]

Para o Relator, Min. Roberto Barroso, trata-se também de uma reparação histórica em razão do racismo estrutural e da escravidão, além do fato de que, após a abolição, os negros antes escravizados foram liberados em sociedade sem nenhum planejamento e integração, carregando o peso e o custo social do estigma moral, social e econômico do sistema escravocrata.

Para o Supremo, o tratamento distinto está em consonância com o princípio da isonomia, visando superar o racismo estrutural e institucional e garantir igualdade material entre os cidadãos, além de não violar os princípios do concurso público e da eficiência, na medida em que, como qualquer outro candidato, o beneficiário deve alcançar a nota necessária para ser habilitado no certame, bem como a medida é proporcional e necessária, complementar à política da reserva de vagas nas universidades.

Indo além do regramento federal, a competência privativa de cada ente federado para dispor sobre seus cargos e empregos pressupõe certo espaço de conformação para regulamentar peculiaridades locais na forma de acesso, respeitada a regra do concurso público (art. 37, II da CF/88). O pioneirismo na legislação de reserva de vagas para negros nos concursos públicos, desta feita, coube ao estado do Paraná, com a edição da Lei nº 14.274/03.

Considerando os entes subnacionais e as carreiras jurídicas finalísticas, destaca-se o Município de São Paulo, que editou a Lei nº 15.939/13. O resultado foi rápido, com o preenchimento, já em 2014,

---

[9] BRASIL. Supremo Tribunal Federal (Tribunal Pleno). *Ação Declaratória de Constitucionalidade 41/DF*. Relator Ministro Roberto Barroso. Julgado em 08/06/2017. Disponível em: https://redir.stf.jus.br/paginadorpub/paginador.jsp?docTP=TP&docID=13375729. Acesso em: 25 jan. 2023.

das 14 vagas inicialmente reservadas aos candidatos negros, dentre um total de 70 oferecidas no 7º Concurso para Procurador do Município, além da eliminação, administrativamente, de candidato considerado não destinatário da política afirmativa definida na lei. Foi mantida a proporção de 20% nas convocações que se seguiram até o exaurimento da validade do certame.

Outros exemplos incluem o Município de Porto Alegre (Lei Complementar nº 746/14), cuja lei já foi aplicada no mesmo ano no concurso da Câmara Municipal, bem como o Estado do Rio Grande do Sul (Lei nº 14.147/12), cujo 14º Concurso para Procurador do Estado, publicado em 2014, incluiu uma comissão especial de verificação fenotípica, constituída proporcionalmente por gênero e raça, para conferir maior segurança na aplicação e legitimidade ao resultado da ação afirmativa.

2.3 A cúpula do sistema de justiça e concursos para membros das instituições

2.3.1 Do desafio da normatização da ação afirmativa de reserva de vagas

Denominaremos órgãos de cúpula do sistema de justiça brasileiro o Poder Judiciário e o Ministério Público, pois são instituições cujos membros têm regime jurídico minudenciado em sede constitucional, com peculiar sistema de garantias a incluir, por exemplo, independência funcional e vitaliciedade, sem embargo ou demérito da importância das demais funções essenciais à justiça, descritas na CF/88, bem como das outras carreiras jurídicas as quais também denominamos "finalísticas" no início deste trabalho por comporem o grupo das "carreiras típicas de Estado".

2.3.1.1 Do Poder Judiciário e o Conselho Nacional de Justiça (CNJ)

Quanto ao Poder Judiciário, coube ao Conselho Nacional de Justiça (CNJ) normatizar a política afirmativa para os concursos públicos de acesso aos quadros da magistratura nacional. A Resolução nº 203/2015 do CNJ foi editada considerando a Lei Federal nº 12.990/14, o Estatuto da Igualdade Racial (Lei Federal nº 12.288/10), a decisão do STF na ADPF nº 186, bem como o Censo do Poder Judiciário (2014), que revelou proporção de apenas 15,6% de magistrados autodeclarados negros (pretos ou pardos),[10] e cuja iniciativa respondeu à provocação externa, no pedido de providências 0002248-46.2012.2.00.0000. Em 2021, nova pesquisa do CNJ[11] mostrou que essa proporção chegou a 21,6% dos juízes, após o registro de 18% em 2018, ritmo considerado lento pelos pesquisadores. Seguindo nessa velocidade, o fim da desigualdade entre negros e brancos na magistratura só vai acontecer em 2049, segundo os dados do levantamento.

Nesse período, o Coletivo "Magistrandxs Negrxs" – Grupo de Estudo sobre Questão Racial Brasileira e Preparação para Ingresso na Magistratura, trouxe grandes contribuições no Grupo de Trabalho de Políticas Judiciárias sobre a Igualdade Racial no âmbito do Judiciário,[12] dentre as quais destacamos a seguinte proposição:

> f) recomenda que a Resolução nº 203, de 23/6/2015 seja alterada para que seja incluído um artigo que torne explícito que as cotas de 20% no ingresso da população negra não podem incidir a cada fase do concurso, mas apenas no final do certame. Segundo seu relato: "Os editais para ingresso na magistratura não podem admitir a existência de cláusula de barreira para acesso a segunda fase do certame. Isto ocorre quando se diz, por exemplo, que irão para segunda fase os primeiros 300 colocados, e os 20% primeiros colocados daquele percentual, ou seja, 60 candidatos. Neste modelo são os concursos para magistratura realizados pela banca CEBRASPE-UnB. Sabe-se que o STF se manifestou favoravelmente a cláusula de barreira em concursos, entretanto, as mesmas motivações não devem ser aplicadas a programas de ações afirmativas, já que aqui o objetivo é incluir candidatos dos grupos étnicos determinados de modo a garantir a igualdade material e o multiculturalismo."

Dentre outras proposições desse Relatório, em abril de 2022, o Plenário do Conselho aprovou a Resolução nº 457/22, que alterou as Resoluções CNJ nºs 203/2015 e 75/2009 para excluir a incidência da cláusula de barreira sobre a nota dos cotistas negros, assim como instituir

---

[10] BRASIL. Conselho Nacional de Justiça. *Censo do Poder Judiciário: VIDE: Vetores indicativos e dados estatísticos*, p. 42. Brasília: CNJ, 2014. Disponível em: https://www.cnj.jus.br/wp-content/uploads/2011/02/CensoJudiciario.final.pdf. Acesso em: 22 jan. 2023.

[11] BRASIL. Conselho Nacional de Justiça. *Pesquisa sobre negros e negras no Poder Judiciário / Conselho Nacional de Justiça*. Brasília: CNJ, 2021. Disponível em: https://www.cnj.jus.br/wp-content/uploads/2021/09/rela-negros-negras-no-poder-judiciario-150921.pdf. Acesso em: 28 jan. 2023.

[12] BRASIL. Conselho Nacional de Justiça. *Relatório de atividade igualdade racial no Judiciário*. p. 118-119. Disponível em: https://www.cnj.jus.br/wp-content/uploads/2020/10/Relatorio_Igualdade-Racial_2020-10-02_v3-2.pdf. Acesso em: 27 jan. 2023, p. 118-119.

a obrigatoriedade da instituição de comissões de heteroidentificação nos concursos de servidores e magistrados. A Resolução nº 457/2022[13] dispôs o seguinte:

> Art. 1º O art. 2º da Resolução CNJ nº 203/2015 passa a vigorar com o acréscimo do §3º, com a seguinte redação:
> "Art. 2º ....
> §3º É vedado o estabelecimento de nota de corte ou qualquer espécie de cláusula de barreira para os candidatos negros na prova objetiva seletiva, bastando o alcance da nota 6,0 (seis) para que o candidato seja admitido nas fases subsequentes." (NR)
> Art. 2º O art. 5º da Resolução CNJ no 203/2015 passa a vigorar com o acréscimo dos §§ 4º e 5º, com a seguinte redação:
> "Art. 5º..
> §4º Os tribunais instituirão, obrigatoriamente, comissões de heteroidentificação, formadas necessariamente por especialistas em questões raciais e direito da antidiscriminação, voltadas à confirmação da condição de negros dos candidatos que assim se identificarem no ato da inscrição preliminar.
> §5º As comissões de que trata o parágrafo anterior deverão funcionar no ato da inscrição preliminar ou da inscrição definitiva, de acordo com os critérios de conveniência e oportunidade de cada tribunal." (NR)
> Art. 3º O §2º do art. 44 da Resolução CNJ nº 75/2009 passa a vigorar com a seguinte alteração:
> "Art. 44. ....
> §2º O redutor previsto nos incisos I e II não se aplica aos candidatos que concorram às vagas destinadas às pessoas com deficiência e às pessoas negras, as quais serão convocadas para a segunda etapa do certame em lista específica, desde que hajam obtido a nota mínima exigida para todos os outros candidatos, sem prejuízo dos demais 200 (duzentos) ou 300 (trezentos) classificados, conforme o caso." (NR)

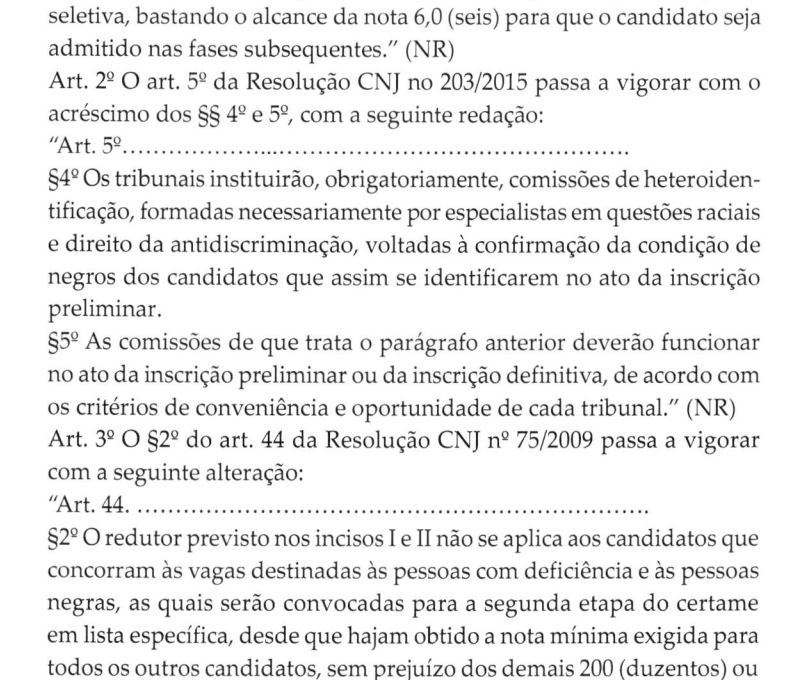

Durante a vigência da redação originária da Resolução CNJ nº 203/2015 era frequente o estabelecimento de "cortes quantitativos", limitando a habilitação de candidatos negros, em lista reservada, a 20% do número de candidatos previsto para seguir à etapa seguinte. Além disso, alguns editais sequer respeitavam a reserva de 20% desde

---

[13] BRASIL. Conselho Nacional de Justiça. *Resolução nº 457, de 27 de abril de 2022*. Disponível em: https://atos.cnj.jus.br/files/original160200202205026270007840766.pdf. Acesso em: 27 jan. 2023.

a primeira etapa, seja reservando percentual menor, seja deixando a regra para suposta aplicação apenas na lista definitiva de aprovados.

2.3.1.2 Do Ministério Público e o Conselho Nacional do Ministério Público (CNMP)

Semelhantemente ao CNJ, o Conselho Nacional do Ministério Público editou a Resolução nº 170/2017 também prevendo a reserva de 20% das vagas para candidatos negros nos concursos de todo o Ministério Público brasileiro. Entre os "considerandos" enunciados pela Resolução, o CNMP ressaltou a divergência de tratamento da questão da reserva de vagas para minorias étnico-raciais no âmbito do Ministério Público brasileiro, ausência de regulamentação da matéria por diversos órgãos do Parquet e que os negros eram minoria do total de servidores e membros dos Ministérios Públicos.

Nesse caminho, porém, caso emblemático foi registrado no 29º Concurso do MPF para Procurador da República, iniciado em 2016, portanto posterior à Lei nº 12.990/14 e à Resolução nº 203/2015 do CNJ, mas anterior à Resolução nº 170/2017 do CNMP. O ramo mais numeroso do Ministério Público da União, dirigido pelo Procurador-Geral da República, membro nato e Presidente do CNMP, não atendeu à recomendação de órgãos internos e deixou de reservar vagas para candidatos negros em seu concurso, gerando o constrangimento da impugnação judicial em 1ª instância, inclusive por Procuradores da República.

Após imbróglio institucional e judicial, que prejudicou tanto candidatos às vagas de ampla concorrência, quanto aos que poderiam se beneficiar da criação de vagas reservadas, foi celebrado acordo em juízo para prosseguimento do certame com aplicação da reserva de vagas a partir da segunda etapa (provas discursivas), facultando-se aos candidatos negros que atingiram o patamar de pontuação suficiente à classificação na primeira etapa realizarem a autodeclaração para fins de concorrência em lista específica de reserva de vagas.

Ao fim do certame, já sob a égide da Resolução nº 170/17 do CNMP, um candidato negro foi aprovado e tomou posse. Sua história de vida e luta pela melhoria da condição social por meio dos estudos é inspiradora e pode ser acompanhada por meio das redes sociais, nas quais ele mesmo franqueia o espaço para que outros aprovados compartilhem suas trajetórias. Um caso peculiar que enseja, com toda a vênia, o uso do jargão de que é "uma exceção que só confirma a regra". Regra esta, a baixa efetividade da reserva de vagas pelo critério étnico-racial nos concursos para membros das instituições jurídicas.

No CNMP, nove meses depois da Resolução nº 457/2022 do CNJ, ainda não foram observados os mesmos avanços promovidos em relação ao ingresso na magistratura e à promoção de maior efetividade da ação afirmativa de reserva de vagas, observando-se casos pontuais de instituições pelo país que regulamentaram concursos para membros sem a cláusula de barreira ou reduzindo os percentuais para habilitação à fase seguinte, como o MPF, MPRJ, MPSP e MP-RS.

Enquanto não há regulamentação em nível nacional de regras mais inclusivas, os exemplos acima reforçam a tese de que editais de concursos para novos membros do Ministério Público podem adotar políticas afirmativas mais efetivas por iniciativa própria, independentemente de haver uma lei formal ou Resoluções do CMNP para isso, conforme decidido no procedimento de controle administrativo (PCA) 1283/2014-11, relativo ao concurso do MP-BA de 2014.

É evidente um atraso institucional do Ministério Público em relação à Magistratura na promoção da igualdade racial em seus quadros. O primeiro estudo estatístico abrangente acerca do perfil étnico-racial das diversas carreiras do Ministério Público brasileiro ainda está sendo produzido, cerca de 10 anos depois do CNJ, com previsão de entrega para 2023.[14] Resta a esperança de que o guardião da ordem jurídica e do regime democrático ainda promova e alcance em tempo razoável a representatividade negra em todos os níveis, pois "o fim de uma coisa vale mais que seu começo".[15]

2.3.2 Dos concursos para membros do Ministério Público e da Magistratura: reserva de vagas efetiva ou mero cumprimento de formalidades?

A realidade observada nos últimos anos é que, mesmo com a normatização pelos Conselhos Nacionais, as vagas são formalmente reservadas e não são efetivamente preenchidas pelos seus destinatários

---

[14] CNMP e Ipea assinarão termo para mapear o perfil étnico-racial do Ministério Público brasileiro. *Conselho Nacional do Ministério Público*, 10 jun. 2022. Disponível em: https://www.cnmp.mp.br/portal/todas-as-noticias/15322-cnmp-e-ipea-assinarao-termo-para-mapear-o-perfil-etnico-racial-do-ministerio-publico-brasileiro. Acesso em: 31 jan. 2023.

[15] BÍBLIA. Eclesiastes. Português. *In*: *Bíblia Sagrada*: nova tradução na linguagem de hoje. Barueri: Sociedade Bíblica do Brasil, 2012, Cap. 7, vers. 8, primeira parte.

legalmente idealizados. Tal fato nos leva à reflexão sobre se haveria mesmo verdadeira "reserva de vagas" ou o mero cumprimento de formalidades legais. Haveria indícios de real disposição das instituições jurídicas em efetivar essa política em nível nacional e relativamente uniforme a revelar ação institucionalmente articulada?

Sabe-se que o Direito no Brasil, em si mesmo, já apresenta caracteres discriminatórios, tais como o injustificável apego a uma linguagem desnecessariamente rebuscada e repleta de jargões, o "juridiquês", muitas vezes incompreensível por pessoas de outras atividades, em prejuízo de uma comunicação efetiva e que respeite o interlocutor/leitor como sujeito de direitos, titular do direito fundamental de acesso à justiça e a um sistema jurídico democrático.[16]

Além disso, concursos para membros da Magistratura e do Ministério Público estão entre os mais difíceis do país, tanto em conhecimento acadêmico, quanto pela sequência de 5 etapas. Incluem provas escritas objetivas, provas discursivas com questões e peças práticas, inscrição definitiva com exames de saúde, comprovação de formação e prática profissional, além de comprovação de idoneidade e conduta social ilibada. Como última etapa eliminatória, as temidas provas orais, que antecedem a avaliação de títulos, única etapa não eliminatória, que apenas contribui para a classificação final.

Não obstante, o fato é que essas carreiras atribuem grande responsabilidade àqueles que as exercem e a Constituição Federal orienta que o concurso público e as remunerações estejam de acordo com a natureza, complexidade e grau de responsabilidade dos cargos.[17] É nesses espaços de prestígio e poder no sistema de justiça brasileiro que a representatividade tem encontrado maiores obstáculos, ainda que as ações afirmativas estejam em vigor há pelo menos 5 anos.

---

[16] MONTEIRO, Ana Lídia Silva Mello; JAHNEL. Marta Regina. Linguagem jurídica e acesso à justiça: a facilitação do direito de acesso à informação – uma terceira onda. *In*: SEMINÁRIO INTERNACIONAL DE DEMOCRACIA E CONSTITUCIONALISMO UNIVERSIDAD DE ALICANTE, 12, set. 2019, Espanha. Associação Internacional de Constitucionalismo, Transnacionalidade e Sustentabilidade, 2019. p. 209-226. Disponível em: https://periodicos.univali.br/index.php/acts/article/view/16618/9379. Acesso em: 24 jan. 2023.

[17] Art. 37, II e art. 39, §1º, *da Constituição da República Federativa do Brasil*. BRASIL. Constituição da República Federativa do Brasil de 1988. Disponível em: https://www.planalto.gov.br/ccivil_03/constituicao/constituicaocompilado.htm. Acesso em: 16 jan. 2023.

2.3.3 Da problemática da reserva mínima de 20% em cada etapa do certame

Algumas bancas contratadas ou próprias das instituições habilitam, em lista específica, todos os candidatos negros que atingem aproveitamento igual ou superior ao patamar mínimo estabelecido no regulamento e no edital, independentemente da nota do último classificado da lista de ampla concorrência, desde a primeira etapa, possibilitando uma ampliação da presença de candidatos negros nas etapas discursiva e oral, cuja avaliação individual geralmente prepondera sobre eventual disputa por posições, sendo habilitados todos os que atingem a nota mínima exigida.

Aqueles que estudam para esses certames, professores e cursos já perceberam que a grande "peneira" é a primeira fase, com provas objetivas para as quais, geralmente, acorrem entre 5 e 12 mil candidatos (com picos acima de 20 mil, como TJ-SP e MP-SP), conforme a localização geográfica, custo de deslocamento ou, ainda que quase irrelevante na prática, maior número de vagas. É a etapa fundamental do concurso, na qual costumam ser eliminados cerca de 95% ou mais dos candidatos.

Um concurso que se preocupe, apenas formalmente, em classificar 20% de negros, subtraindo esse número dos tradicionais 300 que avançavam para a etapa discursiva (Resolução CNJ nº 75/2009, redação original),[18] não promove inclusão nem aumenta as possibilidades de que candidatos negros avancem até a lista final do concurso na proporção de pelo menos 20% do total das vagas oferecidas, considerando que a grande maioria desses concursos hoje apresenta "nota de corte" entre 14 e 22 pontos acima da nota mínima exigida na Resolução do CNJ, que é 60 pontos, em todas as fases.

Com essa reserva limitada na 1ª etapa, subjetivamente, o candidato que só disputa as vagas de ampla concorrência tende a recriminar e a se opor, íntima e publicamente, à reserva de vagas que diminua suas próprias possibilidades de avançar entre os 300 primeiros, pois têm que ceder 60 lugares para negros, restando, no mais das vezes, 240 postos

---

[18] "Art. 44. Classificar-se-ão para a segunda etapa: as maiores notas após o julgamento dos recursos; [...] II - nos concursos que contarem com mais de 1.500 (mil e quinhentos) inscritos, os 300 (trezentos) candidatos que obtiverem as maiores notas após o julgamento dos recursos." *Art. 44 da redação originária da Resolução nº 75/2009 do Conselho Nacional de Justiça*. BRASIL. Conselho Nacional de Justiça. Disponível em: https://atos.cnj.jus.br/files/original20211920210317605264bfa89ef.pdf. Acesso em: 25 jan. 2023.

em disputa para ampla concorrência. O que deveria promover inclusão e representatividade, antes, já começa gerando rejeição e oposição. Não nos parece, como no caso dos concursos para o Ministério Público, que caiba exigir dos candidatos não negros validação subjetiva, aceitação e apoio irrestrito à proporcionalidade e aos aspectos democráticos da política afirmativa, mas cabe às instituições jurídicas demonstrar ter incorporado essas ações aos seus objetivos institucionais, promover concursos mais inclusivos e buscar a representatividade negra em suas carreiras como política institucional antirracista, mas, sobretudo, como materialização de um Estado de Direito que se autodenomina democrático.

2.3.4 Das barreiras econômico-financeiras e concursos nacionais unificados

As barreiras econômico-financeiras não podem ser ignoradas. Sua transversalidade com as barreiras da discriminação racial e da baixa qualidade da formação básica nas escolas públicas e da formação superior nas universidades privadas, realidade com a qual convivem muitos estudantes negros, sobretudo os mais pobres, aprofunda a desigualdade que se visa combater com as políticas afirmativas.

Sendo os concursos majoritariamente regidos por normas de Conselhos Nacionais, mesmo com adoção de normas específicas para atendimento às peculiaridades locais, a regulamentação continua sendo relativamente uniforme no país, atraindo candidatos de todas as regiões. Contudo, via de regra, os órgãos eximem-se, nos editais, de responsabilidade por eventuais problemas com deslocamento de candidatos.

Provocado a decidir de acordo com a realidade fática que lhe foi apresentada, o STF fixou tese vinculante, em regime de repercussão geral,[19] de que quando a prova de um concurso é cancelada por suspeita de fraude, a banca organizadora responde direta e objetivamente pelo dano material experimentado pelo candidato com os custos de seu deslocamento de onde reside até a cidade de realização das provas, bem como pelo valor da inscrição. A Administração Pública, nesse caso,

---

[19] BRASIL. Supremo Tribunal Federal (Tribunal Pleno). *Recurso Extraordinário 662.405. Tema 512 da Repercussão Geral*. Relator Ministro Luiz Fux. Julgado em 26/06/2020. Disponível em: https://portal.stf.jus.br/jurisprudenciaRepercussao/verAndamentoProcesso.asp?incidente=4163004&numeroProcesso=662405&classeProcesso=RE&numeroTema=512. Acesso em: 25 jan. 2023.

responde subsidiariamente, se a entidade organizadora do certame não tiver patrimônio suficiente.

Veja-se que o órgão de cúpula do Poder Judiciário teve que reconhecer e se manifestar conclusivamente sobre os deslocamentos para prestar concursos e a eventual responsabilidade civil decorrente, o que não pode ser ignorado pelas demais instituições no que concerne às ações afirmativas adotadas pelo Estado Brasileiro.

Exemplo mais recente que o julgado citado, no concurso para Polícia Civil do Paraná, em 2021, em meio a incertezas sobre a segurança sanitária para aplicação das provas durante toda a semana, em razão da pandemia do COVID-19, a organizadora NC-UFPR decidiu por volta das 6 horas da manhã de domingo, dia em que seria realizada a prova, pelo seu cancelamento. Naquele momento, diversos candidatos que se deslocaram de todo o país já estavam na cidade e viram desperdiçados seus investimentos financeiros e na preparação física e emocional dedicados ao certame.[20]

Parece-nos que para mitigar os altos custos com deslocamentos, hospedagem, alimentação, inscrições diversas, além de uniformizar procedimentos, os ramos federais da Administração da Justiça podem adotar a unificação de seus concursos de acesso para membros, desde que incorporem novos instrumentos de promoção de maior efetividade para o preenchimento das vagas reservadas aos candidatos negros.

Essa unificação já é seguida pelos ramos do Ministério Público da União (MPU), exceto MPDFT, cuja abrangência geográfica se restringe ao Distrito Federal. O Tribunal Superior do Trabalho e o Conselho Superior da Justiça do Trabalho adotaram essa sistemática em 2016, para o concurso de 2017, e promovem seu segundo certame nacional unificado em 2023, com adesão de todos os Tribunais Regionais do Trabalho.

Os Tribunais Regionais Federais chegaram a debater a hipótese de unificar seus certames. Todavia, em agosto de 2022, o Conselho da Justiça Federal – CJF decidiu pelo não acolhimento da proposta, e, assim, manteve o concurso para o ingresso na magistratura federal regionalizado. A atual mobilidade facilitada de magistrados, por remoção ou

---

[20] JUSTIÇA condena UFPR a indenizar dois candidatos do concurso da Polícia Civil após adiamento da prova. *G1*, Paraná RPC, Curitiba, 27 jul. 2022. Disponível em: https://g1.globo.com/pr/parana/concursos-e-emprego/noticia/2022/07/27/justica-condena-ufpr-a-indenizar-dois-candidatos-do-concurso-da-policia-civil-apos-adiamento-da-prova.ghtml. Acesso em: 28 jan. 2023.

permuta, entre as regiões pode ser uma das razões da falta de estímulo à unificação do concurso, considerando que a estrutura da Justiça Federal permitiria a realização de concursos frequentes para ingresso e remoção de juízes em todo o país.

Em respeito à autonomia federativa e independência dos tribunais e ministérios públicos estaduais, a unificação parece não ser uma medida viável juridicamente, salvo algum movimento voluntário de cooperação. Ocorre que a realização de concursos públicos para membros, seja nas instituições jurídicas federais, seja, sobretudo, nas estaduais, é uma forma de exercício e demonstração de poder local. Difícil vislumbrar-se alguma instituição jurídica de ente subnacional dispondo de parte de sua autonomia para cooperar ou receber auxílio, consorciada à outra de ente federativo diverso.

2.3.5 Da antecipação indevida de etapas e exigência não razoável de atos presenciais em dias úteis dissociados de provas aos cotistas para procedimento de heteroidentificação

Longe de se transformar num tribunal racial ou de promover o chamado "colorismo", as comissões de heteroidentificação, formadas para apreciar de modo colegiado a veracidade da autodeclaração dos candidatos em certames públicos e aferir a coerência dessa declaração com as características fenotípicas visíveis dos postulantes às vagas, têm servido ao fortalecimento da legitimidade da aplicação das políticas afirmativas étnicas após denúncias de grande repercussão sobre fraudes em concursos, tais como o da carreira diplomática.

Nesse tema, fator que gera prejuízo aos candidatos às vagas reservadas a negros e também indígenas, quando previsto, que ocasiona a desistência de muitos, por fatores logísticos e financeiros, é a marcação do procedimento de heteroidentificação dissociado de alguma etapa de provas.

Exige-se do candidato que se apresente em data diversa da prova apenas para ser avaliado pela comissão de heteroidentificação. Num país de dimensões continentais, não é razoável submeter candidatos negros ou indígenas a despender um grande esforço para realizar essa etapa sem que esteja no mesmo contexto da realização de uma etapa de provas ou outro ato indispensavelmente presencial. Além disso, frequentemente, esses procedimentos ocorrem em dias úteis, e não aos fins de semana, o que inviabiliza as atividades laborativas até daqueles que estão na mesma cidade da sede do órgão.

Cria-se, indevidamente, um dilema entre abandonar uma oportunidade, um sonho, e manter a sobrevivência de sua família, considerando os inúmeros gastos para o processo. Em suma, embora não se esteja a refutar a importância da heteroidentificação, o racismo estrutural não considera os desafios enfrentados pelo candidato.

Saliente-se, por exemplo, o 58º Concurso para o Ministério Público de Minas Gerais, no qual o órgão convocou os candidatos para comparecimento perante a comissão de heteroidentificação, em Belo Horizonte, entre o resultado das provas objetivas e a convocação para as discursivas, num dia útil, em data dissociada da realização de prova, inclusive com transmissão ao vivo da sessão pública.

O candidato que precisa avaliar rigorosamente a viabilidade das despesas com inscrição, deslocamentos, hospedagem, alimentação, além de todas as despesas ordinárias com a preparação, o faz pensando em vencer uma prova e avançar no concurso. Exigir a participação presencial em etapas de heteroidentificação, pedido de isenção, inscrição preliminar ou vista de provas na sede do órgão em dia ou fim de semana em que não haverá provas viola a razoabilidade, eleva os custos e inviabiliza a participação de candidatos.

E mesmo com todos os recursos tecnológicos à disposição e em plena utilização pela grande maioria dos órgãos, ainda há casos em que os atos de vista de provas discursivas e requerimento de recurso, além do requerimento de inscrição definitiva, majoritariamente constituído por análise documental, são obrigatoriamente presenciais.

2.3.6 Das propostas para o aperfeiçoamento da política afirmativa de reserva de vagas

O aperfeiçoamento da aplicação da política afirmativa de reserva de vagas para negros nos certames para ingresso nas carreiras de Promotor de Justiça e da Magistratura passa por três principais vertentes: uniformização e simplificação de procedimentos, acesso e objetivação das etapas subjetivas e redução de barreiras econômico-financeiras. São propostas:

a) A classificação de todos os candidatos às vagas reservadas (negros, indígenas, pessoas com deficiência e hipossuficientes econômicos) que obtiverem o rendimento igual ou superior a 60%, ou outro percentual menor que cada órgão autonomamente estabeleça, em todas as etapas de provas, proposta ainda não implementada em todos os concursos do Ministério Público e que precisa de regulamentação pelo CNMP.

b) Que atos presenciais, como o procedimento de heteroidentificação, ocorram em dias anteriores a uma prova, em dia não útil, com vistas a evitar os impactos financeiros de sua realização antecipada ou dissociada de dia de provas, o que configura discriminação indireta e barreira econômica aos candidatos cotistas.

c) Que as provas sejam realizadas somente aos fins de semana, uma vez que tem sido comum que as etapas discursivas sejam realizadas nas segundas, terças ou sextas-feiras, com vistas a mitigar impactos trabalhistas e profissionais.

d) Que sejam unificados concursos de membros das instituições jurídicas federais, com realização de provas objetivas e discursivas em todas as capitais do país.

e) Que seja obrigatória a adoção de espelho de correção das questões discursivas e orais, com vistas a reduzir a subjetividade na avaliação e conferir objetividade aos recursos.

3 Das ações afirmativas no setor privado

As ações afirmativas no setor privado, para além da seara social, econômica e política, representam avanços na isonomia racial na seara trabalhista, cujo arcabouço normativo específico não foi capaz de realizar esse princípio fundamental. Nicolau Olivieri[21] se funda na Lei nº 12.288/10, em seu art. 2º, que declara que é dever do "Estado e da sociedade" promover a igualdade de oportunidades "independentemente da etnia ou da cor da pele". Não se trata, somente, portanto, de uma obrigação a ser levada a cabo pelo Estado, mas também pela sociedade civil, ou seja, pelas empresas.

---

[21] OLIVIERI, Nicolau. Ações afirmativas nas empresas privadas: É necessário? É possível? Como fazer? *Migalhas*, 23 set. 2020. Disponível em: https://www.migalhas.com.br/depeso/333744/acoes-afirmativas-nas-empresas-privadas--e-necessario--e-possivel--como-fazer. Acesso em: 25 jan. 2023.

Em nota técnica do Grupo de Trabalho de Raça nº 001/18,[22] o Ministério Público do Trabalho concluiu ser plenamente possível a adoção de ações afirmativas no âmbito de empresas privadas. Na nota técnica, foram considerados os princípios constitucionais da isonomia, consoante art. 5º, *caput*, da não discriminação, consoante art. 7º, 469, e ainda o disposto na Convenção nº 111 da Organização Internacional do Trabalho (OIT).

Os conceitos de discriminação positiva e discriminação negativa, bem como o disposto no art. 4º e art. 39 da Lei nº 12.288/2010 visam assegurar a participação da população negra em condição de igualdade de oportunidade na vida econômica, social, política e cultural do país, por meio da inclusão em políticas públicas. Nessa toada, e considerando os julgamentos da ADPF nº 186 e ADC nº 41, concluiu o Grupo de Trabalho que:

> Da mesma forma que temos indicadores oficiais no sentido de que a população negra é mais pobre, a taxa de uma maior inserção de pessoas oriundas da população negra é indicador da eficiência das políticas de Estado direcionadas à promoção do trabalho decente e da economia solidária. Isto é, o contexto de trabalho digno que se pretende alcançar em território nacional pressupõe a possibilidade de que pessoas oriundas da população negra tenham efetivamente oportunidades de trabalho. [...] Com efeito, verifica-se que anúncios específicos, plataformas específicas, dentre outros, desde que expressamente assim o indiquem, são condições *sine qua non* de efetivação da igualdade material, que deve permear um Estado Democrático de Direito, já que são instrumentos necessários para promover as ações afirmativas e, portanto, compatíveis com o ordenamento jurídico pátrio.

Fato é que, até a presente data, os avanços são tímidos, ainda com forte resistência no setor privado, cujas funções executivas e de liderança são majoritariamente compostas por pessoas brancas, em sua maioria homens, e de classe média, que sem a devida consciência racial e educacional sobre o tema, repisam e mantêm a estrutura racista no mercado de trabalho privado, relegando pessoas pretas a funções subalternas, impedindo seu acesso a cargos de poder e gestão, ainda que possuam qualificação para tanto.

---

[22] BRASIL. Ministério Público do Trabalho. *Nota Técnica GT de Raça nº 001/2018*. Disponível em: https://mpt.mp.br/pgt/publicacoes/notas-tecnicas/nota-tecnica-gt-de-raca-no-01/@@display-file/arquivo_pdf. Acesso em: 25 jan. 2023.

3.1 Magazine Luiza: o *leading case*

Na iniciativa privada, como acima mencionado, a nota técnica GT de Raça nº 001/18 dispôs sobre a adoção de ações afirmativas no âmbito de empresas privadas. Quando a empresa Magazine Luiza lançou, em setembro de 2020, seu programa de ações afirmativas com vistas a fomentar a inclusão de minorias nos locais de trabalho, tornou-se alvo de diversas críticas e boicotes.

Até aquele momento não havia muito destaque para notícias de ações afirmativas voltadas para equidade racial no setor privado. A iniciativa de seu programa de qualificação para cargos gerenciais com vagas exclusivas para jovens negros foi amplamente divulgada na imprensa e gerou intensos debates, inclusive no Congresso Nacional,[23] questionando-se até mesmo a suposta existência de "racismo reverso" na ação promovida.

O Poder Judiciário decidiu, na Ação Civil Pública nº 0000790-37.2020.5.10.0015, que a ação afirmativa da empresa encontra amparo em normas constitucionais e infraconstitucionais:

> No caso dos autos, a documentação juntada com a petição inicial, em especial o documento de id. 48a9c80 - Pág. 5/10, demonstram que a medida instituída pela ré encontra guarida no ordenamento jurídico pátrio e internacional, estando de acordo com a Constituição Federal, a Convenção Internacional sobre a Eliminação de todas as Formas de Discriminação Racial, a Convenção Interamericana contra o Racismo, a Discriminação Racial e Formas Correlatas de Intolerância, a Lei 12.288/2010, assim como com o entendimento jurisprudencial do STF Pelo que se extrai do referido documento, o objetivo da ré, ao propor o Programa de Trainee exclusivo para candidatos negros (autodeclarados negros ou pardos), teve por escopo garantir a participação de jovens negros nos cargos de liderança da empresa.
>
> De acordo com o referido documento, a demandada, muito embora seja composta por 53% de pessoas negras, somente possui 16% de líderes negros. A seleção proposta, portanto, de acordo com tal informação, teria por finalidade a correção dessa desigualdade, o que é totalmente válido perante o que propõe a Lei 12.288/2010 e demais normas que tratam da matéria. Dessa premissa, resulta que o processo seletivo

---

[23] OLIVEIRA, José Carlos. Luiza Trajano defende cotas para ampliar acesso dos negros ao mercado de trabalho. *Agência Câmara de Notícias*, Brasília, 08 abr. 2021. Disponível em: https://www.camara.leg.br/noticias/744455-luiza-trajano-defende-cotas-para-ampliar-acesso-dos-negros-ao-mercado-de-trabalho/. Acesso em: 21 jan. 2023.

impugnado pela presente ação civil pública não configura qualquer tipo de discriminação na seleção de empregados.

Ao contrário, demonstra iniciativa de inclusão social e promoção da igualdade de oportunidades decorrentes da responsabilidade social do empregador, nos termos do art. 5º, XXIII, e art. 170, III, da Constituição Federal, e está devidamente autorizado pelo art. 39 da Lei 12.288/2010.

O programa trainee[24] do Magazine Luiza recrutou 19 jovens negros dentre mais de 22 mil inscritos e se desenvolveu com atividades que incluíram estágio em lojas, realização de projetos estratégicos, mentoria, treinamentos técnicos e comportamentais e aulas de inglês.

3.2 Caso Vale

A mineradora Vale, disposta a investir em responsabilidade socioambiental, sustentabilidade e governança para mitigar os danos à imagem decorrentes das tragédias em barragens de rejeitos, lançou-se em 2021 num ambicioso programa de equidade étnico-racial,[25] visando não apenas combater o racismo institucional, por meio do letramento racial de seus executivos e de campanhas educativas digitais para os colaboradores, mas também ampliar o percentual de negros em cargos de liderança e gerenciais.

Para isso, entre outras iniciativas, a empresa promoveu, em 2022, o Programa de Aceleração de Carreira para Mulheres Negras, além de priorizar a contratação de profissionais negros recém-graduados, tendo recrutado uma maioria de 66% em seu programa *trainee*, bem como pela seleção de 100 empregados autodeclarados negros para participar de um programa especial de desenvolvimento pessoal e profissional, o "Potencializando Talentos Negros".

3.3. Caso Itaú

Entre as instituições financeiras, um caso recente de ações afirmativas étnicas é do Banco Itaú,[26] com seu programa "Mais *Blacks*, Mais

---

[24] MENDES, Felipe. O que o programa de trainee do Magazine Luiza pode ensinar ao mercado. *Veja*, São Paulo, 2 jul. 2021. Disponível em: https://veja.abril.com.br/coluna/radar-economico/o-que-o-programa-de-trainee-do-magazine-luiza-pode-ensinar-ao-mercado/. Acesso em: 21 jan. 2023.
[25] VALE. *Equidade racial*. Disponível em: https://vale.com/ja/equidade-%C3%A9tnico-racial. Acesso em: 21 jan. 2023.
[26] ITAÚ CARREIRAS. *Diversidade*. Disponível em: https://carreiras.itau.com.br/diversidade. Acesso em: 23 jan. 2023.

Oportunidades", divulgado em agosto de 2022. A iniciativa contou com a intervenção do Coletivo de Diversidade Racial *"Blacks at* Itaú", grupo de colaboradores que se dedica a tornar o banco – e, por extensão, todo o mercado financeiro – mais diverso e representativo. O projeto ofertou inicialmente mais de 100 vagas em posições administrativas e de negócios para profissionais negros (pretos e pardos), desde os níveis júnior até cargos de média liderança.

O *"Blacks at* Itaú" surgiu com o propósito de ampliar a diversidade racial no banco e ser uma rede de apoio para colaboradores negros. Por meio de conversas frequentes, compartilham suas vivências e propõem melhorias. Entre suas principais realizações estão a articulação para a promoção de vagas em ações afirmativas para pessoas negras, programas de aceleração para mulheres negras empreendedoras e de bolsas para estudantes cotistas na USP, além da oferta de mentorias para colaboradores negros e organização da Semana de Diversidade Racial.

3.4 Da eficácia vertical e da eficácia horizontal dos direitos fundamentais

Considerando as iniciativas do setor privado no mesmo patamar de importância e não apenas complementares, mas indissociáveis e fundamentais ao sucesso das políticas públicas, cita-se trecho do voto do ex-Ministro do STF Marco Aurélio,[27] na ADC nº 41:

> De nada valerão os direitos e de nenhum significado revestir-se-ão as liberdades, se os fundamentos em que eles se apoiam – além de desrespeitados pelo Poder Público ou transgredidos por particulares – também deixarem de contar com o suporte e o apoio de mecanismos institucionais, como aqueles proporcionados pelas políticas de ação afirmativa, cujos altos objetivos, por efeito de sua própria vocação constitucional, consistem em dar efetividade e expressão concreta a políticas e a programas de inclusão.
> É preciso proclamar, desse modo, que assiste à população negra uma prerrogativa básica que se qualifica como fator de viabilização dos demais direitos e liberdades.

---

[27] BRASIL. Supremo Tribunal Federal (Tribunal Pleno). *Ação Declaratória de Constitucionalidade 41/DF*. Relator Ministro Roberto Barroso. Julgado em 08/06/2017. Disponível em: https://redir.stf.jus.br/paginadorpub/paginador.jsp?docTP=TP&docID=13375729. Acesso em: 25 jan. 2023.

Torna-se imperioso afirmar, por isso mesmo, que toda pessoa tem direito a ter direitos, assistindo-lhe, nesse contexto, a prerrogativa de ver tais direitos efetivamente implementados em seu benefício.

Nesse sentido, a adoção de políticas de promoção da igualdade racial pelo Estado manifesta a eficácia vertical do direito fundamental à igualdade racial, enquanto as ações promovidas pela sociedade civil representam a manifestação da eficácia horizontal desse direito. Assim, é indissociável a participação da sociedade civil conjuntamente às ações do Estado para o sucesso dessas iniciativas em todos os âmbitos.

4 Das diversas ações positivas antidiscriminatórias

4.1 Encontro Nacional de Juízas e Juízes Negros (ENAJUN)

Nos últimos anos, diversas ações e movimentos surgiram com vistas a fomentar políticas públicas para Juristas Negros, fortalecer a Magistratura Negra e apoiar o ingresso de pessoas pretas na carreira. Entre eles, o Encontro e o Fórum Nacional de Juízas e Juízes Negros (ENAJUN), criado para reconhecer ações que geram oportunidades em posições de liderança para profissionais negros e negras no setor público, desenvolvido pelos magistrados Fábio Francisco Esteves (TJDFT), Edinaldo Cesar (TJSE), Karen Luise Vilanova (TJRS) e Adriana Alves dos Santos Cruz (TRF2), que também integra o Observatório de Direitos Humanos do Poder Judiciário.

O Coletivo busca tratar da questão racial, tanto na composição do Poder Judiciário, como no serviço prestado à população negra, diante da desproporção do percentual de juízes e juízas negros em relação à representatividade da população brasileira, o que também compromete a prestação do serviço de Justiça. "A visibilidade e o reconhecimento do trabalho que tem sido desenvolvido pelo Coletivo de Juízas e Juízes Negros é essencial para o fortalecimento de políticas judiciárias antirracistas que precisam ser consolidadas no Poder Judiciário", afirma a juíza federal Adriana Cruz.

Entre os frutos do ENAJUN, destaca-se a participação na criação da Diretoria de Promoção da Igualdade Racial da Associação dos Magistrados Brasileiros (AMB), a representação em grupos de trabalho para a igualdade racial no âmbito dos Poderes Judiciário e Legislativo, a representação em cursos sobre relações raciais na formação para juízes, além de debates e palestras com membros de diversas instituições, bem como a participação de acadêmicos que são referência no estudo das relações raciais no país.

Embora mais de 50% da população brasileira seja negra, sendo em torno de 25% de mulheres negras, a magistratura nacional é composta majoritariamente por pessoas brancas. Para se ter uma ideia, entre os quase 19 mil juízes do Brasil, não há mais que 100 mulheres negras.

4.2 Defensoria Pública do Estado do Rio de Janeiro (DPE-RJ)

A Defensoria Pública do Estado do Rio de Janeiro desenvolveu uma importante ação afirmativa por meio do Centro de Estudos Jurídicos (CEJUR), da Coordenação de Promoção da Equidade Racial (COOPERA) e do Núcleo de Atendimento à Pessoa com Deficiência (NUPED). O programa tem o apoio da Fundação Escola Superior da Defensoria Pública do Estado do Rio de Janeiro (FESUDEPERJ), com o Programa Abdias do Nascimento (PAN).

O Programa Abdias do Nascimento oferece bolsas de estudo e monitoria com vistas a ampliar o acesso aos quadros da instituição e apoiar o ingresso de pessoas pretas nos quadros da defensoria.[28] São concedidas bolsas de R$1.300,00 mensais para monitores e de R$500,00 para alunos de pós-graduação. Em sua primeira edição, em 2021, entre os 12 bolsistas, três mulheres negras tomaram posse como defensoras públicas, duas no Rio de Janeiro e uma na Bahia.

A DPE-RJ representa um bom exemplo de instituição jurídica, a mais antiga do país dedicada à defesa dos hipossuficientes, mas que precisou se dedicar a superar os resultados negativos do seu 26º concurso, em que nenhuma pessoa preta ingressou na carreira, realizando o 27º concurso com inovações e resultados que o fizeram ser considerado o mais democrático e plural da história.

---

[28] BANAI, Jaqueline. DPRJ lança programa de bolsas para carreiras do sistema de justiça. *Defensoria Pública do Estado do Rio de Janeiro*, 14 jun. 2022. Disponível em: https://defensoria.rj.def.br/noticia/detalhes/19286-DPRJ-lanca-programa-de-bolsas-para-carreiras-do-sistema-de-justica. Acesso em: 27 jan. 2023.

4.3 Educafro

Cita-se, ainda, uma das pioneiras instituições nas mobilizações por implantação de políticas públicas de ingresso em universidades e sua importante contribuição em concursos, a Educafro. Liderada e coordenada pelo Frei David Raimundo, a instituição atualmente oferece cursos de graduação, pós-graduação e preparatórios.

A entidade teve importante atuação como *amicus curiae* na ADC nº 41, bem como na Ação Civil Pública do caso Magazine Luiza. Também se manifestou contrariamente à leitura que se fazia, à época, sobre tipificação dos crimes de injúria racial com penas e consequências mais brandas, o que enfraquecia o combate ao racismo e à violência policial.

5 Conclusão

A proximidade do marco final da vigência da Lei nº 12.990/14, previsto para 10.06.2024, data que também foi adotada pelas Resoluções nºs 203/2015 do CNJ e 170/2017 do CNMP, e a pouca expressão de seus resultados no âmbito das carreiras jurídicas das funções típicas de Estado, notadamente no Poder Judiciário e no Ministério Público, sugere que os esforços pela sua efetivação não foram suficientes para tornar tais carreiras mais inclusivas e aumentar a representatividade negra para índices compatíveis com a composição social brasileira.

Foi apresentado um resumo do histórico das iniciativas de políticas públicas para ampliar a presença das pessoas pretas e pardas nas universidades e na Administração Pública, analisado sob o prisma do conceito de racismo estrutural, conforme desenvolvido por Silvio Almeida, compreendendo que a maior representatividade negra nas posições de poder e prestígio, por si só, não soluciona o problema, mas configura imperioso avanço na política antirracista, desde a base da sociedade, enquanto se promove isonomia material na superestrutura.

Foram apresentados dados sobre a composição étnica do Poder Judiciário que revelam uma sub-representação de negros, cuja evolução foi de cerca 6% entre 2013 e 2021, ritmo considerado lento pelos pesquisadores, capaz de equilibrar a relação apenas em 2049. Embora a Resolução nº 457/2022 do CNJ tenha assegurado a habilitação à segunda etapa dos certames a todos os candidatos negros que obtenham o mínimo de 60 pontos, persistem outras barreiras que não podem ser ignoradas para que vejamos efetivamente a representatividade de candidatos negros nas listas de nomeação.

Avanços ainda menores foram observados nas carreiras do Ministério Público, considerando o atraso na regulamentação da reserva de vagas para negros em seus concursos, refletido de modo emblemático no 29º Concurso do MPF, e, até o momento, repetido quanto à Resolução nº 457/2022 do CNJ. A disparidade no regramento dos concursos cria barreiras à promoção dos candidatos negros às etapas finais e listas de aprovados, tais como atos presenciais evitáveis, indevidamente antecipados ou isolados do cronograma de provas, e o corte quantitativo na 1ª fase.

Também foram propostos aperfeiçoamentos às ações afirmativas nas vertentes da uniformização e simplificação de procedimentos, acesso e objetivação das etapas subjetivas e redução de barreiras econômico-financeiras, tais como extinção do corte quantitativo entre etapas, a racionalização de atos presenciais, realização de provas somente aos fins de semana, unificação dos concursos federais e obrigatoriedade de espelhos de correção, com vistas a reduzir subjetividades nas avaliações discursivas e orais.

Por fim, foram apresentados bons exemplos de entidades privadas, com e sem fins lucrativos, além de grupos e entidades ligados ao setor público, cujas iniciativas têm promovido a agenda da equidade racial por meio de ações nas áreas de educação e conscientização antirracista, qualificação profissional e desenvolvimento de carreiras, bem como de fomento financeiro a estudantes e mulheres negras empreendedoras com vistas à sua emancipação econômica.

Por todo o exposto, o desafio da maior efetividade no ingresso e promoção da representatividade dos pretos e pardos como membros da Magistratura e do Ministério Público, bem como das demais carreiras jurídicas finalísticas, requer, de modo indissociável, a participação da sociedade civil conjuntamente às ações do Estado para o sucesso dessas iniciativas em todos os âmbitos.

Referências

ALMEIDA, Silvio. *Racismo estrutural*. São Paulo: Sueli Carneiro; Pólen, 2020. (Coleção Feminismos Plurais)

BANAI, Jaqueline. DPRJ lança programa de bolsas para carreiras do sistema de justiça. *Defensoria Pública do Estado do Rio de Janeiro*, 14 jun. 2022. Disponível em: https://defensoria. rj.def.br/noticia/detalhes/19286-DPRJ-lanca-programa-de-bolsas-para-carreiras-do-sistema-de-justica. Acesso em: 27 jan. 2023.

BASSO, Lissia Ana; WAINER, Ricardo. Luto e perdas repentinas: contribuições da Terapia Cognitivo-Comportamental. *Revista Brasileira de Terapias Cognitivas*, Porto Alegre, v. 7, n. 1, p. 35-43, 2011.

BÍBLIA. Eclesiastes. Português. *In: Bíblia Sagrada*: nova tradução na linguagem de hoje. Barueri: Sociedade Bíblica do Brasil, 2012, Cap. 7, vers. 8, primeira parte.

BRASIL. Conselho Nacional de Justiça. *Art. 44 da redação originária da Resolução nº 75/2009 do Conselho Nacional de Justiça*. Disponível em: https://atos.cnj.jus.br/files/original20211920210317605264bfa89ef.pdf. Acesso em: 25 jan. 2023.

BRASIL. Conselho Nacional de Justiça. *Censo do Poder Judiciário: VIDE: Vetores indicativos e dados estatísticos*, p. 42. Brasília: CNJ, 2014. Disponível em: https://www.cnj.jus.br/wp-content/uploads/2011/02/CensoJudiciario.final.pdf. Acesso em: 22 jan. 2023.

BRASIL. Conselho Nacional de Justiça. *Pesquisa sobre negros e negras no Poder Judiciário / Conselho Nacional de Justiça*. Brasília: CNJ, 2021. Disponível em: https://www.cnj.jus.br/wp-content/uploads/2021/09/rela-negros-negras-no-poder-judiciario-150921.pdf. Acesso em: 28 jan. 2023.

BRASIL. Conselho Nacional de Justiça. *Relatório de atividade igualdade racial no Judiciário*. p. 118-119. Disponível em: https://www.cnj.jus.br/wp-content/uploads/2020/10/Relatorio_Igualdade-Racial_2020-10-02_v3-2.pdf. Acesso em: 27 jan. 2023.

BRASIL. Conselho Nacional de Justiça. *Resolução nº 457, de 27 de abril de 2022*. Disponível em: https://atos.cnj.jus.br/files/original160200202205026270007840766.pdf. Acesso em: 27 jan. 2023.

BRASIL. Constituição da República Federativa do Brasil de 1988. *Art. 37, II e art. 39, §1º da Constituição Federal de 1988*. Disponível em: https://www.planalto.gov.br/ccivil_03/constituicao/constituicaocompilado.htm. Acesso em: 27 jan. 2023.

BRASIL. Ministério Público do Trabalho. *Nota Técnica GT de Raça nº 001/2018*. Disponível em: https://mpt.mp.br/pgt/publicacoes/notas-tecnicas/nota-tecnica-gt-de-raca-no-01/@@display-file/arquivo_pdf. Acesso em: 25 jan. 2023.

BRASIL. Supremo Tribunal Federal (Tribunal Pleno). *Ação Declaratória de Constitucionalidade 41/DF*. Relator Ministro Roberto Barroso. Julgado em 08/06/2017. Disponível em: https://redir.stf.jus.br/paginadorpub/paginador.jsp?docTP=TP&docID=13375729. Acesso em: 25 jan. 2023.

SANTOS, Frei David Raimundo dos; FERREIRA, Renato. *As cotas raciais 20 anos depois*. Correio Braziliense, 1 jan. 2022. Disponível em: https://www.correiobraziliense.com.br/opiniao/2022/01/4974518-as-cotas-raciais-20-anos-depois.html. Acesso em: 22 jan. 2023.

BRASIL. Supremo Tribunal Federal (Tribunal Pleno). *Arguição de Descumprimento de Preceito Fundamental 186/DF*. Relator Ministro Ricardo Lewandowski. Julgada em 26/04/12. Disponível em: https://redir.stf.jus.br/paginadorpub/paginador. jsp?docTP=TP&docID=6984693. Acesso em: 23 jan. 2023.

BRASIL. Supremo Tribunal Federal (Tribunal Pleno). *Recurso Extraordinário 662.405*. Tema 512 da Repercussão Geral. Rel. Min. Luiz Fux. Julgado em 26/06/2020. Disponível em: https://portal.stf.jus.br/jurisprudenciaRepercussao/verAndamentoProcesso.asp?incidente=4163004&numeroProcesso=662405&classeProcesso=RE&numeroTema=512. Acesso em: 25 jan. 2023.

CNMP e Ipea assinarão termo para mapear o perfil étnico-racial do Ministério Público brasileiro. Conselho Nacional do Ministério Público, 10 jun. 2022. Disponível em: https://www.cnmp.mp.br/portal/todas-as-noticias/15322-cnmp-e-ipea-assinarao-termo-para-mapear-o-perfil-etnico-racial-do-ministerio-publico-brasileiro. Acesso em: 31 jan. 2023

ITAÚ CARREIRAS. *Diversidade*. Disponível em: https://carreiras.itau.com.br/diversidade.

JUSTIÇA condena UFPR a indenizar dois candidatos do concurso da Polícia Civil após adiamento da prova. *G1*, Paraná RPC, Curitiba, 27 jul. 2022. Disponível em: https://g1.globo.com/pr/parana/concursos-e-emprego/noticia/2022/07/27/justica-condena-ufpr-a-indenizar-dois-candidatos-do-concurso-da-policia-civil-apos-adiamento-da-prova.ghtml. Acesso em: 23 jan. 2023.

MENDES, Felipe. O que o programa de trainee do Magazine Luiza pode ensinar ao mercado. *Veja*, São Paulo, 2 jul. 2021. Disponível em: https://veja.abril.com.br/coluna/radar-economico/o-que-o-programa-de-trainee-do-magazine-luiza-pode-ensinar-ao-mercado/. Acesso em: 21 jan. 2023.

MONTEIRO, Ana Lídia Silva Mello; JAHNEL. Marta Regina. Linguagem jurídica e acesso à justiça: a facilitação do direito de acesso à informação – uma terceira onda. *In*: SEMINÁRIO INTERNACIONAL DE DEMOCRACIA E CONSTITUCIONALISMO UNIVERSIDAD DE ALICANTE, 12, set. 2019, Espanha. Associação Internacional de Constitucionalismo, Transnacionalidade e Sustentabilidade, 2019. p. 209-226. Disponível em: https://periodicos.univali.br/index.php/acts/article/view/16618/9379. Acesso em: 24 jan. 2023.

OLIVEIRA, José Carlos. Luiza Trajano defende cotas para ampliar acesso dos negros ao mercado de trabalho. *Agência Câmara de Notícias*, Brasília, 08 abr. 2021. Disponível em: https://www.camara.leg.br/noticias/744455-luiza-trajano-defende-cotas-para-ampliar-acesso-dos-negros-ao-mercado-de-trabalho/. Acesso em: 21 jan. 2023.

OLIVEIRA, Vinicius Pereira de. O afro-descendente, o imigrante europeu, e a construção da nação brasileira no século XIX: miscigenação, racismo e branqueamento. *In*: JORNADAS DE ESTUDIOS AFROLATINOAMERICANOS DEL GEALA, II, 2011, Buenos Aires. Actas de las Segundas Jornadas de Estudios Afrolatinoamericanos del GEALA. Buenos Aires: Mnemosyne, 2011. Disponível em: https://www.academia.edu/65208651/O_afro_descendente_o_imigrante_europeu_e_a_constru%C3%A7%C3%A3o_da_na%C3%A7%C3%A3o_brasileira_no_s%C3%A9culo_XIX_miscigena%C3%A7%C3%A3o_racismo_e_branqueamento. Acesso em: 28 jan. 2023.

OLIVIERI, Nicolau. Ações afirmativas nas empresas privadas: É necessário? É possível? Como fazer? *Migalhas*, 23 set. 2020. Disponível em: https://www.migalhas.com.br/depeso/333744/acoes-afirmativas-nas-empresas-privadas--e-necessario--e-possivel--como-fazer. Acesso em: 25 jan. 2023.

SANTOS, Frei David Raimundo dos; FERREIRA, Renato. *As cotas raciais 20 anos depois*. Correio Braziliense, 1 jan. 2022. Disponível em: https://www.correiobraziliense.com.br/opiniao/2022/01/4974518-as-cotas-raciais-20-anos-depois.html. Acesso em: 23 jan. 2023.

VALE. *Equidade racial*. Disponível em: https://vale.com/ja/equidade-%C3%A9tnico-racial. Acesso em: 21 jan. 2023.

Informação bibliográfica deste livro, conforme a NBR 6023:2018 da Associação Brasileira de Normas Técnicas (ABNT):

VELLOZO, Michel de Souza; CAMPOS, Pâmela Souza. A sub-representação dos negros e negras nas funções finalísticas da administração da justiça: um olhar sobre a baixa efetividade da política afirmativa de reserva de vagas para negros nos concursos para membros nas instituições jurídicas e os bons exemplos do setor privado. BOMFIM, Daiesse Quênia Jaala Santos (Coord.). *Políticas afirmativas de inclusão e equidade racial*: reflexões acerca do papel dos setores público e privado. Belo Horizonte: Fórum, 2023. p. 349-378 ISBN 978-65-5518-553-9.

EQUIDADE RACIAL NA GESTÃO PÚBLICA: A IMPORTÂNCIA DO PROGRAMA SP AFRO BRASIL E DAS POLÍTICAS PÚBLICAS IMPLANTADAS NA SECRETARIA EXECUTIVA DO CENTRO DE EQUIDADE RACIAL DO GOVERNO DO ESTADO DE SÃO PAULO

IVAN DE LIMA

1 Introdução

Nós não somos descendentes de escravos como dizem os livros escolares, nós somos descendentes de grandes civilizações africanas, de reinados fortes e poderosos, de reis, rainhas, príncipes e princesas. Somos frutos de um povo que desenvolveu a escrita, a astrologia, as ciências e as pirâmides, somos parentes de homens e mulheres que desenvolveram as técnicas agrícolas e de metalurgia imprescindíveis para os ciclos econômicos do Brasil, seja o ciclo da cana no Nordeste, o ciclo do ouro e minérios em Minas Gerais, ou o ciclo do café, Rio de Janeiro e São Paulo, fundamental para o desenvolvimento do estado de São Paulo e do Brasil. Existe uma história dos negros e da África sem o Brasil, mas não existe uma história do Brasil sem os negros e sem a África.

Nós somos o que fazemos, mas, principalmente, somos o que fazemos para mudar o que somos. Certa vez, nosso líder mundial Barack Obama disse que somos a mudança que procuramos. Nesse contexto, e também inspirado na Década Internacional dos Afrodescendentes proclamada pela ONU, que traz como tema, "Reconhecimento, Justiça e Desenvolvimento", e no conceito ESG Racial, bem como a necessidade da retomada do desenvolvimento social e econômico da população negra em todas as regiões do estado de São Paulo, o governo do estado cria políticas públicas essenciais, efetivas e concretas para a negritude paulista e brasileira, que serão apresentadas em seções a partir da implantação da Secretaria Executiva do Centro de Equidade Racial, um comitê intersecretarial de desenvolvimento regional e socioeconômico do estado de São Paulo.

É de suma importância que desde já possamos explicar a diferença entre Igualdade e Equidade. Igualdade é dar o tratamento igualitário para todos, como preconiza a constituição federal brasileira em seu artigo 5º.[1] Porém, numa sociedade desigual, plural e heterogênea, dar o tratamento igualitário a todos somente irá perpetuar estas desigualdades. É preciso tratar os desiguais, na medida das suas desigualdades para alcançar a igualdade material e é nesse sentido que aplicamos a Equidade – uma igualdade real, verdadeira, uma igualdade alcançada a partir de ações afirmativas, ou seja, uma igualdade com justiça.

2 Implantação do Centro de Equidade Racial

O Centro de Equidade Racial, comitê intersecretarial de desenvolvimento regional e socioeconômico, foi criado por meio da resolução SDR-33, do Diário Oficial do Estado de 25 de março de 2021, vinculado à Secretaria de Desenvolvimento Regional, com o objetivo de planejar, coordenar, articular e implementar programas e ações de políticas públicas, bem como, monitorar os resultados, a fim de promover a equidade racial no estado de São Paulo.

Uma grande sacada estratégica da composição do Centro de Equidade Racial foi a aprovação do chefe do executivo paulista para que os próprios Secretários de Estado de mais de 20 pastas do governo tomassem posse no dia 22 de março de 2021 como membros do comitê intersecretarial. Com o objetivo de promover o desenvolvimento regional e a retomada do desenvolvimento social e econômico da população

---

[1] "Todos são iguais perante a lei, sem distinção de qualquer natureza, garantindo-se aos brasileiros e aos estrangeiros residentes no País a inviolabilidade do direito à vida, à liberdade, à igualdade, à segurança e à propriedade".

negra do estado de São Paulo e servir de exemplo para o Brasil, o comitê foi criado em um momento de aparente retrocesso em relação às políticas de igualdade racial no nível federal.

As secretarias e órgãos que compõem o Centro de Equidade Racial são:

I - Secretaria de Desenvolvimento Regional;
II - Secretaria de Governo;
III - Secretaria de Administração Penitenciária;
IV - Secretaria de Agricultura e Abastecimento;
V - Secretaria de Cultura e Economia Criativa;
VI - Secretaria de Desenvolvimento Econômico;
VII - Secretaria de Desenvolvimento Social;
VIII - Secretaria de Educação;
IX - Secretaria de Esporte, Lazer e Juventude;
X - Secretaria da Habitação;
XI - Secretaria da Segurança Pública;
XII - Secretaria da Justiça e Cidadania;
XIII - Secretaria da Saúde;
XIV - Secretaria de Turismo;
XV - Fundação Memorial da América Latina;
XVI-Secretaria dos Direitos da Pessoa com Deficiência;
XVII- Secretaria de Infraestrutura e Meio Ambiente;
XVIII - Secretaria de Comunicação;
XIX - Secretaria de Relações Internacionais;
XX - Secretaria de Transportes Metropolitanos;
XXI - Coordenadoria Estadual de Políticas para a População Negra e Indígena de São Paulo;
XXII - Conselho Estadual de Participação e Desenvolvimento da Comunidade Negra de São Paulo.

A coordenação dos trabalhos e os membros do Comitê foram designados pelo Secretário de Desenvolvimento Regional e coube à Secretaria Técnica e à Executiva as ações de assessoramento técnico e administrativo do Comitê.

O Secretário Executivo do Centro de Equidade Racial teve a atribuição de adotar as providências necessárias ao adequado funcionamento do Comitê, a preparação das pautas de reuniões, as atas, a organização e o arquivo dos documentos recebidos e expedidos, bem como a execução e o acompanhamento das decisões tomadas pelo Comitê e outras atividades que lhe forem atribuídas pelo Secretário de

Desenvolvimento Regional. A Fundação Sistema Estadual de Análise de Dados (SEADE) foi vital para a criação do Observatório de Equidade Racial com o propósito de efetuar pesquisas e fornecer dados com recorte racial para o aprimoramento das políticas públicas e o monitoramento do plano de metas e indicadores de forma transversal em todos os eixos temáticos.

É importante salientar que esta política de equidade racial deve ser vista como uma política de Estado e não de governo, tendo em vista toda a contribuição histórica do nosso povo negro para a construção deste país, não obstante vale ressaltar que a criação do Centro de Equidade Racial (CER) foi imprescindível para enfatizar a necessidade de fomentar o desenvolvimento socioeconômico da negritude paulista, haja vista que a população negra, representada por 40,1% da população paulista, contendo aproximadamente 20 milhões de pessoas que se autodeclaram pretas e pardas, das 46 milhões do estado de São Paulo, foram as mais afetadas com número de casos e de óbitos da pandemia da COVID-19. O CER foi fundamental para a articulação e implementação de políticas, programas e ações, sobretudo pela conquista de uma cadeira permanente nas reuniões de Secretariado de Estado, tendo direito a voz e apresentação das iniciativas para a promoção da equidade em todas as pastas do governo.

Esta participação qualificada trouxe à tona um imenso programa de reconhecimento, justiça e desenvolvimento para a história e cultura afro-brasileira, de forma inovadora, pioneira e inédita no estado de São Paulo, o Programa SP Afro Brasil, com aproximadamente 20 milhões de reais no orçamento paulista para a realização de políticas públicas específicas para a população preta.

Em 2021 aconteceram duas ações importantes do CER na sede do governo do estado, sendo uma a formatura do Curso de Formação Racismo Estrutural e Equidade Racial, que propiciou uma reflexão sobre o racismo estruturado e institucionalizado na sociedade brasileira, um resgate histórico do período de escravização, da abolição inacabada e do mito da democracia racial, passando pelas ações de enfrentamento ao racismo, mas sobretudo trazendo um destaque para a história e cultura afro-brasileira e africana e a contribuição da população negra nos ciclos econômicos através das técnicas agrícolas e de mineração trazidas da África. A outra foi a celebração do XV Prêmio África Brasil-2021 do Centro Cultural Africano, em alusão ao Dia Internacional da África. A entrega do troféu Mama África foi um reconhecimento às personalidades, aos artistas, empresários e autoridades que se destacaram com projetos, ações sociais e políticas afirmativas de inclusão dos afrodescendentes. Vale destacar que o comitê se reúne mensalmente na sede do Centro de Equidade Racial, situada no Palácio dos Bandeirantes, com a presença dos membros representantes de cada secretaria, onde cada mês uma secretaria de estado apresenta os programas e ações voltadas para a população negra. Diversos projetos resultaram da atuação do comitê, tais como Bolsa Empreendedor, Trilha da Educação Antirracista, Programa São Paulo contra o Racismo, Cidades Antirracistas, Plano Estadual de Promoção da Igualdade Racial, Afroturismo, Circuito Turístico Quilombola, Saúde da População Negra, Vacinação das Comunidades Quilombolas e Povos Indígenas, PROAC Cultura Negra, Casa SP Afro Brasil, Projeto Beleza Negra, MIS em Cena Grandes Personalidades Negras, Programa Empreenda Afro, Curso de Equidade Racial na Administração Penitenciária, Fórum SP Afro Brasil e o Prêmio SP Afro Brasil.

3 Conselho de Participação e Desenvolvimento da Comunidade Negra do estado de São Paulo

O Conselho de Participação e Desenvolvimento da Comunidade Negra (CPDCN) foi criado em 1984 como resposta governamental às lutas empreendidas por diversas organizações negras ao longo do século XX. O Conselho tem como objetivo desenvolver estudos relativos à condição da comunidade negra e propor medidas que visem à defesa dos seus direitos, eliminação das discriminações e plena inserção na vida socioeconômica, política e cultural.

A vocação democrática do CPDCN se expressa na composição dos seus 32 membros-conselheiros, dos quais dez são representantes das secretarias de estado, indicados pelo governo em exercício, e os outros 22 são representantes da sociedade civil, indivíduos com participação em associações comunitárias, organizações não governamentais, núcleos de estudos e pesquisas, lideranças sociais e intelectuais, todos com reconhecidos trabalhos realizados em prol da igualdade. O CPDCN foi o primeiro órgão governamental criado no país com a finalidade de combater o racismo e promover o desenvolvimento da população negra, articulando a política governamental às ações, reivindicações e à agenda político-social da população em geral e da comunidade negra em particular.

Ao longo de 38 anos de atuação, o CPDCN esteve na vanguarda das ações participativas e emancipatórias, constituindo-se em órgão de referência para muitas entidades negras, como o Coletivo de Advogados Negros do estado de São Paulo; o Centro de Estudos das Relações de Trabalho e Desigualdades (Ceert); o Nação Centro de Estudos e Resgate da Cultura Afro-brasileira (Cercab); o Coletivo de Empresários e Empreendedores Afro-brasileiros (Ceabra), entre outras.

No âmbito público, o CPDCN inspirou e assessorou consultivamente o governo federal na criação da Fundação Cultural Palmares e do Grupo de Trabalho interministerial para Valorização da População Negra (GTIVPN), que teve papel relevante para a redação do Plano Nacional dos Direitos Humanos (PNDH), principalmente no tocante às políticas afirmativas direcionadas às populações historicamente excluídas (indígenas, negros, mulheres).

Ademais, podemos listar ainda as seguintes contribuições:

- Criação das delegacias de crimes raciais;
- Descentralização através da criação de conselhos municipais do estado de São Paulo;
- Coordenação das conferências municipais, regionais, estadual e nacional de promoção da igualdade racial em parceria com as entidades do movimento social negro;
- Capacitação de professores nas Leis nºs 10.639/03 e 11.645/08;
- Implantação da temática racial nos cursos de formação da Polícia Militar e Civil do estado de São Paulo, a fim de combater o genocídio da juventude negra, o preconceito e a discriminação junto aos órgãos de segurança do estado de São Paulo;
- Implementação do programa São Paulo contra o racismo no esporte;
- Implantação do Projeto Beleza Negra, com cursos de gestão para profissionais e empreendedores da área da beleza;
- Formação em políticas de promoção da igualdade racial para conselhos municipais das regiões do estado.

4 Coordenação de Políticas para a População Negra e Indígena do estado de São Paulo (CPPNI)

A Coordenação de Políticas para a População Negra e Indígena, vinculada à Secretaria de Justiça, criada pelo Decreto Estadual nº 54.429/2009, surgiu como uma das propostas do movimento negro durante a II Conferência de Promoção de Igualdade Racial, realizada em 21 de maio de 2009. A coordenação tinha por objetivo desenvolver políticas públicas específicas voltadas para efetiva promoção da igualdade de oportunidades em favor dos segmentos étnicos e religiosos considerados historicamente vulneráveis.

Inspirada no Programa Estadual dos Direitos Humanos e na legislação correlata, a Coordenação atua para a garantia de direitos e o exercício pleno da cidadania e para o respeito à dignidade da pessoa humana, podendo estabelecer parceria com órgãos e entidades públicas do estado e municípios, bem como organizações da sociedade civil. O estado de São Paulo é o ente pioneiro da Federação que possui uma lei administrativa a qual dispõe sobre as penalidades administrativas a serem aplicadas pela prática de atos discriminatórios por motivo de raça ou cor, ocorridos em seu espaço territorial, pela aplicação da Lei Estadual nº 14.187 de 19 de julho de 2010 (atualizada pela Lei Estadual nº 16.762 de 11 de junho de 2018), por qualquer pessoa jurídica ou física, inclusive a que exerça função pública que atinge a esfera criminal, cível, administrativa, incluindo o Procon Racial.

Destacam-se entre as suas metas, ainda, o acompanhamento de programas para as comunidades tradicionais indígenas e quilombolas, a busca de promoção do diálogo inter-religioso e colaboração com o Conselho de Participação e Desenvolvimento da Comunidade Negra do estado de São Paulo e o Centro de Equidade Racial.

O estado de São Paulo, possui uma rede de ações afirmativas voltadas às questões raciais, denominada Rede SP Afro Brasil, com a participação da delegacia especializada em crimes raciais, a Delegacia da Diversidade *online*, os novos Procon SP Racial, os núcleos especializados da Defensoria Pública do estado de São Paulo e do Ministério Público do estado de São Paulo, as Comissões de Igualdade Racial da Ordem dos Advogados do Brasil – São Paulo, o Programa SOS Racismo da Assembleia Legislativa de São Paulo, as diversas Frentes Parlamentares Antirracistas do estado de São Paulo, complementados por uma miríade de organizações da sociedade civil voltadas às questões de igualdade racial.

As práticas de ações afirmativas desenvolvidas no âmbito nacional e estadual precisam estar devidamente empoderadas por todas as pessoas que buscam a construção de uma sociedade mais justa e mais igualitária. A partilha do sonho do Dr. Luiz Gama em nossos tempos será pedra fundamental para resplandecer em nossos espaços atitudes menos portadoras de "ódio" e com maior presença do "respeito", da "busca pela dignidade de todos", seja por pessoas da sociedade civil ou dos órgãos governamentais.

Outrossim, a Rede de Enfrentamento ao Racismo, criada por meio da Portaria nº 9.269/2020-PG, surge com a finalidade de melhor conhecer o cenário da implementação de políticas afirmativas de igualdade racial e de estudar formas, estratégias e instrumentos de transformação desta realidade. Dentre suas atribuições, aponta-se: elaborar estudos e planos de prevenção, realizar discussões e articulações com a sociedade civil, demais órgãos públicos e comunidade científica, ampliar canais de denúncias de violações às discriminações étnico-raciais, e construir parcerias para a aceleração das políticas de ações afirmativas pertinentes à adoção de estratégias com maior resolutividade na defesa da igualdade racial, tanto dentro da instituição como fora dela, atentando-se à transversalidade de raça, etnia, credo, gênero e orientação sexual, incentivando a primazia das práticas autocompositivas.

Já o programa Cidade Antirracistas visa fomentar a criação e o fortalecimento de estruturas municipais voltadas ao combate ao racismo, incluindo órgão de Políticas de Promoção da Igualdade Racial, Conselho de Promoção da Igualdade Racial e Plano de Promoção da Igualdade Racial.

5 Curso de Formação Equidade Racial

Inicialmente, importa salientar que o curso de formação é importante para o combate do racismo estrutural em nosso país. Promovido pela SDR por meio do Centro de Equidade Racial e em parceria com o Projeto Amigo das Comunidades (PAC). Voltado aos profissionais do PAC (professores, assistentes sociais e coordenadores), ele foi ministrado pelo professor universitário, engenheiro e secretário executivo do Centro de Equidade Racial, Ivan Lima; pela cientista social e ativista de direitos humanos, Alessandra Laurindo; pela professora de História e Geografia e mestranda em Educação, Adriana Vasconcellos.

O curso ainda teve a participação do presidente do Conselho de Participação e Desenvolvimento da Comunidade Negra do estado de São Paulo, Gil Marcos Clarindo dos Santos; da coordenadora de Políticas para a População Negra e Indígena do estado de São Paulo, Rosangela de Paula e do empresário e palestrante, presidente de honra da União Afro Brasil, Geraldo Rufino, que abrangeu quatro aulas, com carga horária de quatro horas cada, totalizando 16 horas de aprendizado. Cada aula contemplou uma temática diferente.

A primeira tratou do "Racismo estrutural", com uma breve reflexão sobre a estruturação do racismo na sociedade brasileira. O segundo módulo, "O enfrentamento ao racismo e as políticas públicas", resgatou o histórico sobre escravidão, abolição inconclusa, o mito da democracia racial e traçou panorama a respeito da questão racial na formação do Brasil e na contemporaneidade. Essa etapa também apontou caminhos aos alunos para engajamento na luta antirracista.

Já a terceira parte do curso, "Ensino da história e cultura afro-brasileira", promoveu maior conhecimento, reconhecimento e respeito pela cultura, história e patrimônio dos povos afrodescendentes, por meio de pesquisas, e promoveu a inclusão da história e da contribuição dos povos afrodescendentes nos currículos escolares.

O quarto e último módulo, "Equidade étnico racial", destacou que a desigualdade racial entre negros e brancos no Brasil é uma consequência do racismo estruturado e institucionalizado desde o período de escravização. Os alunos ainda receberam apostilas e foram propostos vídeos, documentários, dinâmicas e estudos de casos, além de reuniões virtuais com especialistas e representantes de instituições que desenvolvem ações antirracistas.

6 Casa SP Afro Brasil

A Casa SP Afro Brasil é uma iniciativa do governo do estado de São Paulo para implantar equipamentos destinados ao reconhecimento e valorização da história afro-brasileira, bem como para promoção de políticas públicas de desenvolvimento social e econômico, justiça, cidadania e enfrentamento ao racismo.

Tem por objetivo realizar atividades de desenvolvimento regional e socioeconômico por meio de programas de afroempreendedorismo, geração de trabalho e renda, atração de investimentos junto às instituições financeiras e qualificação profissional, cursos de gestão para os profissionais da área da beleza negra, moda afro, assim como oficinas culturais de samba, funk, hip hop, capoeira e dança afro, gastronomia com comidas típicas da culinária negra, ensino de história e cultura afro-brasileira, serviços de inclusão, proteção e promoção social, programas de saúde integral da população negra e atendimento do programa São Paulo contra o racismo.

Para além da questão econômica, a Casa SP Afro Brasil representa um espaço de cidadania e um observatório de interação com diversos órgãos públicos para construção de políticas públicas que visem à redução das desigualdades especialmente da população paulista em situação de alta vulnerabilidade. As prefeituras poderão solicitar uma Casa SP Afro Brasil por meio de ofício encaminhado à Secretaria de Desenvolvimento Regional, que fará a articulação e formalizará os convênios para criação dos espaços, que tiveram os projetos executivos desenvolvidos pela Companhia de Desenvolvimento Habitacional e Urbano (CDHU).

As prefeituras disponibilizam os terrenos e ficam responsáveis pelo custeio, após a inauguração das Casas. Os primeiros municípios que estão na fase inicial da construção e licitação são: Barretos, Araraquara, São José do Rio Preto, Presidente Prudente, Lorena, Cubatão, Registro, Carapicuíba, Osasco, Araras, Francisco Morato, Mauá e Sorocaba.

A Casa SP Afro Brasil é vinculada à Secretaria de Desenvolvimento Regional em parceria com as pastas de Desenvolvimento Econômico, Desenvolvimento Social, Educação, Saúde, Cultura e Economia Criativa, Justiça e Cidadania, Esporte e Lazer e Habitação.

O projeto das Casas foi desenvolvido para oferecer um ambiente acolhedor às pessoas que vão utilizá-lo, versátil para a infinidade de atividades que vai abrigar, com visual moderno e forte padrão de identidade. Desde o desenho técnico aos materiais, ele incorpora também como um direcionamento a agilidade e simplicidade na execução das obras que são fiscalizadas pela CDHU. O investimento do estado será de R$15,3 milhões, que prevê a construção de vinte unidades em todas as regiões administrativas do estado de São Paulo, através de convênios em parceria com municípios.

A Casa SP Afro Brasil vai ao encontro dos objetivos da Década Internacional de Afrodescendentes (2015-2024), proclamada pela Assembleia Geral da ONU e tem como tema o Reconhecimento, Justiça e

Desenvolvimento. Cabe ao estado reconhecer a necessidade de fortalecer a cooperação nacional, regional e internacional em relação aos direitos econômicos, sociais, culturais, civis e políticos de afrodescendentes, bem como sua participação igualitária em todos os aspectos da sociedade.

O lançamento desta importante política pública no Fórum SP Afro Brasil de 2021[2] foi um acontecimento marcante na vida a população negra do nosso estado. São Paulo é vanguarda no movimento social negro e o primeiro a ter um órgão de combate ao racismo, o Conselho Estadual de Participação e Desenvolvimento da Comunidade Negra de São Paulo. Agora a Casa SP Afro Brasil irá fortalecer ainda mais a luta pelo respeito integral e a legitimidade cultural como forma de resistência da população negra paulista.

As Casas SP Afro Brasil deverão implantar atividades, programas e ações em parcerias com as secretarias estaduais e municipais, tais como:

- Secretaria de Desenvolvimento Econômico: Bolsa do Povo Empreendedor, Via Rápida, Artesanato Afro, Empreenda Afro, Minha Chance, Selo da Diversidade e Cooperação Técnica, e Parcerias com o SEBRAE-SP;
- Desenvolvimento Social: Prospera Jovem, Prospera Mulher, Impulsiona SP, São Paulo Amigo do Idoso, Serviços (CRAS e CREAS) – Cadastro Único;
- Educação: Educação Antirracista, ensino de História e Cultura Afro-Brasileira e Africana, Reconhecimento e Valorização das Personalidades Negras;
- Saúde: Saúde integral da população negra;
- Cultura e Economia Criativa: Oficinas Culturais de Samba, Capoeira, Jongo, Hip Hop, Funk, Maculelê, Maracatu, Dança Afro, entre outras, e curso teórico e prático de percussão afro-brasileira;
- Justiça e Cidadania: Programa São Paulo contra o Racismo (Lei nº 14.187/10) e Fórum Inter-religioso pela Cultura de Paz;
- Esporte e Lazer: Projetos de incentivo ao esporte, festivais de esporte e cultura, Programa Faça um Golaço contra o Racismo no Esporte e espaço de lazer para a comunidade.

---

[2] GOVERNO anuncia Casa SP Afro Brasil, projeto de equidade racial, *Veja São Paulo*, 13 nov. 2021. Disponível em: https://vejasp.abril.com.br/cidades/governo-sp-casa-afro-brasil-equidade-racial/. Acesso em: 15 mar. 2023.

7 Fórum SP Afro Brasil

O Centro de Equidade Racial, vinculado à Secretaria de Desenvolvimento Regional, promoveu o Fórum SP Afro Brasil 2021. O evento realizado no Memorial da América Latina contou com a participação de autoridades estaduais, prefeitos e sociedade civil, com debates sobre ações para promoção da equidade racial em São Paulo.

O Fórum SP Afro Brasil 2021 teve como propósito dialogar com os municípios, conectar ações e propor novos caminhos para o desenvolvimento regional e socioeconômico de cultura afro-brasileira; o enfrentamento ao racismo religioso, institucional e estrutural; o fomento ao afroempreendedorismo e a implantação de políticas públicas de promoção à equidade racial no estado de São Paulo.

A programação contou com a participação de autoridades estaduais, municipais e a apresentação de temas de interesse de toda a população, como palestra sobre as religiões de matriz africana; painel sobre empreendedorismo afro; apresentações artísticas (canções, poemas); desfile de moda e beleza afro; roda de samba, além do anúncio da nova iniciativa do governo de São Paulo.

No ano de 2022, ocorreu a 2ª edição do Fórum SP Afro Brasil,[3] com painéis de debates, atividades culturais envolvendo apresentação de jongo, maracatus, capoeira, encontro de congadas, comunidades quilombolas, dança afro, hip hop e diversas modalidades de samba. As cantoras Paula Lima e Luciana Melo e a Escola de Samba Vai Vai também se apresentaram no Fórum.

8 Projeto Beleza Negra

A iniciativa tem o objetivo de oferecer uma jornada de conhecimento para empreendedores do segmento de beleza negra. Tem como foco a formação de empreendedores negros, conta também com palestra sobre tendência de mercado, além de depoimentos de empreendedores da área, com objetivo principal de apoiar esses empreendedores na administração e gerenciamento dos seus negócios. Além do conteúdo

---

[3] SÃO PAULO, Secretaria de Desenvolvimento Regional. *Fórum SP Afro Brasil*, 26 nov. 2022 a 27 nov. 2022. Fórum de Desenvolvimento Regional e Socioeconômico de Cultura Afro-brasileira 2022. Disponível em: https://memorial.org.br/evento/forum-sp-afro-brasil-2022/. Acesso em: 13 mar. 2023.

teórico do curso, os participantes têm a oportunidade de interagir com profissionais já experientes no ramo.

Com efeito, empreender no Brasil é desafiador. Milhares de pessoas vivem na informalidade e a pandemia acentuou esse movimento. O programa é voltado tanto para quem já é empreendedor com empresa constituída, quanto para quem está no processo de abertura do empreendimento ou atuando como autônomo. Preferencialmente, com foco nos salões de beleza cujos proprietários sejam empreendedores afrodescendentes e que obrigatoriamente ofereçam serviços para a população negra.

Muitos empreendedores atendem na própria residência, em domicílio, outros têm o próprio espaço ou ainda trabalham em algum salão de beleza. Em comum, eles não realizam o controle financeiro, ou até realizam, mas misturam com finanças pessoais. Também não têm familiaridade com outras demandas, como marketing e gestão de pessoas.

Os participantes têm acesso a palestras sobre tendências para o segmento da beleza, além de painéis com empresários convidados. Alguns temas que já foram abordados: inteligência e comportamento empreendedor, marketing para salão de beleza, como formalizar seu negócio, fidelização de clientes e fluxo de caixa, finanças para o seu salão de beleza, como vender mais no salão de beleza, entre outros.

9 MIS em Cena: grandes personalidades negras

Este programa visa democratizar o acesso à cultura e ir ao encontro de áreas mais periféricas da cidade. Conta com a participação de grafiteiros e artistas indicados por Centros de Educação Unificados, Fábricas de Cultura e outras entidades culturais do estado de São Paulo para produzirem trabalhos em homenagem a personalidades negras históricas do país.

A iniciativa é uma realização do MIS, MIS Experience e Paço das Artes, instituições da Secretaria de Cultura e Economia Criativa do estado de São Paulo. A seleção das personalidades homenageadas foi elaborada por meio de uma parceria com o Conselho de Participação e Desenvolvimento da Comunidade Negra (CPDCN).

A realização do MIS em Cena em parceria com o Museu Afro Brasil resultou do acolhimento dado ao evento por Emanoel Araújo, célebre diretor e curador da instituição, que sempre atuou para a valorização e a visibilidade da produção afro-brasileira nos mais diversos campos, abrindo caminhos para muitos nomes e fundando assim o museu.

O MIS em Cena busca contemplar a produção artística nas periferias da cidade, transpondo as barreiras físicas dos museus. Outro propósito da ação é o reconhecimento da técnica do grafite como manifestação artística de valor cultural – combatendo preconceitos e valorizando as pluralidades de ações no âmbito das artes urbanas.

10 Titulação de comunidades remanescentes de quilombos do estado de São Paulo[4]

O governo do estado de São Paulo, por meio da Secretaria da Justiça – com suporte jurídico da Procuradoria Geral do Estado e da Fundação Itesp, concedeu títulos de domínio às associações remanescentes dos quilombos no Vale do Ribeira, onde vivem 847 pessoas de 317 famílias.

Após estudos antropológicos e da análise da viabilidade jurídica da titulação sob o aspecto fundiário realizada pela PGE, as comunidades foram reconhecidas e assim assegurada a regularização de seus territórios, com a entrega dos títulos de domínio às respectivas associações. Esses documentos correspondem à área pertencente ao 27º Perímetro de Eldorado Paulista.

A titulação de um território quilombola é garantida pela Constituição Federal de 1988 e representa a reparação histórica sobre a escravização negra no Brasil. No Vale do Ribeira, no âmbito do Programa Vale do Futuro, as transformações social e econômica têm tornado a região um modelo de desenvolvimento sustentável, gerador de riqueza e qualidade de vida.

A comunidade Nhunguara foi reconhecida como remanescente de quilombo pelo governo do estado de São Paulo em 2001, em área correspondente a 8,1 mil hectares, localizada entre os municípios de Eldorado e Iporanga. São 200 famílias que somam 500 pessoas.

A comunidade Sapatú foi reconhecida como remanescente de quilombo pelo governo do estado de São Paulo em janeiro de 2001. O

---

[4] SÃO PAULO concede títulos de domínio a três associações remanescentes de quilombos no Vale do Ribeira. *Procuradoria Geral do Estado de São Paulo*, 25 nov. 2022. Disponível em: http://www.portal.pge.sp.gov.br/sao-paulo-concede-titulos-de-dominio-a-tres-associacoes-remanescentes-de-quilombos-no-vale-do-ribeira/ Acesso em: 20 mar. 2023.

território quilombola tem área aproximada de 3,7 mil hectares, onde vivem 285 pessoas de 100 famílias.

A comunidade tem sua atividade econômica voltada ao artesanato, à agricultura, ao cultivo de roças de arroz, feijão, milho, mandioca, cana de açúcar, banana e pupunha. Os produtos são comercializados em mercados institucionais através de programas governamentais, garantindo também a subsistência de seus moradores.

Herdado de seus antepassados, o artesanato faz parte do cotidiano das comunidades quilombolas do Vale do Ribeira e Sapatú, utilizando, sobretudo, a fibra de bananeira. No barracão da comunidade, são promovidos bailes como a dança Nhá Maruca – variação do fandango batido, apresentado pela comunidade. As principais festas religiosas são a Bandeira do Divino, a festa de Nossa Senhora Aparecida e festa de Santa Luzia.

A comunidade Ostras foi reconhecida pelo governo do estado de São Paulo em novembro de 2018. Constituída por 17 famílias, 62 pessoas, numa área de pouco mais de 238 hectares.

As moradias no bairro Ostras são de alvenaria e todas têm luz elétrica. A água que abastece as casas vem das nascentes que estão localizadas no outro lado do rio Ribeira.

Para complementar sua renda, moradores de Ostras plantam arroz, feijão, mandioca, milho, banana, abóbora e café. As roças são feitas próximas às casas ou em uma área do outro lado do rio, dentro do território da comunidade. Eles também desenvolvem projetos voltados ao turismo.

11   Plano Estadual de Promoção da Igualdade Racial de São Paulo (PEPIR)[5]

Para a elaboração do Plano Estadual de Promoção da Igualdade Racial do estado de São Paulo, o Conselho Estadual de Participação e Desenvolvimento da Comunidade Negra, o Centro de Equidade Racial, a Coordenadoria de Políticas para a População Negra e Indígena e a Sociedade Civil realizaram o levantamento de documentos similares,

---

[5]   SÃO PAULO, Secretaria de Desenvolvimento Regional. Centro de Equidade Racial. Plano Estadual de Promoção da Igualdade Racial de São Paulo. Disponível em: https://www.sdr.sp.gov.br/plano-estadual-de-promocao-da-igualdade-racial-e-apresentado-pelo-palacio-dos-bandeirantes/. Acesso em: 22 mar. 2023.

bem como das normativas estaduais, nacionais e internacionais relativas à promoção da igualdade racial.

Em outubro de 2019, as pesquisas foram iniciadas a partir dos marcos normativos fundantes, e dos planos e políticas acerca da mesma temática, utilizados como parâmetros. Além disso, foram aglutinadas as demandas provenientes das I, II, III e IV Conferências Estaduais de Promoção da Igualdade Racial de São Paulo de competência do estado e de Relatórios Finais da V Conferências Regionais do estado de São Paulo.

Tendo em vista a exequibilidade técnica e fática e o alcance dos objetivos geral e específicos traçados, as equipes técnicas estabeleceram as ações, bem como as metas, indicadores, parcerias, prazos e orçamentos referentes a cada ação.

As metas propostas no Plano Estadual de Promoção da Igualdade Racial são desdobramentos das ações em um nível de maior materialidade. Os indicadores, por sua vez, refletem a execução e alcance das metas de forma quantitativa e qualitativa, sendo instrumento de monitoramento e avaliação. Uma vez que algumas das ações propostas necessariamente pressupõem a conjunção de esforços entre diversos órgãos e entidades, apontaram-se as parcerias adotadas para a realização das metas previstas. Do mesmo modo, foram estabelecidos os prazos para a efetivação das metas, bem como a fonte orçamentária a que estão vinculadas.

Cabe ressaltar que o resultado desse plano é a soma de esforços coletivos, de grupos distintos, política e ideologicamente, que em diferentes momentos se dedicaram a pensar uma Política de Estado, mas com um objetivo comum que é priorizar o bem viver da população negra de São Paulo, vislumbrando a sua real valorização e o reconhecimento da sua história.

O Plano será coordenado pela Coordenadoria de Políticas para a População Negra e Indígena, pelo Conselho Estadual de Participação e Desenvolvimento da Comunidade Negra e será executado pelas 20 Secretarias que compõem o Centro de Equidade Racial.

Os eixos temáticos que compõem o plano são:

1. Trabalho e renda, desenvolvimento econômico, tecnologia e inovação vinculados à população negra e dos povos e comunidades tradicionais;
2. Desenvolvimento de educação antirracista;
3. Saúde da população negra;

4. Promoção de instrumentos de enfrentamento ao racismo;
5. Proteção à cultura da comunidade negra e dos povos e comunidades tradicionais;
6. Defesa dos povos e comunidades tradicionais;
7. Processo de empoderamento das mulheres negras;
8. Políticas públicas para a juventude negra;
9. Proteção dos povos e comunidades tradicionais de matriz africana e religiões afro-brasileira;
10. Política habitacional, direito a terra e desenvolvimento sustentável dos povos e comunidades tradicionais.

12 Conclusão e próximos passos

Com o objetivo de promover a retomada do desenvolvimento social e econômico da população negra do estado de São Paulo, o governo do estado criou em março de 2021, de forma pioneira, o Centro de Equidade Racial – comitê intersecretarial de desenvolvimento regional e socioeconômico, que visa planejar, coordenar, articular e implementar programas e ações de políticas públicas, e monitorar os resultados, a fim de implantar a equidade racial no estado de São Paulo e consequentemente no Brasil.

As principais ações implantadas são 20 casas afro-brasileiras e os fóruns socioeconômicos de cultura afro-brasileira na Secretaria de Desenvolvimento Regional, o Observatório de Equidade Racial, o Programa Empreenda Afro na Secretaria de Desenvolvimento Econômico, os cursos de formação em equidade racial, regularização fundiária com a titulação de território das comunidades quilombolas do Vale do Ribeira na Secretaria da Justiça e Cidadania, educação antirracista e ações afirmativas e jurídicas na Secretaria de Estado da Educação e a megaexposição MIS em Cena: grandes personalidades negras na Secretaria de Cultura e Economia Criativa.

O que se constata é que a população negra apenas necessita de oportunidades para que grandes transformações aconteçam. O potencial de talento e comprometimento é visível em todas as áreas do conhecimento.

Nesta experiência de gestão pública do Centro de Equidade Racial, foi possível evidenciar alguns fatores críticos de sucesso das políticas públicas implementadas, tais como:

- Comprometimento do chefe do executivo com a pauta da equidade racial;
- Representação no espaço de poder e decisão com cadeira permanente nas reuniões de secretariado;
- Todos os membros representantes das secretarias são secretários e secretárias de estado;
- Integração em CER, o CPDCN e a CPPNI em parceria com as secretarias e os órgãos do estado;
- Cada secretaria teve a responsabilidade de estabelecer uma política pública de equidade racial;
- Reuniões mensais do Centro de Equidade Racial com apresentação de programas de cada secretaria;
- Apoio estratégico da Secretaria de Comunicação e Marketing com registro de todos os eventos;
- Articulação de políticas da Secretaria de Desenvolvimento Regional com autoridades municipais;
- Investimentos com orçamento nos programas e ações do Centro de Equidade Racial, de forma inédita;
- Inserção das políticas públicas do Centro de Equidade Racial no programa de metas do governo.

A instituição de um modelo de gestão satélite aparece como opção eficaz, que possui uma estrutura central enxuta no comando do governo, próxima ao chefe do executivo, tendo interface de forma transversal com representante locado em cada secretaria para implantação de programas e ações afirmativas e de promoção da equidade racial para a população negra e comunidades tradicionais. Dando continuidade na promoção da equidade racial, a partir de 2023 o foco será as empresas do setor privado, com a finalidade de propiciar um ambiente diverso, inclusivo e equitativo que oportunize concretamente espaços de poder e decisão para pessoas pretas e pardas por meio de ações afirmativas, letramento racial e instruções institucionais antirracistas que proporcionem o empoderamento destes profissionais em nível tático e estratégico e a sustentabilidade corporativa brasileira.

O principal desafio é desconstruir dinâmicas excludentes que já estão enraizadas na cultura e nos processos organizacionais. Vale dizer que as pessoas que ocupam espaços de poder em sua maioria são brancas, e as questões raciais dificilmente se tornam prioritárias nas agendas das empresas. Além disso, implementar ações nesse sentido implica repensar os espaços de privilégio e exclusão de diferentes grupos.

A formação, estruturação e consolidação da rede empresarial de equidade racial será fundamental para a implementação do projeto nas empresas especialmente nas maiores de cada setor da economia, com o propósito de desenvolver uma formação na temática racial, conscientizar sobre a importância de valorizar a diversidade, reduzir as desigualdades e enfrentar o racismo institucional, ampliar a representatividade de pessoas negras em cargos de liderança em todas as áreas da organização empresarial.

É importante salientar que este projeto busca atender o conceito ESG, assim como os Objetivos do Desenvolvimento Sustentável preconizados pela Agenda 2030, o programa Raça é Prioridade da ONU Brasil, que prevê 50% de negros em cargos de liderança nas empresas e o Plano de Ação da Década Internacional dos Afrodescendentes (2015-2024).

Sublinha-se que a equidade racial não é uma luta de negros contra brancos e nem de brancos contra negros, mas sim uma luta de todos contra o racismo. Sendo assim, devemos todos juntos identificar como o racismo institucional funciona nas empresas, desconstruir preconceitos sociais e vieses inconscientes que se tornam entraves empresariais, promover letramento racial, medir, documentar e publicar os progressos das empresas na promoção da equidade racial.

Referências

BRASIL, Decreto nº 4.886, de 20 de novembro de 2003. Institui a Política Nacional de Promoção da Igualdade Racial – PNPIR. Disponível em: https://www.planalto.gov.br/ccivil_03/decreto/2003/D4886.htm. Acesso em: 15 mar. 2023.

BRASIL, Decreto nº 592 de 06 de julho de 1992. Atos Pacto Internacional sobre Direitos Civis e Políticos. Disponível em: https://legislacao.presidencia.gov.br/atos/?tipo=DEC&numero=592&ano=1992&ato=2dco3YE10MFpWTf3e. Acesso em: 15 mar. 2023.

BRASIL, Decreto nº 6.872, de 4 de junho de 2009. Aprova o Plano Nacional de Promoção da Igualdade Racial - PLANAPIR, e institui o seu Comitê de Articulação e Monitoramento. Disponível em: https://www.planalto.gov.br/ccivil_03/_ato2007-2010/2009/decreto/d6872.htm. Acesso em: 15 mar. 2023.

BRASIL, Decreto nº 678, de 6 de novembro de 1992. Promulga a Convenção Americana sobre Direitos Humanos. Disponível em: https://presrepublica.jusbrasil.com.br/legislacao/109746/decreto-678-92. Acesso em: 15 mar. 2023.

BRASIL, Decreto nº 7.037, de 21 de dezembro de 2009. Aprova o Programa Nacional de Direitos Humanos - PNDH-3. Disponível em: https://www.planalto.gov.br/ccivil_03/_ato2007-2010/2009/decreto/d7037.htm. Acesso em: 15 mar. 2023.

BRASIL, Decreto nº 8.136, de 5 de novembro de 2013. Aprova o regulamento do Sistema Nacional de Promoção da Igualdade Racial - SINAPIR, instituído pela Lei nº 12.288, de 20 de julho de 2010. Disponível: https://www.planalto.gov.br/ccivil_03/_ato2011-2014/2013/decreto/d8136.htm. Acesso em: 15 mar. 2023.

BRASIL, Fundação Cultural Palmares. II Conferência Nacional de Políticas de Promoção da Igualdade Racial. Disponível em: https://www.palmares.gov.br/?p=3659. Acesso em: 15 mar. 2023.

BRASIL, Fundação Cultural Palmares. III Conferência Nacional de Políticas de Promoção da Igualdade Racial. Disponível em: https://www.palmares.gov.br/?p=29860. Acesso em: 15 mar. 2023.

BRASIL, Lei nº 12.711, de 29 de agosto de 2012. Dispõe sobre o ingresso nas universidades federais e nas instituições federais de ensino técnico de nível médio e dá outras providências. Disponível: https://www.planalto.gov.br/ccivil_03/_ato2011-2014/2012/lei/l12711.htm

BRASIL, Ministério dos Direitos Humanos e da Cidadania. IV Conferência Nacional de Políticas de Promoção da Igualdade Racial. Disponível em: https://www.gov.br/mdh/pt-br/assuntos/noticias/2018/maio/iv-conapir-igualdade-inclusao-acesso-a-justica-e-garantia-dos-direitos-humanos. Acesso em: 15 mar. 2023.

BRASIL, Secretaria Especial de Políticas de Promoção da Igualdade Racial. I Conferência Nacional de Políticas de Promoção da Igualdade Racial. Disponível em: http://go.undime.org.br/noticia/i-conferencia-nacional-de-promocao-da-igualdade-racial. Acesso em: 15 mar. 2023.

BRASIL. Constituição (1988). Constituição da República Federativa do Brasil de 1988. Brasília, DF: Presidência da República, 2016. Disponível em: https://www2.senado.leg.br/bdsf/bitstream/handle/id/518231/CF88_Livro_EC91_2016.pdf. Acesso em: 15 mar. 2023.

BRASIL. Decreto nº 591, de 6 de julho de 1992. Atos Internacionais. Pacto Internacional sobre Direitos Econômicos, Sociais e Culturais. Disponível em: https://www2.camara.leg.br/legin/fed/decret/1992/decreto-591-6-julho-1992-449000-publicacaooriginal-1-pe.html. Acesso em: 15 mar. 2023.

BRASIL. Lei nº 12.288, de 20 de julho de 2010. Institui o Estatuto da Igualdade Racial; altera as Leis nos 7.716, de 5 de janeiro de 1989, 9.029, de 13 de abril de 1995, 7.347, de 24 de julho de 1985, e 10.778, de 24 de novembro de 2003. Brasília, DF, 2010. Disponível em: https://www.planalto.gov.br/ccivil_03/_ato2007-2010/2010/lei/l12288.htm. Acesso em: 15 mar. 2023.

ONU. Convenção Internacional sobre eliminação de todas as formas de discriminação racial. Disponível em: https://bvsms.saude.gov.br/bvs/publicacoes/convDiscrimina.pdf. Acesso em: 15 mar. 2023.

ONU. Declaração e Plano de Ação de Durban (2001). III Conferência Mundial Contra o Racismo, Discriminação Racial, Xenofobia e Intolerâncias Correlatas. Disponível em: https://brasil.un.org/pt-br/150033-declara%C3%A7%C3%A3o-e-plano-de-a%C3%A7%C3%A3o-de-durban-2001. Acesso em: 15 mar. 2023.

SÃO PAULO, Assembleia Legislativa do Estado de São Paulo, Decreto nº 22.184, de 11/05/1984. Cria o Conselho de Participação e Desenvolvimento da Comunidade Negra. Disponível em: https://www.al.sp.gov.br/norma/56158. Acesso em: 15 mar. 2023.

SÃO PAULO, Assembleia Legislativa do Estado de São Paulo. Constituição Estadual de São Paulo, de 05 de outubro de 1989. Disponível em: https://www.al.sp.gov.br/repositorio/legislacao/constituicao/1989/constituicao-0-05.10.1989.html. Acesso em: 15 mar. 2023.

SÃO PAULO, Assembleia Legislativa do Estado de São Paulo. Decreto nº 48.328, de 15 de dezembro de 2003. Institui, no âmbito da Administração Pública do Estado de São Paulo, a Política de Ações Afirmativas para Afrodescendentes. Disponível em: https://www.al.sp.gov.br/repositorio/legislacao/decreto/2003/decreto-48328-15.12.2003.html. Acesso em: 15 mar. 2023.

SÃO PAULO, Assembleia Legislativa do Estado de São Paulo. Decreto nº 54.429, de 09/06/2009. Cria e organiza, na Secretaria da Justiça e da Defesa da Cidadania, a Coordenação de Políticas para a População Negra e Indígena. Disponível em: https://www.al.sp.gov.br/norma/?id=156530. Acesso em: 15 mar. 2023.

SÃO PAULO, Assembleia Legislativa do Estado de São Paulo. Lei complementar nº 1.259, de 15 de janeiro de 2015. Autoriza o Poder Executivo a instituir sistema de pontuação diferenciada em concursos públicos, nas condições e para os candidatos que especifica. Disponível em: https://www.al.sp.gov.br/repositorio/legislacao/lei.complementar/2015/lei.complementar-1259-15.01.2015.html. Acesso em: 15 mar. 2023.

SÃO PAULO, Assembleia Legislativa do Estado de São Paulo. Lei nº 5.466, de 24/12/1986. Dispõe sobre o Conselho de Participação e Desenvolvimento da Comunidade Negra. Disponível em: https://www.al.sp.gov.br/norma/26433. Acesso em: 15 mar. 2023.

SÃO PAULO, Assembleia Legislativa do Estado de São Paulo. Lei nº 14.187, de 19/07/2010. Dispõe sobre penalidades administrativas a serem aplicadas pela prática de atos de discriminação racial: Disponível: https://www.al.sp.gov.br/norma/?id=159949. Acesso em: 15 mar. 2023.

SÃO PAULO, Secretaria de Desenvolvimento Regional. Cria o Centro de Equidade Racial, comitê intersecretarial de desenvolvimento regional e socioeconômico. Disponível em: https://www.imprensaoficial.com.br/DO/BuscaDO2001Documento_11_4.aspx?link=%2f2021%2fexecutivo%2520secao%2520i%2fmarco%2f31%2fpag_0003_3d22acfeaf4ae40cd79eef2e847da762.pdf&pagina=3&data=31/03/2021&caderno=Executivo%20I&paginaordenacao=100003. Acesso em: 15 mar. 2023.

Informação bibliográfica deste livro, conforme a NBR 6023:2018 da Associação Brasileira de Normas Técnicas (ABNT):

LIMA, Ivan de. Equidade racial na gestão pública: a importância do Programa SP Afro Brasil e das políticas públicas implantadas na Secretaria Executiva do Centro de Equidade Racial do governo do estado de São Paulo. BOMFIM, Daiesse Quênia Jaala Santos (Coord.). *Políticas afirmativas de inclusão e equidade racial*: reflexões acerca do papel dos setores público e privado. Belo Horizonte: Fórum, 2023. p. 379-399. ISBN 978-65-5518-553-9.

REPERCUSSÃO DO SISTEMA TRIBUTÁRIO NACIONAL NA EQUIDADE RACIAL

EVELYN MORAES ROGES

1 Introdução

Diante dos princípios fundamentais estabelecidos na Constituição, o presente artigo considera a relação entre a tributação e a promoção do bem de todos sem preconceitos de origem, raça, sexo, cor, idade, e quaisquer outras formas de discriminação.

Com origem no latim, a palavra tributo quer dizer contribuição, pagamento. Estudos apontam que o termo surgiu na civilização romana, quando o povo estava dividido em tribos.

Atualmente, quanto ao conceito do tributo, este pode ser extraído da própria Constituição como prestação pecuniária, não revestida de caráter sancionatório e disciplinado por regime jurídico próprio.

Historicamente o Brasil é conhecido como um país onde a desigualdade social é característica da sociedade. Isso porque o Brasil foi colonizado num processo de invasão, ocupação e exploração do território.

Além disso, a escravidão perdurou por longo período. E durante todo esse tempo os escravos não foram considerados como cidadãos detentores de direitos, mas sim como mercadoria, logo sem nenhuma garantia fundamental e em nenhum valor para a construção do sistema tributário nacional.

A distribuição de renda nunca ocorreu de forma igualitária, ou próxima. Em contrapartida, independente da concentração de renda, todos são chamados a contribuir com os encargos tributários.

Assim, dentre os problemas do sistema tributário nacional, a alta carga tributária acaba por onerar demais os mais pobres, dando aso às desigualdades sociais. Ocorre que entre os mais pobres, a população preta está em maior número, com representação acima de 1/3, razão pela qual a tributação impacta diretamente na equidade racial.

2 Tributação e direitos fundamentais

Do conceito de tributação, pode-se afirmar por meio de uma definição simplificada que é a atividade do Estado em arrecadar e fiscalizar tributos.

No Brasil, a Constituição contempla regras, princípios e diretrizes do sistema tributário nacional, ampliando no direito nacional a conexão entre tributação e direitos fundamentais.

De acordo com a Ministra do Superior Tribunal de Justiça, Regina Helena Costa, a Constituição da República é a principal fonte do Direito Tributário no Brasil: disciplina o sistema tributário nacional em seus arts. 145 a 162. Abriga os lineamentos para o adequado exercício da ação estatal de exigir tributos.[1]

Desta feita, compete ao Direito Tributário nacional adequar a tributação ao exercício dos direitos fundamentais. Uma visão humanista da tributação, capaz de assegurar o exercício dos direitos que devem ser prestados ao cidadão através do Estado.

De acordo com a Constituição, os objetivos fundamentais da República Federativa do Brasil são: constituir uma sociedade livre, justa e solidária; garantir o desenvolvimento nacional; erradicar a pobreza e a marginalização, reduzir as desigualdades sociais e regionais, e promover o bem de todos, sem preconceitos de origem, raça, sexo, cor, idade e quaisquer outras formas de discriminação.[2]

Portanto, considerando que as diretrizes do Direito Tributário brasileiro estão estabelecidas em nossa Carta Magna, a tributação nacional

---

[1] COSTA, Regina Helena. *Curso de Direito Tributário*: Constituição e Código Tributário Nacional. 11. ed. São Paulo: Saraiva Educação, 2021.
[2] Art. 3º, I a IV, Constituição da República Federativa do Brasil.

é meio que deve ser utilizado pelo Estado como forma de garantir o cumprimento dos citados objetivos fundamentais da Constituição.

Assim, o Direito Tributário brasileiro tem impacto direto no desenvolvimento nacional, contribuindo para a constituição de uma sociedade livre, justa e solidária.

Nesse contexto, a função social do tributo é colaborar diretamente com a satisfação dos interesses coletivos.

Sendo a Constituição suporte para a tributação, a edição das leis tributárias deve observar os princípios fundamentais. Competindo ao Estado de forma indelegável e, exercida tão somente a partir da previsão legal em sentido formal e material, conforme dispões o art. 150, CR.[3]

Portanto, a atividade tributária do Estado garante ao cidadão, enquanto contribuinte, a segurança da legalidade para a instituição de tributos. Com destaque para as limitações constitucionais ao poder de tributar que atuam como inibidores de abusos aos direitos individuais do cidadão enquanto contribuinte.

Tendo em vista o exposto, o tributo alcança diretamente os direitos fundamentais do cidadão. Razão pela qual, além do caráter fiscal da tributação, importa observar o caráter extrafiscal.

O caráter fiscal da tributação exprime a finalidade arrecadatória dos tributos, considerando tão somente a atividade estatal como instrumento de arrecadação de valores para a manutenção do Estado. Por outro lado, a extrafiscalidade considera outros objetivos, tendo em vista os interesses políticos, econômicos, sociais e ambientais.

Nesse passo, sob a visão humanista dos direitos fundamentais, a tributação ultrapassa a geração de recursos para o custeio da atividade estatal, mas se constitui como elemento fundamental e garantidor ao exercício da cidadania.

Inclusive porque, para o conceito de cidadão, considera-se aquele que tem a possibilidade de auferir renda, deter patrimônio e realizar consumo, todas as manifestações da capacidade contributiva.[4]

O conceito de tributo está expresso no Código Tributário Nacional como toda prestação pecuniária compulsória, em moeda ou cujo valor nela se possa exprimir, que não constitua sanção de ato ilícito, instituída

---

[3] Art. 150,CR: Sem prejuízo de outras garantias asseguradas ao contribuinte, é vedada à União, ao Estados, ao Distrito Federal e aos Municípios: I – exigir ou aumentar tributo sem lei que o estabeleça.

[4] GRECO, Marco Aurélio; GODOI, Marciano Seabra de (Coords.). *Solidariedade social e tributação.* São Paulo: Dialética, 2005, p. 124-125.

em lei e cobrada mediante atividade administrativa plenamente vinculada.[5]

O tributo, no entanto, não se trata apenas de um valor em dinheiro devido ao Fisco. Dado o exposto, é importante observar suas demais repercussões, as quais estão diretamente atreladas aos direitos fundamentais.

Assim, a realização dos direitos fundamentais mediante a tributação é fruto da prevalência do interesse humano, posto que compete também ao Direito Tributário, de forma útil, promover a igualde entre os cidadãos, conforme o exposto em sede constitucional.

Em artigo publicado na *Revista da Fundação Escola Superior de Direito Tributário*, Marciano Buffon aponta que: "à medida que os direitos fundamentais alcançam um grau satisfatório de realização, automaticamente se pode dizer que se trilha o caminho da maximização da densidade normativa do princípio da dignidade da pessoa humana e, num plano pragmático, caminha-se na direção da realização do bem comum".[6]

Portanto, no contexto abordado, a tributação deve ser observada como instrumento à realização do direito fundamental de redução da desigualdade racial.

3 Tributação e desigualdade

Em que pese o exposto acerca da tributação, e seu papel como instrumento de atuação na redução das desigualdades sociais e regionais, tendo em vista sua conexão direta com os direitos fundamentais estabelecidos em nossa Constituição Federal, a desigualdade social no Brasil, é um problema que afeta grande parte da população.

Segundo dados de estudos divulgados pelo Word Inequality Report 2022,[7] dentre os mais de 100 países no relatório, o Brasil está entre os mais desiguais. Dentre os membros do G20, o Brasil é o segundo com maiores desigualdades.

---

[5] Art. 3º, Código Tributário Nacional.
[6] BUFFON, Marciano. A extrafiscalidade e os direitos fundamentais: a introdução do interesse humano na tributação. *Revista da FESDT*, Porto Alegre, n. 3, p. 151-170, jan./jun. 2009. Disponível em: https://fesdt.org.br/docs/revistas/3/artigos/9.pdf.
[7] WORLD INEQUALITY REPORT 2022. Disponível em: https://wir2022.wid.world.

O relatório da Word Inequality Report 2022 foi divulgado em dezembro de 2021 e relata que 10% dos mais ricos no Brasil ganham mais de 58% da renda nacional total. Em contrapartida, a população brasileira mais pobre só ganha 10% da renda nacional.

Conforme dispõe quadro ilustrativo[8] da distribuição de renda no Brasil no sítio eletrônico do Senado Federal o 1% mais rico do país detém mais que o dobro da renda dos 40% mais pobres. Vejamos:

DISTRIBUIÇÃO DA RENDA NO BRASIL

1% mais rico detém mais do que o dobro da renda dos 40% mais pobres

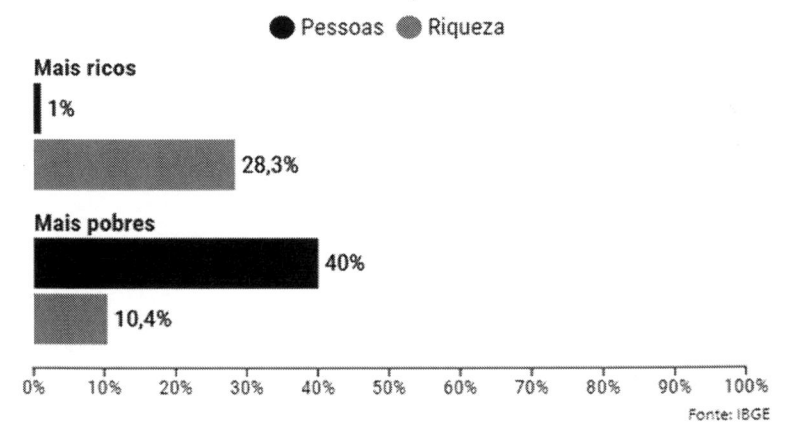

● Pessoas ● Riqueza

Mais ricos
- 1%
- 28,3%

Mais pobres
- 40%
- 10,4%

Fonte: IBGE

De acordo com o Instituto de Pesquisa Econômica Aplicada (Ipea),[9] as taxas de pobreza no Brasil atingiram, em 2021, o maior nível desde 2012. A pesquisa[10] documentou os níveis e as trajetórias do percentual

---

[8] SASSE, Cintia. Recordista em desigualdade, país estuda alternativas para ajudar os mais pobres. *Senado Federal*, 12 mar. 2021. Disponível em: https://www12.senado.leg.br/noticias/infomaterias/2021/03/recordista-em-desigualdade-pais-estuda-alternativas-para-ajudar-os-mais-pobres.

[9] O Instituto de Pesquisa Econômica Aplicada (Ipea) é uma fundação pública federal vinculada ao Ministério do Planejamento e Orçamento. Suas atividades de pesquisa fornecem suporte técnico e institucional às ações governamentais para a formulação e reformulação de políticas públicas e programas de desenvolvimento brasileiros. Os trabalhos do Ipea são disponibilizados para a sociedade por meio de inúmeras e regulares publicações eletrônicas, impressas e eventos.

[10] SOUZA, Pedro H. G. Ferreira de; HECKSHER, Marcos; OSORIO, Rafael G. *Um país na contramão*: a pobreza no Brasil nos últimos dez anos. Nota técnica nº 102. Ministério da Economia: Ipea, dez. 2022. Disponível em: https://repositorio.ipea.gov.br/bitstream/11058/11563/7/NT_102_Disoc_Um_Pais.pdf.

de pobres na população brasileira nos últimos 10 anos. Vejamos no gráfico[11] a seguir a evolução da linha de pobreza no Brasil:

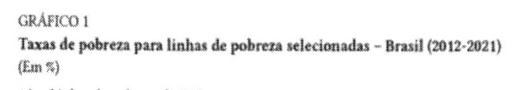

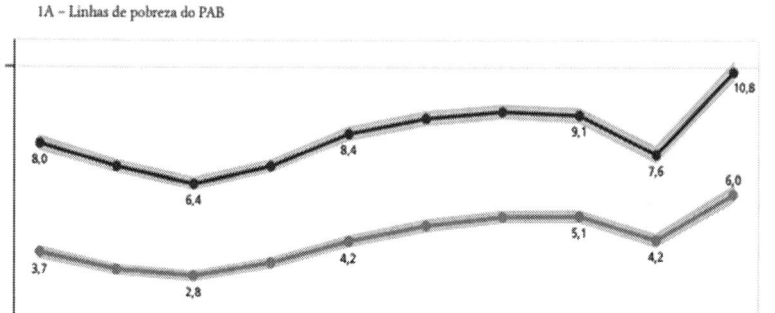

GRÁFICO 1
Taxas de pobreza para linhas de pobreza selecionadas – Brasil (2012-2021)
(Em %)
1A – Linhas de pobreza do PAB

Linha superior (R$ 210/mês) — valores: 8,0 (2012); 6,4 (2014); 8,4 (2016); 9,1 (2018); 7,6 (2019); 10,8 (2021)
Linha inferior (R$ 105/mês) — valores: 3,7 (2012); 2,8 (2014); 4,2 (2016); 5,1 (2018); 4,2 (2020); 6,0 (2021)

Sabe-se que a pandemia, enquanto crise mundial prolongada, contribuiu diretamente para o incremento da linha de pobreza no Brasil. A queda da atividade econômica, o isolamento social e as mortes elevaram os indicadores de pobreza.

No entanto, historicamente o Brasil é conhecido como um país desigual, onde a riqueza é concentrada em um pequeno número de pessoas.

Durante a época do Brasil colônia, o território brasileiro foi largamente explorado, as mercadorias eram exportadas para a Europa e a tributação deixava de observar a capacidade contributiva das partes.

Nesse sentido, o quinto do pau brasil foi o primeiro tributo nacional. Nessa época a arrecadação e a tributação era realizada pelos servidores da coroa em terras brasileiras. As moedas do Brasil e Portugal eram distintas, portanto este tributo consistia no pagamento realizado à Coroa Portuguesa, a partir de madeira do pau brasil.

---

[11] SOUZA, Pedro H. G. Ferreira de; HECKSHER, Marcos; OSORIO, Rafael G. *Um país na contramão*: a pobreza no Brasil nos últimos dez anos. Nota técnica nº 102. Ministério da Economia: Ipea, dez. 2022. Disponível em: https://repositorio.ipea.gov.br/bitstream/11058/11563/7/NT_102_Disoc_Um_Pais.pdf.

Já nesse início de história do Brasil, a tributação era desigual e excessiva. A derrama, por exemplo, tributo aplicado no estado de Minas Gerais, sob as jazidas de pedras preciosas, correspondia à cobrança forçada dos quintos atrasados.

Nesse momento surgiram os conflitos decorrentes das tributações excessivas, em razão da opressão fiscal da Cora Portuguesa. Com destaque para a Inconfidência Mineira, organizada pela elite socioeconômica do Estado de Minas Gerais.

Convém relembrar que o Brasil era um país escravocrata. Assim, nesse período negros e indígenas não passavam de mercadorias, e, portanto, não tinham relevância social, muito menos qualquer atuação ou influência na economia.

Com a chegada da família real no Brasil houve a abertura dos portos e a promoção do mercado de exportação, seguida de crise econômica e posterior independência do Brasil.

A Proclamação da Independência, não afastou a insatisfação socioeconômica da burguesia. Além disso, o Brasil permaneceu com o regime da escravidão até 13 de maio de 1988.

A escravidão foi introduzida no Brasil com o objetivo de fomentar a produção de riquezas, introduzindo, assim, o racismo como uma ideologia que buscava justificar o comércio escravo.

Os escravos possuíam a natureza jurídica de coisa e não de pessoas, deste modo eram tratados como mercadorias e não podiam possuir bens ou dinheiro. Igualmente, eram impedidos de assumir a condição de testemunhas, em função de sua desvalia.

A escravidão perdurou no Brasil por quase quatro séculos, e, após duas décadas de movimentos abolicionistas, a escravidão teve seu fim com proclamação da Lei Áurea.

Ocorre que os escravos foram libertos sem um plano social de inclusão na sociedade; assim, além de não possuírem emprego, e nem acesso ao básico para sua sobrevivência.

A Constituição de 1824 estabelecia que a escola era um direito de todo cidadão, não incluindo o escravo. O disposto entre a Constituição de 1824 e a Constituição de 1891 era que os nascidos na África eram proibidos de frequentar o espaço escolar.

Desta feita, a ausência de oportunidades deixa evidente que a Constituição da República Federativa do Brasil não garantiu o fim da desigualdade. Assim, apesar de sua maior autonomia fiscal, o Brasil foi construindo um sistema tributário nacional que onerou a base da população.

Com a primeira guerra mundial, o comércio exterior foi diretamente prejudicado, impactando na redução da exportação de mercadorias e fazendo crescer a tributação sobre a renda e consumo, como forma de garantir a arrecadação tributária.

Tendo em vista que os escravos não possuíam natureza de ser humano, mas sim de coisa, quando libertos, não foram alcançados pelos direitos fundamentais do cidadão, logo deixaram de ser considerados pela atividade tributária estatal.

Sendo assim, considerando que parte da população sequer possuía a condição de cidadão, o processo de construção do sistema tributário nacional foi firmado desde o início na desigualdade, onde negro e o indígena, agora libertos, foram ignorados.

4 Impacto do sistema tributário nacional na desigualdade racial

Após a abolição da escravatura, novas regras foram criadas e a sociedade passou a adotar as regras do trabalho assalariado. No entanto, para os negros libertos não houve nenhuma orientação capaz de garantir sua integração nos novos moldes da sociedade.

Assim, a transição para o trabalho livre ocorreu sem qualquer assistência ou garantia. O Estado, portanto, não assumiu nenhum encargo direcionado à organização do novo regime de trabalho na sociedade.

Com o descaso do Estado, e com a abundância de mão de obra imigrante, a força de trabalho do negro tornou-se descartável. Deste modo, sem a oportunidade de trabalho, restou ao negro os trabalhos informais sem qualquer assistência ou garantia.

A desigualdade inicial no tocante à condição de cidadão, portanto, deu causa às demais desigualdades, que persistem até o momento atual. Considerando a perpetuação dos subempregos e da pouca oportunidade de estudo, os negros representam 72,7% das 52,5 milhões de pessoas que vivem na pobreza.[12]

Apesar de a Constituição da República garantir que todos são iguais perante a lei, há evidente desigualdade social existente entre

---

[12] IBGE. *Síntese de Indicadores Sociais (SIS) 2019*. Disponível em: https://www.ibge.gov.br/estatisticas/sociais/trabalho/9221-sintese-de-indicadores-sociais.html.

pretos e brancos.[13] No âmbito do tributário, a incidência da garantia da isonomia implica que todos devem se submeter à tributação.

Como fruto da isonomia do Direito Tributário, surge o princípio da generalidade da tributação, segundo que todos os que se encontrem na mesma condição hipotética de incidência tributária estarão sujeitos à mesma imposição fiscal.

A generalidade, portanto, tem o condão de impedir a discriminação fiscal; no entanto, na prática, o sistema tributário nacional, com base na propriedade, renda e consumo, termina por acentuar as desigualdades. Em especial, porque está concentrado na cobrança de impostos de bens e serviços.

No que se refere à tributação sobre a renda, existem cinco faixas de renda, cada uma com sua respectiva alíquota do imposto. No entanto, há um consenso de que o teto para a isenção está defasado. Soma-se ainda ao fato de que a faixa que corresponde à maior alíquota não tem seu início em salários vultosos, de modo que o percentual de 27,5% aumenta a desigualdade entre o trabalhador que recebe 5 salários mínimos, e aquele que recebe, 50 salários mínimos.

Com a maior incidência de tributação sobre o consumo, proporcionalmente as camadas mais pobres da sociedade acabam por pagar mais tributos. Tal prática incorre em um sistema tributário regressivo, aquele cuja a arrecadação é proporcionalmente maior de quem ganha menos.

Os impostos sobre o consumo são denominados impostos indiretos (IPI, ICMS, ISS...), são repassados aos consumidores no preço de cada mercadoria ou serviço em razão da cadeia produtiva. Tendo em vista que todos somos consumidores, os mais pobres têm a sua renda mais onerada pela tributação.

Em ilustração do Senado Federal[14] fica evidente o quanto a tributação impacta direta os mais pobres, vejamos:

---

[13] Art. 5º, CR: Todos são iguais perante a lei, sem distinção de qualquer natureza, garantindo-se aos brasileiros e aos estrangeiros residentes no País a inviolabilidade do direito à vida, à liberdade, à igualdade, à segurança e à propriedade, nos termos seguintes: [...]

[14] WESTIN, Ricardo. Por que a fórmula de cobrança de impostos do Brasil piora a desigualdade social. Senado Federal, 28 maio 2021. Disponível em: https://www12.senado.leg.br/noticias/infomaterias/2021/05/por-que-a-formula-de-cobranca-de-impostos-do-brasil-piora-a-desigualdade-social.

Tributos no Brasil tiram mais dos pobres

O peso dos tributos do consumo

Imagine que uma diarista e um gerente comprem o mesmo modelo de telefone celular

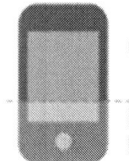

Diarista com renda de R$ 2.200

Gerente com renda de R$ 16.500

O celular custa R$ 1.000

No preço, estão embutidos R$ 400 em tributos

Os tributos do celular:

18% da renda da diarista

2,5% da renda do gerente

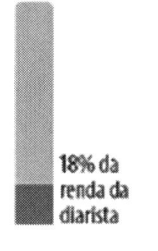

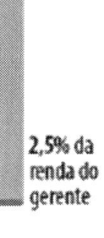

Os tributos do celular pesam 7 vezes mais na renda da diarista em comparação com o peso na renda do gerente

No cenário atual, a ausência de imposto de renda sobre os lucros e dividendos distribuídos aos sócios também contribui para a desigualdade. Posto que, desde 1996, não há mais no Brasil a tributação sobre a renda recebida pelos sócios.

A distorção no sistema tributário nacional fica ainda mais visível quando se verifica que não há incidência de imposto sobre as grandes fortunas. Ou seja, o aumento da alíquota quando for considerado um patrimônio declarado superior a R$ 20.000.0000,00 (vinte milhões).

No mundo inteiro discute-se a tributação sobre grandes fortunas. No caso do Brasil, economistas demonstram que a tributação sobre grandes fortunas seria capaz de custear os programas de benefícios fiscais aos mais carentes.

Considerando que a finalidade arrecadatória do Estado pretende também custear os serviços públicos aos quais os cidadãos têm direito, tais como saúde, educação e segurança pública. A falta de visibilidade e acesso do referido retorno tornam ainda maiores as desigualdades.

Portanto, o atual cenário do sistema tributário nacional perpetua na sociedade brasileira as distorções que deram origem às desigualdades. Com um recorte mais acentuado para a desigualdade racial, em especial porque no formato em que se encontra o sistema tributário nacional deixa de atender as necessidades de 27,2 milhões de mulheres pretas[15] que estão abaixo da linha da pobreza.

5 Conclusão

Diante de todo o exposto, conclui-se que, em que pese todo o desenvolvimento econômico e social, no Brasil, a desigualdade racial e social permanece presente e em determinadas situações em um estado crescente.

No ano de 2009 o Observatório da Equidade, órgão do Conselho de Desenvolvimento Econômico e Social (CEDES), divulgou o estudo: "Indicadores do Sistema Tributário Nacional", que concluiu que o sistema tributário do Brasil é injusto, no qual a carga tributária é mal distribuída.

Atualmente, ano de 2023, as últimas pesquisas do IBGE e IPEA corroboram os dados de 2009, posto que, como demonstrado, o Brasil apresenta sistema tributário regressivo, com retorno mínimo para a sociedade e com renda ainda mais concentrada.

No entanto, o Direito Tributário nacional tem suas diretrizes estabelecidas na Constituição, de modo que é garantido a todo cidadão o respeito e o cumprimento dos direitos fundamentais, uma vez que a tributação não envolve apenas a arrecadação, mas também tem por objetivo, atender aos interesses sociais, garantindo a redução das desigualdades, como previsto em nossa Carta Magna.

Nas palavras esclarecedoras de Flávia Piovesan: "Vale dizer, para garantir e assegurar a igualdade não basta apenas proibir a

---

[15] NERY, Carmen. Extrema pobreza atinge 13,5 milhões de pessoas e chega ao maior nível em 7 anos. *Agência IBGE Notícias*, 6 nov. 2019. Disponível em: https://agenciadenoticias.ibge. gov.br/agencia-noticias/2012-agencia-de-noticias/noticias/25882-extrema-pobreza-atinge-13-5-milhoes-de-pessoas-e-chega-ao-maior-nivel-em-7-anos

discriminação, mediante legislação repressiva. São essenciais as estratégias promocionais capazes de estimular a inserção e inclusão desses grupos socialmente vulneráveis nos espaços sociais [...]."[16] Nesse sentido, compete ao Estado, através do exercício de sua atividade tributária, honrar com os objetivos fundamentais previstos da Constituição, e identificar meios capazes de colaborar com o desenvolvimento social e fomento e respeito à equidade racial.

Referências

BRASIL. Constituição (1988). *Constituição da República Federativa do Brasil*, 1988. Brasília: Senado Federal, Centro gráfico, 1988. 292 p.

BRASIL. Lei nº 5.172 de 25 de outubro de 1966 - Código Tributário Nacional. Dispõe sobre o sistema tributário nacional e institui normas gerais de Direito Tributário aplicáveis a União, Estados E Municípios. Disponível em: https://legislacao.presidencia.gov.br/atos/?tipo=LEI&numero=5172&ano=1966&ato=d1dcXRE1UMZRVTadb.

BUFFON, Marciano. A extrafiscalidade e os direitos fundamentais: a introdução do interesse humano na tributação. *Revista da FESDT*, Porto Alegre, n. 3, p. 151-170, jan./jun. 2009. Disponível em: https://fesdt.org.br/docs/revistas/3/artigos/9.pdf.

COSTA, Regina Helena. *Curso de Direito Tributário*: Constituição e Código Tributário Nacional. 11. ed. São Paulo: Saraiva Educação, 2021.

GRECO, Marco Aurélio; GODOI, Marciano Seabra de (Coords.). *Solidariedade social e tributação*. São Paulo: Dialética, 2005.

IBGE. *Síntese de Indicadores Sociais (SIS) 2019*. Disponível em: https://www.ibge.gov.br/estatisticas/sociais/trabalho/9221-sintese-de-indicadores-sociais.html.

NERY, Carmen. Extrema pobreza atinge 13,5 milhões de pessoas e chega ao maior nível em 7 anos. *Agência IBGE Notícias*, 6 nov. 2019. Disponível em: https://agenciadenoticias.ibge.gov.br/agencia-noticias/2012-agencia-de-noticias/noticias/25882-extrema-pobreza-atinge-13-5-milhoes-de-pessoas-e-chega-ao-maior-nivel-em-7-anos.

PIOVESAN, Flávia. *Temas de direitos humanos*. 2. ed. São Paulo: Max Limonad, 2003.

SASSE, Cintia. Recordista em desigualdade, país estuda alternativas para ajudar os mais pobres. *Senado Federal*, 12 mar. 2021. Disponível em: https://www12.senado.leg.br/noticias/infomaterias/2021/03/recordista-em-desigualdade-pais-estuda-alternativas-para-ajudar-os-mais-pobres.

---

[16] PIOVESAN, Flávia. *Temas de direitos humanos*. 2. ed. São Paulo: Max Limonad, 2003.

SOUZA, Pedro H. G. Ferreira de; HECKSHER, Marcos; OSORIO, Rafael G. *Um país na contramão*: a pobreza no Brasil nos últimos dez anos. Nota técnica nº 102. Ministério da Economia: Ipea, dez. 2022. Disponível em: https://repositorio.ipea.gov.br/bitstream/11058/11563/7/NT_102_Disoc_Um_Pais.pdf.

WESTIN, Ricardo. Por que a fórmula de cobrança de impostos do Brasil piora a desigualdade social. Senado Federal, 28 maio 2021. Disponível em: https://www12.senado.leg.br/noticias/infomaterias/2021/05/por-que-a-formula-de-cobranca-de-impostos-do-brasil-piora-a-desigualdade-social.

WORLD INEQUALITY REPORT 2022. Disponível em: https://wir2022.wid.world/.

Informação bibliográfica deste livro, conforme a NBR 6023:2018 da Associação Brasileira de Normas Técnicas (ABNT):

ROGES Evelyn Moraes. Repercussão do sistema tributário nacional na equidade racial. BOMFIM, Daiesse Quênia Jaala Santos (Coord.). *Políticas afirmativas de inclusão e equidade racial*: reflexões acerca do papel dos setores público e privado. Belo Horizonte: Fórum, 2023. p. 401-413. ISBN 978-65-5518-553-9.

A PARTICIPAÇÃO DO NEGRO NA POLÍTICA: A EXPERIÊNCIA BRASILEIRA

IRAPUÃ SANTANA

1 Introdução

O ano de 2020 está marcado na história como o ano em que uma doença chamada COVID-19 se espalhou pelo mundo. Desde a gripe espanhola não se vivia algo com essa magnitude. A única saída para as pessoas era ficar em casa o máximo possível e, caso alguém saísse, era necessária a utilização de máscaras que pudessem cobrir o nariz e a boca, além de estar sempre munido do álcool gel para higienizar as mãos várias vezes ao dia.

Apesar do panorama exposto, uma outra doença fez a população do mundo todo enfrentar o medo da COVID-19 e ir às ruas contra um inimigo comum: o racismo.

A trágica e chocante morte de George Floyd, em 25.05.2020, deu início à denominada Primavera Negra. Pessoas do mundo todo foram às ruas protestar contra a violência policial e o racismo estrutural existente em seus respectivos países. Para se ter uma ideia, em 2019, enquanto a polícia norte-americana matou 253 negros, 4.353 negros brasileiros foram mortos pelo braço armado do Estado.

Como um conceito aberto e em construção, entendo a sistemática do racismo como uma instituição que se espalha por todos (ou grande parte) dos nichos da sociedade contemporânea. O caráter genérico dessa figura se dá por sua presença concreta *em todas as partes* da sociedade, diferente do que se coloca normalmente como à margem, acredito que ele esteja potencialmente presente na maioria das vezes.

Dito isso, foi preciso aproveitar esse clima de enfrentamento a essa antiga doença para fazer com que novas oportunidades e soluções surjam. Uma das soluções é mudar o sistema por dentro, no lugar em que são formadas as decisões políticas, onde se direciona o foco para o qual se voltarão as cidades, a partir de 2021.

2 O Supremo Tribunal Federal e a inclusão das minorias

Entretanto, é preciso dar alguns passos atrás e verificar alguns acontecimentos recentes, no que diz respeito à inclusão de maiorias minorizadas. O Supremo Tribunal Federal e o Tribunal Superior Eleitoral acenderam uma chama de esperança em toda comunidade negra do país quando julgaram a ADI nº 5.617, de relatoria do ministro Edson Fachin, e a Consulta 0600252-18.2018.6.00.0000, de relatoria da ministra Rosa Weber, ambas tratando dos incentivos à participação feminina na política.

A nossa Suprema Corte entendeu que a distribuição de recursos do Fundo Partidário destinado ao financiamento das campanhas eleitorais direcionadas às candidaturas de mulheres deve ser feita na exata proporção das candidaturas de ambos os sexos, respeitado o patamar mínimo de 30% de candidatas mulheres previsto no artigo 10, §3º, da Lei nº 9.504/1997 (Lei das Eleições).

Com base nesse posicionamento, o Tribunal Superior Eleitoral foi além, sob a perspectiva da efetivação do direito de participação na política, e estabeleceu que os recursos do Fundo Especial de Financiamento de Campanha e do tempo de propaganda gratuita no rádio e na TV devem seguir a proporcionalidade contida no mesmo dispositivo.

3 Do *leading case* racial no sistema eleitoral

Assim, sabendo que se trata de recursos públicos e que as Altas Cortes estavam sensíveis à causa da inserção dos segmentos minorizados politicamente, a Educafro – ONG que tem por finalidade o combate ao racismo estrutural no Brasil – elaborou uma Consulta Eleitoral com a finalidade de verificar a viabilidade de também ocorrer a inserção do negro na política, por meio de quatro questionamentos:

a) As formas de distribuição dos recursos financeiros e tempo em rádio e TV, já concedido às mulheres na Consulta 060025218.2018.6.00.0000, deverão ser na ordem de 50% para as mulheres brancas e outros 50% para as mulheres negras, conforme a distribuição demográfica brasileira?

b) É possível haver reserva de vagas nos partidos políticos para candidatos negros, nos mesmos termos do que ocorreu com as mulheres?

c) É possível aplicar o entendimento dos precedentes supra para determinar o custeio proporcional das campanhas dos candidatos negros, destinando 30% como percentual mínimo, para a distribuição do Fundo Especial de Financiamento de Campanha, previsto nos artigos 16-C e 16-D, da Lei das Eleições, conforme esta Corte entendeu para a promoção da participação feminina?

d) É possível aplicar o precedente, também quanto à distribuição do tempo de propaganda eleitoral gratuita no rádio e na televisão para os NEGROS, prevista nos artigos 47 e seguintes, da Lei das Eleições, devendo-se equiparar o mínimo de tempo destinado a cada partido, conforme esta Corte entendeu para a promoção da participação feminina?

Para alegria da população negra brasileira, após três sessões de julgamento, com amplo debate e participação da sociedade civil, o Tribunal Superior Eleitoral reconheceu a existência do chamado racismo estrutural e apontou como legítima a pretensão da Consulente, e, com isso, o primeiro, terceiro e quarto quesitos foram respondidos de forma afirmativa, em parte, para que os partidos realizassem um investimento proporcional nas candidaturas negras.

Assim ficou consignada a ementa do voto do eminente ministro relator, ao qual aderiram outros cinco ministros, resultando no placar de 6x1:

DIREITO ELEITORAL. CONSULTA. RESERVA DE CANDIDATURAS, TEMPO DE ANTENA E RECURSOS PARA CANDIDATAS E CANDIDATOS NEGROS. CONHECIMENTO. QUESITOS 1, 2 E 4 RESPONDIDOS AFIRMATIVAMENTE. [...] II. RACISMO, DESIGUALDADE RACIAL E PARTICIPAÇÃO POLÍTICA. 3. O racismo no Brasil é estrutural. Isso significa que, mais do que um problema individual, o racismo está inserido nas estruturas políticas, sociais e econômicas e no funcionamento

das instituições, o que permite a reprodução e perpetuação da desigualdade de oportunidades da população negra. 4. A desigualdade racial é escancarada por diversas estatísticas, que demonstram que, em todos os campos, desde o acesso à educação até a segurança pública, negros são desfavorecidos e marginalizados. O Atlas da Violência de 2019 revelou que 75,5% de todas as pessoas assassinadas no Brasil eram negras. Esse dado é cruelmente ilustrado pelas mortes das crianças João Pedro Mattos, Ágatha Félix e Kauê Ribeiro dos Santos, que demonstram a importância do movimento social "Vidas negras importam". 5. Como fenômeno intrinsecamente relacionado às relações de poder e dominação, o racismo se manifesta especialmente no âmbito político-eleitoral. Nas eleições gerais de 2018, embora 47,6% dos candidatos que concorreram fossem negros, entre os eleitos, estes representaram apenas 27,9%. *Um dos principais fatores que afetam a viabilidade das candidaturas é o financiamento das campanhas.* Quanto ao tema, verifica-se que, em 2018, houve efetivo incremento nos valores absolutos e relativos das receitas das candidatas mulheres por força das decisões do STF e do TSE. Enquanto em 2014 a receita média de campanha das mulheres representava cerca de 27,8% da dos homens, em 2018, tal receita representou 62,4%. No entanto, ao se analisar a interseccionalidade entre gênero e raça, verifica-se que a política produziu efeitos secundários indesejáveis. *Estudo da FGV Direito relativo à eleição para Câmara dos Deputados apontou que mulheres brancas candidatas receberam percentual de recursos advindos dos partidos (18,1%) proporcional às candidaturas (também de 18,1%). No entanto, candidatos negros continuaram a ser subfinanciados pelos partidos. Embora mulheres negras representassem 12,9% das candidaturas, receberam apenas 6,7% dos recursos. Também os homens negros receberam dos partidos recursos (16,6%) desproporcionais em relação às candidaturas (26%). Apenas os homens brancos foram sobrefinanciados (58,5%) comparativamente ao percentual de candidatos (43,1%).* [...]
7. Sob o prisma da igualdade, há um dever de integração dos negros em espaços de poder, noção que é potencializada no caso dos parlamentos. É que a representação de todos os diferentes grupos sociais no parlamento é essencial para o adequado funcionamento da *democracia e para o aumento da legitimidade das decisões tomadas. Quando a representação política é excludente, afeta-se a capacidade de as decisões e políticas públicas refletirem as vontades e necessidades das minorias subrepresentadas. Para além do aumento do impacto na agenda pública, o aumento da representatividade política negra tem o efeito positivo de desconstruir o papel de subalternidade atribuído ao negro no imaginário social e de naturalizar a negritude em espaços de poder. 8. O imperativo constitucional da igualdade e a noção de democracia participativa plural justificam a criação de ações afirmativas voltadas à população negra.* No entanto, o campo de atuação para a efetivação do princípio da igualdade e o combate ao racismo não se limita às ações afirmativas. Se o racismo

no Brasil é estrutural, é necessário atuar sobre o funcionamento das normas e instituições sociais, de modo a impedir que elas reproduzam e aprofundem a desigualdade racial. Um desses campos é a identificação de casos de discriminação indireta, em que normas pretensamente neutras produzem efeitos práticos sistematicamente prejudiciais a grupos marginalizados, de modo a violar o princípio da igualdade em sua vertente material. V. CONCLUSÃO 14. Primeiro quesito respondido afirmativamente nos seguintes termos: os recursos públicos do Fundo Partidário e do FEFC e o tempo de rádio e TV destinados às candidaturas de mulheres, pela aplicação das decisões judiciais do STF na ADI nº 5617/DF e do TSE na Consulta nº 0600252-18/DF, devem ser repartidos entre mulheres negras e brancas na exata proporção das candidaturas apresentadas pelas agremiações. 15. Segundo quesito é respondido negativamente, não sendo adequado o estabelecimento, pelo TSE, de política de reserva de candidaturas para pessoas negras no patamar de 30%. Terceiro e quarto quesitos respondidos afirmativamente, nos seguintes termos: os recursos públicos do Fundo Partidário e do FEFC e o tempo de rádio e TV devem ser destinados ao custeio das candidaturas de homens negros na exata proporção das candidaturas apresentadas pelas agremiações.

Entretanto, para a surpresa de todos, por decisão de apertada maioria, no placar de 4x3, entendeu-se pela aplicabilidade da decisão a partir das eleições de 2022, mediante a edição de resolução do Tribunal.

O referido entendimento foi justificado por haver uma suposta "inovação no campo normativo jurisprudencial que reclama a aplicação do princípio da anualidade". Contudo, com a devida vênia, tal entendimento está em desacordo com o texto constitucional. Isso porque *o referido dispositivo refere-se à "lei que alterar o processo eleitoral"*. Trata-se, nesse caso, de lei em sentido amplo, ou seja, qualquer norma capaz de inovar no ordenamento jurídico. *Excluem-se daí os regulamentos, que são editados apenas para promover a fiel execução da lei e que não podem extrapolar os limites dela.*

Com efeito, não pode um regulamento criar algo no sistema de justiça. Em função disso, "[...] essa regra dirige-se ao Poder Legislativo porque apenas ao parlamento é dado inovar a ordem jurídica eleitoral."[1]

E, como consequência prática, verifica-se a *inaplicabilidade do princípio da anterioridade ao poder normativo do Tribunal Superior Eleitoral*

---

[1] SALGADO, Eneida Desiree. *Princípios constitucionais eleitorais*. Belo Horizonte: Fórum, 2010, p. 223.

(TSE). Logo, as resoluções daquele E. Tribunal, editadas para dar bom andamento às eleições, podem ser expedidas a menos de um ano do pleito eleitoral (art. 105 da Lei nº 9.504/1997).[2]

Ressalta-se que a lei não foi alterada pelo julgamento da Consulta nº 0600306-47.2019.6.00.0000, que determinou a distribuição de verbas proporcionais para as candidaturas negras. O que ocorreu foi uma mera adaptação de procedimentos já existentes no tocante às ações afirmativas em âmbito eleitoral.

Nesse sentido, ressalta-se que este E. STF, ao apreciar a ADI nº 3.741, consignou pela não aplicação do princípio da anterioridade quando não houver mudança no processo eleitoral.

Conforme narrado, o E. Tribunal Superior Eleitoral reconheceu de forma inequívoca que a sub-representatividade de pessoas negras na política em razão da disparidade de recursos financeiros para o financiamento de campanhas viola a nossa carta cidadã. Tal alegação é facilmente identificada a partir dos seguintes trechos de alguns votos proferidos durante o julgamento:

> Ministro Luís Roberto Barroso:
> O Brasil é um país racista. Somos uma sociedade racista. E cada um de nós reproduz o racismo em alguma medida – ainda que de forma não intencional, pela mera fruição ou aceitação dos privilégios e vantagens que decorrem de um sistema profundamente desigual. Não é confortável reconhecer esse fato, mas é preciso fazê-lo. Essa afirmação pode, inclusive, soar desagradável para alguns, mas, justamente por isso, é preciso pronunciá-la. A superação do racismo passa, necessariamente, pelo seu reconhecimento e pela mudança individual de postura de cada um de nós, brancos. Mas muito mais do que isso: é preciso perceber que o racismo também é reproduzido e perpetuado pelo modo de funcionamento das nossas instituições (políticas, econômicas e sociais) e assim criar políticas públicas voltadas para combatê-lo onde quer que ele se encontre. [...]
> A realidade delineada é inaceitável diante de um contexto constitucional em que a igualdade constitui um direito fundamental e integra o núcleo essencial da ideia de democracia. [...]
> Desse modo, uma perspectiva de "neutralidade racial", ou *colorblindness*, que desconsidera as diferenças sociais entre negros e brancos, opera como uma forma de discriminação negativa indireta. O princípio da

---

[2] SILVA, Rodrigo Moreira da. Princípio da Anualidade Eleitoral. *Tribunal Superior Eleitoral*. Disponível em: http://www.tse.jus.br/o-tse/escola-judiciaria-eleitoral/publicacoes/revistas-da-eje/artigos/revista-eletronica-eje-n.-4-ano-3/principio-da-anualidade-eleitoral. Acesso em: 28 ago. 2020.

isonomia impõe, nesse contexto, uma discriminação positiva, em que o fundamento da desequiparação, bem como os fins por ela visados sejam constitucionalmente legítimos.

Ministro Alexandre de Moraes:

[...] Ressalto que não tenho dúvidas de que a sub-representação das pessoas negras nos poderes eleitos, ao mesmo tempo que é derivada do racismo estrutural existente no Brasil, acaba sendo um dos principais instrumentos de perpetuação da gravíssima desigualdade social entre brancos e negros. Trata-se de um círculo extremamente vicioso, que afeta diretamente a igualdade proclamada na Constituição Federal e fere gravemente a dignidade das pessoas negras.

Em outras palavras, o histórico funcionamento do sistema político eleitoral brasileiro perpetua a desigualdade racial, pois, tradicionalmente, foi estruturado nas bases de uma sociedade ainda, e lamentavelmente, racista. O mesmo sempre ocorreu em relação à questão de gênero, cuja legislação vem avançando em busca de uma efetiva e concreta igualdade de oportunidades com a adoção de mecanismos de ações afirmativas.

4 O papel determinante do STF

Considerando o papel do Supremo Tribunal de Guardião da Constituição e, consequentemente, garantidor dos direitos fundamentais previstos no texto constitucional, há de se reconhecer a configuração do "estado de coisas inconstitucional", em consonância com a jurisprudência desta Suprema Corte.[3]

Por esses motivos expostos, a comunidade negra novamente se engajou e foi até o STF, por meio de uma ADPF, para garantir que as regras de distribuição proporcional de verba eleitoral fossem aplicadas ainda para as eleições de 2020.

Para felicidade de mais de 56% da população, o ministro Ricardo Lewandowski proferiu decisão liminar determinando que:

1. O volume de recursos destinados a candidaturas de pessoas negras deve ser calculado a partir do percentual dessas candidaturas dentro de cada gênero, e não de forma global. Isto é, primeiramente, deve-se distribuir as candidaturas em dois grupos - homens e mulheres. Na sequência, deve-se estabelecer o percentual de candidaturas de mulheres negras em relação ao total de candidaturas femininas, bem como o percentual de candidaturas de homens negros em relação ao total de

---

[3] STF, ADPF nº 3.471 DF, Relator: Ministro Marco Aurélio, 2015.

candidaturas masculinas. Do total de recursos destinados a cada gênero é que se separará a fatia mínima de recursos a ser destinada a pessoas negras desse gênero; 2. Ademais, deve-se observar as particularidades do regime do FEFC e do Fundo Partidário, ajustando-se as regras já aplicadas para cálculo e fiscalização de recursos destinados às mulheres; 3. A aplicação de recursos do FEFC em candidaturas femininas é calculada e fiscalizada em âmbito nacional. Assim, o cálculo do montante mínimo do FEFC a ser aplicado pelo partido, em todo o país em candidaturas de mulheres negras e homens negros será realizado a partir da aferição do percentual de mulheres negras, dento do total de candidaturas femininas, e de homens negros, dentro do total de candidaturas masculinas. A fiscalização da aplicação dos percentuais mínimos será realizada, apenas, no exame das prestações de contas do diretório nacional, pelo TSE; 4. A aplicação de recursos do Fundo Partidário em candidaturas femininas é calculada e fiscalizada em cada esfera partidária. Portanto, havendo aplicação de recursos do Fundo Partidário em campanhas, o órgão partidário doador, de qualquer esfera, deverá destinar os recursos proporcionalmente ao efetivo percentual (i) de candidaturas femininas, observado, dentro deste grupo, o volume mínimo a ser aplicado a candidaturas de mulheres negras; e (ii) de candidaturas de homens negros. Nesse caso, a proporcionalidade será aferida com base nas candidaturas apresentadas no âmbito territorial do órgão partidário doador. A fiscalização da aplicação do percentual mínimo será realizada no exame das prestações de contas de campanha de cada órgão partidário que tenha feito a doação.

5 Representatividade importa

A figura da representatividade tem papel fundamental nas demandas da população brasileira e se torna ainda mais urgente quando se fala da parcela negra dos brasileiros.

Destarte, surge a oportunidade de contar com a doutrina da professora da Universidade da Califórnia, Hannah Pitkin, no seu livro obrigatório chamado *The Concept of Representation*, onde busca analisar qual o papel do representante político em relação aos representados, classificando em quatro espécies: (i) representação formalística, (ii) representação descritiva, (iii) representação simbólica e (iv) representação substantiva.

A primeira espécie cuida da questão do ponto de vista da autorização e da responsabilização do representante, a partir das regras em vigência. Na representação descritiva, por outro lado, o representante não atua por seus representados, mas os substitui, havendo, dessa maneira, uma correspondência entre as características do representante e as do representado. Já o critério de avaliação em representação simbólica configura-se quando os representados creem no representante, sem critérios racionais de julgamento dos atos praticados no mandato. Por fim, a representação substantiva é entendida como "agir pelo interesse dos representados, de forma a ser responsivo a eles".[4]

Com tais premissas estabelecidas, é legítimo identificar que traçar um caminho do meio entre as vertentes desenhadas por Pitkin é plenamente desejável e, nessa esteira, vale destacar a reflexão de Teresa Sacchet, quando afirma que:

> É exatamente porque interesses não são apenas representados, mas também definidos, disputados e articulados nas esferas políticas, que há necessidade de maior participação de membros de diferentes grupos sociais, os quais teriam mais habilidade para exercer tais funções a partir das perspectivas de seus grupos. Ainda que membros de grupos distintos possam representar interesses de membros de outros grupos, é mais difícil para as pessoas entenderem experiências e perspectivas que se originam de localizações sociais muito distintas. [...]
> A inclusão de membros de grupos sociais em processos político-decisórios tem um potencial para democratizar a definição da agenda pública, na medida em que suas experiências múltiplas contribuem para colocar novos assuntos em pauta, para uma leitura de questões políticas em geral a partir de diferentes ângulos, enquanto ao mesmo tempo podem fornecer soluções distintas, por vezes mais apropriadas, para essas questões.[5]

No plano histórico, há um relato muito rico do finado deputado Louis Stokes sobre o fenômeno ocorrido nos Estados Unidos com a eleição de nove deputados negros, em 1968:

> A verdade de nossas eleições foi que muitos negros em toda a América, que se sentiam subrepresentados, agora sentiam que os nove membros negros da Câmara eram obrigados a representar bem durante seu mandato. Foi nesse contexto que cada um de nós percebeu o dever extra de, além de representar nossos distritos, assumir o fardo pesado

---

[4] PITKIN, Hannah F. *The Concept of Representation*. Berkeley: University of California Press, 1972, p. 209.
[5] SACCHET, Teresa. Representação política, representação de grupos e política de cotas. *Estudos Feministas*, Florianópolis, v. 20, n. 2, p. 399-431, maio/ago. 2012. Disponível em: http://www.scielo.br/pdf/ref/v20n2/v20n2a04.pdf. Acesso em: 28 ago. 2020.

de atuar como congressistas gerais para pessoas subrepresentadas em toda a América.[6]

Destarte, quando se afirma que inexiste interesse na participação política por parte da população, é preciso se perguntar a razão dessa ausência. Com os fatores apresentados acima, podemos ter uma boa noção de sua resposta.

Não é exagero afirmar que a população negra luta ainda para ter acesso a bens básicos da vida, como manter-se viva, livre e completando o ensino superior.

Consequentemente, é preciso perguntar que espécie de democracia é possível construir, enquanto a sociedade não pode aproveitar inteiramente sua capacidade de representação, quando não há uma estrutura plenamente formulada a ponto de asfixiar possíveis lideranças que possam olhar pelo seu "povo"?

Como essa discrepância pode influenciar nas políticas públicas focadas em favor de parcela tão significativa da população, que forma a maioria nacional?

Daí a importância de se alargar o espectro de incentivos de participação eleitoral, prevendo a inclusão da comunidade negra, a fim de que seja possível reverter os índices apresentados no bojo da presente arguição, concretizando a vontade da Constituição e do legislador ao instituir o Estatuto da Igualdade Racial como diploma normativo de observância obrigatória nacional.

6 Da repercussão nas eleições

Assim, alguns reflexos dessa política pública puderam ser verificados no próprio ano de 2020 e também em 2022.

Houve uma resistência terrível dos partidos para cumprir as decisões, usando, entre outros, o argumento da falta de tempo para implementar a medida. Candidaturas negras, segundo denúncias anônimas, receberam apenas parte do dinheiro que lhes eram de direito na semana anterior ao pleito.

---

[6] FENNO, R. F. *Going Home*: Black Representatives and Their Constituents. Chicago: University of Chicago Press, 2003.

Apesar disso, com o debate posto na sociedade, as Câmaras de São Paulo e do Rio de Janeiro dobraram o número de pessoas pretas nos cargos de vereança.

Passados dois anos, os dirigentes partidários – de esquerda, centro e direita – seguem excluindo a população negra dos espaços de poder, descumprindo ordem judicial expressa.

Com pouco mais de duas semanas para a votação do primeiro turno de 2022, a maioria dos partidos políticos ainda não atingiu os percentuais mínimos de transferência do Fundo Eleitoral para as candidaturas de mulheres e negros, conforme determina a legislação.

Levantamento feito pelo portal *G1* com dados da prestação de contas parcial dos candidatos enviada ao Tribunal Superior Eleitoral (TSE) até 15.11.2022 mostra que aqueles que se identificam como negros receberam até agora 36% dos recursos do fundo, bem abaixo da proporção de 50,4% dessas candidaturas.

O Pros é o partido que apresenta a maior diferença nos repasses: a sigla destinou 80% menos verbas aos candidatos negros em relação aos brancos.

Em seguida, os que apresentaram maiores diferenças foram o MDB (77% de diferença), de Simone Tebet, o PSDB (76%), o PT (70%), do ex-presidente Luiz Inácio Lula da Silva, e o PTB (69%). O PL, partido do presidente Jair Bolsonaro, repassou 38% menos aos candidatos negros da legenda do que para os brancos.

É sintomático e revoltante que, mesmo após seguir as regras do jogo, por dentro das instituições democraticamente estabelecidas, as 120,4 milhões de pessoas negras tenham uma barreira intransponível para escolher o destino que queremos para o país.

Entretanto, a força do povo empurra as instituições e, nas Eleições 2022, o número de candidatos negros, 14.712, superou o de brancos, o que representa 50,27% do total de inscrições (29.262). Em 2018, quando também houve eleição geral, as candidaturas negras foram 46,4% do total.

Em 2022, foram eleitos em primeiro turno 525 candidatos autodeclarados pretos ou pardos, o que representa um aumento de 10,8% em relação a 2018 e de 12,89% sobre o número de 2014.

A partir de 2023, a Câmara dos Deputados terá 135 congressistas negros, número 9% maior ao registrado em 2018. Embora ocupem um quarto das cadeiras na Câmara, a representação ainda está muito aquém da proporção verificada na população, que tem 56,1% de pretos e pardos.

É verdade que ainda há muito que se falar sobre melhorias dos instrumentos de aferição da autodeclaração dos candidatos, mas é extremamente positivo saber que a população negra vem batalhando para ser ouvida sem deixar que as instituições sigam inertes frente aos abusos e silenciamentos historicamente cometidos.

O povo negro não pode se esquecer disso nas próximas eleições, quando o caminho que se apresenta é de união para que não fiquemos mais quatro anos ignorados, barrados e desamparados pela classe política.

Referências

BRASIL. Supremo Tribunal Federal, ADPF nº 3471 DF, Relator: Ministro Marco Aurélio, 2015.

FENNO, R. F. *Going Home*: Black Representatives and Their Constituents. Chicago: University of Chicago Press, 2003.

PITKIN, Hannah F. *The Concept of Representation*. Berkeley: University of California Press, 1972.

SACCHET, Teresa. Representação política, representação de grupos e política de cotas. *Estudos Feministas*, Florianópolis, v. 20, n. 2, p. 399-431, maio-agosto/2012. Disponível em: http://www.scielo.br/pdf/ref/v20n2/v20n2a04.pdf. Acesso em: 28 ago. 2020.

SALGADO, Eneida Desiree. *Princípios constitucionais eleitorais*. Belo Horizonte: Fórum, 2010.

SILVA, Rodrigo Moreira da. Princípio da Anualidade Eleitoral. *Tribunal Superior Eleitoral*. Disponível em: http://www.tse.jus.br/o-tse/escola-judiciaria-eleitoral/publicacoes/revistas-da-eje/artigos/revista-eletronica-eje-n.-4-ano-3/principio-da-anualidade-eleitoral. Acesso em: 28 ago. 2020.

Informação bibliográfica deste livro, conforme a NBR 6023:2018 da Associação Brasileira de Normas Técnicas (ABNT):

SANTANA, Irapuã. A participação do negro na política: a experiência brasileira. BOMFIM, Daiesse Quênia Jaala Santos (Coord.). *Políticas afirmativas de inclusão e equidade racial*: reflexões acerca do papel dos setores público e privado. Belo Horizonte: Fórum, 2023. p. 415-426. ISBN 978-65-5518-553-9.

REPRESENTATIVIDADE NEGRA NOS CARGOS LEGISLATIVOS DO BRASIL: CANDIDATURAS NEGRAS E PARDAS NO PROCESSO ELEITORAL NACIONAL DE 2022

FLÁVIO VIANA BARBOSA
SIMONE HENRIQUE

> *a representatividade*
> é vital
> *sem ela a borboleta*
> *rodeada por um grupo de mariposas*
> *incapaz de ver a si mesma*
> *vai continuar tentando ser mariposa.*
> (Rupi Kaur)[1]

1 Introdução

Este artigo visa analisar, na prática, as alterações do acesso das candidaturas negras, pardas e indígenas no processo eleitoral brasileiro, com vistas à criação de quotas raciais para essas candidaturas e a previsão de um maior acesso ao fundo eleitoral a esses candidatos.

---

[1] Poema de Rupi Kaur (Panjabe, 5 de outubro de 1992), uma poeta feminista contemporânea, escritora e artista da palavra falada indiano-canadense.

Anteriormente, já havia uma quota de gênero[2] para candidatas femininas e uma previsão de maior acesso dessas candidatas aos valores do fundo eleitoral, visando a uma maior representatividade da mulher (maioria da população brasileira), mas que ainda ocupa uma pequena representatividade no total das candidaturas e uma mínima ocupação dos cargos legislativos e executivos nacionais.

Analisando a proporção entre o percentual da população negra, parda e indígena no Brasil *versus* sua representatividade nos postos de comando do país, ou seja, nos cargos eletivos, há uma distorção ainda maior! Para tanto, aplicou-se as quotas raciais eleitorais, de modo análogo, as quotas de acesso à universidade e aos concursos públicos.

Obviamente, esse artigo parte do conceito de representatividade, ao analisar alguns casos específicos de candidatos que mudaram de etnia no quesito raça/cor no TSE para a eleição de 2022, sugerindo soluções para atingir os reais objetivos do Legislador e distorções da legislação racial eleitoral em vigor.

2 Conceito de representatividade

No art. 1º da Constituição Federal de 1988, assim está expresso: "Todo o poder emana do povo, que o exerce por meio de representantes eleitos ou diretamente, nos termos desta Constituição". É o que denominamos "democracia representativa", ou seja, o poder que emana do povo, a soberania, é exercida através de representantes eleitos por esse povo brasileiro.

Para Bobbio, Matteucci e Pasquino, a representatividade é a expressão dos interesses de um grupo (partido, classe, movimento, nação etc.) na figura de um representante, de forma que aquele que fala em nome do coletivo o faz comprometido com as demandas e necessidades dos representados.[3]

Uma quebra desse enlace jurídico entre sociedade e poder pode levar a uma ruptura democrática, uma vez que a parte não representada na distribuição de poder pode levar ao fim do Estado Democrático de Direito. Para precaver-nos de tal ruptura jurídica, estão lançadas as

---

[2] Alterada pela Emenda Constitucional nº 117, PEC nº 18/21, equivalente a 30% dos cargos para o gênero feminino, bem como anistiando partidos que descumpriram a quota de gênero em pleitos anteriores.

[3] BOBBIO, Norberto; MATTEUCCI, Nicola; PASQUINO, Gianfranco. *Dicionário de política I.* Brasília: Editora Universidade de Brasília, 1998.

bases de busca ativa para melhor representar o gênero feminino e a população negra e a indígena em nossas Casas Legislativas.

Ocorre que, como vimos, a maior parte da população brasileira é negra ou afrodescendente e, também vimos, a representatividade dessa população no Congresso Nacional, nas Câmaras de Deputados Estaduais e nas Câmaras de Vereadores do Brasil é ínfima! Estamos num Estado onde o poder tem gênero (masculino), sexualidade (heterossexual) e raça/cor (caucasiano), sendo a representação negra ou indígena e feminina muito inferior a seu coeficiente na composição social do povo brasileiro. Para o pesquisador espanhol,

> O reunir os traços ou características que se consideram comuns de um conjunto de coisas ou pessoas, ou que definem um grupo ou uma série de coisas ou pessoas. Trata-se do alto grau de coincidência entre como nos representamos mentalmente ou imaginariamente algo e a realização dessa imaginação em um objeto, situação ou pessoa.[4]

Vejamos outra lapidar lição de Bobbio, Matteucci e Pasquino, quando trazemos o conceito para o âmbito jurídico:

> Quais as características do corpo social que merecem ser espelhadas no organismo representativo é naturalmente o primeiro quesito que se coloca. Além das que são estritamente políticas e ideológicas, podemos indicar as características socioeconômicas, profissionais, religiosas, culturais, étnicas e raciais, e até as diferenças de sexo e o elenco poderia continuar. *Os sistemas eleitorais proporcionais foram um eficaz instrumento institucional para realizar uma reprodução bastante fiel das primeiras características.* Quanto às outras, o grau de representatividade que podemos encontrar nas instituições representativas é, de uma maneira geral, bastante baixo. Os representantes tendem a ser diversos dos representados em relação a estas outras características, salvo quando uma delas se torna ponto fulcral de conflito político e é tomada como bandeira por uma organização partidária. Neste caso, nascem os partidos operários, agrários, confessionais, étnicos, feministas; mas estas caracterizações bem marcadas no início, com o tempo sofrem geralmente forte desbotamento.[5] (grifos nossos)

---

[4] SÁNCHEZ, José A. *Cuerpos ajenos*. Segovia: Ediciones La uÑa RoTa, 2017, p. 62.
[5] BOBBIO, Norberto; MATTEUCCI, Nicola; PASQUINO, Gianfranco. *Dicionário de política I*. Brasília: Editora Universidade de Brasília, 1998, p. 1103.

Por mais que um homem, caucasiano (branco), hétero e eleito possa se comprometer a defender pautas ou representar interesses de eleitores negros/as, indígenas, LGBTQUIA+ e feminino ou mesmo trans, há uma distorção entre os conceitos de representatividade já explicitado e o de representação política. Se essa parcela da população não se vê nos espaços de poder, não há como afirmar que há representatividade, mas apenas e tão somente uma representação política por meio de candidatos que prometem atuar em prol de uma grande parcela majoritária da população.

No dizer de Foucault,[6] "Somos bem menos gregos do que pensamos. Não estamos nem nas arquibancadas nem no palco, mas na máquina panóptica, investidos por seus efeitos de poder que nós mesmos renovamos, pois somos suas engrenagens."

Ou, ainda,

> A gestão do comportamento da cidadania e a ação de acordo com algumas regras de convivência mais ou menos acordadas e aceitas pela sociedade como um todo são realizadas por vários agentes ao longo de nossas vidas. Esse monitoramento e controle serão analisados na teoria panóptica de Michel Foucault.[7]

Dessa forma, quando analisamos elementos de um regime de visibilidade, analisamos os modos como as práticas sociais, as instituições, os códigos morais, as relações de poder, atuam de maneira a determinar a visibilidade de um grupo, estabelecendo aquilo e aqueles que são ou não vistos, bem como os pontos de contato entre a vida política e social.

Para sanar esses lapsos de poder e, ainda, garantir a democracia e evitar uma ruptura democrática, a adoção de um sistema de quotas (semelhante à solução neoliberal americana para garantir o acesso de sua população negra e afrodescendente nas universidades adotada há décadas e utilizada no Brasil desde 2003) para o gênero feminino e a garantia de acesso ao fundo eleitoral para as candidaturas negras são uma saída inédita para garantir o Estado Democrático de Direito firmado na Constituição Cidadã de 1988. Sua implementação, por criação do Supremo Tribunal Federal, sua atuação no certame eleitoral de 2022

---

[6] FOUCAULT, Michel. *Vigiar e punir*. Petrópolis: Vozes, 1987.
[7] A TEORIA da panóptica de Michel Foucault: sobre o poder político e econômico que nos controla sem que possamos perceber. *Pensar Contemporâneo*, 29 nov. 2017. Disponível em: https://www.pensarcontemporaneo.com/teoria-da-panoptica-de-michel-foucault.

e, ainda, suas consequências no quadro de candidatos e de eleitos é o assunto deste artigo.

3 Luta pela representatividade negra na política brasileira

A Frente Negra Brasileira (FNB), criada em 1931, foi o primeiro partido político formado por negros e com negros em sua direção, e atuou intensamente até 1937, quando o Estado Novo, a ditadura de Getúlio Vargas, lançou-a na ilegalidade. Chegou a ter mais de 100 (cem) mil filiados inscritos em todo o Brasil, atingindo o auge em São Paulo (local de sua criação) e destacada participação nos estados de Minas Gerais, Bahia, Pernambuco, Espírito Santo e Rio Grande do Sul.

Na eleição de 1934, lançou dois candidatos, Francisco Lucrécio e Aristides Barbosa, não eleitos. No dizer de Lucrécio:

> Eu fui candidato a deputado, o Sr. Arlindo também saiu. [...] Nós sabíamos perfeitamente que nós não seríamos eleitos, mas era necessário que levantássemos essa bandeira para que houvesse uma conscientização de que nós também somos cidadãos brasileiros, com o direito de sermos candidatos e sermos eleitos. Na época foi um avanço.[8]

No depoimento de Aristides Barbosa,[9] um de seus fundadores, mostra que em 1937, a FNB estava pronta para a eleição, tendo como candidato próprio Raul Joviano de Amaral, sendo forte candidato a deputado federal por São Paulo. Segundo ele: "Por que você não vai lançar candidato? A resposta era: Não vou lançar porque a Frente Negra vai lançar." Impedida de concorrer em 1937, na ilegalidade, a FNB foi extinta.

O movimento negro continuou sua luta, agora mais em âmbito cultural, com o Teatro Experimental Negro (TEN), seguido pelo Teatro Popular Brasileiro. Surge Abdias do Nascimento. Em 1978, cria-se o MNU (Movimento Negro Unido) e o povo negro retorna às ruas, no dia 7 de julho, com um movimento antirracista de reinvindicação, que

---

[8] BARBOSA, Aristides et al. *Frente Negra Brasileira*: depoimentos. São Paulo: Governo do Estado, 2012. ISBN nº 978-85-87138-10-1, p. 46.
[9] BARBOSA, Aristides et al. *Frente Negra Brasileira*: depoimentos. São Paulo: Governo do Estado, 2012. ISBN nº 978-85-87138-10-1, p. 25-26.

rompeu o silêncio do movimento negro, colocando 2 mil manifestantes na porta do Teatro Municipal de São Paulo/SP e em marcha pelo Viaduto do Chá.

O movimento negro se fragmenta e ramifica, chegando ao auge nos anos 1980, com ações culturais e educacionais, como o Olodum, a criação da Fundação Palmares, efervescentes com a proximidade de 1988 (cem anos da Abolição da Escravatura) e a redemocratização do Brasil.

A deputada federal Benedita da Silva afirmou numa entrevista à revista *Magazine*, de 14 de maio de 1988, que existiam muitos adversários das conquistas dos negros na Constituição Federal: "Está sendo muito difícil conseguir esses pequenos avanços". Benedita da Silva (PT/RJ) foi autora, junto com o deputado Carlos Alberto Caó (PDT/RJ), da emenda que define a prática do racismo como um crime inafiançável. "Não posso dizer que houve grandes conquistas. O que há agora são elementos novos, já que nas constituições passadas não havia nada", completa a deputada.

Temos, ainda, uma enorme e excelente produção científica em 1988, composta de livros, artigos, cartas de protesto e produções acadêmicas voltadas a eliminar a farsa da democracia racial criada nos anos 1930 por Gilberto Freyre e colocar o negro no centro da discussão política pelo centenário da Abolição e pela promulgação da Constituição Federal brasileira. A Constituição de 1988 definiu a criminalização do racismo, o reconhecimento do direito de posse de terra às comunidades quilombolas e a criação da Fundação Cultural Palmares, mas, politicamente, pouco avançou na representatividade negra nos espaços de poder político no Brasil.

Mesmo após 90 anos da criação da FNB, a participação negra nos quadros políticos do Brasil ainda está longe de refletir os mais de 53% da população brasileira, composta por negros e afrodescendentes, segundo o último censo do IBGE.

4 Da criação do quesito raça/cor nas eleições e os resultados estatísticos comparativos

Desde 2011 houve a iniciativa da propositura do projeto de Lei nº 2.882/2011 (que daria nova redação ao inciso VIII, §1º, do art. 11 da Lei nº 9.504, de 30 de setembro de 1997), obrigando aos candidatos, em quaisquer certames eleitorais, no momento da inscrição de sua candidatura, efetuar a declaração sobre o quesito raça/cor no registro.

Apesar de tal projeto de lei não ser aprovado no Congresso Nacional até hoje, o Tribunal Superior Eleitoral instituiu a Resolução nº 23.405/2014, criando o quesito raça/cor no registro do candidato em 2014, sendo esse o primeiro *round* dessa luta.

De acordo com o Estatuto da Igualdade Racial (Lei Federal nº 12.288, de 20 de julho de 2010), "a população negra do Brasil é representada pelo conjunto de pessoas que se autodeclaram pretas e pardas, conforme o quesito raça/cor usado pela Fundação Instituto Brasileiro de Geografia e Estatística (IBGE)".

Dados do Tribunal Superior Eleitoral (TSE),[10] responsável pela divulgação das candidaturas registradas no Brasil, revela que apenas 8,65% (42.524) dos candidatos nas Eleições de 2016 se declararam negros. Cerca de 51% dos candidatos (253.122) afirmaram ser brancos e 39,10% (192.292) pardos.

Em 2018 houve uma audiência pública na Comissão de Direitos Humanos e Legislação Participativa (CDH) sobre o protagonismo dos negros nas esferas de poder em Brasília, aonde se chegou à conclusão de que há uma falta representatividade dos negros na política brasileira. A conclusão se deu a partir dos seguintes dados estatísticos dos mandatos que se encerravam e outros postos chave em 2018:[11]

- Dos 513 deputados federais, 24 são negros.
- Dos 81 senadores, três são negros.
- Dos 5.570 prefeitos, 1.604 são negros.
- Dos 57.838 vereadores, 24.282, são negros.
- Dos governadores dos estados e do DF, nenhum é negro.
- Dos ministros do STF, nenhum é negro.

Já no encerramento dos mandatos em 2022, a Câmara tinha 125 deputados federais autodeclarados negros, de um total de 513 parlamentares, o que representa 24,36%.

---

[10] MAIORIA da população no Brasil, negros são minoria nas Eleições 2016. *Tribunal Superior Eleitoral*, 1 set. 2016. Disponível em: https://www.tse.jus.br/comunicacao/noticias/2016/Setembro/maioria-da-populacao-no-brasil-negros-sao-minoria-nas-eleicoes-2016. Acesso em: 5 mar. 2023.

[11] REPRESENTATIVIDADE dos negros na política precisa aumentar, defendem debatedores. *Senado Federal*, 5 abr. 2018. Disponível em: https://www12.senado.leg.br/noticias/materias/2018/04/05/representatividade-dos-negros-na-politica-precisa-aumentar-defendem-debatedores. Acesso em: 5 mar. 2023.

5 Quotas raciais nas eleições brasileiras de 2022

O que se chama de quotas raciais nas eleições de 2022, na verdade, se assemelham às quotas femininas que já existiam por Emenda à Constituição Federal, como já vimos. Entretanto, não havia nenhuma previsão legal para quotas para negros, pardos e afrodescendentes.

Para estimular a representatividade de negros na política nacional, em 2020 TSE, por meio da Resolução nº 23.665, de 9 de dezembro de 2021, decidiu alterar as regras para, a partir do quesito raça/cor, dividir os recursos do Fundo Especial de Financiamento de Campanha, e até o tempo da propaganda gratuita no rádio e na TV, conforme o número de candidatos negros/pardos de cada partido.

Além disso, houve uma reserva (quota) de 20% das candidaturas a cargos legislativos para as parcelas negra (pretos e pardos) e indígena, com validade já para as eleições de 2022. Com a mudança de 2021, podemos comparar as autodeclarações de pleitos anteriores com o último e listar, seja por estudo de caso, seja por estatística, os candidatos que "mudaram" sua declaração, o aumento ou não de candidaturas negras e, ainda, se houve o pleno cumprimento da Resolução.

Mais uma vez o Poder Judiciário inovou, diante da resistência da maioria conservadora do Congresso Nacional de discutir e votar os temas da igualdade racial, pelo menos, ao longo dos últimos quatro anos.

De pronto, já alertamos que há distorções nas autodeclarações de muitos candidatos, beneficiados pela não previsão de mecanismos antifraude utilizados nos casos de quotas raciais em concursos públicos e acesso à universidade pública, como as bancas de heteroidentificação, por exemplo, onde a declaração é auferida por pessoas da sociedade civil e do ente governamental envolvido, por intermédio da análise do fenótipo[12] do candidato.

6 Estudo de caso: Antônio Carlos Magalhães Neto e outros

De fato, o caso mais emblemático e de maior repercussão no certame eleitoral passado foi a mudança na autodeclaração de Antônio

---

[12] O conceito de fenótipo está relacionado com as características externas, morfológicas, fisiológicas e comportamentais dos indivíduos. Ou seja, o fenótipo determina a aparência do indivíduo (em sua maioria, aspectos visíveis), resultante da interação do meio e de seu conjunto de genes (genótipo). Exemplos de fenótipo são o formato dos olhos, a tonalidade da pele, cor e textura do cabelo, dentre outros.

Carlos Magalhães Neto (ACM Neto), candidato ao governo do Estado da Bahia. Tal fato chegou a ser o ponto crucial do debate político na televisão aberta, na Rede Globo, quando o candidato João Roma questionou abertamente a declaração de ACM Neto como pardo e, portanto, como homem negro. Em tréplica no debate,[13] o candidato Roma afirmou, ainda: "Candidato Jerônimo, não exija tanto de um candidato que não sabe nem a cor da sua pele. Nesses 20 anos de convivência que ele falou, nunca me disse que era negão". Chegou, ainda, a classificar o candidato ACM como "afroconveniente".

Anteriormente, em 2016, no seu registro de candidato à Prefeitura da capital Salvador, ACM Neto havia se autodeclarado pardo. Entretanto, como vemos na inclusa ficha de inscrição para a eleição a governador da Bahia de 2022, no registro constava como declaração a cor branca. Logo após, por requerimento ao Tribunal Regional Eleitoral da Bahia, ACM retifica o registro como candidato e declara-se pardo (novamente). A campanha de ACM Neto informou que a autodeclaração inicial feita ao TRE "foi um equívoco do departamento jurídico da campanha".[14]

Outra polêmica foi ACM, aparentemente, passar a aparecer em todos os vídeos e materiais de campanha "bronzeado" mediante o uso de bronzeamento artificial e/ou em fotos sob o filtro laranja em todo o material de propaganda eleitoral, o que chamou a atenção de toda a cobertura de imprensa sobre a eleição ao governo da Bahia.

Para aumentar ainda mais a polêmica, afirmou ACM dando entrevista na TV local: "Eu me considero pardo. Você pode me colocar ao lado de uma pessoa branca, há uma diferença bem grande. (Agora) Negro, não. Não diria isso, jamais. [...] Então é erro do IBGE, não é meu. Simplesmente isso".[15] Tal declaração foi uma crítica direta ao modelo de quotas implementado segundo os critérios do IBGE.

---

[13] DEBATE: petista e bolsonarista se aliam para chamar ACM Neto de 'afroconveniente' na Bahia. *UOL*. [*S. l.: s. n.*], 2022. 1 vídeo (3min34seg). Disponível em: https://www.youtube.com/watch?v=yjNnOUJsO1A.

[14] CARVALHO, Eric Luis; SOUZA, João. ACM Neto apresenta documento em que é declarado pardo e comenta críticas de adversários: 'assim que eu me vejo. *G1*, 23 set. 2022. https://g1.globo.com/ba/bahia/eleicoes/2022/noticia/2022/09/23/acm-neto-apresenta-documento-em-que-e-declarado-pardo-e-comenta-criticas-de-adversarios-assim-que-eu-me-vejo.ghtml. Acesso em: 20 mar. 2023.

[15] JOHNSON, Jones. ACM Neto pardo? Relembre a polêmica envolvendo o candidato. *JC Online*, 28 set. 2022. Disponível em: https://jc.ne10.uol.com.br/colunas/jamildo/2022/09/15088918-acm-neto-pardo-relembre-a-polemica-envolvendo-o-candidato.html. Acesso em: 20 mar. 2023.

A troca de farpas tinha como pano de fundo, além da quota racial para candidaturas negras e a maior parcela do fundo eleitoral, também a busca de empatia com um eleitorado baiano, onde 76% da população se declara negra ou parda, de acordo com o IBGE. Da mesma forma, segundo outra fonte, a identificação com eleitorado e interesse em verbas podem estar por trás do "enegrecimento súbito".[16]

Assim como ACM Neto, outros tantos casos ocorreram Brasil afora. Em especial, citamos, no Paraná, o deputado federal Paulo Martins (PL), que também alterou sua autodeclaração de branco para pardo. Em Sergipe, a autodeclaração do senador Alessandro Vieira (PSDB), igualmente "pardo", causou estranheza e contestação dos adversários.[17]

Na mesma reportagem do *Jornal Plural*, podemos citar opiniões de especialistas:

> O cientista político da Pontifícia Universidade Católica do Rio de Janeiro (PUC-Rio), Ricardo Ismael, a mudança na autodeclaração racial de ACM Neto visa se aproximar do eleitorado preto e pardo. Acredito que a ideia é que, ao mudar sua declaração de cor, ele estaria respondendo a uma demanda de parte do eleitorado, que passou a valorizar mais essa questão de cor e raça."[18]

Mais a alteração de raça cor teve efeitos colaterais, como também diagnostica o cientista político: [...] "O ACM acabou ampliando seu desgaste político e tendo que explicar até mesmo se tinha feito ou não um bronzeamento artificial. Depois dessa polêmica, ele perdeu a chance, inclusive, de vencer em primeiro turno".

Indo além do debate sobre ACM, o candidato a deputado federal pelo Paraná Paulo Martins chegou a afirmar (sobre sua mudança de raça/cor) que "se sente pardo" e questionou, ainda: "Alguém aí é membro de tribunal racial para dizer que não sou?".

---

[16] EM DEBATE, ACM vira alvo por se dizer pardo. *Correio Braziliense*, 29 set. 2022. Disponível em: https://www.correiobraziliense.com.br/politica/2022/09/5040375-em-debate-acm-vira-alvo-por-se-dizer-pardo.html. Acesso em: 20 mar. 2023.

[17] ORTES, Letícia. Por que ACM Neto e outros políticos ficaram "pardos" de uma hora para outra? *Jornal Plural*, 23 set. 2022. Disponível em: https://www.plural.jor.br/noticias/poder/por-que-acm-neto-e-outros-politicos-ficaram-pardos-de-uma-hora-para-outra/. Acesso em: 20 mar. 2023.

[18] ORTES, Letícia. Por que ACM Neto e outros políticos ficaram "pardos" de uma hora para outra? *Jornal Plural*, 23 set. 2022. Disponível em: https://www.plural.jor.br/noticias/poder/por-que-acm-neto-e-outros-politicos-ficaram-pardos-de-uma-hora-para-outra/. Acesso em: 20 mar. 2023.

Houve um surto de alterações de candidatos "brancos" para "pardos" no Paraná, onde o doutor em Educação Sérgio Luís sentenciou à imprensa local: "Como a nova lei estabelece que mulheres e pessoas negras devem receber o dobro de recursos do fundo eleitoral, alguns candidatos podem se aproveitar disso".[19] Denominou o fenômeno de "oportunismo racial"!

Outros casos, quando denunciados pela imprensa, fizeram o caminho oposto, retificando sua autodeclaração de pardo para branco, caso de Thiago Paes e de Regininha Duarte, ambos candidatos a deputado federal por Pernambuco, que preferiram alegar que tal ato foi erro do partido político ao preencher o registro dos candidatos.

Para o sociólogo Thales Vieira, coordenador do Observatório da Branquitude, citado por Weslley Galzo:

> É um privilégio imenso da branquitude fazer esse intercâmbio racial para colher algum tipo de benefício. Os negros não conseguem fazer isso. É característica da branquitude ter a condição de portadora de privilégios na sua raça, na sua pele [...]
> Existe uma super representação branca e masculina nas direções dos partidos. São esses representantes que vão decidir para onde vão os recursos, a partir do olhar deles de quais são os candidatos viáveis. Acredito ser necessário um esforço de ocupar esse lugar nas direções dos partidos e fazer melhor essa disputa da distribuição de recursos.[20]

Casos esporádicos em outros entes da Federação ocorreram, sem, contudo, o mesmo impacto que os relatados acima. Sua breve análise comprova que o atual sistema de cotas raciais eleitorais, inaugurado no certame eleitoral de 2022, ainda precisa de ajustes para alcançar sua finalidade como ação afirmativa.

Apenas como arremate, compartilhamos um dos desdobramentos do desafio para a representatividade negra no cenário político brasileiro. O portal de notícias *Universo Online*, em novembro de 2022,

---

[19] ORTES, Letícia. Por que ACM Neto e outros políticos ficaram "pardos" de uma hora para outra? *Jornal Plural*, 23 set. 2022. Disponível em: https://www.plural.jor.br/noticias/poder/por-que-acm-neto-e-outros-politicos-ficaram-pardos-de-uma-hora-para-outra/. Acesso em: 20 mar. 2023.

[20] GALZO, Weslley. Candidatos brancos ganharam duas vezes mais verbas do que negros e indígenas, diz estudo da UERJ. *Terra*, 16 jan. 2023. Disponível em: https://www.terra.com.br/nos/candidatos-brancos-ganharam-duas-vezes-mais-verbas-do-que-negros-e-indigenas-diz-estudo-da-uerj,9fff5abce2db85c35dced2b3f7327bc9a6mujxya.html. Acesso em: 20 mar. 2023.

mês da Consciência Negra, realizou matéria jornalística com a seguinte manchete: "Metade dos parlamentares eleitos que dizem ser negros são brancos", Nas eleições majoritárias e proporcionais do ano passado, a cidadania brasileira elegeu 517 parlamentares que se autodeclararam negros – pretos e pardos –, o que significa o percentual de 32,3% dos deputados federais, estaduais e senadores que tomaram posse neste ano de 2023. Contudo, desses representantes políticos, muitos não são considerados negros segundo os critérios da sociedade brasileira. A requerimento do portal *UOL*, uma banca de heteroidentificação racial – o método usado para aferir a ação afirmativa nos concursos e coibir fraudes nas cotas raciais –, afirmou que só 263 destes eleitos são negros. Isso representa 16,4% dos novos ingressantes no Senado, na Câmara dos Deputados e nas Assembleias Legislativas.

Promovida sob a direção da doutora em sociologia pela Unesp (Universidade Estadual Paulista) Marcilene Garcia de Souza, a análise seguiu uma portaria de 2018, do antigo Ministério do Planejamento, Desenvolvimento e Gestão, que disciplina a checagem racial de cotistas negros em concursos públicos federais. O procedimento averigua os fenótipos negroides das pessoas, como cabelos crespos ou encaracolados, nariz e lábios largos etc. Nesta eleição, os eleitores brasileiros renovaram um terço das 81 cadeiras do Senado. Entre os 27 escolhidos, todos os seis negros são homens. São três pretos – Magno Malta (PL-ES), Romário (PL-RJ) e Beto Faro (PT-PA) – e três pardos – Flávio Dino (PSB-MA), licenciado, pois assumiu a Pasta Ministerial da Justiça e da Segurança Pública, Dr. Hiran (PP-RO) e Rogério Marinho (PL-RN). Rogério Marinho foi o único a ter a autodeclaração contestada pela banca de heteroidentificação. Economista de formação, foi presidente da Câmara de Vereadores de Natal e comandou o Ministério do Desenvolvimento Regional, de 2020 até março de 2022. Dos 1.059 deputados estaduais eleitos em 2022, 376 se autodeclararam negros, mas 49% deles não são, conforme a banca. Por sua vez, na Câmara dos Deputados, 135 dos 513 parlamentares eleitos falam ser negros. Entretanto, 51,1% deles tiveram a autodeclaração contestada pela banca de heteroidentificação. Como todos os que se registraram no TSE como pretos tiveram a autodeclaração confirmada pelos especialistas, a discrepância reside entre os pardos. Dos 107 homens eleitos, 56% não foram considerados negros. O mesmo ocorreu para nove das 28 mulheres consideradas pardas.

Segundo o magistério do cientista político e professor de sociologia da Uerj (Universidade do Estado do Rio de Janeiro) Luiz Augusto

Campos, inexiste autodeclaração equivocada, visto que raça é uma construção social, que pressupõe tanto o modo como as pessoas se reconhecem quanto a maneira de como elas são vistas pela sociedade. E isso varia conforme região, geração ou momento da História.

7 Considerações finais

Concluímos, portanto, que, mesmo com esses e outros casos de suposta fraude na autodeclaração, as cotas raciais vieram para suprir a necessidade de financiamento de candidaturas pardas, negras e indígenas.

De acordo com as estatísticas oficiais do TSE, no pleito de 2018, candidatos brancos e de origem asiática receberam, em média, R$292.000,00 (duzentos e noventa e dois mil reais) do Fundo Eleitoral, enquanto os concorrentes negros e indígenas tiveram direito a menos da metade desse valor. Foram R$142.000,00 (cento e quarenta e dois mil reais), em média, para custear as despesas dessas candidaturas.

Segundo Frei Davi "Pode ser que os partidos políticos burlaram, sim, a autodeclaração junto ao TSE", membro da Comissão de Promoção da Igualdade Racial do Tribunal Superior Eleitoral, instituída na mesma Resolução que criou as cotas raciais e conduzida pelo ministro Benedito Gonçalves, coordenador institucional da equipe. A Comissão, entretanto, não tem poder fiscalizador para além de apontar soluções para aperfeiçoar a ferramenta e fazer denúncia ao Tribunal Superior Eleitoral durante o processo eleitoral, o que não ocorreu neste certame.

Entretanto, a Comissão entende que a solução deve partir do Congresso Nacional, como afirma, na mesma fala aberta em entrevista coletiva, Frei Davi, que conclui:

> O TSE tem muito respeito e segue os protocolos estipulados pelo Congresso Nacional. Nós chegamos a participar de várias Comissões e audiências públicas que debateram esse assunto [da divisão do Fundo Eleitoral e a autodeclaração dos candidatos], mas a pauta infelizmente não seguia adiante no Congresso. Tivemos pouca incidência política nesse sentido.[21]

---

[21] RODRIGUES, Thais. Exclusivo: Partidos políticos podem ser culpados por burlar autodeclaração de candidatos. *Terra*, 17 out. 2022. Disponível em: https://www.terra.com.br/nos/exclusivo-partidos-politicos-podem-ser-culpados-por-burlar-autodeclaracao-de-candidatos,93c43db8108a6626821b6b7fbb5ebed6hbt0s2tw.html. Acesso em: 20 mar. 2023.

Para Marlon Reis, advogado e relator da Comissão de Promoção da Igualdade Racial do TSE:

> É preciso ter clareza que o critério expresso pela norma é o critério fenotípico, mas não qualquer critério. O objetivo é fortalecer a candidatura de pessoas descendentes de pessoas escravizadas cujos ancestrais tem origem na África. Não é apenas a cor da pele que vale, pois existem etnias que têm uma tonalidade de pele escura sem ter nenhuma origem africana. [...] Qualquer pessoa que não tem traços fenotípicos de matriz africana não está contemplada pela norma.[22]

Os membros da Comissão afirmam que já há debates para a adoção de bancas de heteroidentificação, com normas semelhantes às utilizadas para quotas raciais em concursos públicos e acesso à universidade pública, já para a próxima eleição municipal de 2024. Essas bancas confirmam ou não a autodeclaração do candidato, podendo retirá-lo da quota racial.

Essa é a solução defendida, entre outros, por Gabriela Cruz, presidente do Tucanafro, núcleo negro do PSDB, que afirmou: "O TSE precisa fazer uma campanha nacional e instaurar bancas de heteroidentificação. Precisam existir comissões dentro de todos os partidos e uma ampla discussão para aprimorar as regras de autodeclaração".[23]

Outras possíveis punições seriam a imputação em crime de falsidade ideológica, conforme defende a advogada e mestranda em direito pela FGV, Agatha Miranda: "É criminoso, lamentável e antiético. A gente acaba por pagar a conta do que os brancos e a branquitude fazem de maneira irresponsável com os direitos conquistados a partir da luta do movimento negro".[24]

De qualquer forma, as quotas raciais eleitorais devem ser mantidas e aprimoradas com ações afirmativas, de forma a garantir não só

---

[22] RODRIGUES, Thais. Exclusivo: Partidos políticos podem ser culpados por burlar autodeclaração de candidatos. *Terra*, 17 out. 2022. Disponível em: https://www.terra.com.br/nos/exclusivo-partidos-politicos-podem-ser-culpados-por-burlar-autodeclaracao-de-candidatos,93c43db8108a6626821b6b7fbb5ebed6hbt0s2tw.html. Acesso em: 5 mar. 2023.

[23] RODRIGUES, Thais. Exclusivo: Partidos políticos podem ser culpados por burlar autodeclaração de candidatos. *Terra*, 17 out. 2022. Disponível em: https://www.terra.com.br/nos/exclusivo-partidos-politicos-podem-ser-culpados-por-burlar-autodeclaracao-de-candidatos,93c43db8108a6626821b6b7fbb5ebed6hbt0s2tw.html. Acesso em: 5 mar. 2023.

[24] RODRIGUES, Thais. Exclusivo: Partidos políticos podem ser culpados por burlar autodeclaração de candidatos. *Terra*, 17 out. 2022. Disponível em: https://www.terra.com.br/nos/exclusivo-partidos-politicos-podem-ser-culpados-por-burlar-autodeclaracao-de-candidatos,93c43db8108a6626821b6b7fbb5ebed6hbt0s2tw.html. Acesso em: 5 mar. 2023.

a existência, mas a viabilidade política e econômica de candidaturas negras, pardas e indígenas, de forma a, efetivamente, dar representatividade a parcela significativa da população brasileira que não se vê nos postos de poder político em nosso Brasil.

Referências

A TEORIA da panóptica de Michel Foucault: sobre o poder político e econômico que nos controla sem que possamos perceber. *Pensar Contemporâneo*, 29 nov. 2017. Disponível em: https://www.pensarcontemporaneo.com/teoria-da-panoptica-de-michel-foucault/. Acesso em: 5 mar. 2023.

ALMEIDA, Silvio. *Racismo estrutural*. São Paulo: Sueli Carneiro; Pólen, 2020. (Coleção Feminismos Plurais)

AZEVEDO, Célia Maria Marinho de. *Onda negra medo branco*: o negro no imaginário das elites do século XIX. Rio de Janeiro: Paz e Terra, 1987.

BARBOSA, Aristides et al. *Frente Negra Brasileira*: depoimentos. São Paulo: Governo do Estado, 2012. ISBN nº 978-85-87138-10-1

BOBBIO, Norberto; MATTEUCCI, Nicola; PASQUINO, Gianfranco. *Dicionário de política I*. Brasília: Editora Universidade de Brasília, 1998.

CARVALHO, Eric Luis; SOUZA, João. ACM Neto apresenta documento em que é declarado pardo e comenta críticas de adversários: 'assim que eu me vejo. *G1*, 23 set. 2022. Disponível em: https://g1.globo.com/ba/bahia/eleicoes/2022/noticia/2022/09/23/acm-neto-apresenta-documento-em-que-e-declarado-pardo-e-comenta-criticas-de-adversarios-assim-que-eu-me-vejo.ghtml. Acesso em: 20 mar. 2023.

DANIEL, Néia. *Memória da Negritude*. Brasília, Ministério da Cultura: Fundação Cultural Palmares; Realce Gráfica e Editora, 1994.

DEBATE: petista e bolsonarista se aliam para chamar ACM Neto de 'afroconveniente' na Bahia. *UOL*. [S. l.: s. n.], 2022. 1 vídeo (3min34seg). Disponível em: https://www.youtube.com/watch?v=yjNnOUJsO1A. Acesso em: 20 mar. 2023.

DJAMILA, Ribeiro. *Pequeno Manual Antirrracista*. São Paulo: Companhia das Letras, 2020. ISBN 978-85-359-3113-6

DJAMILA, Ribeiro. *Quem tem medo do feminismo negro?* São Paulo: Companhia das Letras, 2018. ISBN 978-85-359-3297-4

EM DEBATE, ACM vira alvo por se dizer pardo. *Correio Braziliense*, 29 set. 2022. Disponível em: https://www.correiobraziliense.com.br/politica/2022/09/5040375-em-debate-acm-vira-alvo-por-se-dizer-pardo.html. Acesso em: 20 mar. 2023.

FORTES, Letícia. Por que ACM Neto e outros políticos ficaram "pardos" de uma hora para outra? *Jornal Plural*, 23 set. 2022. Disponível em: https://www.plural.jor.br/noticias/poder/por-que-acm-neto-e-outros-politicos-ficaram-pardos-de-uma-hora-para-outra/. Acesso em: 20 mar. 2023.

FOUCAULT, Michel. *Vigiar e punir*. Petrópolis: Vozes, 1987.

FREIRE Simone; MAZZEI, Beatriz. Metade dos parlamentares eleitos que ser negros são brancos. *UOL*, 20 nov. 2022 Disponível em: https://noticias.uol.com.br/politica/ultimas-noticias/2022/11/20/metade-dos-parlamentares-eleitos-que-dizem-ser-negros-sao-brancos.htm#:~:text=Metade%20dos%20parlamentares%20eleitos%20que%20dizem%20ser%20negros%20s%C3%A3o%20brancos,-Deputados%20federais%20eleitos&text=Ocorreu-%20um%20problema.,Tente%20atualizar%20a%20p%C3%A1gina.&text=Nas%20elei%C3%A7%C3%B5es%20de%202022%2C%20o,assumir%C3%A3o%20os%20mandatos%20em%202023. Acesso em: 20 mar. 2023.

GALZO, Weslley. Candidatos brancos ganharam duas vezes mais verbas do que negros e indígenas, diz estudo da UERJ. *Terra*, 16 jan. 2023. Disponível em: https://www.terra.com.br/nos/candidatos-brancos-ganharam-duas-vezes-mais-verbas-do-que-negros-e-indigenas-diz-estudo-da-uerj,9fff5abce2db85c35dced2b3f7327bc9a6mujxya.html. Acesso em: 5 mar. 2023.

JOHNSON, Jones. ACM Neto pardo? Relembre a polêmica envolvendo o candidato. *JC Online*, 28 set. 2022. Disponível em: https://jc.ne10.uol.com.br/colunas/jamildo/2022/09/15088918-acm-neto-pardo-relembre-a-polemica-envolvendo-o-candidato.html. Acesso em: 5 mar. 2023.

MAIORIA da população no Brasil, negros são minoria nas Eleições 2016. *Tribunal Superior Eleitoral*, 1 set. 2016. Disponível em: https://www.tse.jus.br/comunicacao/noticias/2016/Setembro/maioria-da-populacao-no-brasil-negros-sao-minoria-nas-eleicoes-2016. Acesso em: 5 mar. 2023.

REPRESENTATIVIDADE dos negros na política precisa aumentar, defendem debatedores. *Senado Federal*, 5 abr. 2018. Disponível em: https://www12.senado.leg.br/noticias/materias/2018/04/05/representatividade-dos-negros-na-politica-precisa-aumentar-defendem-debatedores. Acesso em: 5 mar. 2023.

RODRIGUES, Thais. Exclusivo: Partidos políticos podem ser culpados por burlar autodeclaração de candidatos. *Terra*, 17 out. 2022. Disponível em: https://www.terra.com.br/nos/exclusivo-partidos-politicos-podem-ser-culpados-por-burlar-autodeclaracao-de-candidatos,93c43db8108a6626821b6b7fbb5ebed6hbt0s2tw.html. Acesso em: 5 mar. 2023.

SÁNCHEZ, José A. *Cuerpos ajenos*. Segovia: Ediciones La uÑa RoTa, 2017.

SILVA, Benedita da. A causa negra na Constituinte. *Revista Magazine*, p. 12, 14 maio 1988. Disponível em: https://www2.senado.leg.br/bdsf/bitstream/handle/id/107964/1988_11%20a%2015%20de%20Maio_%20121.pdf?sequence=3&isAllowed=y. Acesso em: 5 mar. 2023.

SOARES, Gabriella. ACM Neto se autodeclarou branco e mudou depois para pardo. *Poder360*, 23 set. 2022. Disponível em: https://www.poder360.com.br/eleicoes/acm-neto-se-autodeclarou-branco-e-mudou-depois-para-pardo/. Acesso em: 5 mar. 2023.

Informação bibliográfica deste livro, conforme a NBR 6023:2018 da Associação Brasileira de Normas Técnicas (ABNT):

BARBOSA, Flávio Viana; HENRIQUE, Simone. Representatividade negra nos cargos legislativos do Brasil: candidaturas negras e pardas no processo eleitoral nacional de 2022. BOMFIM, Daiesse Quênia Jaala Santos (Coord.). *Políticas afirmativas de inclusão e equidade racial*: reflexões acerca do papel dos setores público e privado. Belo Horizonte: Fórum, 2023. p. 427-443. ISBN 978-65-5518-553-9.

A RESOLUÇÃO Nº 23.665/2021 DO TSE: UM FLERTE SOBRE A (IM)POSSIBILIDADE DE PROMOÇÃO DA PARTICIPAÇÃO DAS(OS) NEGRAS(OS) NA POLÍTICA À LUZ DAS ELEIÇÕES GERAIS DE 2022

ODILON DOS SANTOS SILVA
OSVALDO ÁLVARO DE JESUS NETO

1 Introdução

Antes de falar sobre a alteração legislativa proveniente da Resolução do TSE nº 23.665/2021, responsável pela tentativa de fomento à participação do negro na política, é imprescindível tratar sobre o contexto histórico da luta do povo negro pelo direito ao sufrágio ativo e passivo, bem como das inúmeras tentativas de supressão desse direito fundamental.

A raiz do problema sempre esteve na impossibilidade de os negros exercerem a sua cidadania, em grande parte da história política do Brasil, assim como as mulheres, os analfabetos e os pobres. Isso porque, muito embora não houvesse uma proibição explícita do voto, inicialmente estavam impossibilitados por conta da escravidão – em que os negros eram tratados em condições sub-humanas e eram considerados propriedades dos seus senhores – e posteriormente, implicitamente, por conta do analfabetismo e a pobreza.

A liberdade do voto negro, que em tese viria junto com a abolição da escravatura, estava barrada pela proibição do voto dos analfabetos, ocorrida anos antes por meio da Lei Saraiva, em 1881, bem como na Constituição Federal de 1891,[1] que, muito embora mantivesse a previsão do voto universal, exceto para analfabetos, tal impedimento, materialmente falando, significava um impedimento velado para os negros tivessem acesso ao sufrágio.

Ora, não há como ter entendimento diferente, isso porque, à época, ainda vigorava a Lei nº 1, promulgada em 1837,[2] que trazia em seu art. 3º que "São proibidos de frequentar as Escolas Públicas [...] Os escravos, e os pretos Africanos, ainda que sejam livres ou libertos". Se não fosse publicamente, onde os escravos e pretos africanos buscariam alfabetizar-se?

É certo que com todos os estigmas sofridos pela população negra, o analfabetismo imperava entre eles, devido à supressão de tantos direitos e espaços por tanto tempo de escravidão.

Esse estigma pode ser bem percebido mesmo em fatos que ocorreram depois da abolição da escravatura, como por exemplo, diante da dificuldade enfrentada pelo Deputado Monteiro Lopes que, por ser negro, ganhou diversas eleições, mas sua diplomação não ocorria, sendo alegada uma série de fatores impeditivos, diz Ane Ferrari Ramos Cajado,[3] historiadora do Museu do TSE. Uma campanha foi organizada no Brasil inteiro e, finalmente, ele foi empossado deputado federal em 1909.

É evidente que por inúmeros motivos de cunho discriminatórios, a legislação eleitoral brasileira restringia o voto negro; isso porque, à luz de quem governava o país, não era interessante conceder o poder do voto a uma massa de ex-escravos.

---

[1] BRASIL. *Constituição da República dos Estados Unidos do Brasil*. Rio de Janeiro, 1891. Disponível em: http://www.planalto.gov.br/ccivil_03/constituicao/constituicao91.htm. Acesso em: 13 jan. 2023.

[2] BRASIL. Lei nº 1 de 1837. Rio de Janeiro, 1837. Disponível em: https://www.google.com/url?sa=t&rct=j&q=&esrc=s&source=web&cd=&cad=rja&uact=8&ved=2ahUKEwi5voDdvt78AhVTLLkGHewXDuYQFnoECAkQAQ&url=https%3A%2F%2Fseer.ufrgs.br%2Fasphe%2Farticle%2FviewFile%2F29135%2Fpdf&usg=AOvVaw1GJWWVMZbku6aCsx7kzuqX. Acesso em: 10 jan. 2023

[3] SÉRIE Inclusão: antes excluídos, hoje índios e negros participam ativamente do processo eleitoral. TSE, 19 abr. 2013. Disponível em: https://www.tse.jus.br/comunicacao/noticias/2013/Abril/serie-inclusao-antes-excluidos-hoje-indios-e-negros-participam-ativamente-do-processo-eleitoral. Acesso em: 11 jan. 2023.

Diante deste cenário de desigualdade, na medida em que o tempo foi passando, os movimentos sociais da população negra em prol do reconhecimento da cidadania, a queda da proibição do voto dos analfabetos, os movimentos sufragistas e feministas e a necessária evolução da busca por representatividade nos ambientes de fala, passaram a dar espaço à inserção das minorias como agentes políticos, concedendo-os direito ao voto e, além disso, a ser votado.

Nesse contexto, o que em outro momento era tratado com descaso pelos governantes e legisladores do país, tomou forma de obrigação de reparação histórica, inicialmente com as cotas de participação feminina em candidaturas nos partidos políticos e agora, mais recente, o incentivo via cotas do fundo partidário para os negros que optarem por se candidatar a cargos eletivos.

O presente trabalho tem o condão de demonstrar a carga antidiscriminatória trazida pela Resolução nº 23.665/2021[4] do Tribunal Superior Eleitoral, analisando as alterações legais responsáveis pelo fomento de candidaturas negras e, consequentemente, de mais representatividade do povo negro nas casas legislativas. No entanto, busca apontar as falhas o sistema de distribuição do fundo partidário, que pode levar a referida norma ao ostracismo, o que seria um retrocesso gigantesco da luta do povo negro.

Importante salientar que, como traz o próprio título do trabalho, este é tão somente um primeiro momento sobre o tema. Decerto que, por ser matéria deveras complexa e extensa, não têm estes autores a presunção de exaurir o tema em tão breves páginas, até porque seria impossível. O que se pretende com o presente é introduzir o tema e o seu debate, com objetivo de que, com o amadurecimento das políticas previstas na resolução acima mencionada, possam essas ser efetivadas e tenham seus objetivos alcançados.

Por outro lado, sabemos de todos os desafios para que as políticas afirmativas se concretizem, inclusive, como o título também permite a leitura, e as alterações trazidas no bojo da Resolução nº 23.665/2021 sejam uma tentativa para a promoção das(os) negras(os) na política.

---

[4] BRASIL. Resolução nº 23.665 do Tribunal Superior Eleitoral. Brasília: 2021. Disponível em: https://www.tse.jus.br/legislacao/compilada/res/2021/resolucao-no-23-665-de-9-de-dezembro-de-2021. Acesso em: 11 jan. 2023.

2 As novas regras de incentivo à inserção de negros nas casas legislativas

Não há como negar que durante muito tempo as propostas que "garantiam" o acesso ao negro eram tão somente garantias formais, como já foi abordado no tópico introdutório. Entretanto, superadas todas essas dificuldades, e muito embora a Constituição Cidadã[5] tenha buscado, ainda que por normas programáticas, garantir o amplo acesso ao voto, prevendo expressamente em seu art. 14 que "A soberania popular será exercida pelo sufrágio universal e pelo voto direto e secreto, com valor igual para todos, e, nos termos da lei", tais previsões ainda não foram suficientes para garantir o acesso material do negro nas casas legislativas.

Como forma de demonstrar tal alegação, basta perceber que, nas eleições de 2020, pela primeira vez pretos e pardos foram maioria nas urnas.[6] Ainda assim, confrontando essa informação há o fato de que os eleitos ainda permaneceram sendo majoritariamente pessoas brancas. Se fizermos um recorte ainda mais profundo e analisarmos o número de mulheres pretas e pardas – grupo que corresponde a, aproximadamente, 28% da população brasileira – a discrepância é ainda maior.

Como forma de buscar dirimir tal dicotomia, de forma inovadora, a legislação eleitoral, através da Resolução nº 23.665/2021[7] do Tribunal Superior Eleitoral – tema do presente artigo – previu a obrigatoriedade de distribuição de valores do Fundo Partidário e do Fundo Especial de Financiamento de Campanha (FEFC) para homens e mulheres negras.

Fazendo uma rápida anamnese da alteração legislativa, é de fácil percepção que a distribuição dos valores deve respeitar o quociente entre brancos e pretos/pardos, conforme previsão do agora modificado art. 17, §4º, III da Resolução nº 23.607,[8] *in verbis*, "os percentuais de candidaturas femininas e de pessoas negras será obtido pela razão

---

[5] BRASIL. *Constituição da República Federativa do Brasil*. Brasília, 1988. Disponível em: https://www.planalto.gov.br/ccivil_03/constituicao/constituicao.html. Acesso em: 12 jan. 2023.

[6] BRASIL. Tribunal Superior Eleitoral. *Eleições em números*. Disponível em: https://sig.tse.jus.br/ords/dwapr/seai/r/sig-candidaturas/painel-perfil-candidato?session=202279897343721. Acesso em: 12 jan. 2023.

[7] BRASIL. Resolução nº 23.665 do Tribunal Superior Eleitoral. Brasília: 2021. Disponível em: https://www.tse.jus.br/legislacao/compilada/res/2021/resolucao-no-23-665-de-9-de-dezembro-de-2021. Acesso em: 11 jan. 2023.

[8] BRASIL. Resolução nº 23.607 do Tribunal Superior Eleitoral. Brasília, 2019. Disponível em: https://www.tse.jus.br/legislacao/compilada/res/2019/resolucao-no-23-607-de-17-de-dezembro-de-2019. Acesso em: 11 jan. 2023.

dessas candidaturas em relação ao total de candidaturas do partido em âmbito nacional (Incluído pela Resolução nº 23.665/2021)".

Embora pareça o ato derradeiro para dirimir a discrepância entre brancos e pretos/pardos, há de se perceber uma série de dificuldades para que tal legislação surta efeito. Tais pontos serão pormenorizados nos tópicos seguintes do presente artigo. O tópico seguinte versará a respeito da dificuldade de efetivação da divisão dos valores em virtude de uma total discricionariedade partidária no que diz respeito à divisão dos valores do Fundo Partidário e FEFC, e o tópico 4 trará uma análise de como a alteração mencionada foi capaz, ou não, de reduzir a discrepância entre o número de pretos/pardos eleitos em comparação ao número de brancos eleitos, afinal o *télos* da legislação é justamente aumentar a participação e o número de pretos/pardos nos cargos eletivos, ou, ao menos, a "paridade de armas" durante as eleições.

Retornando ao tema deste bloco, após um breve resgate a respeito dos motivos para a dificuldade de efetivação das medidas propostas, versaremos um pouco mais sobre as novas regras de incentivo à inserção de negros nas casas legislativas, mais especificamente das novas regras para financiamento de candidaturas femininas e de pessoas negras.

Para explicar o caminho que o dinheiro precisa percorrer até chegar à posse do candidato negro e ser utilizado em sua campanha, faz-se necessário trazer à tona a Emenda Constitucional nº 111,[9] também parte das mais atuais políticas afirmativas, em que prevê, em seu artigo 2º que:

> Para fins de distribuição entre os partidos políticos dos recursos do fundo partidário e do Fundo Especial de Financiamento de Campanha (FEFC), os votos dados a candidatas mulheres ou a candidatos negros para a Câmara dos Deputados nas eleições realizadas de 2022 a 2030 serão contados em dobro.

A mensagem dos legisladores e constituintes derivados é bastante clara. A resolução do TSE, de dezembro de 2021, prevê a obrigação de distribuição de recursos do Fundo Partidário e do Fundo Especial de Financiamento de Campanha para candidatas(os) negras(os), na proporção de candidatos negros que disputem as eleições. Na medida em

---

[9] BRASIL. Emenda Constitucional nº 111. Brasília, 2021. Disponível em: http://www.planalto.gov.br/ccivil_03/constituicao/emendas/emc/emc111.htm. Acesso em: 10 jan. 2023.

que mais votos tiverem os candidatos negros, os partidos terão mais verbas nas eleições futuras.

Em suma, o partido não somente tem o interesse de que haja negros compondo seu quadro de candidatos, como também tem interesse em que estes tenham grande número de votos. Em tese as políticas afirmativas mencionadas andam de mãos dadas na busca da consolidar o aumento da representação negra nos cargos eletivos.

Antes da Resolução nº 23.665/2021 não existia uma obrigação para que o partido disponibilizasse, obrigatoriamente, qualquer montante, especificamente, para pessoas negras. O que existia era tão somente a previsão de que 30% dos candidatos deveriam ser negros. E, muito embora seja uma alteração visando ao aumento do número de candidatos pretos às eleições, infelizmente, em diversas oportunidades foi constatado que o previsto originalmente na Resolução nº 23.607/2019 significava tão somente que o partido seria "obrigado" a registrar negros e mulheres, com único intuito de cumprir um requisito legal.

Não há como ser indiferente a respeito do trazido no art. 17, §5-A, da Resolução nº 23.607 do TSE (que também foi alterado pela Resolução nº 23.665/2021). No referido parágrafo a previsão é de que "A regularidade da aplicação mínima dos percentuais mencionados nos incisos I e II do §4º deste artigo será apurada na prestação de contas do diretório nacional do partido político", ou seja, bem provavelmente esse tema será alvo de muitas ações, servindo como embasamento legal para muitas reprovações de contas de campanhas e partidos.

Tal "previsão" já se confirma, por exemplo, na Prestação de Contas Eleitoral com tombo 0602298-59.2022.6.10.0000,[10] julgado, até o momento, pelo Tribunal Regional do Maranhão. Importante salientar que, muito embora o processo, e a decisão do TRE/MA ainda sejam passíveis de recursos, o Tribunal, em seu acórdão, proferiu decisão rejeitando as contas, e, dentre os motivos da, muito bem fundamentada, decisão, está justamente a mácula ao art. 17, §4º, da Resolução nº 23.607/2019[11] do TSE.

---

[10] BRASIL. Tribunal Regional Eleitoral do Maranhão. Prestação de Contas Eleitoral: 06022985920226100000 São Luís– MA, Relator: Des. Lino Sousa Segundo, Data de Julgamento: 13/12/2022, Data de Publicação: 17/12/2022. Disponível em: https://consultaunificadapje.tse.jus.br/#/public/resultado/0602298-59.2022.6.10.0000. Acesso em: 11 jan. 2023.

[11] BRASIL. Resolução nº 23.607 do Tribunal Superior Eleitoral. Brasília, 2019. Disponível em: https://www.tse.jus.br/legislacao/compilada/res/2019/resolucao-no-23-607-de-17-de-dezembro-de-2019. Acesso em: 11 jan. 2023.

Somente para contextualizar, no caso em contento:

> Foram identificadas transferências de recursos do Fundo Especial de Financiamento de Campanha (FEFC), no valor total de R$216.700,00 (duzentos e dezesseis mil e setecentos reais), realizadas pelo candidato requerente, autodeclarado "pardo" (RRC id 17911986 – RCand nº 0600614-02.2022.6.10.0000), em favor de ***, candidata ao cargo de Deputada Estadual autodeclarada "branca".[12]

Em razão da amplitude da decisão, ela não será colacionada *in totum*, mas verdadeiramente recomendamos não somente a sua leitura, como também o desdobramento do caso e as, possivelmente existentes, decisões dos tribunais superiores.

Somente para demonstrar quão gravosas podem ser as consequências, o acórdão do Tribunal Eleitoral Maranhense foi no intuito de que os valores tidos como repasses irregulares devem ser recolhidos ao Erário, e o mais importante, quem recebeu os recursos irregulares responde de forma solidária, na medida dos recursos que houver utilizado.

Há ainda o fato de que em nenhum momento o artigo 17 da resolução trata de dolo ou culpa, e pela rigidez que os tribunais superiores têm concedido à burla a cota de gênero, é esperado que a burla ao percentual do fundo partidário e do FEFC seja percebido da mesma forma.

As consequências financeiras para aqueles que receberam os valores indevidos podem ser de enormes proporções. No entanto, é importante tratar ainda que a possibilidade de punição dos partidos e/ou responsáveis pelo não direcionamento correto e proporcional do fundo partidário e do fundo especial para financiamento de campanha, como no caso que vem sendo debatido na Prestação de Contas nº 0602298-59.2022.6.10.0000,[13] tem o condão de proporcionar não somente a obrigação de devolução dos valores, mas também outras eventuais responsabilidades pecuniárias.

---

[12] Nota explicativa: A citação é parte da decisão proferida pelo TRE/MA, cuja referência se encontra imediatamente acima, na nota de nº 11. Foi suprimido o nome da candidata para respeitar os seus direitos à personalidade.

[13] BRASIL. Tribunal Regional Eleitoral do Maranhão. Prestação de Contas Eleitoral: 0600614-02.2022.6.10.0000 São Luís – MA, Relator: Des. Lino Sousa Segundo, Data de Julgamento: 13/12/2022, Data de Publicação: 17/12/2022. Disponível em: https://consultaunificadapje.tse.jus.br/#/public/resultado/0602298-59.2022.6.10.0000 Acesso em: 11 jan. 2023.

A Resolução nº 23.665/2021[14] do TSE trouxe como uma das mudanças a inclusão do §8º no artigo 17 da Resolução nº 25.607/2019,[15] em que prevê a possibilidade de aplicar-se as "sanções do art. 30-A da Lei nº 9.504/1997,[16] sem prejuízo das demais cominações legais cabíveis." Para deixar ainda mais claro a gravidade das penas, o que afirma o §8º é que aqueles que foram eleitos, e até mesmo aqueles que já foram diplomados, podem ter seus diplomas cassados caso haja uma investigação judicial; essa é a exegese do artigo 30-A da chamada Lei das Eleições, e seus parágrafos. Decerto que, como todo processo judicial, e diante da importância que tem o sufrágio universal, mais do que nunca deve ser respeitado o contraditório, a ampla defesa e todo o devido processo legal.

Ou seja, foi criado todo um arcabouço teórico e legal visando dar ao preto e ao pardo, bem como à preta e à parda, uma maior possibilidade de ascender a um cargo nas casas legislativas. As mudanças proporcionadas pela Resolução nº 23.665/2021 do Tribunal Superior Eleitoral são indubitavelmente um passo na direção da busca pela equidade e diversificação étnica dos parlamentares.

Verbas foram legalmente direcionadas, penas foram tipificadas, alterações constitucionais foram concebidas no intuito de dar aos partidos mais verbas, na proporcionalidade que mais candidatos(as) com características autodeclaradas negras sejam eleitos, ou seja, é a previsão de direcionamento de mais recursos dos partidos para a candidatura de candidatos(as) negros(as), e a consequência da sua eleição é uma "maior fatia" do fundo partidário à legenda ao qual o negro eleito é filiado.

Em tese o problema foi resolvido, ou, se não foi resolvido, parece que existe um excelente direcionamento para tal. No entanto, e como já dito, não é a simples criação legislativa que garantirá a efetividade das leis criadas. Em um país com tripartição de poderes, após a criação das leis é preciso que ações sejam tomadas justamente para efetivá-las, e, se for necessário, que exista a eficiente e pontual atuação do Poder Judiciário; afinal, conforme muito bem traz o artigo 5º, inciso 469V,

---

[14] BRASIL. Resolução nº 23.665 do Tribunal Superior Eleitoral. Brasília: 2021. Disponível em: https://www.tse.jus.br/legislacao/compilada/res/2021/resolucao-no-23-665-de-9-de-dezembro-de-2021. Acesso em: 11 jan. 2023.
[15] BRASIL. Resolução nº 23.607 do Tribunal Superior Eleitoral. Brasília, 2019. Disponível em: https://www.tse.jus.br/legislacao/compilada/res/2019/resolucao-no-23-607-de-17-de-dezembro-de-2019. Acesso em: 11 jan. 2023.
[16] BRASIL. Lei nº 9.504. Brasília, 1997. Disponível em: http://www.planalto.gov.br/ccivil_03/leis/l9504.htm. Acesso em: 10 jan. 2023.

da Constituição Federal, "a lei não excluirá da apreciação do Poder Judiciário lesão ou ameaça a direito".

A interferência do judiciário funciona justamente como um freio a eventuais tentativas de burla ao previsto legalmente. Burla que, se existente, deve ser coibida e devidamente punida. Burla essa que pode ser o maior dos entraves à efetividade da legislação, como será possível analisar nas seções que se seguem.

3 Uma crítica à discricionariedade da sistemática de distribuição do fundo partidário e eleitoral pelas agremiações

Mesmo com todos os avanços dos movimentos sociais, com todos os níveis de representatividade alcançados pela população negra, com as alterações legislativas e constitucionais que buscam efetivar a inserção dos negros na política, bem como os valores destinados ao financiamento das campanhas eleitorais desses candidatos, qual seria o motivo de os números de representantes negros nas casas legislativas não alcançarem as expectativas almejadas pelas políticas e ações afirmativas objeto do presente estudo?

A resposta para esse questionamento, infelizmente e bem possivelmente, está na Constituição da República de 1988.[17] Isso porque, a norma constitucional, em seu art. 17, concedeu aos partidos políticos autonomia com força equivalente à de lei complementar, dando liberdade para as agremiações estabelecerem as normas estatutárias relativas à estrutura interna, organização e funcionamento.

Dentro deste parâmetro constitucional, a Lei dos Partidos Políticos,[18] em seu art. 15, VII, estabelece que o estatuto de cada agremiação deve conter, entre outras, normas sobre os critérios de distribuição dos recursos do Fundo Partidário entre os órgãos de nível municipal, estadual e nacional.

Essa combinação de dispositivos – legais e constitucionais – confere aos partidos políticos um grau de poder enorme frente aos seus filiados, ao ponto de, em muitas das vezes, sabotar um processo que

---

[17] BRASIL. *Constituição da República Federativa do Brasil*. Brasília, 1988. Disponível em: https://www.planalto.gov.br/ccivil_03/constituicao/constituicao.html. Acesso em: 12 jan. 2023.
[18] BRASIL. Lei nº 9.096. Brasília, 1995. Disponível em: http://www.planalto.gov.br/ccivil_03/leis/l9096.htm. Acesso em: 12 jan. 2023.

deveria ser democrático, no que tange à distribuição do fundo partidário e eleitoral entre os candidatos concorrentes a cargos eletivos.

É bem verdade que os partidos políticos são os responsáveis pela representação institucional no Brasil e por isso devem estabelecer os seus crivos para destinação dos valores de fundos (partidário e eleitoral) que lhe são repassados. No entanto, a prática histórica nos leva a crer que os repasses de valores a candidatos à reeleição são infinitamente maiores em relação aos demais postulantes ao Poder Legislativo. E a história nos mostra que os cargos eletivos são majoritariamente ocupados por candidatos brancos.

Foi nesse contexto que se verificou que os valores distribuídos às candidaturas de deputados à reeleição nas eleições de 2022 foram, em média, 7 vezes maiores que os valores destinados a iniciantes. Durante a campanha eleitoral das últimas eleições gerais, 464 congressistas que receberam, até 21 de setembro de 2022, o valor total de R$794 milhões, ao passo que os demais 7.044 "iniciantes" juntos receberam R$1,6 bilhões. Na média, os postulantes à reeleição receberam R$1,7 milhão por candidatura. Os demais receberam R$227 mil, em média, por candidatura. Isso sem contar o clube dos 26 campeões – grupo privilegiado que recebeu R$3 milhões ou mais de repasse para sua campanha.[19]

Percebe-se que, muito embora exista determinação legal de distribuição dos valores entre os candidatos, inclusive com a previsão de cotas para negros, pardos e mulheres, os dirigentes dos partidos políticos se utilizam da autonomia partidária para obstaculizar o acesso dos candidatos mais "fracos" aos recursos.

O fato é que a regra contida na Resolução do TSE nº 23.665/2021 permite uma interpretação a aplicação extensiva, bastando que o partido destine os valores referentes às cotas para determinados candidatos que se autodeclararem negros/partos. Ou seja, na hipótese do partido contar com 100 (cem) candidatos autodeclarados negros e apenas 1 (um) destes integrar os interesses eleitoreiros dos dirigentes partidários, este único candidato poderá levar a totalidade dos valores referentes às cotas, sem que isso implique em nenhum tipo de aviltamento à norma e, consequentemente, nenhuma implicação jurídica para a agremiação partidária!

---

[19] PITOMBO, João Paulo *et al*. Deputado candidato à reeleição tem 7 vezes mais recursos do fundo eleitoral. *Folha de São Paulo*, 26 set. 2022. Disponível em: https://www1.folha.uol.com.br/poder/2022/09/deputado-candidato-a-reeleicao-tem-7-vezes-mais-recursos-do-fundo-eleitoral.shtml. Acesso em: 10 jan. 2023.

Roberto Livianu, em seu artigo "Distribuição do Fundo Eleitoral sabota a democracia",[20] aponta a discricionariedade dos partidos políticos na distribuição dos recursos do fundo:

> Não temos um sistema republicano, igualitário, justo, impessoal de conhecimento amplo e geral, o que seria esperado diante do fato que os recursos de fomento às candidaturas em questão são provenientes do orçamento público e simplesmente deixaram de ser investidos em saneamento básico, educação pública, saúde pública, segurança pública. A sociedade não aceita bem o Fundo Eleitoral, mas diante da vedação do financiamento empresarial, o Fundo Eleitoral foi o caminho legal encontrado, mas com reajuste infinitamente acima da inflação, sem qualquer debate público. A falta de prévia definição de normas para destinação destes recursos cria imediatamente iniquidades abissais na competição pelo voto.

Como criar uma renovação política – com inclusão dos negros – neste cenário? Trata-se de tarefa hercúlea, tendo em vista todas as dificuldades enfrentadas pelos negros, já mencionadas nesse artigo. A busca por oportunidades dentro do próprio partido, por disponibilização de estrutura pra campanha, de recursos para fomentar a imagem do candidato negro, chega a ser, para não utilizar expressão mais gravosa, desanimadora.

Ao mesmo tempo que temos uma alteração legislativa e constitucional que busca a redução dos impactos sofridos por uma história avessa à existência de diversidade racial nos cargos eletivos, temos uma prática partidária sedimentada, que muitas das vezes, como veremos no próximo tópico, inviabiliza a participação das minorias na disputa por cargos eletivos.

Portanto, ou investe-se, de forma sistêmica, na derrubada das oligarquias existentes nos partidos políticos e na alteração do sistema de distribuição dos fundos (partidário e eleitoral) dentro das agremiações, ou teremos mais uma política de ação afirmativa sem efetividade nesse país, mais uma lei feita "Para inglês ver".

---

[20] LIVIANU, Roberto. Distribuição do Fundo Eleitoral sabota a democracia. *Poder360*, 27 set. 2022. Disponível em: https://www.poder360.com.br/opiniao/distribuicao-do-fundo-eleitoral-sabota-a-democracia/. Acesso em: 10 jan. 2023.

4 Eleições gerais de 2022 e o fracasso das políticas de ações afirmativas

Depois de trazer as recentes alterações da lei, que buscaram incluir e aumentar a participação de pardos e negros das casas legislativas, e realizar uma crítica a respeito do modo como a distribuição das verbas é realizada, qual seja, à inteira subjetividade e interesse dos líderes partidários, é chegado o momento em que serão abordados alguns, dos muitos, motivos pelos quais acreditamos que as políticas afirmativas implementadas tenham fracassado.

Decerto que este não é um artigo conclusivo, longe de nós tamanha pretensão! Com o passar do tempo, a implementação de novas políticas e um maior amadurecimento da nossa democracia, a finalidade da lei, qual seja, uma maior paridade racial nas casas legislativas, acontecerá, assim esperançamos. Esperançamos, que não é fora de propósito relembrar, advém do verbo esperançar, e não do verbo esperar; afinal, a publicação de artigos e a inculcação do debate, aliados a políticas ativas, é um modo de contribuir na tentativa de efetivar a diversidade representativa, tão esperada por uma população que é maioria em um país tão plural.

Um dos principais motivos para a dificuldade de implementação e consolidação das políticas afirmativas vem de muito tempo, com a política de preconceito.

Antes de abordarmos um tema tão sensível, é preciso fazer uma distinção entre as modalidades de preconceito. Em importante obra para o tema, o brilhante sociólogo Oracy Nogueira brindou-nos com um riquíssimo texto sobre o preconceito no Brasil.[21]

Em seu texto, como o título sugere, ele traz a diferenciação entre preconceito racial de marca e preconceito racial de origem. Enquanto na primeira modalidade o preconceito refere-se prioritariamente ao fenótipo do indivíduo, ou seja, sua aparência racial, na segunda, o que "justifica" o preconceito é justamente o caráter hereditário do grupo atingido.

Por exemplo, no Brasil, para a sociedade em geral, pessoas com características caucasoides serão consideradas brancas, independentemente

---

[21] NOGUEIRA, Oracy. Preconceito racial de marca e preconceito racial de origem: sugestão de um quadro de referência para a interpretação do material sobre relações raciais no Brasil. *Tempo Social*, Revista de Sociologia da USP, v. 19, n. 1, p. 287-308, nov. 2006.

de sua origem ou se na sua árvore hereditária existem indivíduos pretos e pardos. Por outro lado, aqueles que têm traços negroides, independentemente de sua classe social e do seu nível de escolaridade, serão em alguns momentos discriminados e "confundidos".

Para deixar mais patente a diferença, um breve relato pessoal, de uma experiência que já sofremos mais de uma vez. Atuamos hoje na advocacia, somos pós-graduado e pós-graduando, e, ainda assim, ao caminharmos em ambientes, trajados com terno e gravata, já ouvimos algumas vezes a pergunta "Bom dia, você trabalha aqui?". Da primeira vez parecia algo despretensioso; infelizmente, aconteceram outras vezes, e aqui fica um questionamento sincero aos colegas que frequentam esses mesmos lugares e têm características caucasoides – pele clara, cabelos lisos, nariz e lábios finos, dentre outras –, com esses mesmos trajes: vocês também já foram/são questionados dessa forma?

A importância de entender o preconceito é sem dúvidas o primeiro passo para buscar superá-lo. Como muito bem diz o professor Oracy, não basta a simples afirmação da existência do preconceito, *mutatis mutandis*, não basta a simples elaboração de uma resolução por parte do TSE. A mera indicação de necessidade de repartição dos Fundos (Partidário e Eleitoral) de forma proporcional ao número de pretas(os) é tão somente uma das fases para a resolução de um problema muito mais complexo.

Em relação ao fracasso das ações afirmativas, e indo ao encontro dos riquíssimos ensinamentos trazidos pelo sociólogo Nogueira, temos cada vez mais uma "migração" de pessoas que antes se julgavam brancas e, de uma eleição para outra, alteraram sua percepção e autoidentificação para preta/parda. Em outras palavras e para citar expressão bastante emblemática, alguns – ou muitos – candidatos "tiraram o vovô e a vovó do armário", ou seja, buscam um indivíduo com características negroides em sua árvore genealógica para justificar a sua perspectiva/conveniência de ver-se negro.

O resultado de tal fato é que, dos deputados que foram eleitos em 2022 declarando-se negros, 19% declarou-se branco no pleito de 2018. Considerando eleições anteriores, esse número chega a assustadores 38%,[22] o que representa mais de um terço dos parlamentares "negros" eleitos.

---

[22] MATIAS, Juliana. 19% dos deputados negros eleitos se declaravam brancos nas eleições de 2018 ou 2020. *Jota*, 29 out. 2022. Disponível em: https://www.jota.info/

Decerto que dentre os que fizeram a alteração da autodeclaração existem aqueles que de fato passaram a identificar-se como pessoa preta/parda e perderam a resistência em perceberem-se assim; afinal, não há como afirmar que mais de 25 mil candidatos[23] tiveram o intuito de burlar o sistema eleitoral de 2016 a 2020.

Ainda assim, diversos casos no Brasil deixaram claro que o intuito da alteração era tão somente o acesso ao fundo eleitoral, e esse é o primeiro motivo pelo qual as políticas falharam. Se no Brasil o preconceito é "de marca", ou seja, baseada na aparência dos indivíduos, quando se permite o acesso a pessoas que fogem dos fenótipos atingidos pelo preconceito, não somente se mantém uma exclusão do grupo alvo, como aumenta a diferença existente, haja vista que pessoas que já não sofrem preconceito, em virtude de suas características caucasoides, passam agora a ter acesso a uma verba que deveria ser destinada a um público totalmente diferente.

Outro motivo que gera, e gerou, o fracasso das políticas afirmativas é a discricionariedade dos partidos políticos em definir quanto do fundo eleitoral cada candidato negro terá disponível para sua campanha. Por já ter sido alvo de um debate mais aprofundado, dentro deste mesmo artigo, citamos aqui tão somente para trazer novamente à baila essa importante questão, que indubitavelmente ainda será alvo de muitos estudos, críticas e debates.

O terceiro motivo que pode ter interferido para a não consolidação da alteração promovida pela Resolução nº 23.665/2021 é justamente a possibilidade de burla por parte dos partidos, que, em muitos casos, alguns muito conhecidos, acabaram por registrar mulheres e pretos tão somente para cumprimento formal da previsão legal.

Um dos casos mais conhecidos possivelmente é o presente na ação de investigação judicial eleitoral (AIJE) de nº 0600651-94.2020.6.05.0046,[24] movida em face de candidatas fictas na cidade de Jacobina/BA, no

---

eleicoes/19-dos-deputados-pretos-e-pardos-se-declaravam-brancos-nas-ultimas-eleicoes-29102022. Acesso em: 10 jan. 2023.

[23] VELASCO, Clara et al. Mais de 25 mil candidatos mudam raça declarada nesta eleição; 40% passam de brancos para negros. *G1*, 25 set. 2020. Disponível em: https://g1.globo.com/politica/eleicoes/2020/eleicao-em-numeros/noticia/2020/09/25/mais-de-25-mil-candidatos-mudam-raca-declarada-nesta-eleicao-40percent-passam-de-brancos-para-negros.ghtml. Acesso em: 10 jan. 2023.

[24] BRASIL. Tribunal Superior Eleitoral. Agravo em Recurso Especial Eleitoral nº 0600651-94.2020.6.05.0046. Relator: Des. Alexandre de Moraes. Brasília: 03 de outubro de 2022. Disponível em: https://consultaunificadapje.tse.jus.br/#/public/resultado/0600651-94.2020.6.05.0046. Acesso em: 10 jan. 2023.

pleito eleitoral de 2020 que, embora traga em seu bojo uma fraude à cota de gênero, é bastante clara em demonstrar que não basta a previsão legal, é importante que se busque a efetivação do previsto legalmente e constitucionalmente.

Sendo mais específico no que compete à distribuição do Fundo Partidário e do Fundo Especial de Financiamento de Campanha, é possível observar no Mandado de Segurança Cível de nº 0600980-20.2022.6.00.0000[25] que existe uma grande dificuldade em candidatas negras receberem os valores que são legalmente garantidos para si. Isso porque, como já tratado no capítulo anterior, há uma discricionariedade total por parte dos dirigentes partidários, podendo escolher, sem qualquer necessidade de justificativa, quais candidatas(os) receberão os fundos partidários e especiais.

Tal discricionariedade, somado ao fato de existirem, cada vez mais, candidatos "afro-convenientes" gera uma deturpação da legislação. São candidatos com traços caucasoides que trazem, conforme conveniência, descendentes de alguma origem afro e que se utilizam disso para ter, além dos recursos que já lhe seriam destinados, recursos que deveriam estar incrementando e viabilizando candidatos que verdadeiramente sofrem preconceitos e discriminações.

Um outro ponto que possivelmente será utilizado como tentativa de burla à regra é o desvirtuamento do art. 17, §7º. Tal artigo versa que:

> O disposto no §6º deste artigo não impede: o pagamento de despesas comuns com candidatos do gênero masculino e de pessoas não negras; a transferência ao órgão partidário de verbas destinadas ao custeio da sua cota-parte em despesas coletivas, desde que haja benefício para campanhas femininas e de pessoas negras.[26]

Ou seja, é possível utilizar do percentual destinado a candidatos negros para o pagamento de despesas coletivas. Até então nada demais, entretanto é preciso observar que o previsto no §7º refere-se tão somente ao pagamento das despesas que diretamente beneficiam

---

[25] BRASIL. Tribunal Superior Eleitoral. Agravo em Recurso Especial Eleitoral n° 0600651-94.2020.6.05.0046. Relator: Des. Alexandre de Moraes. Brasília: 03 de outubro de 2022. Disponível em: https://consultaunificadapje.tse.jus.br/#/public/resultado/0600651-94.2020.6.05.0046. Acesso em: 10 jan. 2023.

[26] BRASIL. Resolução nº 23.607 do Tribunal Superior Eleitoral. Brasília, 2019. Disponível em: https://www.tse.jus.br/legislacao/compilada/res/2019/resolucao-no-23-607-de-17-de-dezembro-de-2019. Acesso em: 11 jan. 2023.

e são referente às despesas comuns de candidatos pretos/pardos. Em resumo, não pode o partido utilizar das verbas presentes no §4º do art. 17 da Resolução nº 23.607/2019 para o pagamento de todas as despesas coletivas de todos os candidatos. A indicação de tal interpretação parece "óbvia", no entanto, em diversos momentos, é preciso dizer o que parece óbvio.

Decerto que não são os únicos motivos, no entanto a cognição deles já é suficiente para percebermos que os caminhos ainda serão árduos até a efetivação das políticas afirmativas, como já foi dito. Entretanto, tal fato já era sabido, afinal se a mera previsão legal fosse suficiente para a alteração no mundo real viveríamos em um outro país. Já ousaram imaginar como seria o planeta se tudo o previsto constitucionalmente[27] fosse implementado? Ou, para não sermos tão ambiciosos, quantas vidas seriam salvas se tão somente a lei do Sistema Único de Saúde[28] fosse aplicada em sua inteireza?

5 Conclusão

No presente artigo, foi explorado o histórico de discriminação racial sofrida pelo povo negro, bem como a busca pela reparação no âmbito político através de ações afirmativas, especialmente porque o ano de 2022 foi marcado pelo inicio da aplicação da alteração legislativa que confere aos negros uma participação especial nos valores de fundo partidário, como forma de estimular a participação na política nacional.

O trabalho então, ao delinear que muito embora o legislador brasileiro tenha tentado viabilizar a inclusão do negro na política através de disponibilização de valor provenientes de fundo eleitoral e partidário, indaga a vulnerabilidade que sofre a ação afirmativa inclusiva, haja vista que preceitos constitucionais e legais conferem autonomia em grau elevado aos partidos políticos, responsáveis pela distribuição do fundo.

A discricionariedade partidária, em relação aos seus atos estatutários e organizacionais, foi pauta de diversas ações judiciais ainda em trâmite na justiça eleitoral, tendo em vista o descumprimento da regra

---

[27] BRASIL. *Constituição da República Federativa do Brasil*. Brasília, 1988. Disponível em: https://www.planalto.gov.br/ccivil_03/constituicao/constituicao.html. Acesso em: 12 jan. 2023.
[28] BRASIL. Lei nº 8.080, de 19 de setembro de 1990. Dispõe sobre as condições para a promoção, proteção e recuperação da saúde, a organização e o funcionamento dos serviços correspondentes e dá outras providências. Brasília, 1990. Disponível em: http://www.planalto.gov.br/ccivil_03/leis/l8080.htm. Acesso em: 10 jan. 2023.

e a consequente ausência de repasses aos candidatos negros que, pelo menos em tese, deveriam ter sido contemplados pela inovação legal.

A solução para um problema complexo exige mais do que vontade política, se faz necessária a instauração de modificações legais concretas, como forma de viabilizar efetivamente uma política de reparação. O fim das oligarquias, dos partidos comandados por caciques, se faz necessário para uma democratização interna das agremiações partidárias, se realmente quisermos manter esse modelo de representatividade. Caso contrário, as candidaturas independentes podem surgir como uma via possível de desestabilização de um sistema partidário falho, conhecido por priorizar minorias socialmente e etnicamente favorecidas ao longo da história do país.

Não se pode cuidar da democracia sem cuidar das pessoas pretas, vítimas de uma história marcada pela desigualdade e sofrimento. O fim do racismo passa pela representatividade do povo negro nas casas legislativas.

Enquanto isso, compete a nós, cidadãos, estarmos cada vez mais conscientes de nossos direitos e que, mesmo sendo seres individuais, estamos inseridos em uma sociedade plural e as diferenças precisam ser respeitadas. No mais, permanecer em constante vigília em relação à atuação dos poderes Executivo, Legislativo e Judiciário, cobrar de quem deve ser cobrado e lembrarmos, sufrágio após sufrágio, que se a educação é o meio mais rápido para um país crescer como nação, o voto consciente é o pináculo da sua democracia.

Referências

BRASIL. *Constituição da República dos Estados Unidos do Brasil*. Rio de Janeiro, 1891. Disponível em: http://www.planalto.gov.br/ccivil_03/constituicao/constituicao91.htm. Acesso em: 13 jan. 2023.

BRASIL. *Constituição da República Federativa do Brasil*. Brasília, 1988. Disponível em: https://www.planalto.gov.br/ccivil_03/constituicao/constituicao.html. Acesso em: 12 jan. 2023.

BRASIL. Emenda Constitucional nº 111. Brasília, 2021. Disponível em: http://www.planalto.gov.br/ccivil_03/constituicao/emendas/emc/emc111.htm. Acesso em: 10 jan. 2023.

BRASIL. Lei Imperial nº 3.353, Lei Áurea. Rio de Janeiro, 1888. Disponível em: http://www2.senado.leg.br/bdsf/handle/id/385454. Acesso em: 10 jan. 2023.

BRASIL. Lei nº 1 de 1837. Rio de Janeiro, 1837. Disponível em: https://www.google. com/url?sa=t&rct=j&q=&esrc=s&source=web&cd=&cad=rja&uact=8&ved=2ahUKEwi 5voDdvt78AhVTLLkGHewXDuYQFnoECAkQAQ&url=https%3A%2F%2Fseer.ufrgs. br%2Fasphe%2Farticle%2FviewFile%2F29135%2Fpdf&usg=AOvVaw1GJWWVMZbku 6aCsx7kzuqX. Acesso em: 10 jan. 2023.

BRASIL. Lei nº 8.080, de 19 de setembro de 1990. Dispõe sobre as condições para a promoção, proteção e recuperação da saúde, a organização e o funcionamento dos serviços correspondentes e dá outras providências. Brasília, 1990. Disponível em: http://www. planalto.gov.br/ccivil_03/leis/l8080.htm. Acesso em: 10 jan. 2023.

BRASIL. Lei nº 9.096. Brasília, 1995. Disponível em: http://www.planalto.gov.br/ccivil_03/ leis/l9096.htm. Acesso em: 12 jan. 2023.

BRASIL. Lei nº 9.504. Brasília, 1997. Disponível em: http://www.planalto.gov.br/ccivil_03/ leis/l9504.htm. Acesso em: 10 jan. 2023.

BRASIL. Resolução nº 23.607 do Tribunal Superior Eleitoral. Brasília, 2019. Disponível em: https://www.tse.jus.br/legislacao/compilada/res/2019/resolucao-no-23-607-de-17-de-dezembro-de-2019. Acesso em: 11 jan. 2023.

BRASIL. Resolução nº 23.665 do Tribunal Superior Eleitoral. Brasília: 2021. Disponível em: https://www.tse.jus.br/legislacao/compilada/res/2021/resolucao-no-23-665-de-9-de-dezembro-de-2021. Acesso em: 11 jan. 2023.

BRASIL. Tribunal Regional Eleitoral do Maranhão. Prestação de Contas Eleitoral: 06022985920226100000 São Luís – MA, Relator: Des. Lino Sousa Segundo, Data de Julgamento: 13/12/2022, Data de Publicação: 17/12/2022. Disponível em: https:// consultaunificadapje.tse.jus.br/#/public/resultado/0602298-59.2022.6.10.0000. Acesso em: 11 jan. 2023.

BRASIL. Tribunal Superior Eleitoral. *Eleições em números*. Disponível em: https://sig.tse.jus. br/ords/dwapr/seai/r/sig-candidaturas/painel-perfil-candidato?session=202279897343721. Acesso em: 12 jan. 2023.

LIVIANU, Roberto. Distribuição do Fundo Eleitoral sabota a democracia. *Poder360*, 27 set. 2022. Disponível em: https://www.poder360.com.br/opiniao/distribuicao-do-fundo-eleitoral-sabota-a-democracia/. Acesso em: 10 jan. 2023.

MATIAS, Juliana. 19% dos deputados negros eleitos se declaravam brancos nas eleições de 2018 ou 2020. *Jota*, 29 out. 2022. Disponível em https://www.jota.info/eleicoes/19-dos-deputados-pretos-e-pardos-se-declaravam-brancos-nas-ultimas-eleicoes-29102022. Acesso em: 10 jan. 2023.

NOGUEIRA, Oracy. Preconceito racial de marca e preconceito racial de origem: sugestão de um quadro de referência para a interpretação do material sobre relações raciais no Brasil. *Tempo Social*, Revista de Sociologia da USP, v. 19, n. 1, p. 287-308, nov. 2006.

PITOMBO, João Paulo *et al*. Deputado candidato à reeleição tem 7 vezes mais recursos do fundo eleitoral. *Folha de São Paulo*, 26 set. 2022. Disponível em: https://www1.folha. uol.com.br/poder/2022/09/deputado-candidato-a-reeleicao-tem-7-vezes-mais-recursos-do-fundo-eleitoral.shtml. Acesso em: 10 jan. 2023.

SÉRIE Inclusão: antes excluídos, hoje índios e negros participam ativamente do processo eleitoral. TSE, 19 abr. 2013. Disponível em: https://www.tse.jus.br/comunicacao/ noticias/2013/Abril/serie-inclusao-antes-excluidos-hoje-indios-e-negros-participam-ativamente-do-processo-eleitoral. Acesso em: 11 jan. 2023.

VELASCO, Clara *et al*. Mais de 25 mil candidatos mudam raça declarada nesta eleição; 40% passam de brancos para negros. *G1*, 25 set. 2020. Disponível em: https://g1.globo.com/ politica/eleicoes/2020/eleicao-em-numeros/noticia/2020/09/25/mais-de-25-mil-candidatos-mudam-raca-declarada-nesta-eleicao-40percent-passam-de-brancos-para-negros.ghtml. Acesso em: 10 jan. 2023.

Informação bibliográfica deste livro, conforme a NBR 6023:2018 da Associação Brasileira de Normas Técnicas (ABNT):

SILVA Odilon dos Santos; JESUS NETO Osvaldo Álvaro de. A Resolução nº 23.665/2021 do TSE: um flerte sobre a (im)possibilidade de promoção da participação das(os) negras(os) na política à luz das eleições gerais de 2022. BOMFIM, Daiesse Quênia Jaala Santos (Coord.). *Políticas afirmativas de inclusão e equidade racial*: reflexões acerca do papel dos setores público e privado. Belo Horizonte: Fórum, 2023. p. 445-463. ISBN 978-65-5518-553-9.

SOBRE OS AUTORES

*Esta obra foi escrita exclusivamente
por intelectuais negros e negras*

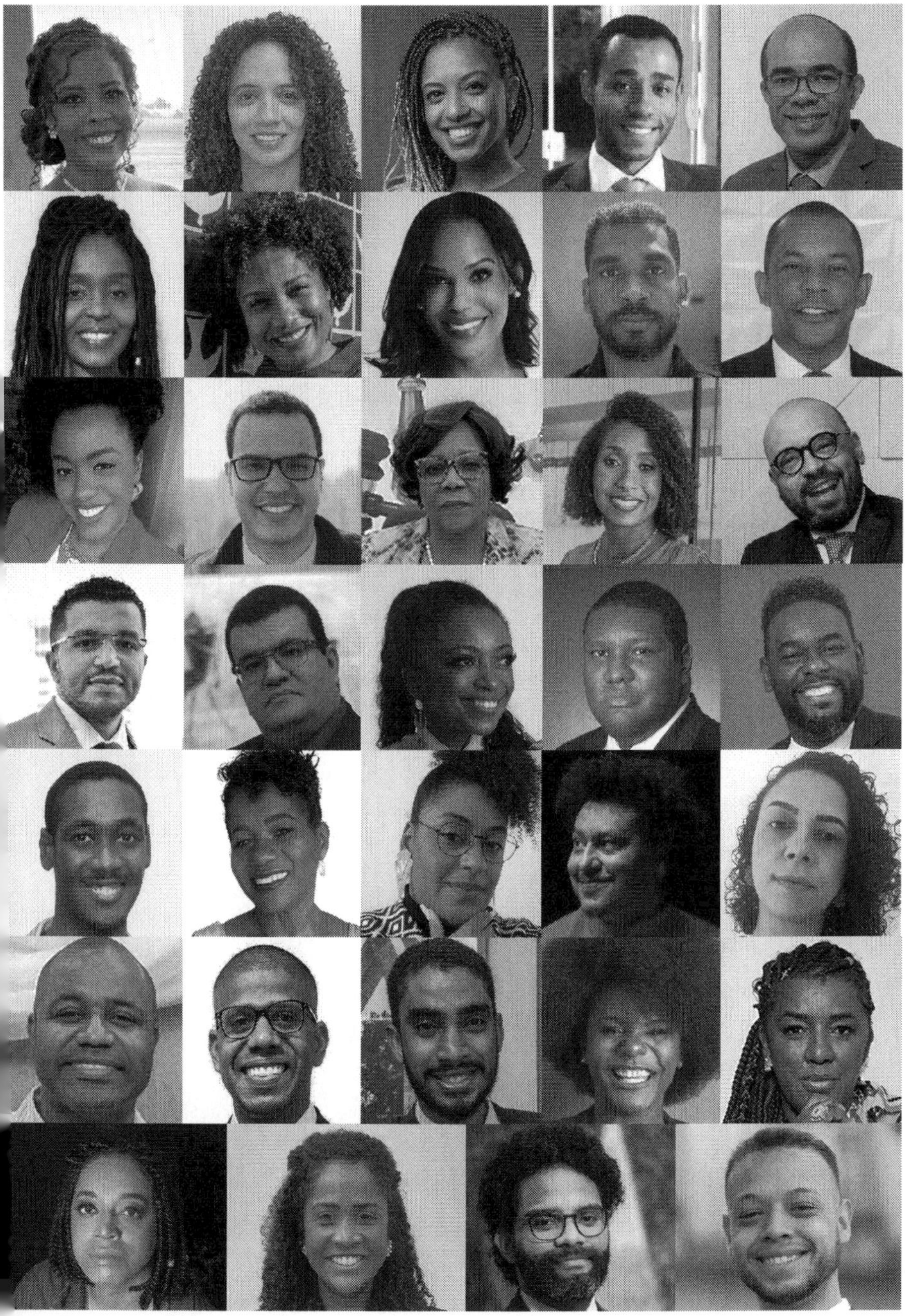

Aline Mota de Oliveira

Pós-Graduada em Direito do Estado pela Faculdade Baiana de Direito. Defensora Pública do Estado da Paraíba. Coordenadora da Coordenaria de Combate ao Racimo da Defensoria Pública do Estado da Paraíba. Integrante da Comissão étnico-racial da Associação Nacional das Defensoras e Defensores Públicos (ANADEP).

Amanda Ribeiro dos Santos

Promotora de Justiça do Ministério Público do Estado do Paraná, atualmente com atribuições na 2ª Promotoria de Justiça da Comarca de Pitanga. Bacharela em Direito pela Universidade Católica de Brasília. Pós-Graduada em Direito Constitucional pela Universidade Católica de Brasília. Endereço profissional: Avenida Interventor Manoel Ribas, 411, Centro, Fórum, Pitanga, CEP: 85.200-000. Endereço eletrônico: amandards@mppr.mp.br.

Ana Carolina Lourenço

Conselheira Seccional da OABSP. Conselheira da Jovem Advocacia. Vice-Presidente da Comissão da Mulher Advogada. Pós-Graduada em Direito Digital pela FGVSP e em Direito Tributário pela PUC-SP. Membra do IAB (Instituto dos Advogados Brasileiros), ANA (Associação Nacional da Advocacia Negra), Grupo Mulheres do Brasil no Comitê de Igualdade Racial. BSL (*Black Sisters in Law*) e Pacto pela Equidade Racial.

André Luiz Querino Coelho

Promotor de Justiça do Ministério Público do Estado do Paraná, atualmente com atribuições na 2ª Promotoria de Justiça da Comarca de Matelândia. Bacharel em Direito pelas Faculdades Milton Campos. Pós-Graduado em Direito Tributário pelas Faculdades Milton Campos. Endereço profissional: Rua 11 de Junho, 1122, Vila Nova, Matelândia, Paraná, Brasil, CEP: 85.887-000. Endereço eletrônico: alqcoelho@mppr.mp.br.

Antonio Pedro Ferreira da Silva

Doutor e Mestre em Políticas Sociais e Cidadania pela Universidade Católica do Salvador. Procurador Federal. Membro da AGU.

Camila Torres Cesar

Doutoranda em Direito pela Universidade de São Paulo. Diretora do Instituto Brasileiro de Ciências Criminais (2023/2024). Consultora em Diversidade e Inclusão no Instituto Formação Antirracista.

Clara Marinho

Doutoranda em Administração Pública e Governo na Fundação Getulio Vargas-SP. Analista de Planejamento e Orçamento do Governo Federal.

Daiesse Quênia Jaala Santos Bomfim

Auditora de Controle Externo no Tribunal de Contas do Município de São Paulo. Graduação em Direito pela Universidade Federal da Bahia. Mestre em Direito pela Universidade Nove de Julho – São Paulo. Pós-Graduação em Direito do Estado pelo Instituto JusPodivm. Membro do Instituto Brasileiro de Direito Sancionador – IDASAN. Presidente da Comissão de Estudos sobre Diversidade Racial no Instituto Brasileiro de Direito Administrativo – IBDA.

Danilo Lima Alves

Procurador concursado da Infraero. Mestrando em Direito Internacional na UDE – Uruguai. MBA em Direito Empresarial pela FGV com extensão no MIT-USA. Especialista em Direito Público Global pela Universidade de Castilla de la Mancha - Toledo – Espanha.

Diego Pereira

Doutorando em Direito Constitucional pela UnB, com período de visita na Universidade de Salamanca. Mestre em Direitos Humanos e Cidadania pela UnB. Procurador Federal (AGU). Autor de *Vidas interrompidas pelo mar de lama* (2020). Pesquisa direitos dos desastres, mudança climática, racismo ambiental, direito e ciência, justiça e litígio climáticos.

Diumara Araújo Ferreira

Advogada Corporativa. Especialista em Direito Tributário pelo Instituto Brasileiro de Direito Tributário – São Paulo. Pós-Graduanda em Compliance Digital – Pontifícia Universidade Católica de Minas Gerais. Presidente da Comissão de Igualdade Racial e Gênero da OAB Pinheiros – triênio (2022-2024). Membro da Comissão de Direito Tributário da OAB Pinheiros – triênio (2022-2024).

Evelyn Moraes Roges

Advogada no Setor de Consultoria Tributária do Siqueira Castro Rio de Janeiro e membro do Comitê de Diversidade do escritório. Especialização em fusões e aquisições pela Universidade Cândido Mendes. Pós-Graduanda em Direito Tributário e Empresarial.

Fabiano Machado da Rosa

Advogado e sócio fundador do escritório Petri Machado da Rosa Advocacia. É especialista em *Compliance* Antidiscriminatório, Gestão de Crises e Proteção de Pessoas Publicamente Expostas. Bacharel em Direito pela PUCRS – Pontifícia Universidade Católica do Rio Grande do Sul.

Fábio de Sousa Santos

Doutorando em Direito Econômico e Socioambiental pela PUCPR. Procurador do Estado de Rondônia.

Flávio Viana Barbosa

Doutorando em Ciência da Educação na UNR de Rosário/Argentina. Licenciado em História – Unimes. Bacharel em Direito – Unisantos e Advogado. Professor de História na rede pública municipal de Santos/SP. Especialista em Direito Educacional (Faculdade XV de Agosto). Presidente da Comissão de Igualdade Racial da OAB/São Vicente. Membro da Comissão de Igualdade Racial da OAB/Santos. Membro e Relator da Comissão da Verdade da Escravidão da OAB/Santos. Diretor Jurídico da Associação dos Capacetes de Aço de São Vicente/SP, heróis de 1932.

Françoise Rocha

Advogada e Consultora Jurídica, inscrita da OAB-RJ. Mestranda no Programa de Justiça Administrativa da Universidade Federal Fluminense. Membro da Comissão de Igualdade Racial do Instituto Brasileiro de Direito Administrativo-IBDA.

Irapuã Santana

Presidente da Comissão de Igualdade Racial da OAB/SP. Doutor em Direito Processual pela UERJ. Ex-Assessor de Ministro no STF e no TSE. Advogado voluntário da Educafro. Colunista do jornal *O Globo*. Procurador do Município de Mauá/SP. Sócio do escritório BFBM – Barroso Fontelles, Barcellos, Mendonça Advogados.

Ivan de Lima

Engenheiro, Gestor Público e Professor Universitário. Presidente do Comitê de Gestão do LIDE Equidade Racial. Secretário Executivo do Centro de Equidade Racial do Governo SP – 2020-2022.

Jonata Wiliam Sousa da Silva

Mestre em Direito Público pela Universidade Federal da Bahia – UFBA. Diretor Secretário Adjunto do Instituto Baiano de Direito Processual Penal – IBADPP. Presidente da Comissão da Advocacia Negra da Ordem dos Advogados do Brasil – Seção Bahia (OAB-BA). Advogado Criminalista.

Juçara Rosa Santos de Araújo

Coordenadora Regional de Educação da Secretaria Municipal de Educação de Salvador. Graduação em Letras Vernáculas pela Universidade Católica do Salvador. Mestre em Educação pela Universidade Unidas – Assunção. Conselheira no Conselho Municipal das Comunidades Negras de Salvador. Conselheira Municipal de Educação de Salvador. Presidente do Conselho de Acompanhamento e Controle Social do FUNDEB – Salvador.

Luciana Dias

Advogada da Empresa RM Consultig. Especialista em *Compliance* Antidiscriminatório, Direito Digital e Direito Penal Econômico. Coordenadora do núcleo de Acessibilidade do IBCCRIM (Instituto Brasileiro de Ciências Criminais).

Lúcio Antônio Machado Almeida

Coordenador do Núcleo de Pesquisa Antirracismo da Faculdade de Direito da UFRGS. Doutor e mestre em Direito pela UFRGS. Professor substituto de Direito Administrativo da Faculdade de Direito da UFRGS (2020-2023) e da Faculdade Dom Bosco de Porto Alegre.

Marcela de Oliveira Timóteo

Pós-Graduada em Direitos Humanos, Responsabilidade Social e Cidadania Global pela Pontifícia Universidade Católica do Rio Grande do Sul. Auditora do Tribunal de Contas da União.

Michel de Souza Vellozo

Bacharel em Direito. Auditor de Controle Externo do TCM-SP.

Odilon dos Santos Silva

Advogado e Consultor Jurídico, graduado pela Universidade Federal da Bahia. Membro da Comissão de Estudos sobre Diversidade Racial do Instituto Brasileiro de Direito Administrativo – IBDA. Pós-Graduado em Direito Eleitoral e em Licitações e Contratos Administrativos pela Faculdade Baiana de Direito.

Osvaldo Álvaro de Jesus Neto

Advogado, graduado pela Universidade Salvador. Pós-Graduando em Ciências Criminais pela Faculdade Baiana de Direito.

Pâmela Souza Campos

Advogada na FGV-SP Projetos. Residente Jurídica na DPE-RJ. Pós-Graduada em Direito Público e Direito Privado (EMERJ). Pós-Graduanda em Direito e Acesso à Justiça – FESUDEPERJ. Pós-Graduanda em Teoria e Prática do Direito Público – FESUDEPERJ. Bolsista do Programa Abdias do Nascimento, da DPE-RJ.

Rachel O. Maia

CEO da Empresa RM Consulting. Conselheira Administrativa. Fouder e CEO RM Consulting D&I e Varejo. Presidente Conselho Consultivo UNICEP. Embaixadora Projeto Guri. Former CEO Lacoste/ Pandora/ Tifany.

Thaissa Lavigne Silva Borges

Defensora Pública do Estado da Bahia. Pós-Graduada em Direito Penal e Criminologia pelo Centro Universitário Internacional (UNINTER).

Simone Henrique

Mestra em Direitos Humanos pela Faculdade de Direito da Universidade de São Paulo. Advogada especialista em *Compliance* pelo Instituto Brasileiro de Ciências Criminais IBCCRIM e Universidade de Coimbra.

Vinícius de Souza Assumpção

Doutorando em Direito pela Universidade de Brasília. Professor de Processo Penal. 2º Vice-Presidente do Instituto Brasileiro de Ciências Criminais (2023-2024).

Witor Flores da Silva

Advogado. Membro do Grupo de Pesquisa CNPq Mercosul, Direito do Consumidor e Globalização, sob a coordenação da professora Doutora Dr. h.c. Mult. Claudia Lima Marques. Bolsista de Iniciação Científica pelo CNPq na área de Divulgação do Direito e Políticas de Proteção do Consumidor na África, Ásia, nas Américas e a Austrália (2019-2022). Bacharel em Direito pela UFRGS – Universidade Federal do Rio Grande do Sul.